Birgit Brandau, H
Hethiter

SERIE PIPER

Zu diesem Buch

Zwischen 1800 und 1200 vor Christus beherrschten die Hethiter ein Großreich im heutigen Zentralanatolien – es war der faszinierendste Staat der Bronzezeit. Die erste schriftliche Verfassung der Welt, eine gleichberechtigte Stellung der Frau, ein hochentwickeltes Justizwesen mit dem Grundsatz »Schadensersatz statt Strafe«, eine tolerante Staatsreligion, die alle Götter zuließ: ein durchweg moderner Staat, moderner jedenfalls als das damalige Ägypten der Pharaonen. Warum jedoch verschwanden die Hethiter so plötzlich aus der Weltgeschichte? Birgit Brandau und Hartmut Schickert erzählen, gestützt auf die neuesten Erkenntnisse der Archäologie, die Geschichte dieses erstaunlichen Volkes und versuchen den offenen Fragen der Forschung auf den Grund zu gehen.

Birgit Brandau, geboren 1951, lebt als freie Wissenschaftspublizistin in Stuttgart. Artikel erschienen unter anderem in »Focus«, »Damals« und »Rheinischer Merkur«.
Hartmut Schickert, geboren 1950, arbeitete als Sachbuchlektor für namhafte deutschsprachige Verlage und lebt heute als Publizist und Producer in Stuttgart.

Birgit Brandau,
Hartmut Schickert

Hethiter

Die unbekannte Weltmacht

Mit 35 Farbfotos und Zeichnungen

Piper München Zürich

Die in diesem Buch verwendeten Zeitangaben »v. u. Z.« und »u. Z.« bedeuten »vor unserer Zeitrechnung« beziehungsweise »unserer Zeitrechnung« und sind also mit »v. Chr.« und »n. Chr.« gleichzusetzen.

Durchgesehene Taschenbuchausgabe
1. Auflage Oktober 2003
2. Auflage Juli 2004

Umschlag/Bildredaktion: Büro Hamburg
Isabel Bünermann, Julia Martinez/
Charlotte Wippermann, Kathrin Hilse
Fotos Umschlagvorderseite: Hartmut Schickert (oben)
und Erich Lessing/akg-images, Berlin (unten)
Fotos Umschlagrückseite: Elizabeth Riorden
Satz: Jürgen Rothfuß, Neckarwestheim
Druck und Bindung: Clausen & Bosse, Leck
Printed in Germany ISBN 3-492-23978-1

www.piper.de

Inhalt

Vorwort	Die verrückteste Hauptstadt der Welt	7
Kapitel 1	Mit Kind und Kegel von Irgendwo	13
Kapitel 2	Viele Sprachen, zwei Schriften	25
Kapitel 3	Der Beutezug nach Babylon	36
Kapitel 4	Tausend Götter und die Anfänge der Geschichtsschreibung	57
Kapitel 5	Jeder gegen jeden: Blutige Familienfehden	80
Kapitel 6	3000 Liter Wein für ein Kleid	85
Kapitel 7	Die Thronfolge wird geregelt: Die erste Verfassung der Welt	99
Kapitel 8	Konkurrierende Imperien	114
Kapitel 9	Neue Kämpfe um den Eisenthron	132
Kapitel 10	Ein ziemlich moderner Rechtsstaat	150
Kapitel 11	Ein Großreich macht Karriere	160
Kapitel 12	Tempel, Tore und Paläste: Hattusas Baumeister	182
Kapitel 13	Die Macht wird gefestigt	203

Kapitel 14	Gutes Eisen, schlechtes Eisen: Eine Technologie im Werden	224
Kapitel 15	Die Schlacht von Kadesch	235
Kapitel 16	Die schrecklichste Waffe der Bronzezeit	247
Kapitel 17	Der Taktiker und die Diplomatin	258
Kapitel 18	Vasallen und Verträge: Die politische Verwaltung	283
Kapitel 19	Besenrein in Brand gesetzt	292
Kapitel 20	Kämpften vor Troia Hethiter?	315
Kapitel 21	In alle Winde zerstreut	326
Nachwort	Moderner als Griechen und Römer	336
Anhang	Danksagungen	341
	Zur Transkription	341
	Bildnachweise	341
	Zeittafeln	342
	Karten	344
	Quellen	348
	Literaturverzeichnis	354
	Register	359

Die verrückteste Hauptstadt der Welt

Dunkelrot leuchtet der Ziertabak in der Abendsonne, »Nasenschmeichler des Wesirs« sagen die Einheimischen dazu, womit sie auf den Duft anspielen, der sich erst nachts entfaltet. Ihn hat es damals noch nicht gegeben, auch nicht die Kleinstadt dort im Talgrund. Und die Berge ringsum waren viel stärker bewaldet, obwohl das Klima sich im großen und ganzen in den letzten drei bis vier Jahrtausenden kaum verändert hat, ebensowenig wie die Landschaft hier.

Wir sitzen auf der Terrasse unseres Hotels in den zentralanatolischen Bergen rund 150 Kilometer östlich von Ankara und erholen uns nach einem anstrengenden Tag. Wir sind hier, weil wir der größten Veränderung in dieser Gegend auf der Spur sind: Eine ganze Stadt ist nahezu spurlos verschwunden, eine Großstadt nach den Maßstäben ihrer Zeit, die Metropole eines Weltreichs.

Über die Hänge und Kuppen jenseits des kleinen Tales zu unseren Füßen hatte sie sich einst erstreckt, und mindestens 800 Jahre lang hatte sie Bestand; immer größer und prächtiger wurde sie ausgebaut, ehe sie wieder zu einem winzigen Dorf schrumpfte. Ihre Oberschicht herrschte über ein Reich, das sich während seiner größten Blüte von der Westküste Kleinasiens bis zum Kaukasus, von den Bergen im Norden am Schwarzen Meer bis tief nach Syrien hinein zum Rand des Libanons erstreckte, wo es eine gemeinsame Grenze mit Ägypten hatte.

Um so unverständlicher, daß diese politisch, wirtschaftlich und – sagen wir – verwaltungstechnisch so vernünftig agierenden Menschen ihre Hauptstadt, von zwei kurzen Ausnahmen abgesehen, stets hier, fast am Rand des riesigen Reichs, beließen, wo sie öfter von nahen Plünderern bedroht wurde und von wo selbst ein schneller berittener Bote bis ans andere Ende des Reichs um die drei Wochen brauchte. Und das, obwohl sie anfangs noch nicht einmal *ihre* Hauptstadt war und einer der Ihren die Stätte sogar verflucht hatte.

Viel verwunderlicher noch erscheint ihre Beharrlichkeit, wenn man sich das Gelände betrachtet, auf dem sie ihr Machtzentrum bauten: ein nach Süden ansteigendes bizarres Bergpanorama – mit einer tiefen Schlucht zwischen den markantesten Erhebungen. Verteidigungstechnisch ist das so ziemlich der unsinnigste Ort, der sich für eine zu befestigende Stadt finden läßt.

Die tiefstehende Abendsonne arbeitet das Profil des Terrains sehr plastisch heraus: Der weitaus größte Teil des einstigen Stadtgebiets erhebt sich in Form einer schräg gestellten ovalen Schüssel von der Ebene die Hänge hinauf, um am südlichsten Punkt in einem umlaufenden Wall zu gipfeln, auf dem sich eine mächtige Mauer mit respektheischenden Toren erhob. Von Norden aus betrachtet (s. Abb. 5), erinnert das Gelände an eine zerklüftete Hochalm in den Alpen, mit mächtigen Felsen durchsetzt, die wie große Klippen aus den begrünten Hängen hervorspringen. Auf der größten stand die Palastanlage der Herrscher, die zahlreichen kleinen krönten weitere prächtige Bauten – Tempel und Verwaltungsgebäude wohl. Beeindruckend muß das ausgesehen haben.

Im Nordosten ist der »Hochalm-Schüssel« ein nach allen Seiten abfallender kurzer Felsrücken vorgelagert. Auf ihm, der am ehesten unserer Vorstellung von einem schwer zugänglichen Burgberg entspricht, waren gegen

Ende ihrer Epoche die gewaltigen Getreidevorräte der Bewohner gelagert.

Zwischen diesem Rücken und dem Felsplateau des Palasts verläuft zwischen den steilsten Hängen des Gesamtareals die atemberaubende, stellenweise absolut senkrecht eingeschnittene Schlucht. Und die wollten jene Menschen um jeden Preis *in* ihrer Stadt haben. Kein Assyrer, Babylonier, Phryger, Grieche, Römer, Kelte und nicht einmal ein mittelalterlicher Ritter hätte je so geplant – geschweige denn so gebaut! Irgend etwas an dieser Schlucht muß ihnen ungeheuer wichtig gewesen sein.

Die Sonne ist untergegangen. Wind kommt auf, kräftiger Wind. Es wird kühl. Nicht fürchterlich kalt, wie einst die ägyptische Propaganda behauptete, als eine hier geborene und aufgewachsene Prinzessin aus friedenspolitischen Gründen mit dem Pharao verheiratet wurde. Was das Klima ihrer neuen Heimat anbelangte, hatte sie sich vielleicht wirklich ein wenig verbessert, ansonsten aber dürfte ihr deutlich geworden sein, daß sich die Frauen ihres Landes – jedenfalls die der Oberschicht – einer gesellschaftlichen Stellung und Unabhängigkeit erfreuten, von der ihre Geschlechtsgenossinnen in den umliegenden – und auch späteren! – Kulturen allenfalls träumen konnten.

Nein, kalt ist es nicht. Die türkischen Gäste haben sich mittlerweile ins Innere des Lokals zurückgezogen, aber wir Mitteleuropäer können es in unseren Jeansjacken noch gut aushalten; ein Nordseeanrainer würde wahrscheinlich sogar von einem lauen Sommerabend schwärmen. Der Kontrast ist das erstaunliche: Mittags haben wir drüben auf dem Ausgrabungsgelände in der prallen Sommersonne geschwitzt, wie man es Anfang August auf dem 40. Breitengrad – der Höhe von New York, Madrid, Sizilien, des Olymp oder von Troia – durchaus erwarten muß. Jetzt aber fühlen wir uns eher wie zu Hause im hessischen Bergland – rund elf Breitengrade nördlicher.

Ursache des nächtlichen Temperaturabfalls ist zum einen die Lage des Orts auf 950 bis 1250 Meter Meereshöhe, zum anderen der kräftige Wind, der sich pünktlich jeden Abend nach Sonnenuntergang einstellt. Kalt weht er von den 2500 Meter hohen Bergen im Norden herab, quert das nahe Tal des Flusses Kızılırmak und fegt dann die Hänge der zentralanatolischen Berge wieder hinauf.

Im Sommer – die Winter sind rauh und schneereich – ließe sich hier ganz einfach umweltfreundliche Energie gewinnen: tagsüber mit Solaranlagen, und abends, kaum daß die Sonne weg ist, könnte der Wind Generatoren antreiben.

Oder Rennöfen, fällt uns ein: einfache Schmelzöfen, bei denen durchfegender Wind die Holzkohlenglut auf die zur Eisengewinnung erforderlichen Temperaturen brachte. Das war wenigstens die Standardmethode zu Anfang der mitteleuropäischen Eisenzeit: Im Jura, in den südöstlichen Ausläufern der Alpen, ja, bis hin nach Polen hat man sie zuhauf gefunden, meist an Berghängen gebaut, um den Aufwind zu nutzen. Und diese gigantische, schräg gestellte »Bergschüssel« da drüben fängt den allnächtlichen Nordwind ein wie ein Brennglas das Sonnenlicht.

Ist das der Grund – oder wenigstens *ein* Grund –, warum den Menschen, die uns interessieren, dieser Ort so wichtig war? Gab es hier ein frühes Technologiezentrum? Die vielen in der Stadt gefundenen Tempel bilden dazu keinen Widerspruch, denn vor dreieinhalbtausend Jahren war die Erzverarbeitung wie überhaupt alle Lebensaktivitäten noch ganz von religiösen und magischen Vorstellungen durchdrungen, und Schmiede gehörten wie Priester zur gesellschaftlichen Oberschicht. Vor allem aber wissen wir von denen, die einst hier herrschten, daß sie über Eisen in einer Qualität verfügten wie keine andere zeitgenössische Kultur. Schon der erste überlieferte Großkönig dieses Landes saß auf einem Thron aus Eisen –

seine Kollegen in Ägypten, Babylonien, Assyrien konnten sich bestenfalls welche aus Gold leisten.

Was waren das für rätselhafte Leute? Was sie hier gemacht haben, kommt uns auch auf den zweiten Blick so vor, als hätten etwa die Württemberger, die ja gleichermaßen als technisch wie ökonomisch versiert, als diplomatisch geschickt, als politisch und gesellschaftlich liberal gelten (auch wenn sie *ihren* Frauen erst im 20. Jahrhundert u. Z. vergleichbare Rechte einräumten wie die Menschen hier 3500 Jahre früher) – als hätten ausgerechnet diese mit gesundem Menschenverstand gesegneten Württemberger ihre Hauptstadt links und rechts vom Drackensteiner Hang (ja, die berüchtigt enge und abschüssige Passage der A 8) an der engsten Stelle des Tales errichtet und selbst dann noch daran festgehalten, als sie ihren Machtbereich bis nach Elba oder bis in die Normandie ausgedehnt hatten!

Spinner waren diese Herrscher und Baumeister eines bronzezeitlichen Großreichs ganz gewiß nicht. Dieser Ort hat ohne Frage etwas Magisches, Geheimnisvolles an sich, das auch uns fesselt, obwohl uns esoterische Anwandlungen wahrlich fremd sind. Er übt seinen Bann aus und hat uns dazu gebracht, tiefer in die Geschichte und Kultur jener Menschen einzusteigen, von denen wir nicht einmal wissen, wie sie sich selbst nannten, bevor sie den Namen des Landes übernahmen, in das sie von irgendwo eingewandert waren. Sogar ihre Eigennamen entlehnten einige der Sprache derjenigen, die vorher über dieses Land herrschten, genau wie sie all die Götter sämtlicher eroberten Länder und Städte adoptierten, bis sie so viele davon hatten, daß sie sich selbst »Volk der tausend Götter« nennen konnten.

Daß sie aber mangels einer eigenen Kultur *alles* nur von anderen übernommen hätten, wie zum Beispiel C. W.

Ceram vor einem halben Jahrhundert schrieb, das ist weit gefehlt. Lernfähig waren sie, aber das ist kein Makel, sondern ein Vorteil, wenn man versteht, das Übernommene mit Eigenem zu verschmelzen und etwas Neues daraus zu machen. Und das ist den Menschen, um die es hier geht, gelungen. Wie hätten sie sonst ein Weltreich errichten können, vor dem Ägypten, Babylonien und Assyrien zitterten? Für das Mykener nichts weiter als gelegentlich piesackende Randerscheinungen der bekannten Welt waren?

Eines wissen wir mit Sicherheit: So sehr ihr Ursprung auch im dunkeln liegt, sie waren keine Exoten aus irgendwelchen mongolischen Steppen oder orientalischen Wüsten oder persischen Gebirgen. Sie waren – linguistisch betrachtet – ziemlich nahe Verwandte von uns.

Wenn Sie, liebe Leser, uns nun auf eine Entdeckungsreise in die Geschichte und Kultur jener Menschen begleiten wollen, so haben Sie die Möglichkeit, die Route ganz nach eigenem Geschmack festzulegen: In den Kapiteln mit den ungeraden Zahlen erzählen wir chronologisch die Geschichte dieses verschollenen Volks von den ziemlich dunklen Anfängen bis zum abrupten Ende; in den Kapiteln mit den geraden Zahlen fassen wir thematisch diejenigen Eigenheiten zusammen, die unserer Ansicht nach das Besondere an dieser Kultur ausmachen – wobei das Alltagsleben genauso zu seinem Recht kommen soll wie die Hochkultur.

Wer will, kann uns also durch einen abwechslungsreichen Parcours folgen; wer sich hingegen für bestimmte historische Abschnitte oder kulturelle Aspekte interessiert, kann sich die entsprechenden Kapitel separat vornehmen. Einige Querverweise helfen Ungeduldigen, vorab Verknüpfungen herzustellen, die sich später von selbst ergeben. Und für ganz Gründliche gibt es am Schluß des Buches Zeittafeln und ein Register.

Einfach loszuschmökern ist aber vielleicht am spannendsten: Viel Spaß!

Mit Kind und Kegel von Irgendwo

Die Fremden kamen in ein blühendes Land. Anatolien war mindestens seit der Altsteinzeit Heimat von Menschen, und noch vor Erfindung des Töpferns bauten hier Jäger und Sammler an der Schwelle zur Seßhaftwerdung die ältesten bekannten Tempel und Häuser. Deutsche Archäologen haben in Nevali Çori und am Göbekli Tepe (das sind die heutigen, türkischen Bezeichnungen) 10 500 beziehungsweise 11 000 Jahre alte Bauwerke ausgegraben. Und im 7. und 6. Jahrtausend lebten in Çatalhöyük – gut 50 Kilometer südöstlich vom heutigen Konya – Menschen in einer Stadt, die bereits alle Kennzeichen einer voll entwickelten seßhaften Kultur einschließlich einer hochdifferenzierten Arbeitsteilung aufwies. Sie unterhielten Handelsbeziehungen nach Syrien, Mesopotamien, Zypern, zum Roten Meer und in die Ägäis.

Im 6. und 5. Jahrtausend – der Chalkolithikum genannten Übergangsphase von der Jungsteinzeit zur frühen Bronzezeit, als die Menschen mit dem Kupfer das erste Metall in größerem Stil zu nutzen begannen – war Anatolien sozusagen ein Global Player, auf den jeder moderne Wirtschaftsboß stolz gewesen wäre – was nicht weiter verwundert, denn das Land ist reich an Kupfer- und anderen Erzvorkommen.

Ende des 4., Anfang des 3. Jahrtausends kam über Handelsbeziehungen Zinn ins Land, das zusammen mit Kupfer ein viel besseres, weil härteres und verschleißfesteres Material ergibt: Bronze. Das frühe Troia im äußersten Nordwesten Anatoliens beispielsweise (genauer: Troia II, in dessen Schichten Heinrich Schliemann die berühmten Schätze fand) war ein führendes Zentrum der neuen Technologie. Aber auch andernorts in Kleinasien wirkten begnadete Handwerker, gab es eine blühende Kultur. Das Land gliederte sich in mehrere kleine Königtümer – meist nur ein Städtchen mit etwas Umland –, deren Verwaltungssitze in der Regel zugleich religiöse Zentren waren. Soweit die archäologischen Funde den

---

Bronze ist eine Legierung aus Kupfer und 5 bis 25 Prozent Zinn, wobei mit zunehmendem Zinnanteil der Schmelzpunkt sinkt, die Härte und Sprödigkeit aber zunimmt. Bei 5 Prozent Zinngehalt ist Bronze kalt treibbar, für Werkzeuge und Waffen ist ein Anteil von 10 Prozent am besten, darüber wird das Material immer spröder, läßt sich aber um so besser gießen. Erstaunlich ist, wie die kupferzeitlichen Metallurgen überhaupt den reichlich paradoxen Umstand herausfanden, daß die Verschmelzung eines relativ weichen Metalls (Kupfer) mit einem ausgesprochen weichen (Zinn) ein wesentlich härteres Material ergibt.

Während an Kupfer in Anatolien kein Mangel herrscht, kommt abbaubares Zinn auf der Erde nur selten vor. Für die gesamte europäische und vorderasiatische Bronzezeit stellte die Sicherung des Zinn-Nachschubs ein Hauptproblem dar. Lange Zeit galt Cornwall, von wo später die Römer das begehrte Metall bezogen, auch für die Bronzezeit als Hauptlieferant; doch von dort bis Anatolien oder gar Ägypten war es ein weiter, im 3. Jahrtausend v. u. Z. wohl zu weiter Weg. Das Zinn des Erzgebirges lag ein gutes Stück näher und wäre über die Donau und das Schwarze Meer bequem per Schiff zu transportieren gewesen. Wahrscheinlich kam das Zinn für die Bronzeschmiede Anatoliens und des Nahen Ostens aber aus Afghanistan, weil dort auch der seltene Lapislazuli herstammt, den man in Anatolien gefunden hat. (Die vor wenigen Jahren verkündete Entdeckung einer Zinnmine in Südanatolien hat sich dagegen als Irrtum erwiesen.)

Schluß zulassen, verlief die Entwicklung im 3. Jahrtausend friedlich und ohne größere Umbrüche.

Die Oberschicht lebte in einem für damalige Verhältnisse erstaunlichen Luxus, den sie nicht nur den Fähigkeiten und dem Schweiß ihrer Untertanen, sondern auch internationalen Beziehungen verdankte. Die Assyrer unterhielten hier Handelsstützpunkte, denn sie waren an Kupfer, Silber, Gold und Edelsteinen interessiert, Rohstoffen, die es in Anatolien reichlich gab; im Gegenzug lieferten sie Zinn, kostbare Stoffe und andere hochwertige Waren.

Die assyrischen Händler lebten nahe der einheimischen Machtzentren in »Karum« genannten befestigten Handelsniederlassungen, zahlten den lokalen Herrschern Steuern und genossen dafür deren Schutz. Außer dem Fernhandel organisierten sie mit einem dichten Netz von Wegen und Umschlagplätzen den inneranatolischen Warenaustausch. Ihr merkantiles Zentrum war die Stadt Kanes in Zentralanatolien, genauer: im Süden des großen Bogens, den der Fluß Kızılırmak zwischen dem Pontischen Gebirge und Kappadokien beschreibt. Niemand weiß, wie dieses Land ursprünglich hieß (nur die Namen einzelner Stadtstaaten sind bekannt); da für seine Bewohner aber der Name »Hattier« gebräuchlich ist und »Hattisch« für ihre Sprache, bleiben wir bis auf weiteres beim ebenfalls einge-

Mit jenen assyrischen Königen, die in Ninive herrschten und für ihre Blutrünstigkeit und Grausamkeit berüchtigt waren (die traurige Krone gebührt Assurnassirpal II., 884–859 v. u. Z.), hatte das altassyrische Reich nichts gemein.

Die Menschen des Landes Assur (nach der Hauptstadt, woraus viel später dann Assyrien wurde) zeichneten sich Anfang des 2. Jahrtausends vor allem als überragende Kaufleute aus, die friedlich internationalen Handel trieben.

bürgerten Ausdruck »Land Hatti« (wenngleich dieser wissenschaftlich nicht mehr ganz korrekt ist).

Die Assyrer verhalfen diesem Land nicht nur zu heißbegehrten Waren, sondern führten hier erstmals auch eine ganz neue Kulturtechnik ein: Lesen und Schreiben. Auf Tontafeln hielten sie in Keilschrift ihre Transaktionen fest, schrieben sie Berichte und Briefe nach Hause, nach Assur. Aus diesen Quellen wissen wir, daß sich von etwa 2500 v. u. Z. an im Land Hatti Menschen niederließen, die zuvor in dieser Region nicht heimisch waren.

Ins Zentrum einer prosperierenden, technologisch führenden Kultur zu gelangen ist für Zuwanderer wahrlich kein schlechtes Los. Sie kamen nicht als Eroberer, denn die Archäologen haben zur fraglichen Zeit – Mitte bis Ende des 3. Jahrtausends v. u. Z. – keine nennenswerten Zerstörungen gefunden. Sie kamen vielmehr mit Kind und Kegel und führten das Wichtigste an Hausrat auf Ochsenkarren mit. Es war eine der typischen Wanderungsbewegungen, wie wir sie für Europa (wenn wir Kleinasien einmal dazurechnen) rund alle tausend Jahre feststellen können, das letzte Mal in Form »unserer« Völkerwanderung im 4. bis 6. Jahrhundert u. Z.

Kızılırmak bedeutet »Roter Fluß«, die Griechen nannten ihn Halys, »Salzfluß«, im 2. Jahrtausend v. u. Z. hieß er Marassanta. Berühmt wurde der Halys durch den Lyderkönig Kroisos, dem das Orakel von Delphi im 6. Jahrhundert v. u. Z. prophezeite, er werde, wenn er den Halys überquere, ein großes Reich zerstören. Er tat es, weil er den Spruch so interpretierte, daß er die Perser besiegen würde. Statt dessen unterlag er – und zerstörte damit das eigene Reich. Womit das hochverehrte Orakel wieder einmal recht behalten hatte.

Die Neuen kamen in drei Gruppen. Ob gleichzeitig oder nacheinander, ist nicht klar. Jede Gruppe hatte ihre eigene Sprache, aber die Idiome waren so eng miteinander verwandt, daß man fast von Dialekten reden könnte. Die einen ließen sich im Westen und Süden Anatoliens entlang der Küste nieder, die anderen im Norden und die dritte Gruppe in der Mitte, im Land Hatti.

Die Neuankömmlinge scheinen unter den einheimischen Hattiern so klammheimlich Karriere gemacht zu haben, daß man geneigt ist, von einer Infiltration oder Unterwanderung zu sprechen – beispielsweise an dem heute Alacahöyük genannten Ort rund 165 Kilometer östlich von Ankara, dessen begnadete Kunstschmiede kultische wie profane Gegenstände von noch immer irritierender Schönheit erschufen. Hier stand spätestens seit dem ausgehenden Chalkolithikum der Herrschersitz eines kleinen, aber offensichtlich feinen Reichs. Seine Bewohner hatten die damals nicht gerade seltene Angewohnheit, ihren hochrangigen Toten wertvolle Schätze mit ins Grab zu legen. 13 solcher Königs- oder Prinzengräber aus verschiedenen Bauphasen der Stadt haben die Archäologen gefun-

In der archäologischen Literatur ist mal von Königs- und mal von Fürstengräbern die Rede ; daraus darf man keineswegs auf eine Art Hierarchie schließen. Wenn ein Wissenschaftler ein Grab findet, das auf eine herausragende Stellung des Verstorbenen schließen läßt, dann vermutet er eben das Grab eines Herrschers, und es bleibt ihm überlassen, ob er diesen nun mit modernen Ausdrücken wie König oder Fürst belegt oder ganz anders bezeichnet. Der Ausdruck Prinzengräber im Fall von Alacahöyük erklärt sich daraus, daß hier wohl ganze Herrscherfamilien beigesetzt wurden, denn gleich 13 Könige oder Fürsten innerhalb einer begrenzten Zeitspanne wären ein paar zuviel. Folglich geht man davon aus, daß hier nicht einzelne Regenten, sondern ganze Sippen begraben wurden.

den. In den gemauerten Kammern wurden die Verstorbenen in Hockstellung samt den Grabbeigaben beerdigt. Die Kammern wurden mit einer flachen Holzbalkendecke verschlossen und mit Lehmerde versiegelt. Außerhalb der Grabkammer wurde der Hund des Verstorbenen beigesetzt, denn er sollte seinen Herrn auch im Tod bewachen.

Bei den Grabbeigaben handelte es sich um Schmuck, Waffen und Kultgegenstände aus Gold, Silber, Elektron (einer Gold-Silber-Legierung), Bronze und manchmal sogar schon aus Eisen, des weiteren aus Bernstein, Achat, Bergkristall und gebranntem Ton. Vor allem der Bernstein ist interessant; er beweist, daß die Handelsbeziehungen bereits – wie übrigens auch diejenigen Troias – bis in den Ostseeraum reichten, denn fast nur dort kommt in Europa Bernstein vor. Am faszinierendsten aber sind neben den Kleinplastiken einer Muttergöttin kultische Sonnenscheiben mit Hirsch- und Stierstatuetten: Kunstwerke, die nicht nur eine ungeheure Meisterschaft im Umgang mit dem Material belegen, sondern deren Ausdrucksreichtum zugleich einen ersten Höhepunkt der bronzezeitlichen anatolischen Kultur markiert (s. Abb. 32).

Der türkische Archäologe Ekrem Akurgal sieht in diesen Grabfunden Anzeichen für eine Vermischung der einheimischen Bevölkerung mit einer zugewanderten, die bald die Oberhand erlangte. Die Art und Weise der Ausführung der Grabbeigaben, schreibt er, deute zwar noch auf alteingesessene Künstler hin, Motive wie Sonnenscheibe, Stier und Hirsch seien hingegen nicht anatolisch und ließen bereits den fremdem Einfluß erkennen. Es sei mithin wahrscheinlich, daß in Alacahöyük schon gegen Ende des 3. Jahrtausends v. u. Z. eine neue Herrscherschicht das Sagen hatte. Und mittlerweile neigen immer mehr Wissenschaftler zu der Ansicht, daß die Zuwanderer sich früher und schneller als bisher angenommen in Anatolien fest etabliert hatten.

Wir wissen nicht, ob der Zufall oder eine geschickte Strategie diese äußerst erfolgreichen bronzezeitlichen Parvenüs so rasch die Oberhand gewinnen ließ; eine ausgeprägte Anpassungsfähigkeit gehörte zweifellos eindeutig zu ihren Kardinaltugenden. Typisch dafür war ein höchst ungewöhnlicher Schritt: Sie gaben ihren ursprünglichen Namen auf, übernahmen den des Landes, in das sie gekommen waren, und nannten sich fortan »Menschen von Hatti«.

Daß wir sie heute anders bezeichnen, verdankt sich wie so vieles Merkwürdige in unserer Kultur der Bibel. Das Alte Testament nämlich nennt *diese* »Menschen von Hatti« (nicht mit den ursprünglichen Hattiern zu verwechseln!) *chittim*; daraus wurde dann in der griechischen Übersetzung *chetaios*, in der lateinischen *hettaeus* und schließlich in der lutherischen »Hethiter«.

Der bekannteste Hethiter der Bibel ist wohl Urija, der Mann der schönen Batseba. Die gefiel König David so gut, daß er auf der Stelle mit ihr schlief. (Ob sie damit einverstanden war, ist der Bibel nicht zu entnehmen – nur, daß sie sich praktischerweise gerade gewaschen hatte.) Prompt wurde Batseba schwanger. Um anstehenden Problemen aus dem Weg zu gehen, ließ David den ihm treu ergebenen Urija in die Schlacht schicken, und zwar in die vorderste Linie, wo er mit Sicherheit den Tod finden würde. So geschah es, und nach einer angemessen kurzen Trauerzeit nahm David Batseba zur Frau. Gott dem Herrn gefiel das allerdings gar nicht, und er bestrafte David, indem er beider Kind sterben ließ (2 Samuel 11–12).

Die anderen in der Bibel erwähnten Hethiter und Hethiterinnen waren keine so getreuen »Knechte« wie Urija, lebten aber, wie es scheint, in Palästina und Syrien meist friedlich mit ihren Nachbarn zusammen. Wer nachlesen will: Genesis 15, 19–21; Genesis 23; Genesis 26, 34; Genesis 36, 2; Numeri 13, 29; Josua 1, 2–4; Josua 3, 10; 2 Könige 7, 6–7; 2 Chronik 1, 17; Ezechiel 16, 3.

Die Übersetzer trifft kein Vorwurf, denn knapp drei Jahrtausende lang war die Erwähnung der *chittim* im Alten Testament das einzige, was die Menschheit noch von diesem Volk wußte. Dabei sind jene Hethiter der Bibel erst viel spätere und reichlich unbedeutende Nachfahren der bronzezeitlichen Hochkultur, um die es hier geht. Aber Namen, zumal biblische, haben ein langes Leben; folglich blieb es bei der Bezeichnung »Hethiter« – englisch und französisch »Hittites« –, obwohl wir heute genau wissen, daß sie sich in diesem Begriff nicht wiedererkannt hätten.

Daß die »Menschen von Hatti« sich nach ihrer neuen Heimat nannten und ihren alten Namen aufgaben, mag gegenüber der einheimischen Bevölkerung – den eigentlichen Hattiern – eine freundliche Geste gewesen sein, für die heutigen Wissenschaftler aber ist es ein Grund zum Haareraufen. Denn ihre alte Selbstbenennung hätte vielleicht Aufschluß über ihre frühere Heimat geben können. Da das Wissen um sie verloren ist, bleibt die Frage »Woher kamen die Hethiter?« vielleicht ewig ein Rätsel.

»Sonnengott des Himmels, mein Herr, des Menschenkindes Hirte, herauf kommst du, Sonnengott des Himmels, aus dem Meer, und an den Himmel trittst du.« Das ist ein recht seltsamer Gebetsanfang für Menschen, die in Zentralanatolien und damit ziemlich weit vom Meer entfernt leben. Diese Zeilen gelten einigen Fachleuten als der einzige konkrete Hinweis, woher oder auf welchem Weg die Fremden ins Land Hatti gelangt sein könnten. Aufgeschrieben wurde das Gebet erst um 1300 v. u. Z., als die Hethiter seit mindestens 700, eher 1000 Jahren in ihrer »neuen« Heimat lebten. Deshalb glaubt ein Teil der Wissenschaftler, hier eine viel ältere, traditionelle Gebetsfloskel vor sich zu haben und daraus ableiten zu können, daß die Hethiter einst westlich eines Meeres lebten – oder ihr Weg nach Anatolien sie westlich an einem Meer vorbeigeführt haben muß.

Für diese Theorie kommen nur zwei in Betracht: das Schwarze und das Kaspische Meer. Demnach wäre die ursprüngliche Heimat der Hethiter im heutigen unteren Donauraum oder im beziehungsweise am Kauskasus zu suchen – oder noch weiter nördlich, wenn man davon ausgeht, daß sie den aus dem Meer aufsteigenden Sonnengott auf ihrem Weg nach Süden lediglich »aufgeschnappt« haben. Was ziemlich unwahrscheinlich anmutet, denn wenn sich eine Gebetsformel über mindestens 700 Jahre hinweg erhalten kann, dann repräsentiert sie kaum eine nur im Vorübergehen gemachte Erfahrung.

Doch muß das Gebet gar nicht so alt sein. Wenn die Hethiter des 2. Jahrtausends dem Fluß Marassanta, der ihr Kernland umfloß, bis zur Mündung an der Schwarzmeerküste folgten, sahen sie, da die Küste in östlicher Richtung dort nach Süden zurückweicht, sehr wohl die Sonne aus dem Meer aufsteigen (aufgrund der Erdkrümmung reicht der Blick auf See nur rund 70 Kilometer weit). Und genau da, an der Marassanta-Mündung, lag Zalpa, eine ihrer wichtigen Kultstädte.

Auch kann ihnen durchaus bekannt gewesen sein, daß sich weit östlich von ihrem Reich ein Meer befand – das Kaspische –, und sie könnten bewußt den Sonnenaufgang in diese geheimnisvolle Ferne verlegt haben. Denn wer glaubt, die Sonne gehe tatsächlich hinter dem nächsten Berg im Osten auf, der wird ihn eines Tages besteigen und feststellen, daß die Sonne offensichtlich erst hinter dem nächsten Berg aufgeht – und so weiter.

Daß die meisten Wissenschaftler glauben, die Hethiter seien von Norden und entlang des Schwarzen oder des Kaspischen Meers eingewandert, hat denn auch einen ganz anderen, viel stichhaltigeren Grund.

So unauffällig die frühen Hethiter nicht nur in Alacahöyük, sondern überall im Land Hatti nach einem mehr oder weniger langen gesellschaftlichen Aufstieg zu Wohlstand, Ansehen und Einfluß gelangten, so unklar ist, wie und wann genau sie den Hattiern endgültig die Macht streitig machen konnten.

Zu Anfang des 2. Jahrtausends v. u. Z. wurde es unruhig in Zentralanatolien: Zunächst zerfielen ältere Königtümer in kleinere Einheiten, die dann jede für sich wieder versuchten, die Oberhand zu gewinnen. Davon berichten Aufzeichnungen der assyrischen Händler, deren Handelsorganisation ungefähr zur selben Zeit zusammenbrach und aufgegeben wurde. (Wobei Ursache und Folge nicht klar zu unterscheiden sind, denn auch im Zweistromland gab es zu dieser Zeit ein vergleichbares Hin und Her von Stadtstaaten, die nach Unabhängigkeit strebten, und mächtigeren Konkurrenten, die ihren Einfluß zentralstaatlich zu organisieren versuchten.)

Auf jeden Fall hinterließ der Abzug der Assyrer im Land Hatti ein gewisses ökonomisches Vakuum, das neue Begehrlichkeiten weckte und neue Chancen und Herausforderungen bot: Für Bronze brauchte man Zinn; Zinn kam ausschließlich über den Fernhandel ins Land; der Fernhandel wiederum funktionierte nur, wenn großräumig stabile, politisch abgesicherte Verhältnisse herrschten.

Im Zug dieser Umbruchphase unterwarfen im 18. Jahrhundert ein gewisser Pithana von Kussara und sein Sohn Anitta eine Reihe kleinerer Königtümer, etwa das bedeutende Zalpa am Schwarzen Meer; diese Stadt und vor allem das nahegelegene Nerik waren für die Hethiter wegen ihrer kultisch-religiösen Bedeutung stets ungeheuer wichtig. Schließlich eroberte diese Dynastie von Kussara auch die im Süden des Landes Hatti gelegene Stadt Kanes – oder Nesa, wie sie in hethitischen Texten heißt:

»Der König von Kussara kam mit großer Heeresmacht ... und nahm die Stadt Nesa während der Nacht im Sturm ein. Er ergriff den König von Nesa, doch fügte er keinem Einwohner von Nesa Böses zu, sondern behandelte [sie] wie Mütter [und] Väter.«

Nesa/Kanes war das Zentrum des assyrischen Handelsnetzes gewesen, und die Dynastie von Kussara nutzte die vorgefundenen Strukturen offensichtlich geschickt, indem sie jetzt Nesa zu ihrer Hauptstadt machte.

In ihren Ruinen fanden die Archäologen einen Bronzedolch; er trägt eine Inschrift, die ihn eindeutig als Anittas Besitz ausweist. Ein glücklicher Umstand, belegt diese Inschrift doch, daß es jenen Anitta im späten 18. Jahrhundert tatsächlich gegeben hat. Weil es sich bei dem hethitischen Keilschrifttext, der uns von Anitta berichtet, um eine viel spätere Abschrift handelt, hatten sich einige Wissenschaftler gefragt, ob Anitta eine historische oder bloß eine mythische Figur war. Nun, der Dolch hat das geklärt. Gezweifelt wurde bis in jüngere Zeit auch, ob Pithana und Anitta im ethnischen beziehungsweise linguistischen Sinn überhaupt Hethiter waren, aber der hethitischen Geschichtstradition zufolge, die erstmals in diesem sogenannten Anitta-Text festgehalten ist, gilt er – und so sehen es mittlerweile auch die meisten Hethitologen – als der Begründer des hethitischen Reiches. Immerhin war Anitta der erste, der wie alle seine Nachfolger den Titel »Großkönig« trug – was im übrigen bedeutete, daß er über andere, nachgeordnete Könige herrschte. Wir haben es also bereits mit einer ziemlich komplexen Staatsorganisation zu tun.

Allerdings darf man sich nicht vorstellen, daß bei diesen frühen Eroberungen Großreiche mit riesigen Armeen aufeinanderprallten; der Bericht über Anittas Ruhmestaten gibt die Größe seines Heeres nicht ohne Stolz mit 1400 Kriegern und 40 Streitwagen an – ein ziemlich mickriger Haufen, wenn man diese Zahlen mit den 37000 Mann und 3500 Streitwagen vergleicht, die die Hethiter ein paar hundert Jahre später gegen die Ägypter in die Schlacht von Kadesch führten. (Wobei anzumerken ist, daß die hethitische Geschichtsschreibung aus religiösen Gründen [s. Kap. 4] immer relativ ehrlich blieb, während die eher propagandistisch operierenden ägyptischen »Historiker« gern zu Übertreibungen neigten, vor allem was die Größe und Gefährlichkeit des Gegners anbelangte.)

Von einem seiner Feldzüge brachte Anitta zwei sehr erlesene Souvenirs mit: ein Zepter und sogar einen ganzen Thron aus dem damals unvorstellbar kostbaren Eisen – zigfach wertvoller als Gold war es. Von nun an saßen die hethitischen Großkönige als einzige der damals bekannten Welt auf einem Eisenthron. Der Herrscher von Purushanda – einem bedeutenden Stadtstaat, der bereits die Begierde des sagenumwobenen Sargon von Akkad geweckt hatte – brachte Anitta diese ungewöhnlichen Geschenke dar, um mit der freiwilligen Unterwerfung einer aussichtslosen militärischen Auseinandersetzung zu entgehen.

Der Herrscher der Stadt Hattusa war weniger umsichtig: »In der Nacht nahm ich die Stadt mit Gewalt«, berichtete Anitta, »an ihrer Stelle aber säte ich Unkraut. Wer nach mir König wird und Hattusa wieder besiedelt, den soll der Wettergott des Himmels treffen.«

Anittas Truppen müssen ganze Arbeit geleistet haben: Die Archäologen haben festgestellt, daß der Ort in der Tat um 1700 v. u. Z. in einem gigantischen Brand zugrunde gegangen ist. Wir wissen nicht, was Anitta gegen Hattusa einzuwenden hatte, doch letzten Endes – ein halbes Jahrtausend später – sollte sich sein Fluch als wirksam erweisen. Aber zunächst kam alles ganz anders.

Kapitel 2

Viele Sprachen, zwei Schriften

Von November 1891 bis März 1892 grub der englische Archäologe William Flinders Petrie in Tell el-Amarna am Ostufer des Nils rund 300 Kilometer südlich von Kairo das Archiv des Pharao Amenophis IV. (besser bekannt als Echnaton, 1351–1334 v. u. Z.) aus. Dessen internationale Korrespondenz war, wie damals üblich, in Akkadisch (Babylonisch) abgefaßt, der Diplomatensprache des alten Orients, und deswegen konnten die hocherfreuten Wissenschaftler sogleich alles lesen – bis auf zwei Tafeln, die zwar dieselbe Keilschrift aufwiesen wie alle anderen, deren Zeichen aber für eine unbekannte Sprache standen, von der man kein einziges Wort verstand. Gerichtet waren sie an einen unbekannten König eines gleichfalls unbekannten Landes namens Arzawa. In Ermangelung einer besseren Lösung taufte man sie daher »Arzawa«-Briefe, und unter diesem Namen blieben sie über zwei Jahrzehnte lang ein großes wissenschaftliches Rätsel.

1893 entdeckte der französische Archäologe Ernest Chantre oberhalb des Dorfs Boğazköy (seit 1960: Boğazkale) in Zentralanatolien Tontafelfragmente, die ebenfalls in dieser unbekannten »Arzawa«-Sprache abgefaßt waren, und publizierte sie auch – was weitgehend unbeachtet blieb.

Am 14. Oktober 1905 brachen der deutsche Orientalist Hugo Winckler und Theodor Makridi vom Antiken-Museum Istanbul zu Pferd von Ankara in Richtung Boğazköy auf. Makridi hatte im Museum eine Keilschrifttafel gefunden, die Winckler sofort als in der »Arzawa«-Sprache abgefaßt erkannte.

Am 19. Oktober 1905 besichtigten sie die Ruinenstätte oberhalb des Dorfs. Drei Tage später setzten die Herbstregen ein. Sie mußten abbrechen. Winckler kehrte mit 34 neuen »Arzawa«-Tontafeln nach Berlin zurück und suchte Geldgeber für eine Expedition zu gewinnen.

Am 17. Juli 1906 begannen Makridi und Winckler in Boğazköy mit Ausgrabungen. Wincklers Aktivitäten müssen – abgesehen von Schliemanns ersten Schatzsuchen in Troia (1871–1873) – zu den rücksichtslosesten aus den Anfängen der Archäologie gezählt werden: Statt methodisch vorzugehen, ließ er einfach Männer aus dem Dorf nach Gutdünken buddeln und sich ausschließlich das in seine schattige Laubhütte bringen, was ihn als Philologen interessierte: Keilschrifttafeln. Alles andere kümmerte ihn nicht. Allerdings waren die Tafeln nicht sonderlich aufregend: Mit der akkadischen Keilschrift wie der babylonischen Sprache vertraut, konnte er die Tafeln leicht entziffern und verstehen. Nur nicht die Stücke, die zwar auch akkadische Keilschrift aufwiesen, aber in der »Arzawa«-Sprache abgefaßt waren.

Am 20. August 1906 brachte man ihm eine Tafel, die er nicht nur lesen und verstehen konnte, sondern deren Inhalt er schon einmal gelesen hatte. Es handelte sich um einen Vertrag, den Pharao Ramses II. mit einem hethitischen Großkönig namens Hattusili geschlossen hatte. Der Wortlaut der Übereinkunft war unter anderem in Hieroglyphen in eine Tempelwand von Karnak in Ägypten gemeißelt und der Wissenschaft seit langem bekannt. Und nun hielt Winckler die Ausfertigung für die andere Seite, also jenen Hattusili, in den Händen. Die einzelnen Vertragsbestimmungen waren bis in die Formulierungen hinein identisch. Nach über drei Jahrtausenden das Gegenstück ein und derselben Vereinbarung – zudem 1600 Kilometer Luftlinie vom ersten Fundort entfernt – wiederentdeckt zu haben, das war ein unglaublicher Glücksfall für die Archäologie, der bis heute ohne Parallele geblieben ist.

Zugleich hatte Winckler damit die Hauptstadt des versunkenen und vergessenen Hethiter-Reichs wiedergefunden, denn woanders als im königlichen Archiv wurden solche Dokumente nicht aufbewahrt.

Den Sommer 1906 über wunderte Winckler sich allerdings immer mehr, daß er neben den babylonischen Texten so viele in jener seltsamen »Arzawa«-Sprache fand. Langsam wurde ihm dann klar – er weilte 1907 und 1911–1912 wiederum in Boğazköy –, daß diese unverständliche »Arzawa«-Sprache wohl diejenige der Hethiter sein mußte.

Im Dezember 1915 dankte Professor Friedrich Hrozny dem k. u. k. Oberleutnant A. Kammergruber dafür, daß er – seit einem Jahr tobte der Erste Weltkrieg – weder Gewehre noch Kanonen abfeuern mußte, sondern sich dem Studium einer »toten« Sprache hatte hingeben dürfen. Im Anschluß an diesen Dank in den *Mitteilungen der Deutschen Orient-Gesellschaft* veröffentlichte Friedrich (eigentlich: Bedrich, denn er war Tscheche) Hrozny einen Aufsatz mit dem Titel »Die Lösung des hethitischen Problems«.

»Du wirst Brot essen und Wasser trinken«, lautete die hethitische Formel für ein langes Leben ohne Not und Mangel. Eine sehr alte, ritualisierte Ausdrucksweise, die die Befriedigung zweier schlichter Grundbedürfnisse metaphorisch für das Ganze setzte. Und diese für alle Menschen elementaren Lebensmittel waren es denn auch, die den entscheidenden Hinweis lieferten.

Über diesem und vielen anderen Sätzen der »Arzawa«-Sprache hatte, wie schon andere Wissenschaftler, Friedrich Hrozny gebrütet. Er war 1905, mit nur 26 Jahren, Professor für Assyriologie in Wien geworden und verfügte seiner akademischen Spezialisierung zum Trotz über ebenso breite wie profunde Sprachkenntnisse. Wie seine Fachkollegen auch konnte er die Keilschriftzeichen lesen, und er kannte überdies ihre Lautwerte; das heißt, er konnte die sogenannten »Arzawa«-Texte sogar laut vorlesen – allerdings nicht verstehen.

Nur die Bedeutung einiger Begriffe war klar, denn sie waren nicht auf »arzawaisch« beziehungsweise hethitisch wiedergegeben, sondern in Form sogenannter Sumerogramme. Das sind gewissermaßen Versatzstücke einer noch auf das Sumerische zurückgehenden Bild- oder Symbolsprache, bei der ein Zeichen jeweils für eine Sache oder einen Begriff steht (ähnlich wie bei der chinesischen Zeichenschrift oder bei Hieroglyphen). Das einzige Zeichen, das die Wissenschaftler aus dem eingangs zitierten Satz entziffern konnten, war das Sumerogramm NINDA. (Einer wissenschaftlichen Konvention folgend werden Sumerogramme in Großbuchstaben wiedergegeben, um sie von ausgeschriebenem Text zu unterscheiden.) Und das Zeichen NINDA bedeutet »Brot«.

Brot kann man essen, folglich suchte Hrozny nach einem möglicherweise passenden Verb. Er fand es, weil er nicht darauf fixiert war, irgendein exotisches vorderasiatisches Idiom entziffern zu müssen, sondern weil er einer Spur nachging, auf die ihn bestimmte grammatische Eigenheiten der unbekannten Sprache gebracht hatten und die ihm, dem Mitteleuropäer, seltsam vertraut vorkamen. Schließlich erkannte er in dem hethitischen Wort *ezzatenni* (»du wirst essen«) einen sattsam bekannten Wortstamm wieder: *ezzan* auf alt-, essen auf neuhochdeutsch, *edere* auf lateinisch, *eat* auf englisch und so weiter.

Daraufhin sprang ihm das nächste Substantiv des hethitischen Satzes geradezu in die Augen: *Wadar* war im Zusammenhang mit Brot ohne Zweifel dasselbe wie englisch *water*, deutsch Wasser oder altsächsisch *watar*.

Danach ging es Schlag auf Schlag, immer mehr ähnliche Wörter oder Wortstämme zeigten sich: *win* = Wein (wird heute noch im Elsässischen »win« ausgesprochen), *kwis* und *kwid* = lateinisch *quis* und *quid* (wer und was), *memal* = Mehl, *patar* = Feder oder englisch *feather*, *ug* = lateinisch *ego*, ich.

Das Weltbild der Altorientalistik war bis in die Grundfesten erschüttert: Im 2. Jahrtausend v. u. Z. hatte es in Zentralanatolien ein Reich gegeben, dessen Herrscher mit dem Pharao von Ägypten auf gleicher Stufe verkehrte und der irgendein Mischmasch von Lateinisch und Althochdeutsch sprach!

Doch die Beweise, die Hrozny in seinem 1917 in Leipzig erschienenen Buch *Die Sprache der Hethiter* vorlegte, waren überwältigend. Die Gemeinsamkeit der Wortstämme bildete nur einen kleinen Teil davon; in der Konjugati-

---

Ironischerweise blieb ausgerechnet das Wort, das den Schlüssel für die Entzifferung des Hethitischen lieferte, jahrzehntelang unbekannt. NINDA, das Sumerogramm für Brot, tauchte so oft auf, daß die Wissenschaftler zwar feststellen konnten, daß die Hethiter fast 150 Bezeichnungen für verschiedene Brotsorten und Getreidespeisen benutzten (nach Zutaten, Formen, Farben, Beschaffenheit, Verzierungen etc. unterschieden), aber wie das ganz normale, alltägliche Wort »Brot« auf hethitisch lautete, das wußten sie nicht. Vielleicht war das ein Glücksfall: Erst seit wenigen Jahren weiß man, daß die Hethiter *zuwa* dazu sagten. Das hätte Hrozny bestimmt nicht auf die entscheidende Idee gebracht!

---

on der Verben beispielsweise oder in der Deklination der Substantive waren viele Ähnlichkeiten mit dem Griechischen oder Lateinischen auszumachen, und der Gebrauch von Partizipien sowie viele andere grammatische Eigenheiten ließen nur einen Schluß zu: Die Hethiter sprachen und schrieben eine indoeuropäische Sprache.

Und wie wir heute wissen, stand ihre Sprache dem europäischen Zweig der Familie näher als dem indischen. Linguistisch betrachtet sind die Hethiter also keine Exoten, sondern relativ nahe Verwandte von uns heutigen Europäern; sie rücken uns um so näher, je weiter wir in der eigenen Kulturgeschichte zurückgehen. Hethitisch war – und ist – die älteste schriftlich überlieferte indoeuropäische Sprache überhaupt.

Daß die Hethiter von Norden entweder am Schwarzen oder am Kaspischen Meer entlang nach Anatolien eingewandert sein sollen, ist eine wissenschaftliche Vermutung, die sich auf diese sprachliche Verwandtschaft stützt. Vor Urzeiten waren der gängigen Lehrmeinung zufolge alle Indoeuropäer in den südrussischen Steppen nördlich des Schwarzen Meeres zu Hause gewesen und in Schüben nach Westen, Süden und Südosten gezogen.

Doch nicht alle Wissenschaftler folgen dieser Standardtheorie von der Herkunft der Indoeuropäer. Der britische

Obwohl deutsche Sprachwissenschaftler (als einzige) gern am Begriff »Indogermanisch« festhalten, schließen wir uns internationalen Gepflogenheiten an und verwenden den systematisch zutreffenden Ausdruck »Indoeuropäisch«; denn die germanischen Sprachen sind nur eine Untergruppe der indoeuropäischen Familie, genau wie die romanischen, slawischen, griechischen, keltischen, iranischen, indischen und so weiter Sprachen.

Archäologe Colin Renfrew vertritt die Ansicht, Zentralanatolien selbst sei ihre Heimat gewesen, die Hethiter beispielsweise seien also hier nicht eingewandert, sondern schon immer ansässig gewesen. Der georgische Orientalist Thomas W. Gamkrelidse und der russische Slawist Wjatscheslaw W. Iwanow glauben hingegen, den Ursprung aller Indoeuropäer in Ostanatolien an der Grenze zu Aserbeidschan (Nordiran) lokalisiert zu haben. Dazu würde das hethitische Gebet passen, dem zufolge die Sonne aus dem Meer steigt: Das Kaspische Meer liegt östlich dieser Gegend, wenn auch 200 bis 300 Kilometer entfernt.

Wir können und wollen den Gelehrtenstreit hier nicht entscheiden, das ist nicht unsere Aufgabe. Für Renfrews These allerdings spricht, daß auch in ältesten hethitischen Quellen keinerlei Hinweise auf eine frühere Heimat zu finden sind: Ihren Eigennamen leiteten sie, wie gesagt, von dem Land her, in dem sie lebten, als sie schreiben lernten; und auch ihre Sprache nannten sie nach einem anatolischen Ort: *nesili*, Nesisch. Das bedeutet: nach Art der Leute von Nesa/Kanes, der ersten Hauptstadt der Hethiter, in deren Ruinen Anittas Dolch gefunden wurde.

Auf ähnliche Weise benannten die Hethiter die mit dem Nesischen eng verwandten, also gleichfalls indoeuropäischen Sprachen, die ihre – vielleicht zusammen mit ihnen eingewanderten – Nachbarn verwendeten: *luwili* (Luwisch) und *palaumnili* (Palaisch). Das bedeutete: nach Art

Daß wir die Sprache »Hethitisch« nennen, ist ebenso wie die Bezeichnung »Hethiter« lediglich eine auf unsere Geistes- und Forschungsgeschichte zurückzuführende, nicht korrekte Konvention. Nachdem man herausgefunden hatte, daß »Nesisch« der von den Hethitern verwendete Ausdruck war, gab es Versuche, diese Bezeichnung auch in der wissenschaftlichen Literatur durchzusetzen. Sie sind gescheitert, also belassen wir es dabei.

derer von Luwija und nach Art derer von Pala. In der Wissenschaft werden diese Gruppen folglich als Luwier (im Süden und Westen Anatoliens) und Palaer (im Nordwesten am Schwarzen Meer) bezeichnet.

Nesisch (Hethitisch), Luwisch und Palaisch bildeten gemeinsam mit Lydisch und Lykisch, die später die Bühne der Geschichte betraten, die anatolische Gruppe der indoeuropäischen Sprachen. Sie sind inzwischen, der Vollständigkeit halber sei es gesagt, allesamt ausgestorben. Die indoeuropäische Sprachfamilie selbst aber, wo immer sie ihren Ursprung gehabt haben mag, ist heute die am weitesten verbreitete der Welt: Fast 50 Prozent der Menschheit haben als Muttersprache ein indoeuropäisches Idiom.

Die Wissenschaftler staunten nicht schlecht, als sie auf den hethitischen Keilschrifttafeln immer mehr Sprachen fanden. Schon 1919, zwei Jahre nach Hroznys Buchveröffentlichung, hatte der Schweizer Sprachwissenschaftler Emil Forrer insgesamt acht identifiziert, wenn auch in sehr unterschiedlicher Gewichtung.

Den Hauptanteil hatten Nesisch/Hethitisch als Landessprache und Akkadisch/Babylonisch als die Diplomatensprache der Bronzezeit. Daneben fanden sich längere Texte nur noch in Hurritisch, einer nicht-indoeuropäischen Sprache unbekannter Herkunft. Sie wurde von den Hurritern gesprochen, Nachbarn der Hethiter im Osten und Südosten ihres Gebiets, die im Lauf ihrer Geschichte immer wieder eine erhebliche Rolle spielten – als Feinde wie als Kulturvermittler: Unter den hurritischen Keilschriftdokumenten von Boğazköy fand sich neben zahlreichen religiösen Texten bemerkenswerterweise eine – leider nur in Fragmenten erhaltene – hurritische Übersetzung des berühmten Gilgamesch-Epos.

Gleichfalls in überwiegend rituellen Zusammenhängen

kamen Luwisch und Palaisch vor, wobei das Luwische einen wesentlich größeren Anteil hatte. Luwisch und Nesisch/Hethitisch waren so eng miteinander verwandt wie Niederländisch und Deutsch, partiell vielleicht noch enger. Doch hatte das Luwische die Eigenart, ein Substantiv nicht – wie in anderen indoeuropäischen Sprachen üblich – mit dem Genitiv als einem anderen zugehörig zu kennzeichnen, sondern durch Anhängen von *-assis* oder *-assas*. Der luwische Ortsname Tarhuntassa beispielsweise bedeutet demnach »[dem Gott] Tarhunt gehörig«. Und aus griechischer Zeit sind sehr viele Ortsnamen bekannt, die auf *-assos* enden, also auf luwische Siedlungen zurückgehen. Auch soll das Lykische, das in klassischer Zeit im Südwesten Anatoliens gesprochen wurde, die Weiterentwicklung eines luwischen Dialekts sein.

Götter und Riten übernahmen die Hethiter nicht nur von den Hurritern, sondern auch von ihren Vorgängern im eigenen Land, den Hattiern. Folglich fanden sich in kultischem Kontext recht viele Passagen in Hattisch. Sie sind zu kurz, um viel mehr über diese Sprache sagen zu können, als daß sie vermutlich einer Sprachgruppe aus dem nördlichen Kaukasus zuzurechnen ist. Die Wissenschaftler vermuten, daß Hattisch spätestens im 16., vielleicht schon im 18. Jahrhundert bereits ausgestorben war und einzig im Ritus fortlebte – etwa wie unser Kirchenlatein.

Ebenfalls ausgestorben oder auf kultischen Gebrauch beschränkt war zur Zeit der Niederschrift jener hethitischen Dokumente das Sumerische, die älteste Sprache des unteren Zweistromlands, die sich genau deswegen aber sowohl bei den Babyloniern wie bei den Hethitern einer gewissen Verehrung erfreute. Auf den Keilschrifttafeln von Boğazköy kam Sumerisch nur in Form von Vokabellisten vor, die die hethitischen Schreiber zu Studienzwecken angelegt hatten. Da sich davon die symbolschriftlichen Sumerogramme ableiteten, die sie wie eine Art Stenografie-Sigel verwendeten, ist es kein Wunder, daß sie sich noch immer mit dieser »toten« Sprache beschäftigten.

In einem einzigen Dokument fanden sich Spuren einer Sprache, die bis heute keinen Namen hat. Emil Forrer hatte ihr den Namen »Mandaisch« gegeben, sich damit aber nicht durchsetzen können. Sie wies manche Parallelen zum Sanskrit auf, gehörte also zum östlichen Zweig der indoeuropäischen Sprachfamilie. In hethitische Archive fand sie Eingang, weil sie die Sprache der Oberschicht – und nur der Oberschicht – des Reichs Mittanni war, das später den Hethitern schwer zu schaffen machte. Die Untertanen dieser Mittanni-Herrscher waren allerdings nicht irgendwelche »Mittannier«, sondern die nicht-indoeuropäischen Hurriter.

Dieses verwirrende Durcheinander dürfte einen ersten Eindruck davon vermitteln, daß der anatolisch-vorderasiatische Raum zur Bronzezeit eine Art Cocktailshaker der Kulturen war, auf den die aus der neueren Geschichte vertraute Einheit von Volk, Sprache und politisch-gesellschaftlichem Gebilde (»Reich« oder gar »Nation«) in keinem Fall zutraf – und im Bewußtsein der Menschen jener Zeit auch gar nicht existierte.

Zu diesen acht Schriftsprachen gesellte sich eine neunte, die man zunächst nicht in den Archiven fand, sondern vornehmlich auf Felsreliefs und anderen Steinmonumenten, dann auf Siegeln und schließlich in einigen Briefen (in Form zusammengerollter Bleistreifen), die um 1920 in Assur entdeckt wurden. Sie bekam den wissenschaftlichen Namen Hieroglyphen-Hethitisch, weil ihre Schreiber nicht die Keilschrift, sondern bildhafte Zeichen, eben Hieroglyphen, verwendeten: Wie heutige Piktogramme ließen sie das Gemeinte noch anschaulich erkennen – etwa Tiere, Pflanzen, Artefakte oder Körperteile wie Hände in bestimmten Positionen und so weiter.

Mittlerweile ist klar, daß mit diesen Zeichen Luwisch

(beziehungsweise ein Dialekt davon) geschrieben wurde, und so heißt diese Schrift heute Hieroglyphen-Luwisch. Verwendung fand sie vor allem in der Spätphase der hethitischen Kultur, als sich deren Zentren nach Süden verlagerten; allerdings wurden dieselben Zeichen auch schon früh für besondere Zwecke verwendet: Die Siegel der hethitischen Großkönige zeigten in der Mitte Heilszeichen und schon bald auch Namen und Titel des Herrschers in Hieroglyphen. Außen herum zog sich kreisförmig eine keilschriftliche Version.

Luwisch war offensichtlich mehr als die Sprache oder der Dialekt der Nachbarn; vielmehr spielte es eine herausragende Rolle, die an einen sakralen oder zumindest öffentlichen Gebrauch erinnert. Es ist gut möglich, daß weite Teile der Bevölkerung des Landes Hattusa Luwisch sprachen, und die Verwendung der luwischen Hieroglyphen auf Siegeln und öffentlichen Monumenten legt den Schluß nahe, daß eine größere Anzahl Menschen diese Hieroglyphen lesen oder zumindest deuten konnte, während die Keilschrift wenigen Spezialisten, den Schreibern, vorbehalten war. Keilschrift konnte in der Regel nicht einmal der König entziffern.

Gemeinsames Siegel von Hattusili III. und Königin Puduhepa. Unter der Flügelsonne, dem Zeichen für Majestät (»Meine Sonne«), stehen von links die Hieroglyphen für Großkönig (spitzes Dreieck mit gekreuzten Linien und »Kringel« darüber), Hattusili (die drei auseinanderstrebenden Linien mit dem dolchartigen Keil), vier Zeichen für die Silben des Namens Puduhepa (untereinander) und Großkönigin (der Frauenkopf mit »Kringel«). Außen im Keilschriftring steht: »Siegel des Hattusili, des Großkönigs«.

Kapitel 3

Der Beutezug nach Babylon

Allzu lange hatte das von Anitta zusammeneroberte Reich nicht Bestand. Was genau passierte, wissen wir mangels Quellen nicht. Auf jeden Fall mußten ein paar Generationen später Anittas Nachfolger auf dem Eisenthron quasi wieder bei Null anfangen:

»Früher war Labarna Großkönig. Da waren seine Söhne, seine Brüder, seine angeheirateten Verwandten, die Männer seiner Sippe und seine Truppen vereinigt. Das Land war wenig. Wohin er aber ins Feld zog, hielt er das Land des Feindes mit starkem Arm besiegt. Die Länder vernichtete er immer wieder, und er entmachtete die Länder. Er machte sie zu Grenzen des Meeres [= dehnte sein Herrschaftsgebiet bis ans Meer aus]. Sobald er aber vom Feldzug zurückkam, ging jeder seiner Söhne in [eines der Länder]. In Hubisna, Tuwanuwa, Nenassa, Landa, Zallara, Parsuhanta [Purushanda], Lusna verwalteten sie das Land. Den großen Städten ging es wohl.«

Sieben Länder eines nach dem anderen zu erobern und sie wie Perlen auf einer Schnur dem eigenen Reich anzugliedern, das ist eine beeindruckende Leistung – sollte man meinen.

Wenn in hethitischen Berichten, zumal über die Frühzeit, von Ländern oder Reichen die Rede ist, darf man keine heutigen Maßstäbe anlegen. Ein solches Land bestand in der Regel aus einem Herrschersitz mit einem Palast und Tempeln der lokalen Gottheiten über einer kleinen Stadt, die die Verwaltung, gehobenes Handwerk, Händler und eventuell eine Art Militärgarnison beherbergte, sowie einem meist nicht genau definierten Umland, dessen Bauern und Hirten die Nahrungsgrundlagen für die Menschen dieses »Reichs« lieferten. Recht übersichtliche Verhältnisse herrschten also.

»Wir sind schon durch ein Dutzend Fürstentümer, durch ein halbes Dutzend Großherzogtümer und durch ein paar Königreiche gelaufen, und das in der größten Übereilung in einem halben Tag«, beklagt sich ein Reisender namens Valerio – der allerdings nicht in der anatolischen Bronzezeit lebte, sondern im 19. Jahrhundert u. Z. in der Phantasie Georg Büchners, der sich damit über die extreme deutsche Kleinstaaterei mokierte. Übertrieben hat Büchner damit kaum. Beispielsweise konnte einst ein Landesvater im Schwäbischen von seiner Burg aus (der »Teck«, die bei Kirchheim/Teck südlich der A 8 Stuttgart–München schön zu sehen ist) mehr oder weniger sein gesamtes »Reich« überblicken – und der war immerhin Herzog, kein niederer Landadliger! In ähnlichen Dimensionen (nur ohne Ritterburg auf steilem Bergsporn) kann man sich auch »Reiche« oder »Länder« im bronzezeitlichen Anatolien vorstellen. Die militärischen Leistungen des Labarna (»des mit Tüchtigkeit Versehenen«) waren oft also nicht mehr als – in heutigen Maßstäben ausgedrückt – die Zusammenfassung einiger Landkreise zu einem kleineren Regierungsbezirk.

Wer dieser Großkönig eigentlich war, der mal eben sieben Länder eroberte, läßt sich aus den Quellen nicht eindeutig erschließen, und auch nicht, ob »Labarna« sein Name war oder er diese Bezeichnung als Titel führte, wie das sein Nachfolger und spätere hethitische Großkönige taten. (Aus mehreren, vor allem späteren Quellen kennt man auch noch die Schreibweise »Tabarna«, und zwar als Eigenname wie als Titel.)

Über die Identität dieses Großkönigs ergingen sich die Hethitologen folglich in ausführlichen Debatten, in deren Verlauf man ihm sogar vorübergehend eine eigene Existenz absprach und ihn mit seinem Nachfolger gleichsetzte, weil dieselbe Quelle mit fast identischen Worten über dessen Eroberungen berichtet. Die Ähnlichkeit der Wortwahl kann indes genauso damit zu tun haben, daß die Ruhmestaten großer Herrscher oft mit formelhaften Redewendungen geschildert wurden. Inzwischen gestehen die Fachleute jenem zuerst erwähnten Labarna auch wieder ein Eigenleben (wenn auch nicht unbedingt mit diesem Eigennamen) zu und sehen in ihm einen Vorgänger beziehungsweise den Großvater oder Onkel desjenigen, über den anschließend berichtet wird:

»... Da waren seine Söhne, seine Brüder, seine angeheirateten Verwandten, die Männer seiner Sippe und seine Truppen vereinigt. Wohin er aber ins Feld zog, da hielt auch jener das Land des Feindes mit starkem Arm besiegt. Die Länder vernichtete er immer wieder, und er entmachtete die Länder. Er machte sie zu Grenzen des Meeres. Sobald er aber vom Feldzug zurückkam, ging jeder seiner Söhne in [eines der Länder]. Und auch in seiner Hand ging es den großen Städten wohl.«

Auffällig ist, daß bei aller Parallelität der Texte hier der Satz fehlt: »Das Land war wenig.« Das spricht ganz klar dafür, daß wir es mit zwei verschiedenen Herrschern zu tun haben und daß der zweite günstigere Ausgangsbedingungen vorgefunden hat als sein Vorfahr.

Glücklicherweise läßt sich dieser zweite auch eindeutig identifizieren, da er nicht mit Anreden geizt. Er nennt sich: »Der Großkönig, der Tabarna, Hattusili, der Großkönig, König des Landes Hattusa, Mann von Kussara ... Sohn des Bruders der Tawananna«.

An dieser Titelflut ist nicht nur der Umfang bemerkenswert. »Tawananna« ist die weibliche Form von »Tabarna«; der fragliche Regent ist also nur der Neffe einer Großkönigin, kein direkter Großkönigssohn (was die Frage aufwirft, ob bei seiner Thronübernahme alles mit rechten Dingen zugegangen ist). Sodann ordnet er sich mit der Formel »Mann von Kussara« (genauer: Kussara zugehörig) dem Haus beziehungsweise der Dynastie des allerersten hethitischen Großkönigs, Anitta, zu, mißachtet aber zugleich aufs gröbste den Willen genau dieses Vorgängers: Er wählt ausgerechnet das von jenem verfluchte Hattusa als seine neue Hauptstadt und nennt sich auch noch danach: »Hattusili« bedeutet »Mann von Hattusa«.

Um 1565 v. u. Z. besteigt Hattusili I. den Eisenthron, und von ihm bis zum letzten Großkönig ist eine ununterbrochene Herrscherfolge überliefert (auch wenn die Wissenschaftler noch ein paar unbedeutende Lücken und Unsicherheiten ausbügeln müssen). Hattusa bleibt für die nächsten 400 Jahre die Hauptstadt des Reichs (von zwei kurzen Ausnahmen abgesehen), und das von hier aus regierte Reich heißt von nun an »Land Hattusa«.

Wenn man Hattusilis »Annalen« glauben darf, hat er es mit seinen Feldzügen recht weit gebracht. Binnen sechs Jahren – wobei unklar ist, wie diese sich auf seine etwa fünfundzwanzigjährige Regierungszeit verteilen – erschuf er ein Hethiter-Reich, das größer und mächtiger war als je zuvor.

Zunächst sicherte er das eigentliche Kernland.

Sein erstes Ziel war Sanahuitta nordöstlich von Hattusa, eine Stadt, die sich schon gegen seinen Großvater erhoben hatte. Hattusili »... marschierte gegen Sanahuitta. Er zerstörte es nicht, nur das Land verwüstete er.«

Die Stadt selbst intakt zu lassen, das klingt nach Barmherzigkeit oder Großzügigkeit, ist aber wenig sinnvoll, wenn man auf Unterwerfung aus ist. Anders herum würde ein Schuh daraus: das Verwaltungszentrum zu zerstören, die wirtschaftliche Basis aber zu erhalten und selbst auszubeuten. Großmut war vermutlich auch nicht der Grund für Hattusilis Verhalten: Wenn in hethitischen

In der Vor- und Frühgeschichte mit exakten Jahreszahlen zu arbeiten ist so sinnvoll wie Schneemänner für die Ewigkeit zu bauen: Ständig müssen die Wissenschaftler ihre Jahresangaben aufgrund von neuen Erkenntnissen revidieren. Die modernen naturwissenschaftlichen Datierungsmethoden sind zweifellos eine große Hilfe, ihre sogenannten absoluten (oder objektiven) Daten sind aber bei weitem nicht unfehlbar.

Hinzu kommt, daß sich die Wissenschaftler selbst oft uneins sind. Bei den Ägyptologen gab es beispielsweise bis vor wenigen Jahren eine heftige Debatte um eine »lange«, eine »kurze« und eine »ultrakurze« Chronologie, die erst beendet wurde, als man für die späte Bronzezeit zwei neue absolute Daten als Eckpfeiler festlegen konnte.

Solch eine Änderung hat natürlich Auswirkungen auf die Chronologien jener Kulturen, die mit Ägypten in Kontakt standen: Wenn Pharao X, der nachweislich ein Zeitgenosse von Großkönig Y war, eine neue Datierung bekommt, muß logischerweise auch die des Großkönigs Y »mitwandern«, oder es kommt zu erheblichen Widersprüchen in den bisherigen Lehrmeinungen.

Um unseren Lesern die ermüdenden Diskussionen um »+/- soundso viele Jahre« zu ersparen, folgen wir, sofern nicht anders angegeben, den sogenannten kurzen Chronologien, die aufgrund neuer Erkenntnisse der Ägyptologie derzeit als die wahrscheinlichsten gelten. Dabei darf nicht aus den Augen verloren werden, daß nahezu alle hethitischen Daten die einer »relativen« Chronologie sind und sich immer wieder verschieben können (und gewiß auch werden).

Annalen davon die Rede ist, daß nur das Land verwüstet wurde, nicht aber die dazugehörige Stadt, so bedeutet das im Klartext fast immer, daß die Stadt dem Eroberungsversuch erfolgreich Widerstand geleistet hatte.

Ergab sich hingegen eine Stadt vor ihrer Eroberung und Zerstörung, was durchaus vorkam, dann liest man in den Berichten immer von »Geschenken«, die man Hattusa machte – was hieß: der lokale Herrscher händigte freiwillig Schätze aus, die ihm ohnehin geraubt worden wären. Da im Bericht über den Waffengang gegen Sanahuitta aber auch keine großzügigen Gaben erwähnt sind, war diese Unternehmung wohl eindeutig ein Fehlschlag.

Ganz anders berichtet Hattusili denn auch vom Feldzug ans Schwarze Meer zur Mündung des Marassanta: »Danach marschierte ich gegen Zalpa und zerstörte es. Ich ergriff Besitz von ihren Göttern, und ich gab drei Wagen der Sonnengöttin von Arinna. Ich gab einen silbernen Stier und eine silberne Faust [d. h. Trankopfergefäße] dem Tempel des Wettergotts. Die übrigen Götter gab ich dem Tempel von Mezzulla [der Tochter der Sonnengöttin].« Das klingt schon eher nach einem Sieg …

Zusammen mit den Gebieten südlich des Marassanta-Bogens, die sein Vorgänger erobert hatte, war das Kernreich von Hattusa damit gut arrondiert, und Hattusili konnte sich größeren Zielen zuwenden: den reichen Städ-

Wenn hethitische Quellen als »Annalen des …« oder »Testament des …« bezeichnet werden, so handelt es sich dabei manchmal um originär hethitische Titel, meist aber nur um anschauliche, den jeweiligen Text charakterisierende Bezeichnungen, die die Hethitologen sich ausgedacht haben, um nicht ständig mit Archivkürzeln wie »KBo X 1 + KBo X 2 (CTH 4)« operieren zu müssen (so die exakte Benennung der 1957 entdeckten »Annalen des Hattusili«).

ten und lukrativen Handelswegen in Nordsyrien. Diese Region wurde seit zwei Jahrhunderten von dem mächtigen Königreich Jamhad und seiner Hauptstadt Halpa (Aleppo) dominiert. Es direkt anzugreifen, wäre zu riskant gewesen, deshalb verlegte sich Hattusili zunächst auf eine Strategie der Nadelstiche gegen Vasallen von Jamhad. Er griff als erstes Alalha (Alalah) an, eine stark befestigte Stadt an der wichtigen Straße von Halpa ans Mittelmeer, und hatte damit durchschlagenden Erfolg: Die Verteidiger wurden aufgerieben, die Stadt in Schutt und Asche gelegt.

Noch ehe Verstärkung aus Halpa eintraf, zog sich Hattusili klugerweise zurück und trat auf nordöstlicher Route den Heimweg an, allerdings nicht ohne unterwegs noch ein paar andere lohnende Ziele westlich des Euphrat und nördlich von Karkamis zu attackieren: »Anschließend marschierte ich gegen Warsuwa. Von Warsuwa marschierte ich gegen Ikakali. Von Ikakali marschierte ich gegen Tashinija. Und ich zerstörte diese Länder. Ich nahm ihre Reichtümer in Besitz und füllte mein Haus damit bis unter das Dach.«

Eine Belagerung von Warsuwa kommt noch in einem anderen hethitischen Text vor; sie wird ebenfalls Hattusili I. zugeschrieben, aber es ist nicht klar, ob derselbe Feldzug gemeint ist. Dieser Darstellung zufolge war die Stadt nicht so einfach einzunehmen: Sechs Monate lang bestürmten die Hethiter die Mauern, und sie stellten sich

Die Begriffe »Vasall« oder »Vasallenstaat« sind hier weniger eng aufzufassen als im modernen Sprachgebrauch (der auf das mittelalterliche Lehensrecht zurückgeht). Da wir über den jeweiligen Rechts- und Abhängigkeitsstatus in der hethitischen Frühzeit nichts Genaues wissen, verwenden wir diese Ausdrücke als eher abstrakte Sammelbegriffe für *irgendwie* geartete Bündnis- oder Untergebenenverhältnisse.

dabei so ungeschickt an, daß sie nicht nur den Rammbock zerbrachen (was Hattusili sehr erboste), sondern auch ständig Leute unbehelligt durch den Belagerungsring schlüpfen konnten, und zwar nicht nur einfache Bewohner der Stadt, sondern auch Gesandte oder Spione von Halpa und anderen alliierten Ländern (was Hattusili noch viel mehr erboste).

Schnell zuzuschlagen, womöglich im Dunkel der Nacht wie schon Anitta, und wieder zu verschwinden, das war wohl die Paradedisziplin zumindest der frühen hethitischen Militärs – der langwierige Belagerungskrieg offensichtlich nicht.

Im nächsten Feldzug führte Hattusili seine Truppen nach Westen, nach Arzawa. Zum ersten Mal taucht hier der Name des Landes auf, das in der hethitischen Geschichte noch öfter eine Rolle spielen sollte. Zu diesem frühen Zeitpunkt war es ein nicht scharf umrissenes Territorium im Westen und Südwesten Anatoliens, das wohl von mehreren lokalen Königen beherrscht wurde.

Hattusili machte nicht viel Aufhebens von dieser Unternehmung: »Im folgenden Jahr marschierte ich gegen Arzawa und nahm Rinder und Schafe.« Wieder bleibt unklar, ob dem Großkönig von Hattusa nicht mehr gelang, als ein bißchen Vieh zu stehlen, oder ob es sich um eine mehr symbolische Strafexpedition wegen Grenzverletzungen handelte. Immerhin hatte schon sein Vorgänger mit seinen Eroberungen das hethitische Kernland bis an die Grenzen von Arzawa ausgedehnt, und daß Hattusili eine solche Unternehmung anführte, die anscheinend weder dem Territorialgewinn noch der Erbeutung reicher Schätze diente, unterstreicht die eher politische Gewichtung dieses Feldzugs. Vielleicht war der Überfall nur eine Warnung an die Herrscher von Arzawa: »Bis hierher und nicht weiter!« Oder er war eine schamhaft verschwiegene militärische Pleite.

Obwohl die Nachbarn im Westen noch des öfteren Ärger machten, hätte Hattusili sich diesmal besser wichtigeren Dingen zugewandt, denn am entgegengesetzten Ende seines Reichs, im Osten, trat ein neuer Feind an und machte ihm seine dortigen Untertanen abspenstig: »In meinem Rücken drang der Feind aus der Stadt der Hurriter in mein Land ein, und alle meine Länder führten Krieg gegen mich. Schließlich blieb mir nur noch die Stadt Hattusa, diese einzige Stadt.«

Wie gewonnen, so zerronnen: Diese Erfahrung sollten die Großkönige von Hattusa noch häufiger machen: Kaum unternahmen sie einen Feldzug nach Westen oder Süden – was ihre militärische Präsenz im Kernland erheblich minderte –, versuchten feindliche Nachbarn, ihnen die Vasallen im Norden und Osten abspenstig zu machen. Und oft genug witterten diese Vasallen selbst in einem solchen Konflikt die Chance, Unabhängigkeit zu erlangen und sich von den Verpflichtungen gegenüber Hattusa – Abgaben und Dienstleistungen, vor allem militärischen – zu befreien.

Dasselbe geschah bei fast jedem Thronwechsel. Die Vasallen versuchten jede momentane Schwächung der

---

Die Heimat der Hurriter lag, so die eine Theorie, ursprünglich im Transkaukasus; einer anderen zufolge, für die mehr archäologische Befunde sprechen, in Ostanatolien. Nach wie vor ist unklar, welcher Familie ihre nicht-indoeuropäische Sprache zuzuordnen ist. Wie bei den Hethitern reichen die frühesten – spärlichen – Textbelege für ihre Existenz in die Zeit der assyrischen Handelskolonien zurück. Doch schon zu Zeiten Hattusilis I. lebten Menschen mit hurritischen Eigennamen nicht allein in Ostanatolien und im nördlichen Zweistromland, sondern auch überall in Nordsyrien. Später stellten sie das Hauptkontingent der Bevölkerung des Mittanni-Reichs (s. Kap. 8).

Zentralmacht für sich zu nutzen, so daß beinahe jeder König von Hattusa, kaum hatte er die Herrschaft übernommen, erst einmal losziehen und die abgefallenen Länder wieder an das Großreich binden mußte.

Die Hurriter waren besonders motiviert, das Land Hattusa anzugreifen, weil die Stadt Warsuwa, die Hattusili ausgeraubt und zerstört hatte, wohl zu ihrem Macht-, zumindest aber zu ihrem Interessenbereich gehörte; doch sie scheinen vor Hattusili und seiner Armee gehörigen Respekt gehabt zu haben: Kaum rückte er an, zogen sie sich zurück.

Dem Hethiter-König blieb die mühevolle Aufgabe, von der ihm verbliebenen Basis Hattusa aus die Abtrünnigen einen nach dem anderen wieder zurückzugewinnen. Zunächst kamen die unmittelbar zum Kernland gehörigen Territorien innerhalb des Marassanta-Bogens an die Reihe, dann die südlich und östlich davon gelegenen. Die meisten unterwarfen sich freiwillig beim Herannahen der großköniglichen Streitmacht, nicht jedoch Ulma/Ullamma, das, einst von Anitta erobert, gleich zweimal die Waffen gegen Hattusili erhob. Um ein Exempel zu statuieren und ein drittes Mal für immer auszuschließen, ließ der Großkönig die Stadt dem Erdboden gleichmachen und Unkraut an ihre Stelle säen. Wie schon bei Anittas Aktion in Hattusa kam das dem Verbot der Wiederbesiedlung gleich.

Erbitterten Widerstand leistete auch Sanahuitta, das bei Hattusilis erstem Feldzug unzerstört geblieben war. Sechs Monate hielt die Stadt im folgenden Jahr Hattusilis Streitkräften stand, bis sie zu guter Letzt – einschließlich der vermutlich noch immer dort herrschenden rebellischen Dynastie – ein für allemal ausgelöscht wurde.

Daß hethitische Belagerungen immer »sechs Monate« dauerten, hat nichts mit irgendwelchen magischen Qualitäten der Zahl Sechs zu tun, sondern muß mit »den ganzen Sommer lang« übersetzt werden, was wiederum bedeutete: »so lang, daß wir zu nichts anderem kamen«. Denn witterungsbedingt war die Kriegführung ein rein saisonales Geschäft. Den Winter über blieb man zu Hause, und Übergangszeiten wie Frühling oder Herbst gab und gibt es in Zentralanatolien kaum: Die Hauptjahreszeiten gehen ziemlich abrupt ineinander über.

Feldzüge im Süden hätten die Hethiter theoretisch länger ausdehnen können, in der Praxis mußten sie sich sputen, auf jeden Fall rechtzeitig den Heimweg anzutreten: Die Wege über die Berge – und Zentralanatolien ist ringsum von Bergen eingeschlossen – versanken nach den ersten Niederschlägen im Schlamm oder unter Schnee und waren schlicht unpassierbar.

Nach dem fünften Kriegsjahr – oder richtiger -sommer – hatte Hattusili alle zu Hattusa gehörenden Territorien Zentralanatoliens wieder fest im Griff und widmete sich erneut seinen Expansionsplänen in Richtung Syrien. Diesmal wollte er offensichtlich nachhaltigeren Eindruck hinterlassen:

»Im folgenden Jahr marschierte ich gegen Zaruna und zerstörte Zaruna. Und ich marschierte gegen Hassuwa, und die Männer von Hassuwa zogen gegen mich in die Schlacht. Ihnen standen die Truppen von Halpa bei. Sie zogen gegen mich in die Schlacht, und ich besiegte sie. Binnen weniger Tage überquerte ich den Fluß Puruna und warf Hassuwa nieder wie ein Löwe mit seinen Pranken. Und als ich es besiegt hatte, häufte ich Staub darüber und nahm all seine Schätze in Besitz und füllte Hattusa damit ... Ich drang in Zippasna ein, und im Morgengrauen zog ich nach [= zur Stadt] Zippasna hinauf. Ich griff sie an und häufte Staub darüber ... Wie ein Löwe ... zerstörte [ich] Zippasna. Ich nahm seine Götter in Besitz und brachte sie in den Tempel der Sonnengöttin von Arinna. Und ich marschierte gegen Hahha und kämpfte dreimal innerhalb seiner Mauern. Ich zerstörte Hahha und nahm seine Schätze in Besitz und verbrachte sie nach Hattusa. Zweimal zwei Wagen waren mit Silber beladen.«

Die genannten Orte – mit Ausnahme von Halpa – wie auch der Fluß Puruna sind noch nicht eindeutig lokalisiert, aber es ist klar, daß Hattusili mit seinen Truppen zunächst das Taurus-Gebirge überquerte und sich dann in Richtung Osten dem Euphrat zuwandte. Alle Städte, die Widerstand leisteten, wurden zerstört, ihre Reichtümer einschließlich der Götterstatuen nach Hattusa gebracht. Eine besondere Demütigung wartete auf Herrscher, die sich Hattusili entgegengestellt hatten: »Ich, der Großkönig, der Tabarna, zerstörte Hassuwa und Hahha und brannte sie mit Feuer nieder und brachte den Rauch dem Wettergott des Himmels dar. Und den König von Hassuwa und den König von Hahha spannte ich vor einen Lastenwagen.« Mit anderen Worten: Er führte die Besiegten als Ochsen vor.

Im Rahmen dieses Feldzugs überquerte Hattusili den Euphrat – oder Mala, wie er auf hethitisch hieß –, und darauf war er besonders stolz, denn als erstem seit dem sagenumwobenen Sargon von Akkad, seit rund 700 Jahren, war ihm diese Großtat erneut gelungen – mit weit größerem Erfolg sogar: »Niemand hatte den Mala überquert, aber ich, der Großkönig, der Tabarna, überquerte ihn zu Fuß, und meine Truppen überquerten ihn zu Fuß. Auch Sarrugina [= Sargon] hat ihn überquert. Doch obwohl er die Truppen Hahhas besiegte, tat er Hahha selbst nichts und brannte es nicht nieder und brachte auch nicht den Rauch dem Wettergott des Himmels dar.«

Sich sieben Jahrhunderte später mit einem fast schon mythischen historischen Herrscher zu messen, der kein Vorfahr war, ja, nicht einmal der eigenen Kultur angehört hatte, zeugt von einem ganz erstaunlichen Geschichtsbewußtsein. Etwa so, als hätte sich Kemal Atatürk (1880–1938, der Gründer der modernen Türkei) mit Friedrich I. Barbarossa (1152–1190) verglichen. (Letzterer ertrank übrigens auf dem dritten Kreuzzug in Südanatolien im Fluß Saleph, klassisch Kalykadnos, türkisch Göksu, dem Hauptfluß des hethitischen Tarhuntassa.)

Ein solches Bewußtsein für bleibenden Ruhm, für das Eingebundensein in einen ewigen Strom der großen und weniger großen Taten, für die Geschichte als Maßstab für die eigene Leistung – das trauen manche Wissenschaftler noch immer nicht den Menschen der Bronzezeit zu, obwohl Hattusilis (und zahlreiche andere) Annalen seit Jahrzehnten wieder zugänglich sind. Viele Historiker, Philologen und Philosophen – gerade die an der klassischen Antike geschulten – schreiben Geschichtsbewußtsein erst den Hellenen zu, bei denen sie die Anfänge der Geschichtsschreibung in der Person von Herodot (ca. 490–425) ansiedeln. Leider reicht für einen Großteil unserer Schulweisheit die Vorgeschichte des Abendlands

Sargon von Akkad (2276–2220 v. u. Z.) war der erste, der die Stadtstaaten des Zweistromlands über längere Zeit zu einem zentralstaatlichen Gebilde zusammenschließen konnte. Bei seinen Eroberungen drang der »Herrscher der vier Weltteile« bis Purushanda in Zentralanatolien vor. Seine Dynastie, die bis 2095 bestand, bediente sich bereits der Methode, in unterworfenen Stadtstaaten Familienangehörige des Herrschers als Statthalter einzusetzen, wie es später auch die Hethiter taten. Die Hauptstadt Akkad, die diesem frühen Reich den Namen gab, ist noch nicht gefunden worden.

nicht weiter zurück als bis zur griechischen Besiedlung der anatolischen Westküste. Dabei wird übersehen, was alles die hier eingewanderten Hellenen von ihren anatolischen Vorgängern übernahmen: Götter etwa wie Apollon und Kybele und vielleicht auch den Mythos von Troia.

Hattusili durfte sich dem Vergleich mit dem großen Sargon von Akkad völlig zu Recht stellen, denn seine Eroberungszüge deckten ungefähr dieselbe Region ab, die Sargon viele Generationen vor ihm unterworfen hatte. Am Ende seines sechsten Feldzugs beherrschte Hattusili fast die gesamte Osthälfte Anatoliens vom Schwarzen bis zum Mittelmeer einschließlich des wichtigen, später so genannten Unteren Landes (wo auch Purushanda lag) und der Gebiete südlich des Taurus, die dereinst das Königreich Kizzuwatna bilden sollten. Er hatte mehrere syrische Städte geplündert und war über den Euphrat hinaus bis an den Rand von Babylonien vorgestoßen. Er stand im Zenit seiner Macht. Doch am Ende sollte er einen hohen, einen zu hohen Preis dafür bezahlen.

Jahrein, jahraus loszuziehen, um in Nacht- und Nebelaktionen ein paar Stadtstaaten samt einem bißchen Umland zu plündern und niederzubrennen und ab und zu einen ebenbürtigen Gegner in die Knie zu zwingen, das klingt eher nach gehobenem Raubrittertum oder ritualisierten Razzien als nach Großmachtpolitik. Und daß zwischendurch zu Hause immer wieder die Vasallen unter die Knute Hattusas gezwungen werden mußten, spricht auch nicht gerade für die Souveränität, die einem Großreich zu eigen sein sollte.

Hattusili und die anderen frühen Herrscher von Hattusa legten mit solchen überfallartigen Aktionen, für die die Engländer den treffenden Begriff *hit and run* haben, die Grundlage für den wenig erfreulichen Ruf, den die Hethiter noch jahrtausendelang genossen: den der »gewalttätigen, grausamen Krieger aus den Bergen des Nordens«, die mit ihren gefürchteten Streitwagen »erbarmungslos und grausam, wie es ihre Art war ... keinen ihrer Gegner verschont« ließen. »Soldaten, Händler, Handwerker, Greise, Frauen, Kinder, Säuglinge. Allen war die Kehle durchgeschnitten. Den Statthalter hatte man gepfählt, die drei Wachoffiziere am Balken unter dem Dach des Schlachthauses aufgehängt«: So schildert der französische Ägyptologe und Romancier Christian Jacq noch Ende des 20. Jahrhunderts u. Z. die Folgen eines hethitischen Überfalls.

Was die Grausamkeiten angeht, so steckt hinter dieser Beschreibung sicherlich primär ägyptische Propaganda, aber die Schnelligkeit, das Überraschungsmoment und die Effizienz hethitischer Angriffe waren zu Recht gefürchtet. Mit ihrer stets auf Beweglichkeit setzenden Taktik waren sie anderen überlegen. Doch die zahlreichen punktuellen militärischen Aktionen Hattusilis waren darüber hinaus Teil einer übergeordneten Strategie, die weit mehr als nur dem momentanen Beutemachen diente.

Der Mann von Hattusa verfolgte damit mehrere Ziele zugleich: Zum einen mußte das Kernland gesichert werden, was am besten durch Expansion, durch Größe zu erreichen war, denn je mächtiger die Zentralgewalt, desto weniger war von Abtrünnigen zu befürchten. Zum anderen bot sich so die Möglichkeit, die zahllosen Mitglieder der weitverzweigten Adelssippe, die immer auch als Konkurrenten um den Thron betrachtet werden mußten, mit lukrativen Statthalterposten zu versehen und so an sich zu binden.

Drittens mußte jeder Großkönig seinen Thronanspruch vor den Göttern wie den Widersachern dadurch rechtfertigen, daß er das Reich gut verwaltete, dessen Reichtümer mehrte und nicht zuletzt als oberster militärischer Führer entsprechende Erfolge vorweisen konnte. Deswegen war

Hattusili so stolz darauf gewesen, als erster nach Sargon wieder den Mala/Euphrat überschritten zu haben. Beutezüge nach Nordsyrien beispielsweise füllten also nicht nur Hattusas Schatzkammern, sondern dienten auch dem, sagen wir einmal, Leistungsnachweis in der Funktion des Oberbefehlshabers.

Viertens verfolgte Hattusili damit noch ein wichtiges Ziel: Südlich seines expandierenden Reichs lagen die wertvollen Handelswege, über die nicht zuletzt das heiß begehrte Zinn geliefert wurde. Sich hier Einfluß zu sichern beziehungsweise Ansprüche geltend zu machen gewährleistete die Kontinuität des Fernhandels im Sinne Hattusas und stabilisierte somit das Reich. Daß die hier geraubten Götterstatuen in die wichtigsten Tempel des hethitischen Kernreichs verschleppt und dort weiter verehrt wurden, spricht Bände: Die nordsyrischen Stadtstaaten entlang der Handelswege konnte Hattusili zwar nicht unterwerfen, aber er vermochte sie sowohl ökonomisch (durch Plünderung) als vor allem auch moralisch entscheidend zu schwächen, indem er ihnen die Schutzgötter nahm und diese zu den seinen machte (s. Kap. 4).

Seine erfolgreiche Politik der militärischen Nadelstiche setzte Hattusili nach den sechs Jahren, über die er in den Annalen berichtet, weiter fort. Die Quellen sind wenig aussagekräftig, aber wie es aussieht, unternahm er noch einen größeren Feldzug gegen Arzawa.

Sein Hauptinteresse galt nach wie vor den südlichen Nachbarn: Mehrfach zog er gegen die Truppen von Halpa in die Schlacht, und einer etwas kryptischen Formulierung zufolge schwächte er den Feind entscheidend: »Er sorgte dafür, daß die Tage des Königreichs [von Halpa] gezählt waren.« Der endgültige Triumph blieb ihm jedoch verwehrt; zu seinen Lebzeiten konnte er vielleicht den Niedergang dieses Reichs einläuten, nicht aber Halpa selbst erobern, das mußte er seinem Nachfolger überlassen.

Das tragische Ende nahte.

Seine letzten Tage verbrachte Hattusili in Kussara, der ehemaligen Hauptstadt von Pithana und Anitta, die jener Dynastie den Namen gab, der er sich selbst auch zurechnete. An diesen altehrwürdigen Ort berief Hattusili den Panku ein, den Adelsrat (s. Kap. 18), dem er verkündete – und vor allem begründete –, wie er die Thronfolge zu regeln gedachte.

Aus dem strahlenden Sieger, der seine Feinde wie »ein Löwe mit der Pranke« niedergestreckt hatte, war ein alter, kranker, von seiner Familie zutiefst enttäuschter Mann geworden, der einen letzten Kampf gegen seinen fürchterlichsten Feind führen mußte: die eigene Sippe.

»Bis jetzt hat niemand von meiner Familie meinen Willen befolgt!«, beklagte er sich in seinem »Testament«. Zwei Söhne – potentielle Nachfolger – hatte er als Statthalter in Vasallenländern eingesetzt, aber beide waren den Einflüsterungen von Hattusilis Gegnern erlegen und hatten gegen den eigenen Vater aufbegehrt. Hattusili konnte die Aufstände niederschlagen und setzte die untreuen Söhne ab. Mittlerweile hatte der Aufstand aber auf die Hauptstadt übergegriffen, wo man fürchtete, einen »Knecht« als nächsten König vorgesetzt zu bekommen. Hattusilis eigene Tochter hatte dabei ihre Hände im Spiel: »Sie hat mich nicht Vater genannt, ich nenne sie nicht meine Tochter … Sobald sie in mein Haus kommt, wird sie mein Haus umstürzen; sobald sie aber nach der Stadt Hattusa kommt, wird sie diese … abtrünnig machen!« Der mehr als gekränkte Vater schickte sie in die Verbannung – was noch als Gnadenakt galt, er hätte sie auch töten lassen können.

Da aber ein Nachfolger her mußte, hatte Hattusili als nächstes seinen Neffen dazu bestimmt und ihn, damals eine übliche Formalität, zu seinem Sohn erklärt: »Und ich, der König, habe ihn meinen Sohn genannt, ihn umarmt und erhöht. Stets habe ich mich um ihn gemüht. Wie er, der Knabe, sich jedoch [betrug], das war den Augen ein Abscheu. Keine Träne hat er geweint, kein Mitleid hat er gezeigt, kalt ist er und herzlos! ... Da mag doch niemand seinen Schwestersohn noch weiterhin als Pflegekind heranziehen! Dem Wort des Königs hat er nicht Eingang gewährt, dem Wort seiner Mutter, der Schlange, dem hat er Eingang gewährt! Und Brüder und Schwestern trugen ihm immer wieder schnöde Worte zu; auf deren Worte hat er gehört! Und das habe ich, der König, gehört ... Genug davon! Der da ist mein Sohn nicht mehr! Da brüllte aber seine Mutter wie ein Rind: ›Bei lebendigem Leibe hat man mir starkem Rinde den Mutterschoß zerrissen. Ihn hat man zugrunde gerichtet, und du wirst ihn töten!‹ Habe denn ich, der König, ihm irgend Böses getan? Habe ich ihn nicht zum Priester gemacht? Stets habe ich ihn, auf sein Wohl bedacht, ausgezeichnet. Aber er ist dem Willen des Königs nicht mit Liebe begegnet! Wie kann er da seinem eigenen Willen nach Liebe zu Hattusa hegen? ... Und er wird kommen und Rache nehmen! Und den Mannen, Würdenträgern und Dienern, die als des Königs Leute bestallt sind, wird er schwören: ›Seht, um des Königs willen sollen sie Mann für Mann sterben!‹ Und so wird es kommen: Er wird sie vernichten, und ein Blutbad wird er anrichten. Und Scheu wird er nicht kennen.«

Auch diesen Kandidaten, der ihm hätte dankbarer sein müssen als ein leiblicher Sohn, strich der enttäuschte Hattusili von der Nachfolgerliste und schickte ihn ins Exil. Wie in solchen Fällen üblich, bestand der Verbannungsort aus einem nicht zu knapp bemessenen Stück Land samt Vieh und allen Einrichtungen, um ein zwar beschauliches, aber nicht unangenehmes Leben führen zu können.

Hattusili blieb nicht mehr viel Zeit und vor allem nicht mehr viel Auswahl. Er bestimmte seinen Enkel Mursili zum Thronfolger, obwohl dieser für das Amt eigentlich zu jung war – oder vielleicht gerade weil ihn alle wegen seines jugendlichen Alters als Kompromißkandidaten akzeptieren konnten. Hattusili gelang es, den Panku darauf einzuschwören, Mursili zu unterstützen, zu schützen und zu fördern. Und Mursili selbst wies er an, nicht eigenmächtig zu handeln, sondern stets den Rat des Panku zu suchen. So hoffte er, aus dem ständigen Gegeneinander von unzufriedenen Familienmitgliedern auf der einen und dem Großkönig auf der anderen Seite mit Hilfe des Panku eine Art Miteinander machen zu können.

Leider sind uns von Mursili I. (ca. 1540 bis mindestens 1530) nicht so ausführliche Annalen überliefert wie von seinem Vorgänger. Vielleicht blieb ihm keine Zeit mehr, seine Heldentaten zu diktieren, denn sein Ende kam ziemlich überraschend.

Zunächst aber trat Mursili, sobald er alt genug war, um seine Truppen in den Kampf zu führen, mit größtem Erfolg in die Fußstapfen seines Großvaters. Wieder berichten die Quellen stereotyp: »Als Mursili in Hattusa König war, da waren seine Söhne, seine Brüder, seine angeheirateten Verwandten, die Männer seiner Sippe und seine Truppen vereinigt. Das Land des Feindes hielt er mit starkem Arm besiegt, und er entmachtete das Land.«

Das fragliche Land lag in diesem Fall überwiegend zwischen den Südhängen des Taurus und dem Oberlauf des Euphrat. Mursili sicherte zunächst also den hethitischen Einfluß im späteren Reich Kizzuwatna, in Kilikien. Und damit bereitete er das Sprungbrett für den großen Schlag, den Feldzug gegen das mächtige Halpa/Aleppo, mit dem er vollenden wollte, was sein Großvater begonnen hatte.

Das war ein riskantes Unternehmen – Hattusili I. war ja über die Taktik der militärischen Nadelstiche nicht hinausgegangen –, und um so mehr überrascht, wie kurz angebunden die Quellen berichten: »Er zog nach Halpa. Er vernichtete Halpa und brachte Gefangene und Schätze aus Halpa nach Hattusa.«

Damit hatten die Hethiter zugleich das Königreich Jamhad ausgelöscht: Sein Name ist seit diesem Zeitpunkt aus der Geschichte verschwunden. Ein Schlag, der den Städten Nordsyriens noch viele Jahrhunderte nachhing.

Doch für Mursili und seine Truppen schien das nur ein willkommenes Vorspiel gewesen zu sein: Sie machten sich auf einen über 800 Kilometer langen Marsch, zunächst nach Osten, zum Euphrat, dann wandten sie sich dem Fluß folgend nach Süden, um einen Feind anzugreifen, den herauszufordern zur damaligen Zeit an Größenwahn grenzte: die Metropole der Welt, Babylon.

Mursili sah das wohl anders. Denn wieder berichten die Quellen lakonisch: »Danach aber zog er nach Babylon und vernichtete Babylon. Auch die hurritischen Truppen bekämpfte er; und er brachte Gefangene und Schätze aus Babylon nach Hattusa.«

Mursili selbst war im Augenblick seines Triumphs vermutlich gar nicht klar, von welch weltgeschichtlicher Tragweite sein typisch hethitischer *hit and run*-Überfall im Jahr 1531 war: Er hatte im Handstreich das altbabylonische Reich, die Dynastie des mächtigen Hammurabi, zu Fall gebracht – und damit das Kräfteverhältnis im Vorderen Orient so gründlich durcheinandergewirbelt, daß auch die Hethiter selbst die Folgen künftig noch mehrfach zu spüren bekommen sollten.

Abgesehen davon, daß diese militärische Unternehmung den Nimbus der Hethiter als die fürchterlichsten Plünderer und Brandschatzer ihrer Zeit auf die Spitze trieb, war das Ganze langfristig betrachtet ziemlich unsinnig. Schließlich konnte Mursili nicht hoffen, Babylon dauerhaft zu unterwerfen oder zu einem Vasallen zu machen, geschweige denn das riesige Gebiet zwischen Halpa und Babylon. Dazu waren die Entfernungen von Hattusa viel zu groß und die hethitischen Ressourcen – an Menschen wie Material – viel zu klein.

Aber neben der erklecklichen Beute – Gefangenen, wertvollen Schätzen und allem voran den Gottheiten der eroberten Städte – sowie der Mehrung seines Rufs als erfolgreicher Feldherr mag es Mursili taktisch noch um etwas anderes gegangen sein: um eine für Hattusa nützliche Allianz. Wie schon Hattusili I. mußte auch sein Nachfolger sich ständig der immer stärker werdenden Hurriter erwehren, die der zitierten Quelle zufolge auf seiten Babylons kämpften. Also suchte er die Hilfe der aus Westpersien nach Mesopotamien eingewanderten Kassiten: Sie profitierten von dem Todesstoß, den Mursili Hammurabis Reich versetzte, indem sie anschließend die Macht in Babylon übernahmen.

Das ist, zugegeben, nur die Spekulation einiger Hethitologen, die sich anhand der Quellen nicht erhärten läßt, aber sofern dies Mursilis Plan gewesen sein sollte, so war seine Rechnung zunächst aufgegangen.

Kapitel 4

Tausend Götter und die Anfänge der Geschichtsschreibung

Götterklauen ist ein merkwürdiger Sport – vor allem für uns, die wir im kulturellen Umfeld eines rigiden und sich zunehmend abstrakter verstehenden Monotheismus aufgewachsen sind.

Dabei hat der Glaube an den einen, allmächtigen Gott seinen Ursprung zufällig ziemlich genau in der Zeit, die uns hier am meisten interessiert – der späten Bronzezeit. Pharao Amenophis IV. von Ägypten (1351–1334), der sich in Echnaton umbenannte, entwickelte als erster die Vorstellung von nur einer Gottheit: Aton, der Sonne. Man sagt, ein gewisser Moses, der damals mit seinen Leuten im ägyptischen Exil weilte, habe die Idee von dort mitgebracht und ihr zu ungeahntem Erfolg verholfen.

Im Lauf vieler Jahrhunderte entwickelte sich eine monotheistische Traditionslinie – die christlich-katholische Ausprägung – dann dahin, daß man wieder ganz konkrete Dinge zum Gegenstand religiöser Verehrung machte, vor allem Heiligenreliquien, die die Hirten der Gläubigen mit allen Mitteln in ihren Besitz zu bekommen trachteten: Im »abergläubischen« Mittelalter gab es zahlreiche Versuche, einander solche Objekte abzujagen. So ganz fremd dürfte also auch einem Christen die Vorstellung nicht sein, daß materielle Dinge wundertätig sein können und man sie daher besser in den eigenen Kirchen/Tempeln aufbewahrt, als sie Feinden oder Konkurrenten zu überlassen.

Der Unterschied ist nur, daß die Hethiter (wie auch ihre Zeitgenossen) sich nicht mit ein paar Gebeinen oder einem Fläschchen Wasser aus Lourdes zufriedengegeben hätten, sondern tatsächlich überall, wo sie eine Stadt eroberten, in Form der Statuen die Gottheiten insgesamt einsackten und ihrem ohnehin reich bestückten Pantheon hinzufügten, bis sie schließlich als das »Volk der tausend Götter« galten – was keineswegs eine Übertreibung ist, es waren tatsächlich so viele.

Dieses Götterklauen war nicht bösartig gemeint, wenigstens nicht ausschließlich. Sicher, zum einen diente es der psychologischen Kriegführung: Die Lokalgottheit verlieh einem Ort Stärke; wurde ihr Abbild – das als Verkörperung galt und daher nicht einfach reproduziert werden konnte – geraubt, konnte der Kult nicht mehr ausgeübt werden, und die Stadt verlor den Schutz und die Kraft des Gottes, in deren Genuß fortan die Sieger am Ort seines neuen Tempels kamen. Zum anderen aber erwiesen die Hethiter dadurch, daß sie Statuen und andere Bildnisse mitnahmen, den jeweiligen Gottheiten ihre Reverenz und unterwarfen sich ihnen. Mit den Götterbildern wurden zugleich die Kulte vereinnahmt und am neuen Ort fortgeführt, wo – darauf achteten die Hethiter genau – die Gottheiten weiterhin in ihrer »Heimatsprache« angeredet wurden. (Das bunte Spektrum von Sprachen in den Keilschriftarchiven beruht zum Teil eben darauf, daß kultische Texte nicht übersetzt, sondern immer in der tradierten Form festgehalten beziehungsweise vorgetragen wurden.)

Den größten Teil ihrer tausendköpfigen Götterschar verdankten die Hethiter allerdings gar nicht religiösen Räubereien, sondern der friedlichen Assimilation all der Götter, die sie in den ihrem Reich nach und nach einverleibten Städten und Ländern vorfanden. Häufig übernahmen sie dazu auch noch Götter ihrer Nachbarn, insbesondere der Hurriter oder der Luwier. Offensichtlich verfuhr man nach der Devise »Viel hilft viel«.

Die ersten Könige von Hattusa legten es allerdings gar nicht darauf an, im Gegenteil. Während sie nach und nach die Stadtstaaten Zentralanatoliens zu einem homogeneren Ganzen verschmolzen, blieben die lokalen Kulte und, dafür zuständig, die lokalen Tempel unangetastet. Der Zentralisierungsprozeß war weltlicher Natur, und die ersten Großkönige, zugleich oberste Priester ihres Landes wie in allen frühen Hochkulturen, stützten ihre politische Macht gerade darauf, daß sie die heiligen Städte – die Kultorte lokaler Gottheiten – im Verlauf des Jahres einen nach dem anderen besuchten und dort die religiösen Festlichkeiten ausrichteten. Diese alljährliche Rundreise verlief sicherlich nicht ohne Mühsal, doch der Herrscher konnte dadurch in regelmäßigen Abständen in seinem Reich Präsenz beweisen. (Ähnlich, wenn auch noch extremer, zogen die frühen deutschen Kaiser, die gar keine Hauptstadt in unserem Sinn hatten, von Kaiserpfalz zu Kaiserpfalz durch ihr Herrschaftsgebiet, das sie gewissermaßen dezentral verwalteten.)

Später, als das Hethiter-Reich sich immer weiter ausdehnte und der König diesen Verpflichtungen kaum mehr nachkommen konnte, wurde die Götterschar zunehmend in Hattusa versammelt, um dem obersten Priester die Rundreise zu verkürzen. Das war mit ein Grund für den prächtigen Ausbau der Hauptstadt, in der die Archäologen bis heute 31 Tempel ausgegraben haben (s. Kap. 12). Zugleich setzte eine ideelle Abstrahierung ein: Mehrere lokale Wettergötter beispielsweise verschmolzen zu einem übergeordneten »Wettergott des Landes«. Dadurch wurde der hethitische Pantheon gewissermaßen zu einer Zweiklassengesellschaft, denn neben den neuen »Staatsgöttern« blieben trotz des Konzentrationsprozesses bestimmte Lokalgottheiten in Amt und Würden – und mit ihnen die heiligen Städte, die zu ihrem Reich zu zählen den Hethitern während ihrer gesamten Geschichte stets wichtig war.

Ein Team um Andreas Müller-Karpe von der Philipps-Universität Marburg erforscht seit 1993 einen dieser Kultorte. Ein Jahr zuvor hatte seine Frau Vuslat bei einer Geländeerkundung ein Bruchstück einer Keilschrifttafel entdeckt, was vielversprechend genug war, um eine Grabung zu organisieren. 1994 kamen weitere Tontafeln zum Vorschein, die belegen, daß es sich bei der Anlage um den alten hethitischen Kultort Sarissa handelte.

Der hier verehrte Wettergott von Sarissa gehörte zu den neun »Eidgöttern«, die am Ende des aus Karnak und Hattusa bekannten ägyptisch-hethitischen Vertragstextes angerufen wurden. Das war gängige Praxis bei allen Verträgen und Erlassen: Die als Zeugen benannten Allmächtigen wachten über die Einhaltung des Vertrags und waren auch für die Bestrafung jener Menschen zuständig, die vielleicht gegen dessen Statuten verstießen. Daß unter dem wichtigen internationalen Vertragswerk auch der Wettergott von Sarissa genannt wurde, belegt den hohen Rang, den dieser Kultort innehatte.

Die Arbeit der Marburger in Kuşaklı, wie der Ruinenhügel heute heißt, wird von der Fachwelt mit Spannung verfolgt, da neben der Hauptstadt Hattusa – die immer noch das Glanzstück der Hethiter-Archäologie ist – nun auch eine »normale« Provinzstadt erforscht wird. Die meisten der rund 1600 in hethitischen Quellen genannten Städte sind nämlich entweder noch nicht aufgespürt worden oder können nicht ausgegraben werden, weil spätere, kulturgeschichtlich ebenso bedeutende Siedlungsschichten darüberliegen.

Sarissa hingegen ist wie eine Momentaufnahme aus der hethitischen Blütezeit: Die Stadt war eine Neugründung aus dem 16. Jahrhundert, und um 1200 wurde sie zerstört, verlassen und nie wieder flächendeckend besiedelt.

Im 15. Jahrhundert erfolgte ihr Ausbau nach einem exakten Plan. Die 1500 Meter lange Stadtmauer um das fast kreisrunde Areal wies vier wehrhafte Tore auf, die einander diagonal gegenüberlagen. Verbindet man sie auf einem Plan mit Linien, stehen diese (mit einer geländebedingten Ausnahme) exakt im Winkel von 90 Grad zueinander und verlaufen parallel zu den vier Himmelsrichtungen. Außerhalb der Mauern lagen künstliche Teiche, die zum einen als Wasservorrat, zum anderen wie ein wassergefüllter Burggraben als Annäherungshindernis dienten. Das Wasser für die Bewohner wurde durch Tonrohre in die Stadt geleitet, wo man es nicht nur trank, sondern auch die Sitzbadewannen damit füllte, die die Archäologen gefunden haben. Genauso verfügte die Stadt über ein ausgeklügeltes Abwassersystem. Die Hethiter, zumindest die der oberen Schichten, waren Reinlichkeitsfanatiker.

Neben Wohn- und Werkstätten und einem weiteren Sakralbau haben die Archäologen vor allem das wichtigste Gebäude erforscht: den Tempel des Wettergotts, der mit 4663 Quadratmeter Grundfläche doppelt so groß (!) war wie der Haupttempel von Hattusa (s. Kap. 12). Er stand genau parallel zu den von den Toren gebildeten Diagonalachsen und wies allein im Erdgeschoß 84 Räume auf, insgesamt hatte er mindestens 110. Diese dienten bei weitem nicht alle religiösen Zwecken: Wie ein mittelalterliches Kloster waren die Tempel auch Wirtschaftseinheiten mit eigenem Grundbesitz, mit Verwaltungsbeamten, Landarbeitern und Handwerkern, mit Werkstätten, Vorratsräumen, Archiven und so weiter. Und wie um den Vergleich mit einem Kloster so richtig komplett zu machen, haben die Archäologen hier auch eine ansehnliche »Tempelbrauerei« gefunden. Wie noch heute üblich, wurde das Bier aus gekeimter Gerste gebraut.

Anfang des 14. Jahrhunderts plünderten unbekannte Feinde Stadt und Tempel und brannten alles nieder – der Tempel wurde so gründlich zerstört, daß nur sorgfältig planende, sozusagen fachkundige Brandstifter am Werk gewesen sein können. Zahlreiche Pfeilspitzen der Angrei-

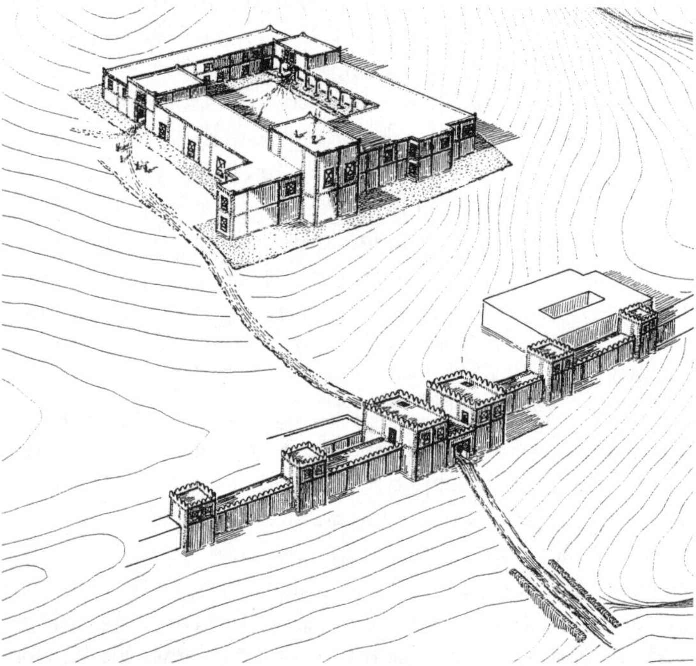

Rekonstruktion des Wettergott-Tempels von Sarissa sowie eines Abschnitts der unterhalb davon gelegenen Stadtmauer mit dem Südost-Tor. Außerhalb der Mauern lagen künstliche Teiche (hier als Senken links und rechts von der Straße zum Tor zu erkennen), über die ein kleiner Viadukt führte.

fer wiesen, als die Archäologen sie ausgruben, noch immer in die Richtung, in die sie 3400 Jahre zuvor abgeschossen worden waren. Bei den Feinden könnte es sich um Kaskäer gehandelt haben, die zu jener Zeit weite Teile des hethitischen Kernlands verwüsteten (s. Kap. 9).

1380 wurde die Stadt samt einem kleineren Sakralbau wieder aufgebaut – nicht jedoch der Große Tempel. Seine Reste wurden grob planiert, der Platz – vielleicht aus Pietät – nicht wieder bebaut. Es muß merkwürdig gewesen sein, in einer relativ kleinen Stadt (sie hatte ziemlich genau die Ausmaße von Marburg im 13. Jahrhundert u. Z.) mit einer so riesigen Freifläche zu leben. Die Bewohner hatten nun den Kult dorthin ausgelagert, wo wahrscheinlich auch der Ursprung des Glaubens an den Wettergott von Sarissa zu suchen ist: Rund zwei Kilometer südlich von Kuşaklı erhebt sich ein 1900 Meter hoher Berggipfel, von dem zwei große Felsbrocken, wohl durch natürliche Kräfte abgesprengt, ein Stück weit herabgestürzt sind, wo sie bis heute neben einem eingefaßten, künstlich aufgestauten Quellteich liegen. Das war wahrlich eine beeindruckende Szenerie für die Verehrung einer Naturgewalten-Gottheit, zumal Felsen und Wasser symbolisch wie real im hethitischen Denken und Leben ohnehin zentrale Bedeutung zukam. Auch in der Topographie und Architektur der Hauptstadt spielten beide Elemente unübersehbar eine prominente Rolle (s. Kap. 12).

In unmittelbarer Nähe fand Andreas Müller-Karpe die Überreste eines Bauwerks von fast denselben Ausmaßen wie denen des Großen Tempels unten in der Stadt. Obwohl erst eine Grabung den Beweis erbringen kann, vermutet der Archäologe hier den neuen Tempel des Wettergotts von Sarissa. Denn in Kuşaklı gefundene Keilschriftfragmente beschreiben wie folgt das zweimal jährlich veranstaltete Fest des Wettergotts, zu dem der Großkönig eigens aus dem 200 Kilometer entfernten Hattusa anreisen mußte:

»Wenn der König im Frühjahr, um die Feste zu feiern, nach Sarissa geht [und] sich der Stadt nähert, geht er nicht zur Stadt hinauf, sondern der König geht den oberen Weg zu den Huwasi-Steinen [= heiligen Steinen] des Wettergotts hinauf.«

Und an anderer Stelle:

»Wenn es am dritten Tag hell wird ... in Sarissa [geht der] König ins Badehaus und nimmt sich Ornat und Prachtgewänder. Der König kommt aus dem Badehaus heraus. Zwei Palastjunker und ein Leibwächter laufen dem König voran. Der König steigt auf den Wagen und fährt zum Huwasi des Wettergottes hinauf. Dem Huwasi-Heiligtum des Wettergottes aber gegenüber bricht er ... die Brote.«

Andreas Müller-Karpe ist sich sicher, das Huwasi-Heiligtum des Wettergotts von Sarissa gefunden zu haben. Die herabgestürzten Felsen, der Quellteich, die Grundmauern einer Tempelanlage – alles paßt bestens. Denn der hethitische Glauben, so erklärte er uns, »war im Grunde noch immer Naturreligion«.

Gängigen Theorien zufolge hatten alle Religionen und damit auch Göttervorstellungen ihren Ursprung in einem animistischen Weltbild – das heißt in dem Glauben, daß alle Dinge und Erscheinungen beseelt oder von höheren Wesen durchdrungen sind. Und wenn diese Vergöttlichung natürlicher Gegebenheiten wie Berge oder Flüsse tatsächlich die ältere Form von Religiosität war, dann liegt auf der Hand, daß auch mit zunehmender Vergeistigung oder Abstrahierung die lokale Verwurzelung bestimmter Gottheiten noch sehr lange Bestand hatte.

Welche Götter die Hethiter in ihrer ursprünglichen Heimat verehrten, wissen wir nicht, genausowenig, welche sie vielleicht auf ihrem langen Marsch nach Anatolien (wenn er denn so lang war) »einsammelten«. Doch kaum hatten sie sich in ihrem späteren Kernland niedergelassen, stand das Grundgerüst ihrer Religion in Form von größtenteils übernommenen Lokalgottheiten fest.

Wettergott-Kulte wie der von Sarissa waren im gesamten anatolisch-vorderasiatischen Raum außerordentlich verbreitet. Während die Gottheit in Syrien oft häufig nur mit einer Keule oder Axt und einem Blitzbündel als Insignien dargestellt wurde, stand sie auf zentralanatolischen Monumenten zusätzlich auf einem von Stieren gezogenen Wagen oder direkt auf einem Stier, wobei das gesamte Arrangement oft auf zwei Bergkuppen balancierte. Gelegentlich, etwa in Alacahöyük, wurde stellvertretend der Stier allein – das heilige Tier des Wettergotts – abgebildet. Auch die beim Wettergott-Kult verwendeten Trankopfergefäße hatten meist Stiergestalt (s. Abb. 1, 30 und Umschlagmotiv).

Die wichtigsten Wettergötter im Norden waren die von Nerik und Zippalanda. Sie galten als Söhne des höchsten Wettergotts, dem des Himmels beziehungsweise des Landes. Mutter des Wettergotts von Nerik war die Sonnengöttin von Arinna, die wichtigste weibliche Gottheit des hethitischen Pantheons. Dank dieser himmlischen Genealogie nahm Nerik einen ganz besonderen Rang unter den heiligen Orten ein.

Der hethitische Eigenname des Wettergotts ist nicht genau bekannt, da er in den Texten mit einem Ideogramm geschrieben wurde; wahrscheinlich hieß er Tarhunna, von hattisch Taru. Bei den Luwiern hieß er Datta und Tarhunt; von letzterem hat die hethitische Provinz Tarhuntassa südlich des Kernlands ihren Namen: »Land des Wettergotts«.

In jener Gegend um das Taurus-Gebirge, wo die Bevölkerung zu großen Teilen aus Hurritern bestand, hieß der Wettergott Tesub; gleichberechtigt stand ihm seine Gemahlin Hepat zur Seite. Beide wurden gemeinsam zum Beispiel in Halpa, Samuha, Kummanni und Uda verehrt.

Ihr heiliges Tier war ein Löwe, manchmal auch ein Leopard. Später, im Staatskult, verschmolz Hepat mit der Sonnengöttin von Arinna, und ihr Kult wurde auch in Hattusa praktiziert.

Arinna, die Heimat der Sonnengöttin, war von alters her eine der wichtigsten Kultstädte der Hethiter; der Ort lag nur eine Tagesreise von Hattusa entfernt, wahrscheinlich südwestlich beim antiken Tavium. Neben der Sonnengöttin – ursprünglich hieß sie Wurusemu – verehrten sie hier den Wettergott unter seinem alten Namen Taru sowie deren Töchter Mezulla und Hulla und eine Enkelin namens Zintuhi. Wofür diese drei zuständig waren, ist nicht überliefert.

Wie in vielen Kulturen waren bei den Hethitern die amtierenden Götter Nachfahren derjenigen, die am Anfang die Welt erschufen. Dem Schöpfungsmythos zufolge wurden Himmel und Erde gemeinsam auf dem Weltriesen Upelluri erbaut und später von jenen frühen Göttern mit einem kupfernen Sichelschwert getrennt. (Daß dieses Material eigens erwähnt wird, läßt darauf schließen, daß der Mythos noch vor der Bronzezeit in die gültige Form gebracht wurde.)
Anschließend kämpften drei Göttergenerationen um die Thronfolge (was sich einige Hethiter offensichtlich zum Vorbild nahmen, s. Kap. 5): Der oberste Gott Alalu wurde nach neun Jahren Herrschaft von Anu, seinem Sohn und Mundschenk, gestürzt. Nach wiederum neun Jahren erhob sich dessen Sohn Kumarbi gegen Anu und biß seinem himmelwärts fliehenden Vater die Geschlechtsteile ab. Doch Anu prophezeite Kumarbi eine Schwängerung, woraufhin der das verschluckte Sperma Anus ausspuckte – was zu einer Schwängerung der Erde führte, die zwei göttliche Kinder hervorbrachte, und irgendwie auch die wundersame Geburt des Wettergotts zur Folge hatte. (Da der Text bruchstückhaft ist, bleibt bis auf weiteres ungeklärt, ob Kumarbi während seiner Regierungszeit auch noch etliche seiner Kinder fraß.)

Hingegen ist der Aufgabenbereich eines weiteren Wettergott-Sohnes namens Telipinu sehr wohl bekannt: Er war gleichfalls hattischen Ursprungs und fungierte als Vegetationsgott, der alles, Pflanzen wie Tiere und Menschen, wachsen und gedeihen oder, wenn er zürnte, darben und verrotten ließ. Seine wichtigsten Kultorte waren Hanhana im Norden und die Hauptstadt Hattusa.

Von den Hurritern übernahm man auch die Göttin Sauska, die mit der babylonischen Istar identisch und bereits seit den Zeiten der assyrischen Handelsniederlassungen in Anatolien heimisch war. Mitte des 13. Jahrhunderts schrieb Großkönig Hattusili III., dessen persönliche Schutzgöttin sie war, ihr seine erstaunliche Karriere zu, die ihn neben dem Pharao zum mächtigsten Mann der Welt machte (s. Kap. 17).

Istar/Sauska wurde vor allem in Samuha und Lawazantija verehrt. Sie war die Göttin der Liebe und der Sexua-

---

In dem nach ihm benannten Telipinu-Mythos verschwindet der Vegetationsgott »aus Zorn«, woraufhin große Not ausbricht: Nichts gedeiht, Tiere und Menschen bekommen keinen Nachwuchs mehr. Alle Götter machen sich auf die Suche nach Telipinu, denn auch ihnen geht es schlecht. Der Sonnengott schickt den Adler aus – umsonst. Der Wettergott, sein Vater, sucht Telipinu in seiner Heimatstadt – vergeblich. Finden kann ihn erst eine kleine Biene, die von der Geburtsgöttin Hannahanna (wörtlich: »Großmuttergroßmutter«) ausgesandt worden ist. Die Biene weckt den schlafenden Telipinu mit Stichen – und damit erneut seinen Zorn. Auch die Heilgöttin Kamrusepa kann ihn nicht besänftigen. Erst ein Mensch hat mit dem richtigen Ritual Erfolg: Telipinu kehrt heim, die Not hat ein Ende, allen geht es wieder gut.
Die Moral: Götter bedürfen menschlicher Hilfe, wie umgekehrt Menschen göttlichen Beistand brauchen. Dieses reziproke Verhältnis von Sterblichen und Allmächtigen ist für den hethitischen Glauben typisch.

lität und konnte nicht nur Gesundheit und Fruchtbarkeit bewirken, sondern Feinde auch mit »Impotenz, weibischem Wesen und dem Verlust der Waffen« strafen. Ob Istar darüber hinaus für das Kriegsglück zuständig war, ist nicht klar; vielleicht hatte sie diese Aufgabe ein Stück weit vom mesopotamischen Kriegsgott Zababa übernommen, als dessen Gattin Istar dort galt; Darstellungen, die sie mit Waffen und männlichem Kopfschmuck zeigen, lassen dies vermuten.

Eigentlich sollte man erwarten, bei einem so kampferprobten Volk wie den Hethitern an prominenter, wenn nicht gar höchster Position einen Spezialisten für das Waffenhandwerk zu finden, doch weit gefehlt: Abgesehen von den Kriegsgöttern Hesue (der hurritischen Variante des Zababa) und Astabi, von dem wir nicht mehr als den Namen kennen, betreuten anscheinend mehrere Gottheiten dieses Ressort nebenbei. Eine Erklärung dafür könnte sein, daß der hethitischen Vorstellung nach die oberste Gottheit selbst (oder die persönliche Schutzgottheit des Herrschers) dem Heer beziehungsweise dem Großkönig als Heerführer voran in die Schlacht zog und den Sieg errang.

Aus dem oberen Zweistromland importierte man auch schon zur Zeit der assyrischen Handelsniederlassungen die Göttin Kubaba; Karkamis im Südosten wurde zu ihrem Hauptkultort. Für das Kernland spielte sie keine große Rolle, wichtig wurde sie erst in späthethitischer Zeit, als kleinere Königtümer im Süden die hethitischen Traditionen fortsetzten. Richtig Karriere machte sie im 8. oder 7. Jahrhundert v. u. Z. unter den Namen Kybebe und Kybele als Hauptgöttin der Lyder und Phryger, die dann die Herren Anatoliens waren. Noch viel später gelangte ihr Kult sogar bis Rom.

Zu den bislang genannten gesellten sich unzählige weitere Gottheiten, etwa der Pestgott Jarri oder der Hirschgott Runda, dessen Ursprung mindestens ins 3. Jahrtausend reichte, wie die Hirsche von Alacahöyük zeigen (s. Abb. 32); neben diversen Sonnen-, Mond- und Scharen von Schutzgöttern für alle möglichen Gefahrensituationen gab es Wunschgottheiten, Getreidegötter, Spezialisten für Tag und Nacht, für die Liebe und das Meer, für die Tore der Stadt, Schicksals- und Unterweltgötter und zahllose andere, die mal in Naturheiligtümern, mal in großen Tempeln mit Unmengen von Personal und mal in kleinen Schreinen verehrt wurden; die unwichtigsten der Allmächtigen mußten sich damit zufriedengeben, daß ein einzelner, einsamer Priester gleich für mehrere solcher Schreine zuständig war.

Noch komplizierter wurde dieses Glaubenssystem (das man eher als Glaubenschaos bezeichnen müßte), als man die Gottheiten auch noch nach Sonderfunktionen aufzusplitten begann. Beispielsweise gab es einen Wettergott des königlichen Hauses (schützte die Dynastie), einen Wettergott des Hauptes (schützte den jeweiligen Herrscher), einen Wettergott des Zepters (schützte die politische Position); sodann kannte man einen Wettergott der Anrufung (sozusagen das »Call Center« für Betende), einen der göttlichen Rechtsordnung und einen des Rechtleitens (beide für die Sittlichkeit zuständig); über die Einhaltung von Verträgen wachte der Wettergott des Eides; versagte dieser, halfen in der Schlacht die Wettergötter

Nerik, die ehrwürdige Kultstadt des Wettergotts, ist zwar noch nicht ausgegraben, aber (im Gegensatz zu anderen Orten) dank eines hethitischen Mythos lokalisierbar: Weil der Wettergott unbedingt wollte, daß seine heilige Stadt am Marassanta lag, leitete er den Fluß noch einmal ins Landesinnere um, so daß er seither in Richtung auf den Sonnengott an Nerik vorbeifließt und erst danach ins Schwarze Meer mündet.

des Heerlagers, und nach dem Waffengang fielen zerstörte feindliche Orte schließlich dem Wettergott der Ruinenstätten anheim – die Hethiter dachten wirklich an alles.

Gleichzeitig waren sie aber sehr pragmatisch: In Eile und höchster Not konnte man mit einem pauschalen »Alle Wettergötter!« gleich die ganze Schar auf einmal anrufen – und vor allem sichergehen, keinen vergessen zu haben.

Irgendwann wurde es ihnen zuviel. Die Hethiter versuchten, wenigstens *etwas* Ordnung in dieses Durcheinander zu bringen. Wesentlichen Anteil daran hatten hurritische Einflüsse, die sich vom 15. bis ins 13. Jahrhundert immer stärker bemerkbar machten und unter denen es zu einer Verschmelzung der ursprünglich hattischen mit den hurritischen Gottheiten kam.

Einen plastischen Eindruck vom halbwegs geordneten Pantheon der späten Großreichszeit vermittelt das Naturheiligtum Yazılıkaya (türkisch für »beschriebener Fels«) bei Hattusa. In der Hauptstadt waren inzwischen immer mehr Kulte zusammengezogen und immer mehr Tempel errichtet worden, und im 13. Jahrhundert wurde die spätestens seit dem 15. Jahrhundert, wahrscheinlich aber schon viel länger auch als »Wettergott-Huwasi« kultisch genutzte Stätte vor den Toren prächtig ausgestaltet.

Yazılıkaya besteht aus zwei länglichen natürlichen Kammern, die von bis zu zwölf Meter hohen Felsen gebildet werden und sich zum Himmel öffnen. Davor stand ein tempelähnlicher Baukomplex, in dem wohl vorbereitende Handlungen vollzogen wurden und durch den man das eigentliche Heiligtum betrat. Jürgen Seeher vom Deutschen Archäologischen Institut Istanbul, der seit 1994 die Ausgrabungen in Hattusa leitet, sieht in dem Heiligtum »das ›Neujahrsfesthaus‹, das Haus des Wettergottes, in dem sich alljährlich zum Neujahrs- und Frühlingsfest alle Götter vereinigten« (s. Abb. 10–14).

Und genau so zieren ihre Reliefs die Felswände der größeren, 30 Meter langen Kammer; in langen Reihen ziehen links und rechts die Gottheiten in Richtung der Allerhöchsten, die an der Stirnwand dargestellt sind: der Wettergott des Himmels beziehungsweise Landes und die Sonnengöttin von Arinna, auch Königin von Himmel und Erde und Königin des Landes genannt, sowie deren wichtigste »Familienangehörige«.

In der Mitte des Hauptreliefs von Yazılıkaya steht das oberste Götterpaar: links der Wettergott Tesub auf zwei Berggöttern, rechts die Sonnengöttin Hepat auf einem Leoparden; im Hintergrund sieht man die heiligen Stiere des Wettergotts, die hier durch Spitzmützen als Götter ausgewiesen sind. Rechts neben Hepat steht, ebenfalls auf einem Leoparden, Sarruma, der Sohn des obersten Götterpaares, in dessen Person die Wettergötter von Nerik und Zippalanda verschmolzen sind; dahinter folgen Tochter und Enkelin auf einem Doppeladler. Links neben Tesub stehen jeweils auf zwei Bergkegeln ein weiterer Wettergott, vielleicht der von Hattusa, sowie noch eine männliche Gottheit, bei der sich die Wissenschaftler unsicher sind, ob es sich um Kumarbi, den Vater des obersten Wettergotts, oder um den Getreidegott handelt.

Die linke Wand zeigt die Prozession der männlichen Gottheiten: Ea (der Wassergott), der Mondgott, der Sonnengott des Himmels (zuständig für Recht und Gesetz, aber weit unwichtiger als sein weibliches Pendant, die Sonnengöttin), Astabi und Hesue (die Kriegsgötter), zwei Stiergötter (Hurri und Seri, die halb »vermenschlichten« heiligen Stiere des Wettergotts), fünf Berggötter, zwölf Unterweltgötter und zwischen den anderen verteilt noch zwölf weitere, die nicht identifiziert werden konnten, denn die Reliefs sind nach 3200 Jahren unter freiem Himmel leider stark verwittert. Und zwischen die Götter haben sich drei Frauengestalten eingereiht: Sauska/Istar, hier mit Flügeln und stark vermännlicht, also kriegerisch, sowie Ninatta und Kulitta, ihre beiden Dienerinnen.

An der Felswand gegenüber schreiten die weiblichen Gottheiten in Richtung der obersten Allerhöchsten. Leider weist ihre Reihe erhebliche Lücken auf; eine davon füllte wahrscheinlich Istar, diesmal in weiblicher Gestalt, zwei andere sind nicht zu rekonstruieren; des weiteren finden sich hier die Schicksalsgöttinnen Hutena und Hutellura, Tapkina (die Gemahlin des Wassergotts Ea), Nikkal (die Gemahlin des Mondgotts) und weitere, deren deren Namen man kennt, nicht aber ihre Zuständigkeit, sowie ein paar gänzlich unidentifizierbare Göttinnen.

Im Anschluß an diese weibliche Prozessionsreihe ist gegenüber der Hauptszene ein Mensch dargestellt, und zwar größer noch als die wichtigsten Gottheiten: Großkönig Tudhalija IV., der vermutlich die Gestaltung des Heiligtums in dieser Form in Auftrag gab. (Er ist es übrigens, der in diesem Buch auf die Texte mit den Zusatzinformationen unten auf den Seiten hinweist.)

Tudhalija ist auch in der kleineren und engeren, nur 18 Meter langen Kammer des Felsheiligtums verewigt; das Relief zeigt ihn in der Umarmung seines persönlichen Schutzgotts Sarruma, des Sohnes des Wettergotts und der

Sonnengöttin. Und noch ein drittes Mal ist er hier vertreten, wenn auch nur in Form seiner »Kartusche«, wie das fachsprachlich heißt: eines Ensembles von symbolischen, hieroglyphischen oder ideographischen Zeichen, die Namen, Rang und Ehrentitel des Abgebildeten angeben. Ähnliche Kartuschen trägt Tudhalija auch auf den beiden Reliefdarstellungen.

Dieselbe Art bildhaft-symbolischer Kennzeichnung findet sich auch neben anderen Darstellungen von Königen; im Gegensatz zur schwierigen Keilschrift konnten solche Kartuschen mit luwischen Hieroglyphen wohl von weiten Teilen der Bevölkerung »gelesen« werden.

An einer Stirnwand der kleinen Kammer liegt eine Kalksteinplatte, zu der die Basis einer Basaltstatue paßt (nur die ziemlich großen Füße sind erhalten), die in einem benachbarten türkischen Dorf gefunden wurde; zusammen mit der allein in die Wand gemeißelten Kartusche läßt das darauf schließen, daß hier einst eine Statue Tudhalijas stand, die mindestens drei Meter hoch gewesen sein muß. Da die weiteren Reliefs dieser Kammer nur noch die zwölf Unterweltgötter zeigen, ist gut möglich, daß sein Sohn Suppiluliuma II. sie nach Tudhalijas Ableben ihm zu Ehren ausschmücken ließ (hethitische Großkönige wurden nach ihrem Tod Götter).

Viele dieser Gottheiten wurden gleichermaßen in den zahlreichen Tempeln Hattusas verehrt, im größten natürlich der Wettergott und die Sonnengöttin des Landes. Zum Neujahrsfest, der Götterversammlung, bei der zugleich der Großkönig in seinem Amt bestätigt wurde, gab es wahrscheinlich eine Prozession vom Großen Tempel in der Stadt hinaus zum Felsheiligtum, das, wie einige Forscher meinen, zugleich Krönungsort des Königs war.

Viele wichtige Riten mußten König und Königin als

ranghöchste Repräsentanten der Gläubigen persönlich vollziehen, ansonsten aber standen ganze Heerscharen von Priestern und Tempelbediensteten für die diversen Kulte bereit. Sie waren ständig im Einsatz. An ihren alltäglichen Verrichtungen wird deutlich, wie irdisch oder menschlich die Hethiter sich diese Götter vorstellten: Der Tempel war die Wohnstatt des Gottes, die Priester und das weitere Personal waren seine Diener. Tagein, tagaus kümmerten sie sich um seine Grundbedürfnisse: Sie wuschen ihn, kleideten ihn in kostbare Gewänder, gaben ihm zu essen und zu trinken und unterhielten ihn mit Musik und Tanz.

»Oh, Wettergott von Zippalanda … iß und werde satt, trink und sei zufrieden!« Neben seiner Alltagskost wurden dem Gott zu bestimmten Anlässen natürlich besondere Speise- und Trankopfer dargebracht. Vor allem die ersten Früchte und die erstgeborenen Tiere eines jeden Jahres waren den Göttern vorbehalten, doch konnte so gut wie alles, was das Land hervorbrachte, geopfert werden, um sie gewogen zu stimmen; hoch im Kurs standen veredelte Produkte wie Wein, Bier, Brot, Käse für das leibliche Wohl

Wie wohl auch die Hethiter wußten, können Statuen oder Reliefdarstellungen in Wirklichkeit weder essen noch trinken, aber auf die Frage, was mit all den Opfergaben geschah, gibt es in den Schriftquellen nur andeutungsweise eine Antwort: Es war verboten, sie an Laien zu verteilen oder sie mit Laien zu teilen. Was heißt: Wie wir das auch aus anderen Kulturen kennen, behielten das Tempelpersonal und die an den kultischen Handlungen beteiligten Angehörigen der Oberschicht alles für sich (zu letzteren zählte zumindest in einem Fall wenigstens auch die Oberste der Prostituierten). Daß die Priester damit immense Reichtümer anhäuften, war theologisch einfach zu rechtfertigen: Sie verwalteten ja nur den Besitz des Gottes so gut wie möglich.

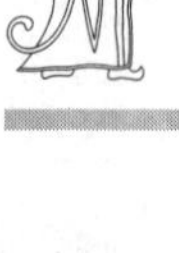

und zur Mehrung des Wohlstands wie zur Ausschmückung natürlich wertvolle Stoffe und Edelmetalle.

Hygiene war bei allen kultischen Handlungen erstes Gebot. Wer immer in Kontakt mit den Opfergaben, den Opfergefäßen oder den Götterbildnissen oder auch nur mit einem Priester kam, mußte nicht nur faktisch sauber, sondern auch rituell rein sein. War jemand mit Schmutz – auch im übertragenen Sinn – in Berührung gekommen, hatte er sich nicht nur zu waschen, sondern wurde auch ideell, mit magischen Substanzen etwa, gereinigt. Vor allem Körperausscheidungen galten als schmutzig; wer beispielsweise Geschlechtsverkehr gehabt hatte, durfte ohne die erforderlichen Säuberungshandlungen nie und nimmer vor die Götter treten. Der Zölibat war den Hethitern fremd, und die Priester konnten den Abend in der Stadt verbringen, sie durften aber nicht über Nacht bei ihren Frauen bleiben, sondern mußten noch während der Dunkelheit in den Tempel zurückkehren (und vermutlich erst einmal baden, ehe sie endlich schlafen konnten).

Für die vorgeschriebenen Bäder und Waschungen hatten die Tempel eigene Räume; nach der Reinigung wurde dort spezielle, meist kostbare, manchmal aber auch symbolisch-derbe Kleidung angelegt, was wie alle folgenden Kulthandlungen genauestens in den sogenannten Festprotokollen festgelegt war, die langen Listen von Regieanweisungen glichen.

»Der König und die Königin gehen in den Tempel von Zababa«, heißt es in einem dieser Protokolle. »Sie knien vor dem Speer nieder; der Hofnarr spricht, der Herold ruft …

Der König und die Königin setzen sich auf den Thron. Der Palastdiener bringt das Tuch des goldenen Speers und den Lituus [einen langen, unten gebogenen Stab,

Symbol der Königswürde]. Er reicht das Tuch des goldenen Speers dem König, den Lituus aber stellt er rechts vom König neben den Thron.

Zwei Palastdiener reichen dem König und der Königin Wasser für die Hände aus einem goldenen Krug. Der König und die Königin waschen sich die Hände. Der Oberste der Palastdiener reicht ihnen ein Tuch, und sie wischen sich die Hände ab.

Zwei Palastdiener breiten ein Knietuch für den König und die Königin aus …

Der Zeremonienmeister geht hinaus in den Hof und sagt zu dem Stabträger: ›Musik, Musik!‹ Der Stabträger geht zum Tor hinaus und sagt zu den Sängern: ›Musik, Musik!‹ Die Sänger ergreifen die Istar-Instrumente. Der Stabträger geht voran, und die Sänger bringen die Istar-Instrumente hinein und nehmen ihre Positionen ein …«

Und so weiter und so fort geht es über anderthalb heutige Druckseiten, bis es endlich zu ersten Opferhandlungen kommt. Hethitische Festprotokolle sind etwa so spannend wie TV-Testbilder: sehr detailliert, aber stundenlang dasselbe. Ein katholisches Hochamt unserer Tage mutet dagegen wie ein Ausbruch reiner Anarchie an.

Und ein solches währt nur ein bis zwei Stunden. Die großen religiösen Feierlichkeiten der Hethiter dauerten oft drei Tage und länger, das Purullija-Fest ursprünglich sogar einen ganzen Monat, weil es eine Rundreise nach Zippalanda, Nerik, Arinna und zu anderen alten Kultorten einschloß. »Purulli«, wahrscheinlich ein hattisches Wort, bedeutet »Erde«; es war ein Fest des Wiedererwachens der Natur, ein Frühjahrs- respektive Neujahrsfest also. Daneben gab es unter anderem das Herbstfest (sozusagen Erntedank) und das ziemlich bedeutende dreitägige KI.LAM-Fest (wörtlich Torhaus- oder Markt-Fest), mit dem ursprünglich wohl um Regenfälle gebeten wurde und das man auch in Zippalanda und Arinna feierte. Allein für Hattusa sind in den Schriftquellen weitere 16 religiöse Feste im Jahreslauf vermerkt.

Allerdings wurde bei diesen tagelangen Festen weit mehr geboten, als die öden Protokollauszüge vermuten lassen: Festzüge durch die Stadt, bei denen Götterstatuen und andere Kultobjekte mitgeführt wurden, Trankopfer und Trinkzeremonien, Schlachtopfer mit anschließenden kultischen Mahlzeiten, Musik, Tänze oder Paraden, unter anderem von Tiermaskenträgern, sportliche Wettkämpfe, komödiantische und artistische Darbietungen sowie Aufführungen oder Rezitationen von Mythen wie zum Beispiel dem Telipinu-Mythos (s. o.).

Religiöse Feste dienten also – wie heute – auch dem profanen Vergnügen sowie anderen weltlichen Zwecken, nicht zuletzt repräsentativen: So mußten zu solchen Anlässen etwa die Vasallen und die Vertreter der Provinzstädte erscheinen und ihren Tribut abliefern; in gewissem Maß fand dabei eine Umverteilung des Reichtums statt: Bei Bedarf gab der Großkönig in Not geratenen Städten von der Fülle der eingesammelten Güter das ab, was sie gerade am dringendsten brauchten. Denn der Herrscher kassierte all diese Gaben nicht für sich, sondern für das Land, dessen Gedeihen in seinen Händen lag.

Der Wettergott von Hattusa war oberster himmlischer wie irdischer Herrscher und Wahrer der gesamten Weltordnung; er war Herr über das Land und damit zugleich über alles, was auf diesem Land lebte, einschließlich der Menschen. Er legte das Land in die Hände seines irdischen Statthalters, des Großkönigs von Hattusa, der es im göttlichen Auftrag verwalten und ihm »zu Wohlstand und gutem Gedeihen« verhelfen mußte. Die Mittel waren ihm dabei freigestellt, aber er mußte seine Leistung, seinen Erfolg oder Mißerfolg, am Ergebnis messen lassen.

Das erinnert auf den ersten Blick an ein typisches Lehensverhältnis, allerdings ist der Vergleich mit einer modernen Aktiengesellschaft vielleicht treffender: Der Aufsichtsrat (heute oft der eigentliche Besitzer, weil mit Bankern besetzt, die die Aktienmehrheit halten) respektive der Wettergott bestellt den Vorstandsvorsitzenden/Großkönig, und dieser kann erst einmal nach Gutdünken schalten und walten. Sein Ziel ist zwar vorgegeben – er soll den Reichtum der AG/des Landes Hattusa mehren –, aber wie er das erreicht, ist ihm überlassen. Mit regelmäßigen Rechenschaftsberichten muß er belegen, daß er seine Sache gut gemacht hat und wohl weiter gut machen wird, sonst wird er vom Aufsichtsrat/Wettergott abberufen (der Vorstandsvorsitzende mit einer dicken Abfindung, der Großkönig durch Ableben). Ist der Aufsichtsrat/Wettergott ihm wohlgesonnen, so hilft er auch dem Vorstandsvorsitzenden/ Großkönig mal aus der Patsche, wenn dieser höflich bittet/inständig betet; das geschieht meist dadurch, daß der Aufsichtsrat/Wettergott seine guten Beziehungen zu anderen Banken/höheren Mächten spielen läßt.

Einen wichtigen Unterschied gab es aber: Was für den Vorstandsvorsitzenden die Launen des Marktes und der Börse sind, das waren für den Großkönig von Hattusa die Launen des Wettergotts selbst; wenn es ihm gefiel, das Land ins Unglück zu stürzen, konnte auch der beste Sachwalter auf Erden dagegen nichts ausrichten. Zudem waren der Wettergott und alle seine Kollegen ja allwissend: Lügen und betrügen konnte der Großkönig also nicht, wenn er in Gebeten (die aufgeschrieben wurden und ins Archiv kamen) oder in seinen Annalen Rechenschaft darüber ablegte, ob es ihm gelungen war, Hattusa »zu Wohlstand und gutem Gedeihen« zu verhelfen.

Dieser Glaubensvorstellung verdanken wir die früheste Form einer halbwegs verläßlichen Geschichtsschreibung. Ging es dem Land schlecht oder wurden Kriege verloren, wußte nur der Gott, ob dies sein Wille oder ein Fehler des Menschen gewesen war. Der König ließ also alles aufschreiben, »wie es eigentlich gewesen« ist – und damit war eine Historiographie geboren, die dem modernen geschichtswissenschaftlichen Leitsatz Leopold von Rankes (1795–1886 u. Z.) genügt hätte.

Schönfärberei oder gar Geschichtsklitterung wie bei Zeitgenossen, deren Aufzeichnungen eher der politischen Propaganda dienten, wären wegen der Allwissenheit des Gottes zwecklos gewesen. Natürlich versuchten die Großkönige von Hattusa, die Ereignisse in einem für sie günstigen Licht erscheinen zu lassen; Siege etwa errangen sie grundsätzlich selbst, auch wenn sie sich gar nicht persönlich ins Kampfgetümmel gestürzt hatten, während Niederlagen meist darauf zurückzuführen waren, daß sie den »falschen Feldherrn gesandt« hatten. Dennoch beweist letztere Formulierung, daß sie sich nicht um die persönliche Verantwortung drückten; eine verlorene Schlacht blieb eine verlorene Schlacht und wurde nicht nachträglich zu einem Sieg umgedeutet, wie das die Ägypter gern taten (s. Kap. 15).

Für uns hat diese gewissenhafte Rechenschaftslegung den Vorteil, daß die hethitischen Annalen – an ihrer Zeit gemessen – recht zuverlässig sind und somit die hethitische Geschichte, wie wir sie auf diesen Seiten nacherzählen, trotz einiger Probleme mit der lückenhaften Chronologie sich ziemlich genau so zugetragen haben dürfte.

»Du, Sonnengöttin von Arinna, bist eine angesehene Gottheit.
Dein Name ist unter den Namen angesehen …
Über Himmel und Erde übst du gnädig die Königsherrschaft aus …
Ihm [dem begnadete Mann] gewährst du, Sonnengöttin von Arinna, Verzeihung … Jedes Landes Vater und Mutter bist du.«
Aus dem täglichen Gebet des Königs, das verblüffende Parallelen mit dem Vaterunser aufweist.

Kapitel 5

Jeder gegen jeden: Blutige Familienfehden

Am Erfolg seines babylonischen Abenteuers konnte sich Mursili I. nicht lange erfreuen: Kurz nachdem er die Gefangenen, die Schätze und die Götterstatuen nach Hattusa gebracht hatte, wurde er ermordet – von seinem eigenen Schwager. Offenkundig waren nicht alle Mitglieder der Adelssippe mit der Entscheidung, Mursili als Nachfolger Hattusilis I. einzusetzen, einverstanden gewesen. Eine unzufriedene Fraktion hatte Mursilis lange Abwesenheit genutzt, um ein Komplott gegen den regierenden Großkönig anzuzetteln.

Kompliziert war der Plan nicht gerade; spätere Aufzeichnungen vermelden: »Zidanta begab sich mit Hantili hinauf in den Palast. Sie machten eine böse Sache und töteten Mursili. Sie verübten eine Bluttat.« Hantili war der Gatte von Mursilis Schwester Harapsili, und bei Zidanta handelte es sich um Hantilis Schwiegersohn.

Genauso simpel ging die »böse Sache« weiter: Hantili usurpierte einfach als nächster Großkönig den Eisenthron. Vergessen war Hattusilis Bemühen, mit der Bestimmung eines Nachfolgers für eine gewisse dynastische Ordnung zu sorgen. In der hethitischen Frühzeit hing die Thronfolge weniger von Herkunft oder Fähigkeiten als vielmehr davon ab, wer gerade den größten Ehrgeiz, die meiste Ruchlosigkeit und die breiteste Unterstützung durch die Adelssippe hatte.

Die dreiste Thronusurpation des Hantili stellt dabei

keineswegs einen Höhepunkt dar, im Gegenteil: Nun begann ein Gemetzel und Intrigenspiel, an dem Shakespeare seine helle Freude gehabt hätte.

Hantilis I. mörderische Thronbesteigung war ausschließlich von persönlichen Interessen – oder denen seines Klüngels – bestimmt, denn politisch verfolgte er dieselbe Strategie wie seine Vorgänger: Er versuchte, Hattusa in Nordsyrien weiter Geltung zu verschaffen und zog mit seinen Truppen nach Karkamis am Westufer des Euphrat (an der türkisch-syrischen Grenze bei Jarabulus und heute durch Grenzanlagen verunstaltet). Diese Unternehmung richtete sich wohl wieder gegen die Hurriter; ob sie aber von Erfolg gekrönt war, ist nicht überliefert – und wenn, dann hielt er nicht lang vor.

Auf dem Rückweg ereilte Hantili der Fluch der Götter, wie einer seiner Nachfolger die Ereignisse interpretierte: Sie wollten das Blutvergießen rächen und ahndeten die Missetat – die Griechen hätten hier von Nemesis, der strafenden Gerechtigkeit, gesprochen –, indem sie Unheil über ihn und sein Land brachten. Ihr Werkzeug waren die Hurriter, die während seiner Regierungszeit offensichtlich nach Belieben das Land Hattusa überfallen und ausplündern konnten. Das Reich wurde erheblich geschwächt,

Das zweite Kind des biblischen Königs David und der schönen Batseba – der Exfrau des von David in den Heldentod getriebenen Hethiters Urija – war der spätere König Salomo, und um dessen Thronfolge entspann sich laut dem Alten Testament (1 Könige 1–2) ein dermaßen infames Gerangel, daß man meinen sollte, die Altisraeliten hätten von ihren hethitischen Nachbarn nicht nur schöne Frauen, sondern auch manche machtpolitische Unart übernommen.

und persönlich hatte Hantili den Verlust seiner Frau Harapsili und seiner Söhne – bis auf einen – zu beklagen. Wobei nicht ganz klar ist, ob sie an einer Krankheit starben, von den Hurritern getötet oder – ein Textfragment läßt diese Interpretation zu – von Verschwörern aus dem eigenen Lager gemeuchelt wurden.

Einige Hethitologen sind sich ziemlich sicher, daß Hantili nach diesen Schicksalsschlägen noch mehrere Jahre Regentschaft beschieden waren. Andere wie Frank Starke, die von einer kürzeren Chronologie ausgehen, setzen die mit ihm beginnende Periode blutiger Thronwechsel mit insgesamt nur 10 bis 15 Jahren an. Demnach blieb Hantili kaum Zeit, um seinen leiblichen Nachkommen den Thron zu sichern – sein einziger überlebender Sohn Piseni hatte inzwischen selbst Kinder. Aber er versuchte es.

Das war blauäugig. Wie so viele Hethiter – zumindest der Frühzeit – wollte oder konnte Hantili aus der Geschichte nicht lernen. Loyalität gehörte am allerwenigsten zu den Tugenden der hethitischen Adelssippe. Ausgerechnet sein Schwiegersohn Zidanta, der zuvor ihm auf den Thron geholfen hatte, ermordete Piseni und dessen Söhne – also die legitimen Nachfolger –, um nach Hantilis Tod selber die Macht an sich zu reißen.

Leider gibt es keine Aufzeichnungen, die sich zweifelsfrei Zidantas Regierungszeit zuordnen lassen. Aber sie war ja auch recht kurz. Wieder gelüstete es die Götter nach Rache und damit nach Blut, und diesmal erwählten sie Zidantas Sohn Ammuna zu ihrem Werkzeug: Er schreckte nicht davor zurück, den eigenen Vater zu beseitigen, um auf den Thron zu gelangen.

Unter Ammuna setzte sich der Niedergang des Reiches fort. Daran waren sowohl die inneren Machtkämpfe als auch die äußeren Feinde schuld, und darüber hinaus dezimierte noch eine Dürreperiode Ernten und Viehbestände. Viele Vasallen und Verbündete fielen von Hattusa ab, vor allem im Westen und im Süden. Letzteres war ein besonders herber Verlust, weil somit den Hethitern der sichere Zugang über die Pässe des Taurus nach Syrien verwehrt war.

Ammuna soll nach Kräften darum gekämpft haben, das Land Hattusa zusammenzuhalten, doch die verlorenen Auseinandersetzungen mit den abfallenden Verbündeten und die ständigen Überfälle der Hurriter von Osten und Südosten machten all seine Anstrengungen zunichte. Gegen Ende seiner Regierungszeit war das Reich außerhalb des Kernlands in raschem Verfall begriffen, und sogar die Hauptstadt geriet in Gefahr.

Merkwürdigerweise wurde dieser in seiner Macht besonders stark geschwächte Großkönig nicht ermordet; weder seine Feinde noch mißgünstige Angehörige trachteten ihm nach dem Leben. Man sollte es nicht glauben, aber er starb einfach eines natürlichen Todes.

Was nicht bedeutete, daß damit das Blutvergießen ein Ende gehabt hätte, im Gegenteil: Eine neue Runde im Nachfolgerabschlachten war eröffnet, und diesmal beteiligten sich auch Akteure aus der zweiten und dritten Reihe:

»Als auch Ammuna Gott geworden [= gestorben] war, schickte Zuru, der Oberste der Leibgarde, heimlich in eben jenen Tagen einen aus seiner Familie, seinen Sohn Tahurwaili, den Goldlanzenträger, und er tötete die Familie des Titti samt seinen Söhnen. Auch schickte er Taruhsu, den Boten; er tötete Hantili samt seinen Söhnen. Nun war Huzzija König.«

Bei Titti und Hantili handelte es sich, das gilt als sicher, um Söhne von Ammuna, während ihre Mörder natürlich Handlanger von Huzzija, dem neuen Großkönig, waren.

Gerechtfertigt war Huzzijas Thronanspruch – wie dürftig auch immer – insofern, als er durch Eheschließung um drei Ecken mit Ammunas Familie verschwägert war: Seine älteste Schwester Istaparija war mit Telipinu, einem weiteren Sohn Ammunas, verheiratet. Und dieser Telipinu stellte eine Gefahr für Huzzija dar: Solange Ammunas letzter Sohn lebte, konnte Huzzija sich des Throns (und seines Lebens) niemals völlig sicher sein. Also mußte – Schwager hin oder her – auch Telipinu beseitigt werden.

Man sollte annehmen, daß die Angehörigen der Adelssippe während dieser Jahre in puncto Machtintrigen allesamt zu Großmeistern geworden waren, gegen die ein Machiavelli verblaßt wäre. Doch schon wieder hatte sich ein hethitischer Großkönig verrechnet: Ehe Huzzija seinen Mordplan in die Tat umsetzen konnte, wurde er verraten, und Telipinu konnte geeignete Gegenmaßnahmen ergreifen. Die bestanden darin, daß er Huzzija kurzerhand ab- und sich selbst auf den Thron setzte und zum neuen Großkönig ausrief.

Doch nun geschah etwas, das für hethitische Verhältnisse ganz und gar ungewöhnlich war: Telipinu brachte Huzzija und seine fünf Brüder *nicht* um. Er schickte sie lediglich ins Exil, das schien ihm Strafe genug. Endlich stellte *einer* aus dieser macht- und rachsüchtigen Sippe, die ein blühendes Reich allein durch ihre Familienfehden an den Rand des Ruins gebracht hatte, das Wohlergehen des Ganzen über alle klüngelinternen Querelen und allen persönlichen Ehrgeiz: Dem ständigen Blutvergießen mußte ein Ende gesetzt werden, und um es künftig zu vermeiden, mußte die Thronfolge auf vernünftige Weise geregelt werden.

Zumindest hatte Telipinu das vor.

Kapitel 6

3000 Liter Wein für ein Kleid

»Wie will man ein Volk regieren, das sich den Luxus leistet, allein 350 Käsesorten zu unterscheiden?« soll der frühere französische Staatspräsident Charles de Gaulle einmal verzweifelt ausgerufen haben. Viel einfacher hatte es wohl auch sein bronzezeitlicher Kollege in Hattusa nicht: Aus hethitischen Texten sind mindestens 146 verschiedene Begriffe für »Brot« bekannt, differenziert nach Getreidesorten, grobem oder feinem Mehl, Treibmittel (Hefe oder Sauerteig), süß oder salzig, nach Form, Farbe, Größe, Zutaten und Gewürzen, Belag und Dekor. Es gab frische Brote und getrocknete (als Proviant für Soldaten und Holzfäller), Fladen- und »dicke Brote« (mit Treibmittel also), einfache runde oder längliche oder aufwendig zu Schnecken, Zöpfen oder Ringen geformte, mit Sonne, Mond oder Sternen verzierte und schließlich komplizierte Gebildbrote in Gestalt von Göttern, Tieren oder Körperteilen.

Brot buk man aus Emmer, Dinkel, Brotweizen, Roggen oder Gerste, auch aus Kichererbsenmehl; gewürzt wurde es mit Salz, Kümmel, Kumin und Koriander, gesüßt mit Honig. Als weitere Zutaten kamen Olivenöl oder »geschmolzenes Fett«, also Butter oder Schmalz, in Frage, ferner Käse oder Gurken, bei den süßen Varianten Rosinen, Nüsse, Feigen oder Dörrobst. Man unterschied große Laibe oder kleine Imbißbrote (»Mundstopfen«), Hörnchen, Doughnuts und Honigkuchen. Und was immer bei solcher

Fülle übrigblieb, fand in Brotsuppen und Brotpuddings Verwendung.

Aus den genannten Zerealien – plus Hafer – wurden auch Suppen, Grützen, Breie und Eintöpfe bereitet. (Pasta-Fans müssen wir enttäuschen: Nudeln sind bislang nicht nachgewiesen worden.) Neben dem Brot waren diese Getreidegerichte die sättigende, kohlehydratreiche Grundlage der hethitischen Ernährung.

Und selbstverständlich wurde aus Getreide, vorwiegend aus Gerste, Bier gebraut. Sicherlich hatte hethitisches Bier nicht viel Ähnlichkeit mit einem heutigen Export oder Pils (solche untergärigen Biere kann man erst seit Erfindung der künstlichen Kühlung im 19. Jahrhundert u. Z. brauen), aber eine ausgefeilte Bierkultur gab es durchaus schon: Mindestens fünf Sorten kannte man. Das einfachste, ein ungefiltertes Bier, wurde durch ein Röhrchen getrunken, um nicht den Trub (Hefe- und Getreidereste) mitzubekommen; in Sarissa fanden die Archäologen eine siebartig gelochte Tülle aus Bronzeblech, die, am Ende eines Trinkröhrchens befestigt, als Filter eingesetzt wurde. Zwei Sorten der höherwertigen Qualitäten dienten auch als Truppenverpflegung. »Sessar« hieß das beste Bier, es war natürlich gefiltert und vermutlich besonders alkoholreich,

Im Normalfall wurde das Brot zu Hause gebacken, das war Aufgabe der Frauen. Die weitläufige königliche Familie versorgten natürlich Palastbäcker. Sie mußten, wie auch die Köche, täglich (und sowieso nach jedem Geschlechtsverkehr) baden, ihre Fingernägel sorgfältig gestutzt halten und stets saubere Kleidung tragen. Vor dem Backen des Opferbrots mußten sie sich am ganzen Körper kahlscheren, damit nicht aus Versehen ein Haar ins Brot der Götter gelangte.

Ähnlich penible Reinlichkeitsvorschriften galten für den gesamten Küchenbereich des Palastes und auch die Vorratsräume.

da es in den Schriftfunden öfter neben Wein erwähnt wird, also wohl als gleichrangig betrachtet wurde.

Die Weinrebe ist in Anatolien zu Hause, kein Wunder also, daß Wein zu den Lieblingsgetränken der Hethiter zählte. Auch wenn er aus klimatischen Gründen nicht überall in ihrem Reich gedieh, sind Weingärten auffällig oft Bestandteil von Landschenkungsurkunden. Man unterschied jungen, guten, reinen, süßen und sauren Wein, wobei unter jungem vermutlich Most zu verstehen ist, unter saurem hingegen Essig nach der zweiten Gärung; rein bedeutete wohl pur (im gesamten Altertum wurde Wein sehr oft mit Wasser vermischt getrunken), und süß meinte mit Honig gesüßt. Soweit man sie nicht kelterte oder frisch verzehrte, wurden Weintrauben auch zu Rosinen getrocknet, wie die Hethiter überhaupt vielerlei Früchte dörrten.

Zu Wein vergoren sie auch andere Obstsorten sowie mit Wasser verdünnten Honig, was bekanntlich Met ergibt. Da Honig ihr einziges Süßungsmittel war, sie aber sehr großzügig damit umgingen, müssen sie in erheblichen Mengen darüber verfügt haben.

An Obst hatten sie neben Nüssen und diversen einheimischen Beeren Äpfel (die äußerst beliebt waren), Birnen,

Ausgerechnet bei den Deutschen, Weltmeistern im Biertrinken, sind per Gesetz Hobbyköche, die für den Hausgebrauch brauen, verpflichtet, eigens dafür eine Steuererklärung abzugeben (ab 25 Liter Vollbier pro Monat, was der geübte Trinker leicht erreicht). Ein anderes Gesetz, das die Verbreitung von Rezepten für häusliches Brauen verbot, wurde erst 1986 abgeschafft: Strenggenommen hätte somit das sumerische Gilgamesch-Epos aus dem 3. Jahrtausend v. u. Z. in der BRD auf den Index gehört, denn es enthält ein Bierrezept. In Österreich und in der Schweiz kennt man solche abstrusen Regelungen nicht.

Pflaumen, Aprikosen, Feigen, Datteln und Granatäpfel; allerdings mußten mindestens die beiden letzten aus südlichen Provinzen beziehungsweise Vasallenstaaten importiert werden. Auch die Olive, da im hethitischen Kernland nicht heimisch, und ihr Öl wurden in großen Mengen eingeführt.

Fleisch lieferten so gut wie alle Tiere, die das westliche Eurasien wild und domestiziert zu bieten hat: Schafe, Ziegen, Kühe, Schweine, Hasen und Haus- wie Wildgeflügel kamen gegrillt, gebraten, gebacken, geschmort, gekocht und zu Suppen und Eintöpfen verarbeitet auf die Tafel; recht selten hingegen Haarwild, obwohl die Hirschjagd ein beliebtes Motiv späthethitischer Reliefs war – wahrscheinlich war die Jagd sowieso ein Privileg des Adels.

Fisch stand seltener auf dem Speisezettel, die Wege zu den Meeren waren weit; wenn, dann wurden Süßwasserfische aus den inneranatolischen Gewässern gegessen; die Archäologen haben Reste von Wels (Sarissa) und Karpfen (Hattusa) gefunden. Allerdings sind Fischgräten – wie auch dünnwandige Vogelknochen – im Vergleich zu Rinderknochen rasch vergänglich, so daß der archäologische Befund hier keine quantitativen Aussagen zuläßt.

Die Palette der Gemüse war hingegen deutlich schmaler als die der modernen Anatolier: Natürlich kannte man all die eßbaren Nachtschattengewächse (Tomaten, Kartoffeln, Paprika) noch nicht, die erst aus Amerika zu uns kamen, aber es fehlten auch die dunkelgrünen Blattgemüse (Spinat, Mangold, Grünkohl), die uns die heutige Ernährungswissenschaft als so gesund ans Herz legt, sowie Kohl und jeglicher Salat. Also blieb es bei Zwiebeln, Porree, Gurken und den diversen Hülsenfrüchten (Erbsen, Bohnen, Linsen) sowie Kichererbsen.

Auch das Spektrum der Gewürze war mangels Kolonialwaren deutlich eingeschränkt. Salz gibt es in Anatolien im Überfluß – der Marassanta hieß ja auf griechisch

Halys, Salzfluß –, ansonsten aber verliehen nur Knoblauch, Koriander, Kümmel, Schwarzkümmel und Kumin (Kreuzkümmel) sowie Wildkräuter den Speisen die nötige Würze.

Das wichtigste Grundnahrungsmittel aber war neben Getreide und Wasser die Milch: Frischmilch, mit Honig gesüßte Milch, Sauermilch, Dickmilch, Quark, Käse von Kuh, Schaf und Ziege – die Hethiter verzehrten Milchprodukte in einem Maß, daß es den heutigen Landwirtschaftsministern der Alpenländer wahre Freudentränen in die Augen getrieben hätte.

So sehr schätzten sie die Milch, daß ihr der ganze erste Gang eines hethitischen Festmenüs gewidmet war. Dessen Speisefolge entsprach nicht heutigen Gepflogenheiten, sondern glich dem späteren französischen Hofzeremoniell: Das Festmahl wurde in Gängen aufgetragen, die jeweils eine große Auswahl von Gerichten umfaßten, welche sozusagen nach Sachgruppen sortiert waren oder, anders ausgedrückt, ein gemeinsames Grundthema hatten.

Bei einem rituellen Festmahl – man aß im Sitzen an Tischen und hatte auch schon Tischtücher – kam beispielsweise folgendes auf die Tafel: Den Auftakt bildete »viel Milch«, und zwar nicht nur Frisch- und gesüßte Milch zum Trinken, sondern auch »Milch zum Auslöffeln«, Dickmilch also, und diverse Milchsuppen, die wir uns ähnlich wie unsere Rahmsuppen vorstellen, ein Kresserahmsüppchen vielleicht.

Auf diesen »Milchgang« folgte als zweites der »Gemüsegang«: deftige, sättigende Suppen und Eintöpfe, die nicht nur mit Gemüse und viel Hülsenfrüchten, sondern auch mit Graupen, Grütze, Getreide in sonstiger Form oder Brotbrocken zubereitet wurden. Das müssen ziemliche Kalorienbomben gewesen sein; zum gleichen Gang gehörten aber auch leichte Fleisch- und Gemüsebrühen, die wohl dazu getrunken wurden.

Beim dritten Gang wurde mit Fleisch und Fisch aufgewartet. Die Speisekarte verzeichnete neben kaltem Fleisch (also wohl Bratenaufschnitt oder eine Pastete beziehungsweise Terrine) und nicht näher spezifizierten Fischen weitere sechs Fleischgerichte, unter anderem Hase, Geflügel, Rind und Hammel sowie drei verschiedene Brotsorten als Beilage.

Diese Schriftquelle bricht hier ab, anderen zufolge rundeten süßer Wein, Früchte, Honigbrote und Kuchen das Mahl ab. Vielleicht gab es auch noch Käse.

Keiner von uns hätte wohl größere Probleme, sich an einer hethitischen Festtafel niederzulassen; auch Vegetarier müßten nur einen Gang auslassen. Für kochfreudige Leser stellen wir unten auf diesen Seiten – modernen Methoden und Bezugsquellen angepaßt – Rezepte für ein viergängiges hethitisches Menü zur experimentalkulinarischen Annäherung an die Bronzezeit vor. Dabei beschränken wir uns moderaterweise auf nur ein Gericht pro Gang, denn schon Großkönig Hattusili I. rief seinen jungen Nachfolger Mursili zur Mäßigung auf:

»Wenn die Kraft der Jugend in deinem Herzen ist, iß zwei- bis dreimal am Tag und pflege dich gut. Doch wenn das Alter in deinem Herzen ist, dann trinke bis du trunken bist und schlag den Rat deines Vaters in den Wind!«

Würzige Sauermilch-Kaltschale

2 dünne junge Lauchstangen in feine Scheiben schneiden, leicht salzen und mit ⅕ l Sahne vermischt 1 Std. kalt stellen. Mit ¾ l eiskaltem Ayran (Joghurt-Getränk, in türkischen Lebensmittelgeschäften) auffüllen und ½ in Stiftchen geschnittene Salatgurke zugeben. Vorsichtig durchrühren, in Schälchen mit viel Kresse bestreut servieren.

So opulent tafelten natürlich nur die Angehörigen des Königshauses und allenfalls hohe Priester und Staatsbeamte. Was das einfache Volk aß und trank, ist abgesehen von dem Brot für Soldaten und Holzfäller und dem Bier für die Truppen nicht überliefert.

Die Familie des Großkönigs war mit der Führungselite des Reichs identisch: So gut wie alle höchsten Staatsämter wurden mit Angehörigen besetzt, die sich durch ein besonders enges Vertrauensverhältnis zum Großkönig auszeichneten; sie trugen Titel, die teilweise mit ihrer eigentlichen Tätigkeit schon lange nichts mehr zu tun hatten: Oberster (oder Großer) der Leibgarde, des Weins, der Hirten zur Rechten. Sie bildeten den innersten Kreis der Macht und hatten teils repräsentative, teils militärische sowie teils politische Funktionen; der Oberste der Schreiber beispielsweise war nicht nur Leiter der Staatskanzlei sondern auch, weil für den diplomatischen Austausch zuständig, so eine Art Außenminister.

Palastbedienstete, Leibgardisten, Goldene Streitwagenkämpfer, Mundschenken, Vorsteher der Tausend des Feldes, Tischleute, Köche, Stabträger: solche und ähnliche Titel trug die nächste Schicht der Führungshierarchie, die

Königliche Weinsuppe

180 g Bulgur (geschroteter, vorgegarter Weizen, in türkischen Lebensmittelgeschäften) mit 1 feingehackten Zwiebel und 2 zerdrückten Knoblauchzehen in reichlich Öl oder Butter hellgelb andünsten, 2 EL Mehl darüberstäuben und im Fett glatt rühren. Mit ¾ l trockenem Weißwein und ¾ l kräftiger Hühner- oder Gemüsebrühe auffüllen und ca. 20 Min. simmern lassen. Wein und Brühe nachgießen, falls die Mischung zu dick wird. 200 g vorgegarte Kichererbsen hinzugeben, mit Salz, gutem Weißweinessig und Honig abschmecken und beim Servieren frische gehackte Kumin- oder Korianderblätter darüberstreuen (ersatzweise Petersilie).

die eigentliche Arbeit im Machtzentrum des Reichs erledigte. Die Würdenträger dieser Ebene gehörten ebenfalls der Oberschicht an; zusammen mit den Mitgliedern des innersten Kreises und dem Rest der verzweigten Königssippe bildeten sie den Panku, den Adelsrat, der in wichtigen Streitfällen zu entscheiden hatte (s. Kap. 7 und 18). Die Herrschaftsform war also eine typische Oligarchie: In diesen kreuz und quer miteinander versippten Adelsklüngel kam man von außen nur durch eine Heirat hinein und auch nur dann, wenn der Großkönig sie vermittelt hatte.

Viele Adlige waren zugleich Großgrundbesitzer; oft bekamen sie ihre Ländereien vom König als Geschenk oder Lehen, der sich auf diese Weise ihrer Unterstützung versicherte. Sie stellten wohl auch die Streitwagenkontingente des Heeres, denn etwas so Teures konnte sich nur ein reicher Mann leisten (s. Kap. 16).

Die Gesellschaft war zum größten Teil aber nicht feudal organisiert, sondern bestand aus Freien. Sie waren

Lammkeule nach Kizzuwatna-Art

1 Lammkeule (ca. 1,5 kg) vom Metzger ausbeinen lassen und innen und außen salzen. 500 g grobgehacktes Lammfleisch mit Salz, 1 zerdrückten Knoblauchzehe, Saft und Kernen von 2 reifen Granatäpfeln (alles Weiße weglassen!), 1 EL Semmelbrösel und 1 Ei vermischen. Die ausgebeinte Keule damit füllen, zunähen, mit Öl bestreichen und 1 ½ bis 1 ¾ Std. unter Wenden (oder am Drehspieß) über Holzkohlenglut grillen, dabei ab und zu 1 TL Koriandersamen oder Rosmarinnadeln in die Glut werfen. (Wahlweise kann man die Keule auch bei anfangs 200 °C, dann 170 °C im Backofen braten.)

Dazu Dinkelbrot mit Nüssen und ein trockener Rotwein.

Wer das Rezept vereinfacht ausprobieren möchte, gibt 1 kg von der oben beschriebenen Lammfleischfüllung in eine Kastenform, deckt sie mit Speckscheiben ab und bäckt diesen Hackbraten bei 200 °C im Backofen rund 60 Min.

entweder Bauern, die teils eigenes, teils öffentliches Land bestellten, oder Handwerker wie Zimmerleute, Weber, Töpfer, Schmiede, Lederer, die überwiegend in den Städten lebten. (Gold- und Silberschmiede allerdings gehörten der Oberschicht an.) Auch Handwerker konnten Land besitzen. Die Freien waren im Rahmen der staatlichen Gesetze und Regulierungen voll geschäftsfähig, konnten allerdings zu öffentlichen Arbeiten an Brunnen, Straßen oder Kanälen, einer Art Frondienst oder besser: Abgabe in Form von Arbeit, verpflichtet werden.

Auf großen Ländereien arbeiteten auch unfreie Bauern und Handwerker, die in etwa den Status von Leibeigenen hatten, ohne jedoch regelrechte Sklaven wie zur Römerzeit zu sein; dasselbe galt für Diener der Reichen und Mächtigen. Theoretisch hatte der Herr unbegrenzte Macht über Leben oder Tod seiner Diener oder Leibeigenen; doch in der Praxis wurde erwartet, daß er keine Willkür walten ließ, sondern sich gerecht und maßvoll verhielt und auch für seinen Diener sorgte. Diese Unfreien hatten durchaus auch Rechte und konnten eigenen Besitz haben. Und sie durften sogar eine Freie heiraten.

Bemerkenswerterweise änderte sich dadurch im Regelfall (es gab Ausnahmen, s. Kap. 10) nicht deren Status. Die hethitische Familie war zwar patriarchalisch organi-

Desserts

Eine Auswahl von Guglhupf, Honigkuchen und Früchtebrot sowie frischem Obst der Saison zusammenstellen. (Achtung: keine Zitrusfrüchte oder Exoten aus Amerika, Ostasien und der südlichen Hemisphäre.) Auch eine Käseauswahl von Schaf, Ziege und Kuh wäre kein Stilbruch. Dazu reicht man mit Honig gesüßten Wein – den man heutigen kulinarischen Gebräuchen folgend aber vielleicht besser durch eine Trockenbeerenauslese, einen Eiswein oder einen halbsüßen Portwein ersetzen sollte.

siert und das Erbrecht patrilineal, aber die freien Frauen und Töchter waren keinesfalls »Besitz« der Männer. Im Gegenteil: Wie die Großkönigin und die Damen der Adelssippe genossen auch sie ein Maß von Gleichberechtigung, das in einigen zivilisierten Ländern erst im 20. Jahrhundert u.Z. wieder erreicht wurde, von anderen ganz zu schweigen. Sie waren wie ihre Männer allein voll geschäftsfähig, konnten also eigenen Grundbesitz haben; sie hatten in Haushaltsdingen weitgehende Mitspracherechte, vor allem bei der Verheiratung der Töchter, und unter bestimmten Umständen konnten sie Söhne verstoßen und sich von ihren Männern scheiden lassen. Und sie waren erbberechtigt: »Wenn der Mann seiner Frau wegstirbt, nimmt vom Vermögen des Mannes den Anteil seine Gattin«, lautete eines der hethitischen Gesetze.

Nicht minder modern mutet an, daß die Kleinfamilie die Regel und damit die soziale Grundeinheit gewesen zu sein scheint, denn den Quellen zufolge – und archäologische Befunde bestätigen dies – wurde mit der Eheschließung jedesmal ein neuer Hausstand gegründet. Nur in seltenen – und nicht näher definierten – Fällen lebte eine verheiratete Frau weiterhin im Haus ihres Vaters.

In krassem Gegensatz dazu steht die uns aus dem Alten Testament geläufige Sitte der Leviratsehe: Auch bei den Hethitern wurde eine Witwe mit dem Bruder, dem Vater oder einem sonstigen männlichen Verwandten des Ver-

Die sogenannten *hippara*-Leute am untersten Ende der sozialen Rangordnung kamen wohl am ehesten unserem Begriff von Sklaven gleich. Im Gegensatz zu den »normalen« Unfreien durften sie noch nicht einmal ihren Besitz – was immer das gewesen sein mag – verkaufen. Mit ihnen Handel zu treiben, war bei Strafe verboten. Ansonsten ist kaum etwas über sie bekannt, vielleicht waren sie Gefangene.

storbenen verheiratet; auf den ersten Blick schimmert hier doch wieder die typisch patriarchalische Verdinglichung der Frau zum Besitzobjekt der Männer durch, doch kann man darin ebensogut eine Form von Altersversorgung der Witwe durch die Familie des Mannes sehen, zumal diese Regelung wohl nur für kinderlos gebliebene Frauen galt.

Ein wichtiges Arbeitskräftepotential stellten die Kriegsgefangenen dar, bei denen es sich keineswegs nur um Soldaten handelte; gegen Ende des 14. Jahrhunderts begannen die Hethiter damit, nach Eroberungen nicht nur Wertsachen und Vieh mitzunehmen, sondern auch Teile der Bevölkerung zu deportieren und sie in anderen Regionen ihres Reiches anzusiedeln (s. Kap. 13). Teils dienten solche Maßnahmen dazu, Unruheherde mittels Entvölkerung zu »befrieden«, teils waren es reine Strafmaßnahmen. Die mitsamt ihren Familien Verschleppten wurden nicht, wie in anderen Ländern üblich, als Sklaven verkauft, sondern hatten ungefähr denselben Status wie die einheimischen Unfreien, nur daß ihr »Herr« der Staat war; als Bauern und Handwerker trugen sie nicht unerheblich zum Wohlstand des Reiches bei.

Dessen ökonomische Basis war natürlich die Landwirtschaft. Trotz florierenden Fernhandels und eines hochentwickelten Handwerks, das in großem Umfang Luxusgüter produzierte, waren alle Kulturen jener Zeit im Kern agrarische. Großstädte wie Hattusa (Schätzungen schwanken zwischen 15 000 und 40 000 Einwohnern) stellten absolute Ausnahmen dar: »Wasserköpfe« zentralstaatlicher Verwaltung und einer fast genauso zentralisierten Staatsreligion. Der größte Teil der Bevölkerung lebte in ländlichen Gemeinschaften, die wir bestenfalls als Dorf bezeichnen würden. Zwischen den einzelnen Weilern und den von ihnen bestellten Feldern lag ein gewisser Bereich »Niemandsland«. Mit Ausnahme großer Güter und kleinen privaten Grundbesitzes wurden die Äcker und Gärten und Weiden größtenteils gemeinschaftlich bewirtschaftet, sie konnten aber auch an einzelne Bauern verpachtet werden. Die ländlichen Gemeinschaften waren autark und erwirtschafteten im Normalfall (es gab auch Jahre mit schlimmen Ernteausfällen und Hungersnöten) zusammen genug Überschüsse, um die übrige Bevölkerung mitzuernähren.

Um dies zu gewährleisten, waren Umverteilungssysteme nötig, und die wurden zentralstaatlich gelenkt; gleichzeitig sollten sie wohl lokale Unterschiede in der Grundversorgung der Bevölkerung ausgleichen. In allen Provinzstädten, vor allem aber in Hattusa selbst, gab es große Lager, wo die dem Staat entrichteten Abgaben gehortet, verwaltet und im Bedarfsfall verteilt wurden. Als am besten zu lagernden Grundnahrungsmittel kam dabei dem Getreide die herausragende Rolle zu, aber auch mit anderen Gütern – Metallen etwa – wurde so verfahren.

Zwar waren von Rechts wegen alle Freien geschäftsfähig, konnten also nach Belieben Handel treiben, kaufen und verkaufen, aber eine wirklich freie Marktwirtschaft kannten die Hethiter nicht. Die Preise für Waren, auch solche des alltäglichen Bedarfs, wurden vom Staat gesetzlich festgelegt. Als Währung – geprägtes Geld gab es noch

Das »Niemandsland« zwischen den ländlichen Ansiedlungen konnte erhebliche Ausmaße haben. Wie dünn besiedelt das damals viel stärker bewaldete Anatolien war, läßt sich an den vielen wilden Tieren abschätzen, die in den Schriftquellen genannt werden: Hirsche, Hasen, Wildschweine, Wildrinder, Wildziegen, aber auch Wölfe, Löwen, Leoparden, Adler und Schlangen. Mithin breitete sich zwischen den Orten und landwirtschaftlichen Nutzflächen über weite Strecken südeurasischer Urwald aus.

nicht – diente Silber. Ob das Edelmetall bei jeder Transaktion tatsächlich zum Einsatz kam, ist fraglich; um den Wert verschiedener Waren zueinander in Beziehung zu setzen, reichte es, wenn Silber als Bezugsgröße herangezogen wurde. Einheit der Silberwährung waren die babylonischen Gewichte Sekel und Mine; in Hattusa hatte die Mine 40 Sekel und ein Sekel entsprach etwa 12 Gramm, die Mine also 480 Gramm (während die gleich schwere babylonische Mine in 60 Sekel unterteilt war).

Laut hethitischen Preistafeln kostete beispielsweise ein Schaf 1 Sekel Silber, eine Kuh 7 Sekel, ein Pferd 14 Sekel und ein Ochse zum Pflügen 15 Sekel; brauchte ein Bauer eine Kuh und ein anderer ein paar Schafe, konnte leicht ein Geschäft zum Abschluß gebracht werden, ohne daß gleich Silber den Besitzer wechseln mußte. Ein bewässerter Acker kostete 3 Sekel, ein gleich großer Weinberg hingegen 1 Mine, also über dreizehnmal soviel – was ein wenig überrascht, da Wein relativ preiswert war: 1 Parisu (ca. 50 Liter) war für ½ Sekel zu bekommen. Denselben Preis hatte Weizen, Gerste war nur halb so teuer. Das importierte Öl kostete zweimal so viel wie Butter, für die man pro Gewichtseinheit dasselbe hinlegen mußte wie für Schmalz oder Honig. Fast unbezahlbar waren Stoffe: Ein großes Leinentuch kostete 5 Sekel (drei Tischtücher für einen Zugochsen!), ein blaues Wollkleid 20 Sekel und ein »feines« Kleid satte 30 Sekel – dafür hätte man 3000 (in Worten: dreitausend) Liter Wein bekommen!

Auch wenn man bedenkt, daß Kleidung vor den Zeiten großindustriell hergestellter Massenkonfektion im Vergleich zu Nahrungsmitteln immer sehr teuer war und edle Gewänder ausdrücklich neben goldenen Bechern bei den Tributzahlungen an das Königspaar aufgelistet oder ihm von anderen Großkönigen als Geschenk übersandt wurden, erscheint diese Relation doch sehr extrem. Das Problem könnte die hethitische Mengenangabe Parisu sein, die der wissenschaftlichen Literatur zufolge 50 Liter entsprochen haben soll. Wenn das zutraf, lieferte man für die Weinsuppe (s. o.), so die Übersetzung des Originals, neben 100 Liter (fertigem) Grießbrei rund 100 Liter Mehl sowie drei Krüge guten Wein und ein Kesselchen Essig: Das brächte selbst ein hartgesottener Krieger nicht hinunter, geschweige denn ein Großkönig, so trunken er auch sein mag.

Theo van den Hout, der eingehend die Ernährungsgewohnheiten der Hethiter erforscht hat, hält die Parisu-Umrechnung allerdings für richtig und verweist darauf, daß es sich bei dem Weinsuppen-Text nicht um ein Rezept in unserem Sinn handelt, sondern eher um eine Auflistung, was ein Vasall an Zutaten dafür lieferte; war der beispielsweise nicht mit viel Wein gesegnet, mußte die Mixtur eben mit anderen Gaben zu eßbarer Konsistenz verdünnt werden.

Die Preisverhältnis von Kleid und Wein erscheint allerdings auch Theo van den Hout recht extrem: »Entweder war das Gewand wirklich *sehr* fein, oder die Qualität des Weins war *sehr* schlecht.«

Kapitel 7

Die Thronfolge wird geregelt: Die erste Verfassung der Welt

Als Telipinu um 1500 v. u. Z. den Thron bestieg, hatte er vor allem zwei Ziele: erstens das Reich wieder zu einen und zu festigen sowie zweitens dem endlosen Blutvergießen um die Thronfolge einen Riegel vorzuschieben, um ein für allemal zu verhindern, daß dieses prächtige, mächtige Land wieder Opfer der selbstsüchtigen Machenschaften seiner Herrscher und Möchtegernherrscher würde.

Das war keine leichte Aufgabe. Zu sehr hatte man sich in der Adelssippe daran gewöhnt, unliebsame Leute kurzerhand aus dem Weg zu räumen, und sei es bloß präventiv. Obwohl Telipinu Huzzija und dessen Brüder nur mit Verbannung bestraft und angeordnet hatte, daß ihnen kein weiteres Leid angetan werden dürfe, wurden sie gegen seinen Willen umgebracht. Täter war ein sonst nicht weiter bekannter Mann namens Tanuwa. Er wurde, wie auch Tahurwaili und Taruhsu – die Mörder, die Huzzija vorübergehend auf den Thron gebracht hatten –, angeklagt und zum Tode verurteilt.

Telipinu hielt dennoch eisern an seinem neuen Kurs fest, dem Blutvergießen (und der Blutrache) ein Ende zu setzen: Er wandelte das Urteil in Verbannung um. Koste es, was es wolle, die Thronfrage sollte nicht mehr nach dem Gesetz des Stärkeren entschieden, sondern in legale, verbindlich festgelegte Bahnen gelenkt werden, und alle Mitglieder der Königssippe sollten ihres Lebens sicher sein. Bestärkt hatte ihn in diesem Entschluß wohl auch der Tod seiner Frau Istaparija und später seines Sohnes Ammuna; die Quellen äußern sich in diesem Punkt nicht eindeutig, legen aber den Schluß nahe, daß sie ebenfalls gemeuchelt wurden.

Um seine radikale Reform zu verkünden, berief Telipinu die Versammlung der Adligen, den Panku, ein. Was er ihnen zu sagen hatte, ließ er von Schreibern festhalten. Dieses Schriftzeugnis wird von den Hethitologen kurz als »Telipinu-Erlaß« oder »Proklamation des Telipinu« bezeichnet. Der Großkönig ging darin ausführlich auf das Blutvergießen und die von den ständigen internen Kämpfen heraufbeschworenen Wirren, auf die Gebietsverluste und den Niedergang des Reichs ein, um zu begründen, warum eine formal festgeschriebene Neuregelung nötig war. (Deshalb ist dieser Text zugleich die wichtigste Quelle für die im vorangegangenen Kapitel geschilderten mörderischen Verhältnisse zwischen der Regierungszeit Mursilis I. und der Telipinus.)

Unklar ist, wie die Thronfolge zu Anfang des hethitischen Reichs geregelt war beziehungsweise welche Art von Regentschaft die Menschen, die zu den Hethitern wurden, einst aus ihrer alten Heimat mitgebracht hatten. Einige Wissenschaftler halten ein Wahlkönigtum für möglich, andere glauben an eine matrilineale Erbfolge (also in mütterlicher Linie), wieder andere meinen, es habe auch früher schon eine Vererbung des primären Thronanspruchs vom Vater auf den Sohn gegeben (wie uns das aus der abendländischen Geschichte vertraut ist); letzteres ist angesichts der Beharrlichkeit, mit der Königssöhne umgebracht wurden, am wahrscheinlichsten.

Wie die formale Legitimierung von Thronfolgern auch einst ausgesehen haben mag – da sie seit mehreren Generationen immer wieder unterlaufen worden war, mußte Telipinu nun eine Entscheidung treffen. Und es war ein einsamer, mutiger Entschluß: Er beriet sich nicht mit dem Panku, sondern verfügte schlicht, wie fortan zu verfahren sei:

»König werden soll nur ein Sohn, der ein Königssohn ersten Ranges ist. Wenn ein erstrangiger Königssohn nicht vorhanden ist, soll jener König werden, der ein Sohn zweiten Ranges ist. Falls aber ein Königssohn, ein Erbsohn, nicht vorhanden ist, dann sollen sie für die Tochter, welche ersten Ranges ist, einen Schwiegersohn [= Ehemann] nehmen, und jener soll König werden.«

Ein bißchen Spielraum blieb also: Es wurde nicht automatisch der erstgeborene Sohn Thronerbe; der alte König konnte, sofern vorhanden, zwischen gleichrangigen Kandidaten wählen. Eine noch engere Gängelung war nicht nötig, denn primär sollte mit der Neuregelung verhindert werden, daß konkurrierende Familienzweige sich gegenseitig auslöschten.

Prinzen »ersten Ranges« waren die Söhne, die der Großkönig mit seiner Hauptfrau hatte. Nur wenn es aus dieser Verbindung keine gemeinsamen Söhne gab, kam ein Sohn »zweiten Ranges«, also ein Sohn des Großkönigs mit einer Nebenfrau, in Frage.

Hatte der König darüber hinaus Söhne mit einer Frau niedrigeren Standes gezeugt, so waren diese von vornherein von der Thronanwartschaft ausgeschlossen. An dritter Stelle standen die Ehegatten der Töchter ersten Ranges, also die Schwiegersöhne des Königs und seiner Hauptfrau.

Angesichts des relativen Kinderreichtums früherer Zeiten (zumal wenn ein in Luxus schwelgender Großkönig neben seiner Haupt- auch nach Belieben Nebenfrauen begatten konnte) dürfte für konkurrierende Familienzweige die Aussicht ziemlich entmutigend ausgefallen sein, wenn sie an ihren zehn Fingern abzuzählen versuchten, wie viele rechtmäßige Thronaspiranten sie ermorden müßten, um selbst an die Macht zu kommen.

Hingegen konnten sich ehrgeizige Geschwister von als Thronfolger auserkorenen Prinzen oder Halbgeschwister zweiten Ranges durchaus eine Chance ausrechnen, wenn sie die vor ihnen rangierenden Konkurrenten auf bewährte Weise »beseitigten«. Auch diesen Aspirationen suchte Telipinu einen Riegel vorzuschieben, indem er eine Art Aufsichtsgremium etablierte: Dem Panku kam die Aufgabe zu, über die Thronwechsel genau zu wachen und jeden im Auge zu behalten, der danach trachtete, einem Bruder oder einer Schwester ein Leid anzutun: »Ihr aber seid sein Panku, sagt ihm ordnungsgemäß: ›Sieh diese Sache des Blutes aus der Tafel [= Lies hier nach]: Früher war Bluttat in Hattusa häufig geworden, und die Götter haben die Bluttat auf die Königssippe gelegt.‹«

Mit anderen Worten: Telipinu hatte die Geschichte der blutigen Auseinandersetzungen unter seinen Vorgängern als Mahnung an spätere Generationen aufschreiben lassen, nach Recht und Ordnung zu verfahren, da sonst die Götter die Königssippe (und das Land) strafen und ihnen Schaden zufügen würden. Ein erstaunlich modernes Konzept: »Hört, was geschehen ist«, hinterließ er, frei übersetzt, seinen Nachfahren, »und lernt aus der Geschichte!«

Noch moderner mutet an, was Telipinu mit seinem Erlaß an Grundsätzlichem geleistet hat: Soweit bekannt, ist hier zum erstenmal in der Menschheitsgeschichte schriftlich festgehalten, welche Voraussetzungen erfüllt sein müssen, damit ein staatlicher Machthaber als legitim gilt. Erstmals ist festgeschrieben, wie die obersten Institutionen eines Reichs zusammenzuarbeiten haben, um Recht und Ordnung zu gewährleisten, und welche Rechte und Pflichten ihnen dabei zukommen.

Natürlich spielte sich dies alles nur innerhalb der relativ kleinen, kreuz und quer miteinander verwandten Adelssippe und ohne jede Beteiligung der breiten Bevölkerung ab, aber es ist trotzdem nicht übertrieben, wenn wir im Kern von Telipinus Erlaß die älteste Verfassung der Welt sehen.

Wem das zu weit hergeholt erscheint, weil er eine solche »von oben« verordnete Regelung nicht als Verfassung in unserem Sinn empfindet, sei daran erinnert, daß zum Beispiel die erste preußische Verfassung von 1850 auch einfach vom König dem Land oktroyiert wurde – 3350 Jahre nach Telipinu.

Die Bezeichnung Verfassung stimmt auch insofern, als der Großkönig von Hattusa zugleich ein höchst modernes Instrument vorsah, über das noch nicht einmal alle neuzeitlichen Demokratien (Großbritannien etwa) verfügen: eine Art Verfassungsgericht. Dem Panku kam neben seiner Aufsichtspflicht die Funktion zu, bei Streitfällen innerhalb der Königssippe eine Entscheidung zu fällen und vor allem Verstöße gegen die von Telipinu erlassenen Regelungen zu ahnden. Die Befugnisse des Panku gingen so weit, daß er gegen Mörder, auch aus den eigenen Reihen, die Todesstrafe verhängen konnte. Ja sogar der Großkönig hatte sich diesem Gremium zu unterwerfen, was den Panku zu einem echten Verfassungsgericht in unserem Sinn machte: Wäre der Großkönig selbst beispielsweise durch die Beseitigung rechtmäßiger Thronfolger an die Macht gekommen, hätte der Panku auch ihn zum Tode verurteilen können.

Abgesehen davon wurde die Todesstrafe weitgehend abgeschafft – womit die Hethiter zu ihrer Zeit ziemlich allein dastanden (s. Kap. 10). Und die Sippenhaftung wurde explizit ausgeschlossen, um der Blutrache ein Ende zu bereiten: Ein jeder mußte für die von ihm begangenen Untaten geradestehen, nicht jedoch seine Söhne oder seine sonstigen Angehörigen – ebenfalls alles andere als ein altmodisches Verständnis von Schuld und Verantwortung.

Telipinu beschränkte sich nicht darauf, Rechtsgeschichte zu schreiben, sondern widmete sich auch den außenpolitischen und militärischen Zielen, die er sich vorgenommen hatte: die abtrünnigen Länder zurückzugewinnen, das Reich wieder zu einen und die äußeren Feinde in ihre Schranken zu weisen. Also machte er sich an dieselbe »Ochsentour« wie schon Hattusili, nur daß er im Südosten begann, wo er einige Territorien nördlich von Karkamis zurückerobern konnte.

Sodann wandte er sich den Ländern südlich und südwestlich des Marassanta-Bogens zu, die er ebenfalls dem Reich wieder eingliederte (jedenfalls vermelden die Quellen, daß in mehreren Städten dieses sogenannten Unteren Landes hethitische Vorratslager eingerichtet wurden).

Die für das Großmachtstreben Hattusas vielleicht wichtigsten Gebiete – die südlich des Taurus-Gebirges, durch die der Weg nach Syrien führte – konnte Telipinu jedoch nicht so einfach unter seine Kontrolle bringen, denn hier war während des selbstverschuldeten Niedergangs ein neues politisches Gebilde entstanden, das in der hethitischen Geschichte noch häufiger eine wichtige Rolle spielen sollte: das Königreich Kizzuwatna.

Sein südlicher Bereich war unter dem Namen Adanija zur Zeit von Hattusili I. Teil des Hethiter-Reichs gewesen und dann unter dem glücklosen Ammuna wieder abgefallen. (Übrigens, heutige Türkei-Reisende, die in »Adanija« den Charterflughafen Adana wiederzuerkennen glauben, haben völlig recht: Adana ist eine jener Städte Anatoliens, die ihren Namen seit mindestens 3500 Jahren fast unverändert beibehalten haben.)

»Isputahsu, Großkönig, Sohn des Parijawatri« lautet die Inschrift auf einem Siegel, das dem ersten historisch belegten König von Kizzuwatna gehörte. Es wurde in Tarsus nahe Adanija gefunden und ist bislang das älteste bekannte Schriftdokument mit luwischen Hieroglyphen.

Mit diesem König Isputahsu nahm Telipinu nach einem Eroberungszug im Norden des Landes Verhandlungen auf – und beschritt damit abermals einen neuen Weg: Er handelte eine Art Bündnisvertrag zwischen Partnern aus.

Das war, wie rudimentär auch immer, die Geburtsstunde der hethitischen Diplomatie – oder besser: der Machtpolitik mit anderen als militärischen Mitteln, die von seinen Nachfolgern im 14. und 13. Jahrhundert dann aufs höchste perfektioniert werden sollte.

Von diesem ältesten bekannten hethitischen Vertrag sind leider nur Fragmente vorhanden, genau kennen wir daher die Konditionen nicht. Einer der Hauptpunkte war, die Grenzen zwischen Kizzuwatna und den hethitisch kontrollierten Gebieten festzulegen. Allerdings ging es nicht um Grenzen in unserem Sinn, also den exakten Verlauf gedachter Linien in der Landschaft, sondern hauptsächlich um die Zugehörigkeit dreier Städte (samt ihrem Umland): Hassuwa, Lawazantija und Zizzilippa. Sie unterstanden im Lauf der Zeit mal der einen, mal der anderen Macht und wurden für dieses Mal von Isputahsu als hethitisches Einflußgebiet anerkannt. Im Gegenzug respektierte Telipinu Kizzuwatnas Status als unabhängiges Königreich in diesen neu definierten Grenzen.

Verließ Telipinu nach den militärischen Anfangserfolgen in dieser Region der Mut, sich ganz Kizzuwatna einzuverleiben? Wohl kaum. Gängige Praxis hethitischer Könige wäre gewesen, wenigstens einen Versuch zu unternehmen, dann aber bei Gegenwehr klein beizugeben und sich, falls möglich, mit ein paar geraubten Schätzen und Götterstatuen zu trösten. Doch Telipinu war anscheinend nicht nur ein kluger Gesetzgeber, sondern auch ein weitsichtiger Stratege: Wenn er mit militärischen Mitteln gegen Kizzuwatna vorgegangen wäre, hätte Isputahsu sich nach Beistand umgesehen – und diesen wohl vom Reich Mittanni bekommen. Zusätzliche Konflikte mit den Hurritern waren aber so ziemlich das Letzte, was Telipinu in dieser Situation gebrauchen konnte, da noch nicht einmal die Grenzen des Kernlands ausreichend gefestigt waren. Ein größerer Feldzug gegen diesen immer mächtiger werdenden äußeren Feind hätte die Kräfte Hattusas zu sehr beansprucht, vor allem aber die militärische Präsenz zu Hause gefährlich ausgedünnt – und wohin das führen konnte, hatten etliche von Telipinus Vorgängern schmerzlich erfahren müssen.

Da war es viel klüger, erst einmal das Erreichte zu sichern und die Grenze zu Mittanni dadurch zu verkürzen, daß der neugewonnene Verbündete Kizzuwatna nun wie ein Sperriegel zwischen den südöstlichen Interessengebieten Hattusas und dem mittannischen Kernland lag und man sich um hurritische Angriffe nur oben in Ostanatolien kümmern mußte.

Alles in allem hatte sich Telipinu also nicht nur innen-, sondern auch außenpolitisch von der Hau-drauf-Politik seiner Vorgänger gründlich verabschiedet. Er zog gesetzliche Regelungen und das Vertrauen in Verträge vor. Das bedeutet nicht, daß er ein schwacher König war – Stärke zu demonstrieren gehörte damals wie heute zum Geschäft, wenn man günstige Verhandlungsergebnisse erzielen will. Und Telipinu scheint beides gelungen zu sein: die militärische Lösung, wo sie im Interesse Hattusas nötig war, und die diplomatische, wo jede andere dem Reich geschadet beziehungsweise weniger genutzt hätte.

Das Mittanni-Reich, zwischen Karkamis und Assyrien gelegen, war von 1450 bis 1350 v. u. Z. ein bedeutender vorderasiatischer Machtfaktor und zeitweilig zweitstärkste Kraft nach Ägypten. Mittanni wurde zu Hattusas wichtigstem Konkurrenten um die Vormachtstellung in Nordsyrien (s. Kap. 8, 9, 11). Die Bevölkerung, nicht aber die Herrscherschicht bestand aus Hurritern.

Der adäquate Lohn für Telipinu wäre gewesen, als erster das Land Hattusa in eine Reihe mit den Großmächten seiner Zeit stellen zu können. Leider waren die Ausgangsbedingungen für ihn noch zu schlecht. Und leider wußten seine Nachfolger die von ihm geschaffene, viel bessere Basis überhaupt nicht zu nutzen. Im Gegenteil.

Dem klugen, diplomatischen, auf Recht und Ordnung bedachten Telipinu hätte man einen würdevollen Abgang gewünscht, aber bedauerlicherweise ist er für uns, das nachgeborene Publikum, einfach sang- und klanglos von der Schaubühne der Menschheitsgeschichte verschwunden. (Wenn er Glück hatte, starb er wenigstens eines natürlichen Todes.) Über das Ende seiner Regierungszeit wissen wir nichts, denn die Quellenlage ist zu dürftig.

Was nicht heißen soll, daß die Hethiter irgendwann im 15. Jahrhundert v. u. Z. plötzlich ihr Interesse an der Geschichtsschreibung verloren hätten. Die Archäologen haben nur noch nicht das richtige Archiv oder, falls doch, das richtige Regal darin gefunden. Vielleicht sind die Keilschrifttafeln, die diesen Abschnitt der hethitischen Geschichte behandeln, auch für immer verloren. Häufig genug wurden Ruinen – gerade große wie die der Tempel und Paläste – von nachfolgenden Kulturen als bequeme Steinbrüche benutzt und ganz oder zum Teil abgetragen. Die tönernen Schriftdokumente wurden dabei achtlos zerstört oder einfach liegengelassen, so daß die natürliche Erosion den Rest besorgte. Und wenn einmal ein bronzezeitlicher Prachtbau nicht als früheisenzeitliches Baustofflager zweitverwertet wurde, so waren es Erdbeben oder Bergrutsche oder oft auch nur der Lauf der Zeit, die einstige Archive so gründlich vergruben, daß sie bis heute unentdeckt blieben und von Fall zu Fall für immer bleiben werden.

Ein lückenhafter Flickenteppich aus Annalen, Gebeten, Vermächtnissen, Erlassen, Verträgen und Urkunden ist alles, was Archäologen und Philologen rekonstruieren können. Sollte Klio, die griechische Muse der Geschichtsschreibung, noch immer ihren Job versehen, so arbeitet sie längst mit einem perfiden Zufallsgenerator, der bestimmt, welche Puzzleteile sie uns gnädig zum Zusammensetzen überläßt und welche nicht.

Dabei ist die Ausgangslage bei den Hethitern noch ausgesprochen günstig: Zigtausende von Keilschrifttafeln wurden mittlerweile gefunden – wenn auch viele nur als Bruchstücke –, es gibt Inschriften auf Felsen und Stelen und dazu zahllose Siegel beziehungsweise Siegelabdrucke, die für sich allein zwar noch keine Geschichte erzählen, aber bei der Rekonstruktion von Zusammenhängen wertvolle Hilfe leisten können.

Für andere weltberühmte Kulturen, auch für Zeitgenossen der Hethiter, sieht die Quellenlage teilweise viel dürftiger aus. Die Minoer beispielsweise, die die komplex verschachtelten Paläste Kretas erbauten, haben Aufzeichnungen hinterlassen, aber die Wissenschaftler können die Schrift nicht lesen, so daß bis auf weiteres ungeklärt bleiben muß, ob die berühmten heiter-idyllischen Wandfresken von Knossos die Realität der minoischen Gesellschaft spiegelten oder vielleicht einen Gegenentwurf, ein Wunschbild darstellten. Noch extremer sind die Verhältnisse bei den Troianern, den Nachbarn der Hethiter im äußersten Nordwesten Anatoliens: Daß in dieser mächtigen, reichen Stadt niemand geschrieben haben soll, ist ausgeschlossen; und doch fand sich bis auf ein 1995 entdecktes Bronzesiegel (s. Abb. 28) kein einziges Schriftdokument, denn Griechen und Römer planierten die Spitze des Stadtzentrums, wo sich Troias bronzezeitliche Archive befunden haben dürften, und setzten einen Athena-Tempel darauf.

Im Vergleich dazu war die Situation in Hattusa geradezu optimal: Im wichtigsten Verwaltungszentrum, dem Palast des Großkönigs, und in anderen Gebäuden fanden die Archäologen neben Mengen von Keilschrifttafeln sogar noch Inventarlisten (in heutigen Bibliotheken würde man Katalog dazu sagen), auf denen stand, was auf welchen Tafeln in welchen Regalen zu finden war – und dies bewies einmal mehr, was für hervorragende Organisatoren und penible Verwalter die Hethiter waren.

Daß in unserem Wissen von ihrer Geschichte die eine oder andere Lücke klafft, ist also nicht ihre Schuld – auch wenn nach Telipinu ziemlich unruhige Zeiten anbrachen, in denen die Chronistenpflicht mitunter weniger sorgsam erfüllt wurde als sonst. Sicherlich waren auch einige von Telipinus Nachfolgern gar nicht sonderlich daran interessiert, für die Nachwelt festzuhalten, wie sie auf den Thron gelangten, denn daß es nicht immer rechtmäßig geschah, ist klar.

Schon das *Wie* ist manchmal dubios genug, aber bei Telipinu steht nicht einmal fest, *wer* ihm auf dem Thron folgte (sein einziger Sohn war früh verstorben). Zwei Kandidaten gibt es dafür: seinen Schwiegersohn Alluwamna und einen gewissen Tahurwaili, dessen verwandtschaftliche Beziehungen zum gerade herrschenden Zweig der Königssippe nirgendwo verzeichnet sind – also vermutlich nicht allzu eng waren.

Tahurwaili? War das nicht jener Goldlanzenträger …? Richtig: denselben Namen trug der Mörder, der Telipinus Vorgänger Huzzija den Weg zum Thron freiräumen half. Ob er mit dem gleichnamigen Nachfolger Telipinus identisch war, wissen wir nicht. Nur: *Wenn* das zutraf, dann war Telipinu schlecht beraten gewesen, als er das vom Panku über Tahurwaili verhängte Todesurteil in Verbannung umgewandelt hatte.

Vielleicht wurde zunächst, wie Telipinus Erlaß vorsah, dessen Schwiegersohn Alluwamna Großkönig und dieser dann unrechtmäßig (wie, kann man sich trotz fehlender Aufzeichnungen unschwer vorstellen) von Tahurwaili abgelöst. Vielleicht verhielt es sich auch gerade umgekehrt: daß Tahurwaili ein Usurpator war, der anschließend vom rechtmäßigen Thronfolger verjagt wurde. Die Hethitologen sind in diesem Punkt uneins, für beide Varianten sprechen gegenwärtig nur kärgliche Indizien. Mehrheitlich gilt aber die zweite Version als die wahrscheinlichere. (Damit das Ganze nicht zu übersichtlich wird, finden sich in der wissenschaftlichen Literatur noch zwei weitere, von den genannten Hauptvarianten abweichende Überlegungen, denen zufolge Tahurwaili an ganz anderer Stelle in die Genealogie einzufügen wäre – aber lassen wir das.)

Denn eigentlich ist die genaue Reihenfolge ziemlich egal, Großkönige waren sie beide; wenigstens das belegen die spärlichen Dokumente. Alluwamnas Name findet sich auf königlichen Opferlisten und Landschenkungsurkunden, mehr ist über ihn nicht bekannt: Viel Zeit war ihm auf dem Thron wohl nicht vergönnt. Tahurwaili fehlt auf den Opferlisten – er sei als Usurpator getilgt worden, meinen Hethitologen wie Trevor Bryce –, dafür taucht er eindeutig als König auf einem Tontafelfragment und einem Siegelabdruck auf: »Siegel des Tabarna Tahurwaili, Großkönig. Wer immer sein Wort verfälscht, soll sterben.« (Diese he-

Eine ausgeprägte Buchhaltermentalität kann man den Hethitern nicht absprechen. Unter anderem schrieben sie genau auf, welcher König bei welchem Anlaß welchen Vorgängern (die ja als »Gott geworden« galten) opferte. Von diesen sogenannten königlichen Opferlisten haben die Archäologen eine ganze Reihe gefunden; sie sind ein wertvolles Hilfsmittel, um die manchmal etwas verworrene Genealogie hethitischer Herrscher zu ordnen.

thitische Standardformulierung, die später aufgegeben wurde, bedeutete nicht unbedingt, daß auf Urkundenfälschung die Todesstrafe stand: Der Zorn der als Zeugen angerufenen Götter wurde damit herbeibeschworen.)

An staatsmännischen Taten ist uns von diesen beiden Königen nur eine überliefert: Tahurwaili erneuerte Telipinus bilateralen Vertrag mit Kizzuwatna; diesmal war Eheja, Isputahsus Nachfolger, Partner auf seiten Kizzuwatnas.

Tahurwailis Verhalten entsprach also genau dem merkwürdigen Schema, das etliche Male in der oft chaotischen Frühzeit zu beobachten war: Um den Thron selbst wurde auf Leben und Tod gekämpft, sobald aber die Macht erobert war, unterschieden sich die konkreten Regierungsmaßnahmen kaum oder gar nicht von denen des Vorgängers. Das Ringen um eine andere, bessere Politik konnte ein solches Vorgehen also nicht motiviert haben. (Man fühlt sich an Großmächte der Gegenwart erinnert,

Neben ihren tausend Göttern glaubten die Hethiter auch an Zauberei und Hexerei und versuchten ganz direkt damit persönliche Vorteile zu erlangen und andere profane Ziele zu erreichen. Folgerichtig fanden jetzt, in einer Epoche der ständigen Thronstreitigkeiten, Beschwörungsrituale zur Abwehr von Zauberei als Mittel des politischen Machtkampfs Verbreitung. Die Autoren waren Luwier und Hurriter.

Fast zeitgleich mit solchen Praktiken, die wir heute als Aberglauben abtun, setzte aber eine geistige Durchdringung des Lebens ein, die man mordenden Thronräubern und brandschatzenden Eroberern wirklich nicht zutrauen sollte: In Form schriftlich ausformulierter Gebete entwickelten die Hethiter eine Möglichkeit, das eigene Handeln politisch zu reflektieren und vor den Göttern, sich selbst und der Nachwelt zu rechtfertigen. Wobei das stilistische Niveau dieser Gebete – oder öffentlich gemachten Reflexionen – so ausgefeilt ist, daß man ihnen zu Recht den Rang einer literarischen Gattung eingeräumt hat.

die milliardenschwere Wahlkampfschlachten um das Präsidentenamt führen, wobei die politischen Programme fast so austauschbar wie ein Satz Batterien sind.)

Hantili, Zidanta, Huzzija – so hießen die nächsten drei Könige laut den Opferlisten. Nur: ob wir jeweils ein »II.« hinter den Namen setzen müssen oder nicht, das war lange Zeit unklar. Denn auffällig ist, daß Telipinus Vorgänger ebenfalls Hantili, Zidanta, Huzzija hießen, und zwar in genau derselben Reihenfolge. Das ist eine merkwürdige Parallelität. Aus dem christlichen Abendland kennen wir Reihen wie Otto I., Otto II., Otto III. oder Ludwig XIII., Ludwig XIV., Ludwig XV., nicht aber Schemata wie Otto I., Friedrich I., Ludwig I. und dann Otto II., Friedrich II., Ludwig II.; deshalb mutmaßten die Wissenschaftler zunächst, sie hätten es hier jeweils mit ein und derselben Person zu tun. Doch dann fanden sie Urkunden, die ziemlich eindeutig die Angaben auf den Opferlisten als zutreffend auswiesen; offensichtlich gab es tatsächlich jeweils zwei Könige desselben Namens in identischer Abfolge.

Hantili II., laut einer dieser Urkunden Alluwamnas Sohn, bekam es während seiner Regierungszeit mit Feinden zu tun, die für lange Zeit zu einer wahren Geißel des Hethiter-Reichs wurden: den Kaskäern. Das waren sozusagen anarchische Horden, die sich in den Bergen am Schwarzen Meer festgesetzt hatten und sich von gelegentlichen Störenfrieden zu einer ernsthaften Gefahr für das Reich entwickelten. Immer wieder drangen sie raubend und plündernd bis ins Kernland von Hattusa vor.

Als die Kaskäer jetzt im Norden die hethitischen Städte Nerik und Tiliura eroberten beziehungsweise zerstörten, sah sich Hantili II. gezwungen, Hattusa und weitere Städte der Region stärker zu befestigen. Der Verlust des wichtigen, ehrwürdigen Kultorts Nerik schmerzte besonders, zumal es rund 200 Jahre dauerte, bis diese Stadt von Hattusili III. zurückerobert werden konnte.

Im großen und ganzen behielten jedoch die hethitischen Großkönige dieser Zeit außenpolitisch den eingeschlagenen Kurs bei und erneuerten die Verträge mit Kizzuwatna. Diesmal gab es wichtigere Gründe als nur einen Thronwechsel. Zunächst einigten sich Paddatissu von Kizzuwatna und der hethitische Großkönig (wohl Hantili, der Name fehlt im Textfragment), daß nomadisierende Sippen, die auf das Gebiet der Gegenseite gelangt waren, mitsamt allen Rindern, Ziegen und Schafen zurückgegeben werden mußten. Doch später muß es zu regelrechten militärischen Auseinandersetzungen gekommen sein, bei denen beide Seiten im Grenzgebiet Städte der jeweils anderen einnahmen oder gar zerstörten; ein Vertrag zwischen Paddatissus Nachfolger Pillija und Zidanta II. von Hattusa stellte in der umstrittenen Grenzregion den Frieden wieder her.

Für die Hethiter war dieser Frieden von außerordentlicher Bedeutung, denn Mittanni, das Reich der Hurriter im Südosten, wurde immer mächtiger und damit bedrohlicher; überdies unternahm nun auch Ägypten Erkundungs- und Eroberungsfeldzüge nach Nordsyrien. Die Pufferfunktion Kizzuwatnas wurde für die Sicherung des hethitischen Einflußgebiets nach Süden überaus wertvoll.

Die ethnisch-linguistische Zugehörigkeit der Kaskäer ist bis heute ungeklärt. Das Anarchische an ihnen war, daß sie anfangs noch in kleinen, unabhängigen Stammesverbänden agierten, was ihre Angriffe ebenso schnell wie unberechenbar machte.

Die Wissenschaftler sind sich nicht einig, ob die Kaskäer erstmals unter Hantili II. ins Hethiter-Reich vordrangen oder bereits unter seinem Namensvetter Hantili I. Der Neu- oder Ausbau der südlichen Altstadtmauer von Hattusa (s. Kap. 12) spricht aktuellen Datierungen zufolge für die hier vertretene Variante.

Kapitel 8

Konkurrierende Imperien

Zum »Furchtbaren Halbmond« verkalauerten wir ihn, als erst der Religions- und gleich darauf der Geschichtslehrer uns langatmig erklärte, die Wiege der Zivilisation habe in einer Gegend gestanden, die sich sichelförmig von Ägypten über Palästina, Syrien und Mesopotamien bis zum Persischen Golf erstreckt, dem »Fruchtbaren Halbmond«. Auch den heutigen archäologischen Erkenntnissen zufolge stimmt das, wenn man zu jenem Landstrich noch Anatolien hinzunimmt – und einmal außer acht läßt, daß sich unabhängig davon auch im Indus-Tal, in China und in Südamerika Zivilisationen entwickelt haben. Ackerbau und Viehzucht, arbeitsteilige Gesellschaften und nicht zuletzt Städte gelten als die Marksteine erster Hochkulturen schlechthin, und die frühesten Zeugnisse dafür finden wir hier.

Am Nil und zwischen den Unterläufen von Euphrat und Tigris bildeten sich dann ab 3000 v. u. Z. die ersten übergeordneten staatlichen Strukturen, und mit der Erfindung der Schrift – Hieroglyphen hier, Keilschrift dort – war der entscheidende Schritt getan, um menschliche Gesellschaften immer komplexer zu organisieren.

Im südlichen Mesopotamien siedelten seit ungefähr 3200 die Sumerer, ein Volk unbekannter ethnisch-linguistischer Herkunft. Zu ihnen gesellten sich ab 2800 semitische Einwanderer. Berühmtheit erlangte als erster Sumerer der mythische Gilgamesch, König von Uruk, der die

Stadt dieses Namens mit Mauern befestigen ließ und dessen Heldentaten in dem nach ihm benannten Epos verewigt sind. In den sumerischen Stadtstaaten entwickelten sich die ersten größeren Dynastien, so etwa die von Ur, Uruk, Lagas und Kis (die allesamt nach den Städten benannt wurden, die jeweils die Oberhoheit über die anderen hatten).

Gegen die sumerischen Herrscher erhoben sich die semitischen Akkader, deren namengebende Hauptstadt Akkad zum Leidwesen der Archäologen und Frühgeschichtler bis heute nicht gefunden wurde. Sargon I. von Akkad (2276–2220) eroberte fast ganz Syrien, Teile Kleinasiens sowie das östlich von Mesopotamien gelegene Elam und begründete das erste zentral verwaltete Großreich des alten Orients. Die Keilschrift übernahm man zwar, doch nun wurde Akkadisch die Amtssprache – und es blieb in der Folge für viele Jahrhunderte die *lingua franca* der Diplomatie (wie später in Europa zunächst Latein, dann Französisch und heute Englisch).

Weiter im Norden, am Oberlauf des Tigris, hatten sich von etwa 2500 an semitische Einwanderer mit Einheimischen vermischt und, ausgehend von der Hauptstadt Assur, ein zunächst sich recht unauffällig verhaltendes Reich gegründet: Assyrien. Bei jener Urbevölkerung handelte es sich nicht um Sumerer, kulturell aber wiesen Assyrer wie Sumerer viele Parallelen auf, auch wenn erstere auf eine gewisse Eigenständigkeit großen Wert zu legen schienen. Einen Namen machten sie sich meist als Händler, die vor allem nördlich und nordwestlich ihres Reiches – also in Anatolien – Niederlassungen gründeten und damit den dortigen Emporkömmlingen – den Hethitern – günstige Startbedingungen schufen (s. Kap. 1). Diesem altassyrischen Reich ging es mal besser, mal schlechter, bis es zum Vasallen konkurrierender Reiche wurde. Weltgeltung erreichten die Assyrer erst mit dem mittleren

Reich (ab 1375), und an ihrer späteren Erfolgsgeschichte waren die Hethiter nicht ganz unschuldig – womit sie sich für die Starthilfe bestens revanchierten.

Währenddessen hatten im Süden etliche Aufstände und feindliche Übergriffe von außen dem akkadischen Reich, das keine 200 Jahre währte, bereits wieder den Garaus gemacht, und Urnammu von Ur etablierte dort 2047 erneut eine sumerische Vorherrschaft. Bereits ab 2000 verzeichnete Mesopotamien eine zweite semitische Einwanderungswelle, die für unruhige Zeiten sorgte und in deren späterem Verlauf eine ursprünglich kleine sumerische Siedlung eine aufsehenerregende Karriere machte: Babylon, rund 125 Kilometer südlich vom heutigen Bagdad am Euphrat gelegen.

Die Neuankömmlinge bereiteten allerdings der sumerisch-akkadischen Kultur kein Ende, sondern übernahmen sie in weiten Teilen; Sumerisch blieb Kultsprache, Akkadisch die offizielle Verwaltungssprache (und wird daher heute auch als Babylonisch bezeichnet).

Ungefähr zur selben Zeit, da Anitta in Nesa das Hethiter-Reich begründete, besiegte Hammurabi von Babylon (1728–1686) mit Hilfe seiner Verbündeten, den Nachbarn Larsa und Mari, nach und nach alle Konkurrenten um die Vorherrschaft im syrisch-mesopotamischen Raum, darunter auch Assyrien und Jamhad (Halpa/Aleppo). Als er schließlich noch Rimsin von Larsa und Zimrilim von Mari schlug, war aus dem unbedeutenden sumerischen Stadtstaat Babylon ein Großreich geworden: ein gigantisches Dreieck vom Mittelmeer bis zum Persischen Golf und hinauf bis nach Ninive. Die Stadt Babylon entwickelte sich zur geistig-kulturellen Metropole der damaligen Welt, zu einem Zentrum der Literatur, Kunst und Wissenschaft – und wie alle Weltstädte zu einem Sündenpfuhl, der noch ein Jahrtausend später den Autoren des Alten Testaments Schauder des Abscheus über den Rücken jagte.

Dem ersten babylonischen Großreich war dagegen keine lange Karriere beschieden. Schon Hammurabis Nachfolger kämpften sowohl gegen abtrünnige Vasallen im Süden als auch gegen die Hurriter, die sich im Norden, vom Van-See aus, immer weiter verbreiteten, und gegen die Kassiten, die aus den Bergen Persiens herabkamen und gegen das Reich anstürmten.

Dann tauchten, für die Babylonier wohl ziemlich unerwartet, aus dem fernen Anatolien plötzlich noch ganz andere Feinde auf: 1531 plünderte und brandschatzte der hethitische Großkönig Mursili I. ihre Hauptstadt und setzte damit der Dynastie Hammurabis ein Ende (s. Kap. 3). Dankbar nutzten die Kassiten Mursilis Vorarbeit und bemächtigten sich für die nächsten knapp 400 Jahre der Herrschaft in Babylon.

1000 Kilometer lang, aber nur 10 bis 20 Kilometer breit: das berühmteste Land der Bronzezeit hat zugleich die kurioseste Gestalt. Ägyptens natürliche Gegebenheiten – das schmale fruchtbare Tal des Nils inmitten der Wüste – waren sein Vorteil und sein Schicksal. Von äußeren Einflüssen weitgehend unbehelligt, konnte sich hier ab der Jungsteinzeit eine Hochkultur entwickeln und länger ihre Identität wahren als alle anderen. Der Preis dafür waren oft genug Stagnation und ein gewisses Unvermögen, auf Veränderungen im Rest der Welt zu reagieren.

Als die Hethiter erstmals von sich reden machten, war das Reich der Pharaonen bereits weit über 1000 Jahre alt; zum Zeitpunkt von Anittas Thronbesteigung standen die Pyramiden seit langem, das Alte Reich (2670–2150) war vergangen, und dem Mittleren Reich (2040–1650) machten bald darauf die Hyksos (ab 1650) ein Ende. Letztere, von den Ägyptern als »Herrscher der Fremdländer« bezeichnet, waren Angehörige semitischer Stämme, denen sich wahrscheinlich auch Hurriter angeschlossen hatten. Von ihrer Hauptstadt Auaris im östlichen Nil-Delta aus beherrschten sie nicht nur Ägypten, sondern auch weite Teile Palästinas und Syriens. Sie führten den von Pferden gezogenen Streitwagen, die entscheidende Waffe der Bronzezeit, am Nil ein (s. Kap. 16).

Um 1550 allerdings begannen die Ägypter sich gegen diese Fremdherrschaft aufzulehnen, und der einheimische Pharao Amosis, ein Zeitgenosse Hattusilis I., wurde zum Begründer des Neuen Reichs.

Unter Amosis' Nachfolgern begann Ägyptens Aufstieg zur Weltmacht. Während die Königin Hatschepsut (1479–1458) lieber auf Handelsbeziehungen als auf Eroberungen setzte, verhalfen Thutmosis III., Amenophis II. und Thutmosis IV. in den folgenden 70 Jahren dem Reich zu seiner größten Ausdehnung. Hauptziel ihres Expansionsdrangs waren die reichen Stadtstaaten Syriens – und auf diese verlockenden Pfründe hatten es ebenso die Hethiter wie die Herrscher von Mittanni (s. unten) abgesehen.

Amenophis III. (1388–1351) und seine Frau Teje (übrigens eine »Bürgerliche«, wie man heute sagen würde) genossen ihr Erbe und ließen zahllose Bauwerke errichten. Sie erfreuten sich reger Beziehungen zu Assyrien, Babylonien, Mittanni, Hattusa, Zypern, Kreta und den Inseln der Ägäis sowie eines Sohnes, der seinem Land gewissermaßen eine Revolution von oben verordnete (seine Mutter soll an dessen Geisteshaltung nicht ganz unschuldig gewesen sein).

Dieser Amenophis IV. (1351–1334) war mit der schönen Nofretete verheiratet, deren berühmte Büste man heute in Berlin bewundern kann. Er verehrte von allen bisherigen Göttern nur den Sonnengott Aton als den alleinigen Allmächtigen; er benannte sich ihm zu Ehren in Echnaton (»Glanz des Aton«) um und verordnete den Ägyptern den ersten Monotheismus der Welt. Da am Nil, wie in allen frühen Reichen, religiöse, staatliche und gesellschaftliche Strukturen unauflöslich miteinander verknüpft waren, bedeutete dies zugleich eine politische Umwälzung ungeahnten Ausmaßes. Das zeigte sich auch darin, daß Echnaton sein Land äußerst gründlich von allen Traditionen zu befreien versuchte und sogar die Hauptstadt von Theben weg verlegte. Er benannte sie gleichfalls nach seinem alleinigen Gott: Achetaton, »Horizont des Aton«.

Doch durchgesetzt hat sich der »Ketzerpharao« mit all dem nicht: Die ebenso stockkonservative wie vielköpfige Priesterschaft wollte um jeden Preis am Althergebrachten und vor allem an ihren Pfründen festhalten. Wahrscheinlich war das Ganze aber auch weiten Teilen der Normalbevölkerung nicht geheuer, denn Glauben wie Aberglauben haben in der Regel ein Beharrungsvermögen, das weit jenseits des physikalischen Trägheitsmoments liegt.

Hatschepsut ließ sich nicht nur als erste Frau mit den männlichen Insignien der Pharaowürde darstellen, sondern veranlaßte auch eine bedeutende Expedition. Sie schickte Schiffe in das Weihrauchland Punt. Den Beschreibungen nach muß die Entdeckungsreise an das Horn von Afrika (Somalia) gegangen sein. Und die Ägypter verhielten sich kein bißchen anders als europäische Handelsfahrer in den Anfängen des Kolonialismus: Sie tauschten optisch ansprechenden Schund (allerdings keine Glasperlen, denn die waren in der Bronzezeit ausgesprochen kostbar) gegen wertvolle Produkte der unwissenden Eingeborenen. Die Liste an der Wand von Hatschepsuts Tempel nennt edle Hölzer, aromatische Harze, Weihrauchbäume (die in Ägypten angepflanzt werden sollten), Ebenholz, Elfenbein, Gold, Dufthölzer, Affen, Windhunde, Leopardenfelle und sogar Einheimische mit ihren Kindern. Sie kamen gleichfalls mit nach Ägypten, wo sie bestaunt, aber ganz gewiß nicht so höflich empfangen wurden wie die Ägypter in ihrem Land.

Noch zu Echnatons Lebzeiten wurden die extremsten Auswüchse seiner »Revolution von oben« zurückgenommen. Nach seinem Tod kehrte Ägypten unter dem (unmündig auf den Thron gelangten) Tutanchamun (1333–1323) zum Gewohnten zurück. Religiöses Zentrum wurde wieder Theben, der Regierungssitz nach Memphis verlegt, und die Archive aus der Zeit des Echnaton wurden für Jahrtausende unter dem Schutt von Tell el-Amarna begraben, bis man sie im 19. Jahrhundert samt der Büste der Nofretete wiederentdeckte. Seither zählen diese Amarna-Tafeln zu den wichtigsten historischen Zeugnissen der späten Bronzezeit. Auch die Arzawa-Briefe (s. Kap. 2) waren darunter.

Während dieser sogenannten Amarna-Zeit hatte sich Ägypten, da der Pharao ausschließlich an der inneren Entwicklung seines Landes interessiert war, von der Außenpolitik nahezu zurückgezogen, ja, regelrecht abgekapselt. Die Rivalen um die Vormachtstellung in Vorderasien hatten also freie Hand gehabt – und waren nicht untätig geblieben. Tutanchamun und vor allem sein General und späterer Nachfolger Haremhab mußten nun darangehen, das in Syrien verlorene Terrain zurückzugewinnen.

Hauptgegner waren dabei Hattusa und Mittanni, und die größte Schwierigkeit bestand für beide Seiten darin, daß der Landstrich zwischen der syrischen Mittelmeerküste und dem mittleren Euphrat in viele Stadtstaaten zerfiel, die ständig die Seiten wechselten, auch untereinander immer neue Bündnisse schlossen und wieder brachen. Und allesamt waren sie wohlhabend genug, um – wer sollte es ihnen verdenken – stets zu versuchen, die Großmächte gegeneinander auszuspielen und so die eigene Unabhängigkeit zu bewahren.

Nachfolger Haremhabs wurde wieder ein hoher Offizier, Ramses I. (1292–1290). Er und sein Sohn Sethos I. (1290–1278) vollendeten innenpolitisch die gegen Echnatons Neuerungen gerichtete Restauration, verlegten die Residenz ins östliche Nil-Delta nach Piramesse, der »Ramsesstadt«, und begründeten die letzte glanzvolle Epoche des Neuen Reichs, die der Ramessiden.

Nur den Kampf um Syrien konnten die beiden nicht entscheiden. Dies blieb Ramses II. vorbehalten. Jedenfalls behauptete er das später. In Wirklichkeit diktierte ein ganz anderer den Pharaonen, wo ihr Reich im Norden zu enden hatte: ein hethitischer Großkönig.

800 Kilometer nordwestlich der Pyramiden lag eine Insel der Glückseligen – wenn man den Mythen glaubt, die heute Fremdenführer den Touristen in Knossos erzählen.

Die ersten Siedler hatten Kreta im 6. oder 5. Jahrtausend erreicht, waren aber bis zur Mitte des 3. Jahrtausends weitgehend isoliert geblieben. Dann begann sich, ausgelöst vielleicht durch Einflüsse aus dem Süden, auf Kreta eine erste Hochkultur auszubilden. Bronzeverarbeitung, der Gebrauch der Töpferscheibe und das Kunsthandwerk wurden zu hoher Kunstfertigkeit entwickelt. Handelsbeziehungen unterhielten diese sogenannten Minoer vor allem zu den Kykladen, zu Ägypten und zu den östlichen Mittelmeerküsten.

Anfang des 2. Jahrtausends wurden die Minoer zu den unumschränkten Herren der Ägäis. Sie bildeten eine städtische Kultur mit großen Palastanlagen aus, unter anderem in Phaistos, Knossos und Mallia. Es waren Handels-, Verwaltungs- wie auch religiöse Zentren. Keine dieser Anlagen war befestigt, und es wurden auch keine Verteidigungswaffen gefunden. Deshalb wird angenommen, daß die Insel allein von einer starken Flotte verteidigt werden konnte und die Minoer auf See die absolute Vorherrschaft hatten.

Ob sie sich selbst als Minoer bezeichneten, ist jedoch

mehr als ungewiß. Diesen vom sagenhaften König Minos entlehnten Namen gab ihnen und ihrer Kultur der Knossos-Ausgräber Arthur Evans, der ähnlich wie Heinrich Schliemann Bezüge zur griechischen Mythologie suchte und im Palast von Knossos das Labyrinth des Minos entdeckt zu haben glaubte. Einen archäologischen Beweis für einen König Minos gibt es nicht, allerdings war »Minos« wohl – ähnlich wie »Labarna« in Hattusa – die Bezeichnung für den Herrscher.

Künstlerisch war diese Epoche der Alten Paläste eine Zeit großer Höhepunkte. Berühmt ist die Keramik im sogenannten Kamares-Stil, der sich unter anderem durch üppig bemalte Gefäße mit plastischem Blumendekor oder Schalen auszeichnete, deren Wände nur einen Millimeter dick sind. Auch die Entwicklung der kretischen Schrift, der sogenannten Linear A, fällt in diese Epoche. Sie ist bis heute nicht entziffert; sicher ist nur, daß sie nicht indoeuropäisch war und manche Tafeln Inventarverzeichnisse enthalten.

Gegen Ende des 18. Jahrhunderts wurden auf Kreta die Alten Paläste zerstört. Der Grund dafür dürfte ein Erdbeben gewesen sein, kein äußerer Einfluß. Denn im Gegensatz zu Ägypten, wo die Hyksos-Herrschaft in einer Periode des Verfalls begann, gab es auf Kreta keine Stagnation. Nahezu ohne Verzögerung wurden die Neuen Paläste errichtet. Nun wurde Knossos mit seiner riesigen, von Arthur Evans ab 1900 u. Z. ausgegrabenen mehrstöckigen Palastanlage zum wichtigsten Zentrum. In den folgenden 250 Jahren weiteten die Minoer die Handelskontakte aus und gründeten Niederlassungen auf anderen Inseln, beispielsweise Akrotiri auf Thera (Santorin), aber auch in Milet an der anatolischen Westküste. Daß diese berühmte griechische Stadt ursprünglich von Minoern gegründet worden war, galt lange als reiner Mythos; doch ein deutsches Team unter der Leitung von Wolf-

Dietrich Niemeier hat in den letzten Jahren definitive archäologische Beweise dafür gefunden. Besonders eng aber wurden die Verbindungen zu Ägypten geknüpft, wo minoische Künstler hohe Wertschätzung genossen.

Keine hundert Jahre nach dem Bau der Neuen Paläste wurden Knossos und Phaistos erneut von einem Erdbeben geschädigt. Diese vorübergehende Schwächung erlaubte es den Mykenern, einen Raubzug nach Knossos zu unternehmen. Die Mykener oder Achäer – wie Homer sie und auch sie selbst sich wohl nannten – waren spätestens ab 2100 auf das griechische Festland eingewandert, wo sie Siedlungen einer ansässigen, älteren Kultur eroberten. Sie sprachen eine frühe Form des Griechischen, waren also Indoeuropäer.

In der Folge nahm Mykene einen ungeheuren kulturellen Aufschwung, der eindeutig minoische Züge aufwies. Der minoischen Kultur selbst brachten diese Ereignisse jedoch keine Schmälerung, ihre Blütezeit hielt unvermindert an, und in Zakros und Archanes wurden neue Paläste gebaut.

Wenige Jahrzehnte später brach eine Katastrophe über die südliche Ägäis herein: Der Vulkan von Thera (Santorin)

Dem Mythos zufolge entführte Zeus in Stiergestalt die phönikische Prinzessin Europa nach Kreta und schwängerte sie dort. Dieser Verbindung entstammte der König Minos. Weil Minos Poseidon um ein Stieropfer betrog, ließ der Gott die Königin in Liebe zu dem Tier entbrennen. Das Resultat war das menschenfressende Zwitterwesen Minotauros. Als Gefängnis für den Minotauros ließ Minos ein Labyrinth erbauen. Alle neun Jahre wurden dort dem Ungeheuer sieben Jungmannen und sieben Jungfrauen aus Athen zum Fraß vorgeworfen. Erst Theseus gelang es mit Hilfe der Minos-Tochter Ariadne, den Minotauros zu töten und wieder aus dem Labyrinth herauszufinden.

explodierte förmlich und sprengte weite Teile der Insel einfach weg. Lange Zeit ging die Wissenschaft davon aus, daß diese Katastrophe etwas mit dem Ende der minoischen Herrschaft im 15. Jahrhundert v. u. Z. zu tun hatte.

Doch inzwischen ist umstritten, wie zerstörerisch der Vulkanausbruch wirklich war, ob damals tatsächlich der gesamte Mittelteil des Atolls von Santorin in die Luft flog und die anschließende Flutwelle gleich eine ganze Kultur mit sich riß. Überdies wurde die Datierung des Ausbruchs mehrfach mit modernen naturwissenschaftlichen Methoden korrigiert: Neuesten dendrochronologischen Untersuchungen zufolge brach der Vulkan bereits 1628 aus. Auch die archäologischen Befunde lassen darauf schließen, daß die minoische Kultur weiter florierte und ein friedliches Miteinander zwischen Minoern und Mykenern herrschte, aus dem beide Nutzen zogen. Und nicht zuletzt ist verwunderlich, daß aus schriftlichen Quellen rein gar nichts über diese Vulkankatastrophe bekannt ist: Die rund um das östliche Mittelmeer beheimateten Hochkulturen hätten ein so zerstörerisches Naturereignis, das ganze Flotten vernichtete und auf Jahrzehnte hinaus die Ernten beeinträchtigte, doch sicherlich in ihren Annalen vermerkt oder zumindest in ihren Mythen überliefert.

Aus welchem Grund auch immer: Im 15. Jahrhundert änderte sich das Kräfteverhältnis zwischen Kreta und Mykene. Die minoischen Paläste wurden zerstört, und in der Folge beherrschten Mykener die Insel. Ob sie selbst für die Zerstörung verantwortlich waren oder nur eine günstige Situation ausnutzten, läßt sich aus den archäologischen Befunden nicht erkennen.

Jedenfalls waren sie damit nun zu den uneingeschränkten Herren des Mittelmeers geworden. Sie übernahmen die minoischen Handelswege und bauten sie weiter aus. In den folgenden Jahrhunderten reichten sie von der Iberischen Halbinsel bis zur Levante, die Mykener gründeten eigene

Handelsniederlassungen oder übernahmen minoische, beispielsweise Milet, Phylakopi auf Melos oder Ialysos auf Rhodos. Mykenische Kaufmannsbezirke wurden außerdem auf Sizilien, Sardinien und in Süditalien gefunden.

Doch nicht nur das ausgedehnte Handelsnetz übernahmen die Mykener von den Minoern, sondern auch eine ausgereifte Schrift: die sogenannte Linear B, die aus der kretischen Linear A entwickelt worden war. Sie nutzten sie vor allem für eine bis ins kleinste Detail organisierte Verwaltung in einer streng hierarchisch gegliederten Gesellschaft. Über jede Abgabe, jedes Opfer, jedes Inventarstück, jede Transaktion und Zuteilung wurde – bis hin zu Namen von Ochsen und der Auflistung von zwei einzelnen Wagenrädern – genauestens Buch geführt. Anders als in hethitischen Archiven blieben in Knossos, Pylos, Theben, Mykene, Tiryns und anderswo allerdings keine Chroniken oder kultischen Texte erhalten. Dennoch haben wir ein gutes Bild mykenischer Machtorganisation. Die Mykener hatten – im Gegensatz zu Hattusa oder Ägypten und anderen Großreichen jener Zeit – keinen Zentralstaat ausgebildet, sondern lebten in mal verbündeten, mal rivalisierenden Fürsten- oder Königtümern, zu denen jeweils eine gewisse Zahl von Orten oder Distrikten gehörten. Mykene, das dieser Kultur den heutigen Namen gab, war zwar das mächtigste dieser Reiche, übte aber keine Oberherrschaft über die anderen aus, auch wenn sein Herrscher eine gewisse Sonderstellung genoß. Ähnlich wie in der *Ilias* beschrieben, bildeten die Achäer vor allem eine kulturelle Einheit, erlebten gemeinsam Aufschwung wie Niedergang und waren trotz aller internen Konkurrenz einander wechselseitig verpflichtet – vor allem bei militärischen Auseinandersetzungen mit äußeren Feinden.

Allerdings setzten die Achäer auch auf andere Möglichkeiten, um ihren Einfluß zu festigen: Sie unterhielten diplomatische Beziehungen zu den anderen Großreichen jener Zeit; so besuchte etwa eine Gesandtschaft des Pharaos Amenophis III. gegen 1360 mykenische Zentren; und mit den Hethitern, ihren Nachbarn im Osten, pflegten sie einen diplomatischen Briefwechsel, bei dem es beiden Seiten darum ging, die jeweiligen Interessensphären gegeneinander abzugrenzen, ohne sich allzusehr ins Gehege zu kommen. Denn man hatte zwar eine gemeinsame Grenze – die Westküste Anatoliens –, aber wechselseitige Eroberungsgelüste hegte man zunächst nicht: Die Achäer waren genauso entschiedene Seefahrer wie die Hethiter eine ausgesprochene Landmacht darstellten.

Doch als die Mykener sich in inneranatolische Angelegenheiten einzumischen begannen, waren die Hethiter sofort zur Stelle.

Während die Minoer und nach ihnen die Mykener unumstrittene Alleinherrscher der Ägäis waren, konnte dasselbe in Syrien niemand von sich behaupten, zu keiner Zeit. Stets war der Landstrich Ziel und Austragungsort divergierender Machtinteressen. Seine Besiedelung reicht genauso ins Dunkel der Steinzeit zurück wie die der benachbarten Gegenden, und ebenso früh wie anderswo im Fruchtbaren Halbmond – dessen Mitte Nordsyrien einnimmt – bildeten sich hier urbane Gemeinwesen mit zunehmend stadtstaatlichem Charakter. Ugarit (das heutige Ras Schamra) und Aleppo (zu hethischer Zeit Halpa, auf arabisch heute Halab) sind wohl die bekanntesten.

Ugarit ist von diesen beiden aus kulturhistorischer Sicht die wesentlich spannendere Stadt: Der seit der Jungsteinzeit besiedelte Ort war im 3. und 2. Jahrtausend ein bedeutender Handelshafen, vielleicht sogar der wichtigste in Nordsyrien. Doch vor allem war Ugarit die internationalste und polyglotteste Stadt der gesamten Bronzezeit: Man beherrschte, wie die ausgegrabene Schreiberschule beweist, in Wort und Schrift neben Ugaritisch (einer westsemitischen Sprache) auch Ägyptisch, Hethitisch, Kretisch, Hurritisch und Akkadisch – mithin alle wichtigen Sprachen der damals bekannten Welt. Und die Ugariter hatten, was das Schreiben anging, bereits einen entscheidenden Fortschritt gemacht: In den Ruinen fanden Archäologen das älteste Alphabet der Welt. Der äußeren Form nach verwendete man dafür zwar noch Keilschriftzeichen (die sonst für ganze Silben standen), und es fehlten auch noch die Vokale, aber als eine Frühform der phönikischen Schrift stellt das Alphabet von Ugarit den Ursprung der griechischen und damit auch unserer Schrift dar.

Was Syrien so begehrenswert machte, verdankte sich natürlichen Gegebenheiten: Im Norden und entlang der Mittelmeerküste erlaubten fruchtbare, gut bewässerte Ebenen intensive Landwirtschaft; in den semiariden Landstrichen weiter landeinwärts war immer noch nomadische Viehhaltung möglich. Die Küste selbst bot ideale Häfen und damit Umschlagplätze; die ihr nahen Gebirgsketten waren waldreich, lieferten also das in Mesopotamien rare, als Baumaterial geschätzte Holz. Und die Ebenen erlaubten einen bequemen Transport von Gütern aller Art. Was auch immer zwischen dem Mittelmeer und dem Persischen Golf gehandelt wurde, es passierte Syrien. (Anatolien ist geomorphologisch betrachtet zwar die eigentliche Landbrücke zwischen Europa und Asien, war aber aufgrund seiner vielen Gebirgsketten nur mühsam zu durchqueren.) Solche idealen Voraussetzungen förderten nicht nur den materiellen Wohlstand, sondern auch Kunst und Kultur, denn wo Waren gehandelt werden, tauscht man auch Ideen aus, lernt man neue Techniken kennen, öffnet man sich leichter dem Unvertrauten und probiert es aus.

Ein großes staatliches Gebilde hat sich hier in der Bronzezeit von innen heraus nie entwickelt – oder vielleicht gerade wegen der günstigen Voraussetzungen nie entwickeln müssen, weil dank des großen Wohlstands jeder kleine Stadtstaat sich selbst genügte. Nur kurz hatte Sargon von Akkad einmal das ganze Land »zwischen den Meeren« unter seine Herrschaft gebracht, es aber nicht halten können.

Am nächsten kam unserer Vorstellung von einem übergeordneten Staat im ersten Viertel des 2. Jahrtausends das Königreich Jamhad mit der Hauptstadt Halpa, dessen Herrscher – sie nannten sich Großkönig – mehrere Stadtstaaten im nordwestlichen Syrien unter sich vereinigt hatten. Doch nachdem Hattusili I. Alalah (hethitisch Alalha) geplündert und dann sein Sohn Mursili I. mit der Eroberung Halpas das Königreich Jamhad endgültig zerschlagen hatte, blieb Syrien für Äonen Spielball der Großmächte.

An den Küstengebirgen und den vorgelagerten Häfen war, öfter nach Norden ausgreifend, vor allem Ägypten interessiert, denn man brauchte Zedern und andere Nadelbäume als Rohstofflieferanten für die Bestattungsritua-

In der Bronzezeit gab es die Bezeichnung »Syrien« noch nicht. Wir verwenden sie in diesem Buch als Sammelbegriff für ein Gebiet, das sich ungefähr vom Golf von Iskenderun bis zum Oberlauf des Tigris und von dort hinunter bis zum Sinai erstreckt; in heutigen Begriffen umfaßt es ungefähr Syrien, Jordanien, den Libanon und Israel/Palästina. Pauschale Bezeichnungen für den nördlichen Bereich waren ferner »Länder der Zeder« (was nicht nur den Libanon meinte) oder, für Teile der Region, »Amurru«, was sich nicht unbedingt mit dem gleichnamigen Königreich deckte. Die Ägypter faßten all diese Länder unter dem Namen Setjet zusammen, der in Übersetzungen aus dem Ägyptischen meist etwas schief mit »Asien« wiedergegeben wird: Der römische Name Asia, den das Abendland für den gesamten Erdteil übernahm, geht nämlich wahrscheinlich auf das luwische Assuwa zurück (s. Kap. 9).

le, genauso aber Holz für Schiffe und Häuser. Der Norden mit seinen Umschlagplätzen und Ost-West-Handelsrouten lockte die stets auf Expansion bedachten Hethiter und stand seit Mursilis I. Zeiten unter mal stärkerem, mal schwächerem Einfluß Hattusas; diese Gegend war jedoch von der hethitischen Hauptstadt aus schlecht unter Kontrolle zu halten, da für jede Unternehmung nach Süden erst das hinderliche Taurus-Gebirges überwunden werden mußte. (Deswegen war Kizzuwatna stets so wichtig für die Hethiter: Es bot den direkten Zugang nach Nordsyrien.)

Wenn zwei mit sich selbst beschäftigt sind, freut sich der dritte: Während Ägypten sich allmählich von der Hyksos-Herrschaft erholte und die Hände vorrangig nach den nubischen Goldminen ausstreckte und zur gleichen Zeit die hethitischen Großkönige von ihren eigenen Angehörigen niedergemetzelt wurden, konnte sich in Nordsyrien ungestört Mittanni als dritte Kraft ausbreiten. Dieses Reich galt in seiner Blütezeit (1450–1350 v. u. Z.) als Großmacht, aber es bleibt bis auf weiteres ein für uns partiell rätselhaftes Gebilde. Denn seine Hauptstadt Wassuganni (vielleicht bei bei Mardin) wurde bis heute nicht gefunden und damit auch kein Staatsarchiv, so daß wir diesbezügliche Informationen nur aus den Schriftfunden der anderen Länder haben.

Dieses Reich schob sich gewissermaßen klammheimlich – und rasch größer werdend – von Nordosten her zwischen das Land Hattusa und Assyrien und versuchte wie seine Konkurrenten, zumindest ein schönes Stück des verlockenden nordsyrischen Kuchens zu ergattern. Die Bevölkerung von Mittanni setzte sich überwiegend aus den nicht-indoeuropäischen Hurritern zusammen, die auch in anderen Reichen, nicht zuletzt dem der Hethiter, heimisch und kulturell von Einfluß waren. Die Führungsschicht aber bestand nicht aus Hurritern, sondern aus Indoeuropäern, die allerdings der östlichen, indischen Gruppe unserer Sprachfamilie angehörten: Götterbezeichnungen wie Indra, Varuna oder Mitra waren Bestandteil ihrer Namen.

Die Bühne der Geschichte betrat das Reich Mittanni erstmals, als Pharao Thutmosis I. bis zum Euphrat vorstieß. Jenseits des Flusses, »der umgekehrt fließt« (im Gegensatz zum Nil), läge »ein Land, das Mittanni genannt wird«, berichtete der große Pharao leicht desinteressiert. Er konnte noch nicht wissen, daß genau dieses Land Ägypten erhebliche Schwierigkeiten bereiten würde.

Gegen Ende des 16. Jahrhunderts dehnte Mittanni, die Schwäche des Hethiter-Reichs nutzend, seinen Machtbereich in Nordsyrien bis nach Halpa und Alalha aus. Mitte des 15. Jahrhunderts wagten dann, von Mittanni zumindest ermutigt, wenn nicht unterstützt, südlich davon etliche syrische Herrscher den Aufstand gegen die ägyptische Oberhoheit: Gleich 330 von ihnen (manche dürften allerdings über kaum mehr als ein Dorf geboten haben) schlossen sich zusammen.

Dummerweise wurde kurz darauf Pharao Thutmosis III. (1479–1425, bis 1458 Mitregent der eher friedliebenden Hatschepsut) Ägyptens Alleinherrscher. Sofort begab er sich auf Kriegszug nach Syrien. Die syrische Koalition verschanzte sich in Megiddo (im heutigen Nordisrael), und der Pharao mußte die Festung sieben Monate belagern, bis die Verteidiger aufgaben. Er erbeutete 2041 Pferde, 191 Fohlen, 6 Hengste und 942 Streitwagen. An Toten waren insgesamt 83 zu beklagen. Nachdem die syrischen Herrscher den Eid auf den Pharao erneuert hatten, durften sie in ihre Städte zurückkehren.

Um den Syrern wie dem Rivalen Mittanni zu zeigen, wer der starke Mann dieser Epoche war, ließ Thutmosis III. in den nächsten Jahrzehnten noch 16 weitere Syrien-

Feldzüge folgen. Während des achten (im 33. Regierungsjahr) überschritt er den Euphrat bei Karkamis – allerdings ohne die Stadt einnehmen zu können – und eroberte auf dem Rückweg die Festung Kadesch, deren Herrscher sich vor Megiddo rechtzeitig der Niederlage entzogen hatte.

Daraufhin wurden aus Hattusa, Babylon und Assur Geschenke an den Nil gesandt: Man wollte diplomatische Beziehungen etablieren und bekundete die Anerkennung der ägyptischen Eroberungen. Aus Wassuganni blieben solche Botschaften aus. Sobald die ägyptischen Aktivitäten in Syrien nachgelassen hatten, stieß Mittanni wieder vor. Das erste Opfer war Assyrien, das zum Vasallen gemacht wurde. Und im Westen mußte sich Kizzuwatna von Hattusa lossagen. Allerdings nicht für lange.

Als die Hethiter schließlich ihre Selbstzerfleischung aufgaben und Großkönig Tudhalija das Land Kizzuwatna endgültig an Hattusa band – das damit seinerseits wieder nach Nordsyrien griff –, bemühte sich Mittanni Ende des 15. Jahrhunderts um ein Stillhalteabkommen mit Pharao Amenophis II. Man beschloß, wechselseitig die Kräfte zu schonen. Jeder respektierte die Interessensphäre des anderen: Nuhasse, Karkamis und Astata waren die südlichsten Vasallen von Mittanni; Ugarit, Amurru und Kadesch bildeten die nördlichsten Tributzahler Ägyptens. Untermauert wurde die Vereinbarung dadurch, daß drei Prinzessinnen aus Mittanni mit Thutmosis IV. (1397– 1388) beziehungsweise mit Amenophis III. (1388–1350) verheiratet wurden.

Mittanni war auf dem Gipfel seiner Macht. Aber es bedurfte nur zweier Thronwechsel in Hattusa, und es war zum hethitischen Vasallen degradiert.

Kapitel 9

Neue Kämpfe um den Eisenthron

Ob Pennäler oder Professor, Wissenslücken gibt niemand gern zu. Wie überrascht müssen da die Hethitologen gewesen sein, als sie 1984 eine schließen konnten, die ihnen gar nicht bewußt gewesen war! In einem Tempel von Hattusa tauchte unter den Landschenkungsurkunden das Siegel eines bislang unbekannten Königs auf: Muwattalli hieß er.

Diesen Namen trug auch ein bedeutender Großkönig des 13. Jahrhunderts v. u. Z. Doch nun war klar, daß einige bereits entzifferte Texte sich nicht auf jenen jüngeren Muwattalli (II.) bezogen, sondern auf diesen (I.) aus dem 15. Jahrhundert – und plötzlich machten die Texte auch viel mehr Sinn.

Rühmliches wird dort allerdings nicht berichtet: Muwattalli war Oberster der Leibgarde von Huzzija II., also einer der höchsten Beamten und engsten Vertrauten des Großkönigs. Und was machte der mit einer solchen Position Gesegnete? Nach mehrfach bewährtem Muster brachte er einfach seinen Chef um und besetzte selbst den Thron. Anschließend wollte er allerdings etwas geschickter sein als seine historischen Vorbilder und berief mit Kantuzzili und Himuili zwei Angehörige von Huzzija II., vermutlich sogar Söhne, in hohe Ämter, um sich mit dessen Familie auszusöhnen.

Man fragt sich, wie blauäugig – oder von welch maßloser Selbstüberschätzung – ein Mörder und Thronräuber gewesen sein muß, der sich selbst in genau die Situation manövrierte, in der sich vor kurzem noch sein Opfer befunden hatte. Es kam, wie es kommen mußte: Kaum hatte Muwattalli ein paar Landschenkungsurkunden ausgestellt und sich Ärger mit den Kaskäern eingehandelt, wurde er seinerseits von Kantuzzili und Himuili ermordet. Diesmal zog Huzzijas Witwe im Hintergrund die Fäden, aber das war schon die einzige Neuerung in dieser weiteren Runde durch die Endlosschleife blutiger hethitischer Thronwechsel.

Wär's eine bronzezeitliche Soap Opera (eine »Killcom« vielleicht?), das Publikum würde zu Recht den einfallslosen Drehbuchschreibern sämtliche biblischen Plagen an den Hals wünschen.

Tudhalija II. hieß der nächste auf dem Eisenthron. *Der zweite?* Wer jetzt an seinem Erinnerungsvermögen zweifelt, den können wir beruhigen: Den ersten gibt es nicht mehr. Genau wie unerwartet aus Ruinen unbekannte Muwattallis (und Hantilis, Zidantas und Huzzijas, s. Kap. 7) auftauchen und sich in die Königsfolge hineindrängen, so verschwinden auch Herrscher gelegentlich aus der hethitischen Geschichte – was wieder einmal zeigt, wie unzuverlässig die Zwischenstadien sein können, wenn aus nach und nach entdeckten Bruchstücken ein halbwegs stimmiges Puzzle zusammengesetzt werden muß. Lange Zeit waren die Wissenschaftler davon ausgegangen, daß es einen noch früheren Tudhalija gegeben haben muß, aber die Vermutung hat sich nach langen Debatten in nichts aufgelöst.

Um aber die Verwirrung nicht zu vergrößern, folgen wir hier der Gepflogenheit, die alte Zählung einfach beizubehalten, zumal es später mit Tudhalija IV. einen wirklich großen König gab, der unter dieser Bezeichnung in die Literatur eingegangen ist und nicht mit seinem Vorgänger verwechselt werden sollte.

Bei Tudhalija II., der also eigentlich der erste war, handelt es sich wohl um einen Sohn – Frank Starke vermutet einen Schwiegersohn, Trevor Bryce einen Enkel – von Huzzija II. Demnach hätten Kantuzzili und Himuili, die Mörder des Usurpators Muwattalli I., die Blutschuld auf sich geladen, um die frühere, aus ihrer Sicht rechtmäßige Thronfolge wieder in Kraft zu setzen.

Ganz ohne Zwietracht konnte das nicht abgehen, denn die Familienmitglieder der Gegenseite waren ja noch da – und sannen auf Rache. Sie sammelten sich unter der Führung eines gewissen Muwa, der Muwattallis Oberster der Leibgarde und vermutlich dessen Sohn war. Nun kam es erstmals im Rahmen der ständigen Thronstreitigkeiten zum offenen Bürgerkrieg. Muwa gewann die Unterstützung der Hurriter und scharte Streitkräfte hinter sich: »Die Fußtruppen und die Streitwagen von Muwa und die Fußtruppen und die Streitwagen der Hurriter zogen gegen Kantuzzili zu Felde«, berichtete Tudhalija später in seinen Annalen. Doch er hatte Glück: »Kantuzzili und ich, der König, schlugen die Truppen des Muwa und die Hurriter. Die feindlichen Truppen starben in Massen.«

Mit diesem Sieg war Tudhalijas Linie auf dem Thron fest etabliert, so daß dem noch jung an die Macht gekommenen Monarchen eine lange Regentschaft beschieden war: Er herrschte von 1420 bis 1400 v. u. Z. und war damit Zeitgenosse von Amenophis II. in Ägypten. Tudhalija heiratete eine Frau mit hurritischem Namen – Nikkalmati –, aber das heißt nicht viel, denn zum einen war zu jener Zeit alles Hurritische ziemlich in Mode, zum anderen waren tatsächlich viele Hurriter im Land Hattusa heimisch. Die sprachliche Herkunft eines Namens sagte damals genauso wenig über die Staatsangehörigkeit aus wie heute, da es Deutsche namens Cem Özdemir, Italiener namens Reinhold Messmer oder Französinnen namens Christine Trautmann gibt. Der Eindruck, Tudhalija habe eine »hurritische« Dynastie in Hattusa begründet, trügt also.

Eine riesige Aufgabe wartete auf ihn. Nach einem Jahrhundert der Thronwirren und innenpolitischen Auseinandersetzungen war das stolze Land Hattusa nur noch ein Schatten seiner selbst. Ringsum hatte es Macht und Einfluß verloren, waren ehemalige Vasallen und Verbündete abgefallen oder zum Gegner gewechselt. Mittanni war immer stärker geworden, und von Süden streckte Ägypten die Hand nach Syrien aus, auf dessen Norden die hethitischen Großkönige seit den Tagen des ruhmreichen Hattusili I. ein begehrliches Auge geworfen hatten. Doch nun war das geschwächte Hattusa weit davon entfernt, sich als Großmacht aufspielen zu können – zumal großes Ungemach von ganz anderer Seite drohte.

Im Westen Anatoliens, um den sich die Hethiter seit Hattusilis I. Tagen kaum gekümmert hatten, bildete sich eine Koalition von Ländern, die für sich allein zu schwach gewesen wären, nun aber eine Chance sahen, gemeinsam gegen ein kränkelndes Hethiter-Reich vorgehen zu können. Insgesamt viermal mußte Tudhalija mit seinen Truppen nach Westen ziehen, wie er in seinen Annalen festhalten ließ. Beim ersten Mal schlug er Arzawa, Seha und Haballa, um nur die wichtigsten Gegner zu nennen. Doch kaum hatte er das vollbracht, verbündeten sich im äußersten Nordwesten Anatoliens gleich 22 »Länder« (meist wohl ziemlich kleine politische Gemeinwesen) unter Führung eines gewissen Landes Assuwa gegen ihn:

»Ich, Tudhalija, ließ meine Truppen bei Nacht aufmarschieren und die Streitmacht der Feinde umzingeln. Die Götter händigten mir ihre Armee aus: die Sonnengöttin von Arinna, der Wettergott des Himmels, die Schutzgottheit von Hattusa, Zamama, Istar, Sin, Lelwani. Ich schlug die Armee der Feinde und besetzte ihr Land. Und aus welchem Land auch immer eine Streitmacht in die Schlacht gezogen war, die Götter gingen vor mir her, und die Götter lieferten mir die Länder aus, die ich aufgezählt habe und die Krieg erklärt hatten. All diese Länder rang ich nieder. Die eroberten Menschen, Ochsen, Schafe und den Besitz des Landes nahm ich nach Hattusa mit. Als ich nun das Land Assuwa vernichtet hatte, ging ich nach Hattusa heim. Die Beute, 10 000 Fußsoldaten und 600 Pferdewagen mit Wagenlenker-Herren, brachte ich nach Hattusa, und ich siedelte sie in Hattusa an.«

Sich selbst brachte er von dem Feldzug ein nettes Souvenir mit. 1991 fand man bei Straßenbauarbeiten außerhalb des Löwentors von Hattusa ein bronzenes Langschwert mit der Inschrift: »Als Tudhalija, der Großkönig, das Land Assuwa zerstört hatte, weihte er diese Schwerter dem Wettergott, seinem Herrn.«

Peter Neve, der damalige Ausgrabungsleiter in Hattusa, fand Anzeichen, daß dieses Schwert (die anderen im Text erwähnten fehlen) in Westanatolien oder gar irgendwo in der Ägäis hergestellt worden sein mußte. Es handelte sich also um ein Beutestück mit nachträglich angebrachter Widmung. Solche Funde sind sehr selten, weil zum einen alles Metall so wertvoll war, daß es von nachfolgenden Generationen oder Kulturen kaum liegengelassen wurde, und weil zum anderen Waffen in der Regel nicht beschriftet wurden: Anittas Dolch und Tudhalijas Bronzeschwert sind erstrangige Raritäten.

Etwas profaner ist die Inschrift auf einer Silberschale, die lange Zeit unbeachtet geblieben war und erst kürzlich entziffert wurde: »Diese Schale stiftete Samaja, der Mann von Hattusa, für sich selbst … als Tudhalija, der Labarna, das Land Tarwiza zerschlug.« Und weil alles seine

Ordnung haben mußte, ist dieses Stück sogar signiert: »Diese Schale beschriftete der Schreibergehilfe Benti.«

Wissenschaftlich strittig ist, ob dieses Land Tarwiza mit dem Land Taruisa identisch ist, das Tudhalija an letzter Stelle der 22 Gegner auflistete, die sich gegen ihn verbündet hatten. Das aufregende daran ist nämlich, daß hier bei den Feinden an vorletzter Stelle das Land Wilusija genannt ist. Denn Archäologen wie Philologen sind sich mittlerweile sehr sicher, daß wir damit die älteste Erwähnung zweier Namen vor uns haben, die wir besser in ihrer griechischen Variante kennen: Ilios und Troia.

Die genannte Führungsmacht, das Land Assuwa, ist seither von der historischen Landkarte verschwunden. Wenn es überhaupt ein größeres staatliches Gebilde und nicht nur ein hethitischer Sammelbegriff war, dann hatte Tudhalija ihm endgültig den Garaus gemacht. Von nun an firmierte die Nordwestecke Anatoliens in hethitischen Dokumenten als »Land Wilusa«, welches anscheinend Assuwa beerbte. Dazu paßt, daß kurz darauf – in der ersten Hälfte des 14. Jahrhunderts – in Troia eine rege Bautätigkeit anhob: Mauern wurden verstärkt, Straßen verbreitert, öffentliche Gebäude prächtiger gestaltet; die reiche Stadt an den Dardanellen setzte ihren Aufstieg auf noch höherem Niveau fort. Nennenswerte Zerstörungen, die dem vorausgegangen wären, haben die Archäologen allerdings nicht gefunden, und wer hier gleich an *den* Troianischen Krieg denkt, sei darauf verwiesen, daß dazu später noch reichlich Gelegenheit sein wird.

Daß »Wilusija« oder kurz »Wilusa« denselben Ort bezeichnen soll wie »Ilios«, mag auf den ersten Blick weit hergeholt erscheinen, leuchtet aber ein, wenn man weiß, daß das Griechische früher ein anlautendes »w« hatte, das später verschwunden ist: »Ilios« hieß also zunächst »Wilios«.

Tudhalija hatte Wichtigeres zu tun, als sich um diesen Landstrich zu kümmern, der von seiner Hauptstadt genauso weit entfernt lag wie die Nordgrenze des ägyptischen Reichs (in etwa der Höhe des späteren Damaskus). Und Syrien interessierte ihn, wie alle hethitischen Großkönige, weit mehr als die bislang unauffälligen luwischen Nachbarn im Westen. Doch auch daran konnte er nicht denken, denn:

»Als ich, Tudhalija, der Großkönig, im Land Assuwa kämpfte, griffen in meinem Rücken die Truppen der Kaskäer zu den Waffen, und sie fielen in das Land Hattusa ein, und sie verwüsteten das Land.«

Das unbeugsame Bergvolk im Norden, der ständige Stachel im Fleisch der hethitischen Großmacht, hatte seine Chance erkannt und sich die vorübergehende militärische Blöße im Kernland wieder einmal zunutze gemacht. Tudhalija eilte mit seinen Streitkräften nach Hause, jagte die Kaskäer aus dem Land und setzte ihnen bis auf ihr Territorium nach, wo er sie schlug. Im folgenden Jahr ging er abermals gegen sie vor und eroberte weitere Teile ihres Einflußgebiets – »Staat« oder »Reich« konnte man diesen von geo- und ordnungspolitischen Anarchisten beherrschten schmalen Gebirgsstreifen zwischen dem Land Hattusa und dem Schwarzen Meer schwerlich nennen. Doch auf lange Sicht nützte dies gar nichts. Wann immer Hattusa schwächelte, kamen die Kaskäer aus den Bergen herab und zogen plündernd nach Süden.

Wenigstens ein Jahr Verschnaufpause war den Hethitern vergönnt, ehe sie sich einem dritten Feind zuwenden mußten: Zwischen dem äußersten Osten des eigenen Landes und dem hurritischen Mittanni-Reich im Südosten lag das Land Isuwa (ungefähr in der Gegend der heutigen Euphrat-Stauseen bei Elaziğ), das eine Schlüsselrolle in den

Auseinandersetzungen zwischen Hattusa und Mittanni spielte. Dabei ging es um nicht weniger als um die Machtfrage im gesamten nordsyrisch-vorderasiatischen Raum.

Sowohl Hattusa als auch Mittanni beanspruchten Isuwa, das sich selbst jedoch als unabhängig betrachtete und mehrfach die Seiten wechselte. Kurz zuvor hatte ein Teil Isuwas mit Unterstützung der Hurriter gegen Hattusa mobil gemacht, doch der Aufstand war niedergeschlagen worden, die Rebellen hatten sich nach Mittanni geflüchtet. Tudhalija verlangte ihre Auslieferung, aber die Hurriter lehnten diese mit der Begründung ab, es habe »das Vieh seinen Stall gewählt«, und dabei werde es bleiben.

Mittanni drehte den Spieß sogar um, fiel seinerseits in Isuwa ein und griff Städte an, die bislang Hattusa die Treue gehalten hatten. Tudhalija schlug zurück und konnte Isuwa – oder zumindest ihm wohlgesonnene Teile davon – wieder zurückgewinnen. Allerdings nicht für lange Zeit. Isuwa blieb ein wankelmütiger Vasall, wie sich zeigen sollte.

Ein weiteres Zünglein an der Waage zwischen Mittanni und Hattusa war Kizzuwatna südlich des Taurus-Gebirges – aus hethitischer Sicht das wichtige Durchgangsland nach Nordsyrien und zugleich ein Pufferstaat gegen das hurritische Kerngebiet. Mehrfach war Kizzuwatna unter Tudhalijas Vorgängern mit Verträgen an Hattusa gebunden worden; zwischendurch war es Mittanni gelungen, das Königreich unter seine Fittiche zu bekommen; doch nun schaffte es Tudhalija mit einem neuen Vertrag, den er mit Sunassura von Kizzuwatna schloß, das alte Verhältnis ohne Blutvergießen wiederherzustellen. Stolz verkündete er – und der Adressat seines Seitenhiebs steht dabei außer Zweifel:

»Jetzt sind die Menschen des Landes Kizzuwatna hethitisches Vieh, und sie haben ihren Stall gewählt. Von den Hurritern haben sie sich getrennt und Meiner Sonne Treue geschworen. Der Hurriter hat sich gegen das Land Hattusa versündigt, aber gegen das Land Kizzuwatna hat er sich besonders versündigt. Das Land Kizzuwatna ist über seine Befreiung höchst erfreut. Jetzt sind das Land Hattusa und das Land Kizzuwatna frei vom Eid [gegenüber Mittanni, weil dessen Herrscher zuvor den Eid gebrochen hatte]. Ich, Meine Sonne, habe dem Land Kizzuwatna seine Unabhängigkeit zurückgegeben.«

Im Gegensatz zur hethitischen Geschichtsschreibung wurden Verträge in Hattusa durchaus als Propagandawerkzeuge verstanden (s. Kap. 18). Obwohl dieser Vertrag nominell als Freundschafts- und Beistandspakt (vor allem gegen Mittanni) unter Gleichen abgeschlossen wurde, macht der weitere Verlauf der Geschichte klar, daß Tudhalija eine Dankesschuld einfordern und seine Bedingungen Kizzuwatna weitgehend diktieren konnte. Der freie Zugang nach Syrien, für den die Hethiter normalerweise jedes Opfer gebracht hätten, fiel ihnen fast ohne Gegenleistung in den Schoß.

Offensichtlich versuchte Tudhalija anschließend, es seinen in Nordsyrien erfolgreichen Vorfahren Hattusili I. und Mursili I. gleichzutun. Einem späteren Dokument zufolge (zeitgenössische liegen hierüber leider nicht vor) schloß der König von Halpa zunächst mit Tudhalija einen Vertrag. Hattusa hatte in Nordsyrien wieder eine wichtige Rolle zu spielen begonnen, andernfalls wäre der König von Halpa nicht das Risiko eingegangen, sich dadurch Ärger mit Mittanni einzuhandeln, was unvermeidlich war. Dem versuchte er zu begegnen, indem er zugleich mit Mittanni einen Vertrag schloß – und sich damit zwischen sämtliche Stühle setzte. Denn *das* konnte wiederum Tudhalija nicht hinnehmen:

»Der König des Landes Halpa wandte sich ab und

schloß Frieden mit dem König von Hanigalbat. Deswegen vernichtete er [Tudhalija] den König von Hanigalbat und den König von Halpa mitsamt ihren Ländern, und er legte die Stadt Halpa in Trümmer.«

Normalerweise bedeutete die Formulierung »den König vernichten«, daß dieser besiegt und abgesetzt, vielleicht auch seine ganze Dynastie entthront worden war; auf den Herrscher von Hanigalbat – ein weiterer Name für das Mittanni-Reich – konnte das in diesem Zusammenhang nicht zutreffen. Wahrscheinlich besagte es nur, daß auf Seiten Halpas auch Truppen von Mittanni kämpften und besiegt wurden.

Tudhalijas Leistung wird dadurch nicht geschmälert: Das bei seiner Inthronisation noch ziemlich darniederliegende Land Hattusa hatte sich eindrucksvoll auf der politischen Weltbühne zurückgemeldet.

Tudhalija verhalf dem Land Hattusa nicht nur wieder zu Macht und Ansehen, er hielt sich auch an Recht und Gesetz. Zu seinem Nachfolger bestimmte er, wie Telipinus Erlaß es vorsah, seinen Schwiegersohn Arnuwanda. Dieser war mit Asmunikal verheiratet, der Tochter von Tudhalija und Nikkalmati.

Arnuwanda I. (1400–1375) erbte mit Thron und Reich auch anstehende Probleme – keine großen, sondern eher eine Reihe kleiner Unbotmäßigkeiten, Aufstände und Überfälle, die ihm in der Summe aber sehr zu schaffen machten.

Der Franzose Louis XIV. (1643–1715 u. Z.) war keineswegs der erste »Sonnenkönig«: Mit »Meine Sonne« meinte Tudhalija sich selbst. So lautete die offizielle Anrede für den Großkönig. Man kann den Titel auch freier mit »Majestät« oder »Meine Majestät« übersetzen.

Im Westen gab Arnuwanda eine besonders unglückliche Figur ab. Bereits zur Regierungszeit Tudhalijas hatte dort ein ebenso schlitzohriger wie skrupelloser hethitischer Vasall namens Madduwatta für erhebliche Unruhe gesorgt. Ständig versuchte er, das ihm von Tudhalija großzügig überlassene Territorium auf Kosten Hattusas zu vergrößern und setzte sich damit über alle Treueide hinweg. Er stachelte andere Lokalherrscher gegen die Hethiter auf; er taktierte mal zwischen den Fronten, mal paktierte er mit Hattusas Feinden; und ging dabei etwas schief, ließ er sich ungerührt wieder von hethitischen Truppen aus der Patsche helfen. Schließlich brachte er Arzawa unter seine Kontrolle, eroberte Haballa sowie einige Gebiete in Lukka und zog auch noch Pitassa auf seine Seite. Er hatte sich also Territorien angeeignet, die eindeutig Hattusa gehörten, und stand nun unmittelbar vor dem hethitischen Unteren Land.

Unklar ist, ob Arnuwanda nicht konnte oder nicht wollte, aber er holte keineswegs zu einem großen militärischen Schlag aus, sondern reagierte eher zögerlich: Er sandte Briefe und Boten, appellierte an die geleisteten Eide, ermahnte, drohte und ließ eine langatmige Anklageschrift gegen Madduwatta aufsetzen – mehr aber nicht.

Vielleicht betrachteten die Hethiter die Arzawa-Länder als so etwas wie ihren »wilden Westen«, als einen leicht in Unordnung geratenden Hinterhof, um den man sich

---

Wenn Arnuwanda in den Quellen zugleich als *Sohn* Tudhalijas bezeichnet wird, liegt das an der hethitischen Gepflogenheit, zu Nachfolgern bestimmte nichtleibliche Nachkommen der guten Form halber zu adoptieren. Keinesfalls darf, wie man das gelegentlich lesen kann, auf Geschwisterehen oder Inzest geschlossen werden, wenn ein und derselbe Mann als Sohn *und* Schwiegersohn firmiert.

---

nicht allzu gründlich kümmern mußte, solange die Integrität des eigenen Reichs davon nicht tangiert wurde. Ihr nur spärliches Engagement in den zurückliegenden zwei Jahrhunderten legt diese Interpretation zumindest nahe.

Möglicherweise fehlte Arnuwanda aber schlicht die Zeit, sich militärisch eingehender mit dem von Madduwatta angerichteten Durcheinander zu beschäftigen: Nach wie vor stießen von Norden die Kaskäer ins hethitische Kernland vor und plünderten, was sie konnten.

Wie es aussieht, hatten sie andere religiöse Vorstellungen als die übrigen anatolischen Kulturen, denen gewisse übergeordnete Glaubensstrukturen gemeinsam waren; denn die Kaskäer plünderten Tempel nicht um der Götterstatuen willen, sondern um sich ganz profan zu bereichern:

»Im Land Nerik, in Hursama, im Land Kastama, im Land Serisa, im Land Himuwa, im Land Taggasta, im Land Kammama ... plünderten die Kaskäer die Tempel, die ihr, die Götter, in diesen Ländern besaßet. Sie zerschlugen die Bilder von euch, den Göttern. Sie raubten Silber und Gold, Trankopfergefäße und Schalen von Silber und Gold und von Kupfer, eure Bronzegeräte und eure Kleidung; sie teilten diese Dinge unter sich auf. Sie

Aus seinem eigenen Land, dessen Name und Lage nicht überliefert sind, war Madduwatta von einem gewissen Attarsija verjagt worden, der in Arnuwandas Anklageschrift als »Mann von Ahhija« (das die Hethiter später »Ahhijawa« nannten) bezeichnet wird. Bislang ist dies die älteste Erwähnung eines Achäers in hethitischen Quellen. Frank Starke bezeichnet ihn als eine Art Kondottiere, Söldnerführer, und schließt von der luwischen Form Attarsija (auch: Attrissija) auf den griechischen Namen Atreus. Offenbar kannte Attarsija genausowenig Skrupel wie Madduwatta: Bei passender Gelegenheit verbündeten sich die Erzfeinde, um gemeinsam Alasija (Zypern) anzugreifen.

verjagten die Priester und die heiligen Männer, die Gottesmütter, die Gesalbten, die Musiker, die Sänger, die Köche, die Bäcker, die Pflüger und die Gärtner und machten sie zu ihren Sklaven … So ist es geschehen, daß in jenen Ländern niemand mehr eure, die Namen der Götter anruft; niemand bringt euch mehr die täglichen, monatlichen und jährlichen Opfer dar; niemand veranstaltet mehr eure Feste und Spiele.«

So klagten Großkönig Arnuwanda und seine Königin Asmunikal in einem Gebet an die Sonnengöttin von Arinna; zugleich gelobten sie, die heiligen Stätten durch Schenkungen wieder ihrer Bestimmung zuzuführen. Das ließ sich natürlich nur bewerkstelligen, wenn die gefährdeten Regionen entsprechend abgesichert wurden. Arnuwanda gab taktische Anweisungen, wie die Grenztruppen sich verhalten sollten, aber das nützte nichts. Er schloß mit einigen kaskäischen Anführern Verträge und ließ sie Treueide schwören, aber das nützte auch nichts. Sie hielten sich einfach nicht daran.

Arnuwandas Autorität kann nicht allzu groß gewesen sein, denn das Reich bröckelte an allen Ecken und Enden. Im Nordosten, wo sein Schwiegervater Tudhalija noch Erfolge in Isuwa verzeichnet hatte, rebellierte nun ein anderer, weiter oben am Euphrat beheimateter Vasall; Mida, der Herrscher von Pahhuwa, hielt sich nicht an getroffene Vereinbarungen:

»Und er ging nach Pahhuwa zurück und verstieß gegen den Eid … und sogar gegen Meine Sonne und gegen das Land Hattusa versündigte er sich … und nahm die Tochter des Feindes Usapa zur Frau.«

Wieder zeigte Arnuwanda Schwäche: Er mußte sich der Hilfe benachbarter Vasallen versichern, die Mida im Fall fortgesetzter Aufsässigkeit angreifen und vertreiben oder wenigstens so lange hinhalten sollten, bis hethitische Truppen eingreifen könnten: »… müßt ihr hingehen und

Pahhuwa niederringen; bestraft es streng, bis die Truppen Meiner Sonne eintreffen. Färbt sofort eure Hände mit dem Blut der Leute von Pahhuwa!«

Anschließend entschuldigte er sich andererseits, daß er gegen Pahhuwa selbst nichts habe, nur Mida zu fassen bekommen wolle (»Ich werde ihn geradewegs töten!«) und einzig und allein deshalb gegen Pahhuwa vorgehen müsse.

Mit dieser Mischung aus Betteln um Beistand, blutrünstigen Leerphrasen und beschwichtigenden Relativierungen dürfte er bei den Zeitgenossen kaum Eindruck hinterlassen haben. Welch ein Gegensatz zu den lakonisch-eindeutigen Formulierungen seiner Vorgänger, die keinen Zweifel daran ließen, wer das Sagen hatte: »Wohin er aber zu Felde zog, da hielt er das Land des Feindes mit starkem Arm besiegt. Er vernichtete die Länder, und er entmachtete die Länder …« Nein, aus diesem Holz war Arnuwanda nicht geschnitzt.

Seine Unsicherheit fand auch in zahllosen Treueidforderungen und Dienstanweisungen ihren Niederschlag. Jeder leiseste Verdacht auf eine Verschwörung mußte sofort gemeldet werden, und alles und jedes wurde pingelig festgelegt (für die Wissenschaft eine wahre Fundgrube, nicht zuletzt an Kuriositäten). So regelte er etwa, wie der Bürgermeister von Hattusa morgens die versiegelten Stadttore zu öffnen hatte oder welcher komplizierten »Austreteordnung« sich die Leibgardisten unterwerfen mußten (s. Kap. 16).

Spätere Generationen gaben Arnuwandas Frau die Schuld am Niedergang. Die »Unglückskönigin« Asmunikal soll aufgrund religiöser Verfehlungen den Zorn ihres Wettergotts auf sich gezogen haben, der sich (ähnlich wie der wütende Gott Telipinu, s. Kap. 4) deshalb »vom Land Hattusa abwandte« – so die hethitische Standardformulierung für »Unglück über das Land bringen«.

Unter Arnuwandas Nachfolger Tudhalija III. (neuerdings auch: II.), der von 1375 bis 1355 regierte, ging es dem Reich ganz und gar nicht besser. Die Probleme blieben dieselben, verschärften sich aber noch.

Unablässig setzten die Kaskäer ihre Raubzüge fort, die immer besser organisiert waren und mehr und mehr den Charakter von kriegerischen Eroberungen annahmen. Hattusa konnte der kaskäischen Art zu kämpfen nichts entgegensetzen. Die Hethiter wußten, wie man fremde Länder unterwirft, Hauptstädte belagert und stürmt, eine ganze feindliche Streitmacht auf dem Schlachtfeld besiegt und damit ein für allemal die Verhältnisse klärt. Wie aber sollten sie gegen ein Volk kämpfen, das in zahlreiche unabhängige Stämme zerfiel? Das keine Hauptstadt, ja keinerlei Zentralgewalt besaß? Das sich nicht zum Entscheidungskampf sammelte, sondern in kleinen Trupps agierte, die flink und unvorhersehbar aus den Wäldern in den Bergen hervorstürmten und genauso schnell wieder verschwunden waren? Gegen wen sollten die hethitischen Strategen ihre gefürchteten Streitwagen einsetzen? Gegen Bäume und Felsen, hinter denen ein paar Strauchdiebe hockten – vielleicht aber auch nicht?

Es war nicht der klassische Kampf Davids gegen Go-

Die ältere wissenschaftliche Literatur kannte einen Großkönig Hattusili II., der ungefähr zeitgleich mit Arnuwanda I. – als dessen Ko-Regent oder Nachfolger – angesetzt wurde. Höflich ausgedrückt, gilt er inzwischen manchen als der »phantomhafteste aller dubiosen Hethiter-Könige« und als »außerordentlich zweifelhafter Charakter«, mithin: Es gab ihn wahrscheinlich gar nicht. Ganz sicher ist das aber nicht. Wie bei den Tudhalijas behalten wir daher die traditionelle Zählung bei, um keine Verwirrung zu stiften. Der nächste Hattusili ist also gleich der III. Und dessen Rolle war wirklich über jeden Zweifel erhaben.

liath. Modernere Vergleiche müssen herangezogen werden: Es war der gewitzte Kampf von Partisanen gegen die technisch überlegene, aber auf völlig andere Strategien bauende Profiarmee einer Weltmacht. Vietcong gegen USA. Was die Hethiter zur Verzweiflung trieb, war die schiere Unberechenbarkeit der Kaskäer. Und die war Folge ihrer Andersartigkeit. Sie kämpften einfach nach anderen Spielregeln. Es hätte der ständigen, zahlenmäßig ebenbürtigen militärischen Präsenz bedurft, um die Kaskäer zu »befrieden«. Neben jeden *potentiellen* Kämpfer, also neben jeden Bauern, Hirten, Jäger, Köhler und Töpfer einen Soldaten zum Aufpassen zu stellen, dafür reichten die Ressourcen der stärksten Weltmacht nicht. Kaskäer in einzelnen Scharmützeln zu schlagen war kein Problem. Sie als Ganzes zu unterwerfen war unmöglich.

Das Unvermeidliche bahnte sich an. Die Hethiter mußten an vielen Fronten ihr Reich verteidigen. Eines Tages nutzten die Kaskäer die Gelegenheit, stürmten von Norden her durch das gesamte Kernland bis hinunter nach Nenassa südlich des Marassanta und legten dabei die Hauptstadt Hattusa in Schutt und Asche. Die Residenz – welch schmachvolle Schande – mußte vorübergehend nach Samuha, ein Stück weiter östlich, verlegt werden. Immer wieder unternahm Tudhalija III. Feldzüge nach Norden, doch trotz punktueller militärischer Erfolge brachten sie keine dauerhafte Lösung. Es half auch nichts, daß der bereits von Krankheit gezeichnete Tudhalija nach besten Kräften von seinem Sohn Suppiluliuma unterstützt wurde, der sich zunehmend als überragender Feldherr und Stratege erwies.

Samuha bot bei allem Ungemach wenigstens den Vorteil einer besseren Ausgangsbasis für den Kampf gegen Azzi-Hajasa, einen Nachbarn – und neuen Gegner –

östlich von Hattusa und nördlich von Mittanni, der das Obere Land angegriffen hatte. Gemeinsam gelang es Tudhalija und Suppiluliuma, im zweiten Vorstoß Azzi-Hajasa zu besiegen und zum Vasallen zu machen – was allerdings nicht von Dauer war.

Wirklich erfreulich war einzig die Entwicklung in Kizzuwatna: Es wurde zum »inneren Land«, war nun also nicht mehr Vasall (= auswärtiges Land), sondern ein fester Teil des Hethiter-Reichs, in dem ein von Hattusa bestimmter Landesherr regierte.

Am entgegengesetzten Ende Anatoliens war inzwischen Arzawa deutlich erstarkt. Von Westen her rückten seine Truppen immer weiter auf das Kernland vor und nahmen den Hethitern Stück um Stück ihres Großreichs ab. Bis nach Tuwanuwa (dem antiken Tyana beim heutigen Kemerhisar südlich von Niğde) besetzten sie das Untere Land. Teile dieses Gebiets konnten, wenn die Kaskäer den Hethitern Zeit ließen, zurückerobert werden, doch Arzawa war nun mächtig genug, daß es sich anschicken konnte, die Hand nach ganz Anatolien auszustrecken.

So jedenfalls sah es Amenophis III., Pharao von Ägypten. Daß es dem Land Hattusa schlecht ging – und Arzawa daher immer besser –, war ihm nicht verborgen geblieben. Seit mehreren Generationen hatten sowohl Ägyptens als auch Hattusas Herrscher ein Auge auf Syrien geworfen, und da war es nur logisch, daß Amenophis ein Verbündeter in Anatolien gerade recht gekommen wäre. Im großen und ganzen war der Pharao eher Diplomat als Feldherr, und wie aus den sogenannten Arzawa-Briefen im berühmten Archiv von Amarna hervorgeht, wählte er den angenehmsten Weg, einen fremden Herrscher an sich zu binden: Er machte Tarhuntaradu, dem König von Arzawa, den Vorschlag, eine seiner Töchter zu heiraten und so ein Bündnis beider Staaten zu schmieden.

Für jene Zeit war das nicht ungewöhnlich; die manchmal erhebliche Zahl von Nebenfrauen der Herrscher gründete sich eher auf diplomatische Erwägungen als auf sexuelle Unersättlichkeit. Bemerkenswert daran ist, daß kein Geringerer als der Pharao von Ägypten eine solche dynastische Verbindung dem Herrscher eines Landes antrug, das bislang eine beiläufige bis ziemlich geringe Rolle im Weltgeschehen gespielt hatte.

Nichts konnte deutlicher machen, wie es um die Bedeutung Hattusas stand. Sie schwand. Wie ernst aber die Lage wirklich war, hat in der Rückschau der spätere Großkönig Hattusili III. zusammengefaßt:

»Einst wurden die Länder Hattusas von seinen Feinden erobert. Der Kaska-Feind kam und plünderte die Hattusa-Länder und machte Nenassa zu seiner Grenze. Vom Unteren Land kam der Arzawa-Feind, und auch er plünderte die Hattusa-Länder, und er machte Tuwanuwa und Uda zu seiner Grenze. Aus der Ferne kam der Arawanna-Feind und plünderte das ganze Land Gassija. Aus der Ferne kam der Azzi-Feind und plünderte alle Oberen Länder, und er machte Samuha zu seiner Grenze. Der Isuwa-Feind kam und plünderte das Land Tegarama. Aus der Ferne kam der Armatana-Feind, und auch er plünderte die Hattusa-Länder und machte Kizzuwatna, die Stadt, zu seiner Grenze. Und Hattusa, die Stadt, wurde niedergebrannt.«

Auch wenn dieser Text die Ereignisse zusammenfaßte und kaum alle Feinde gleichzeitig Hattusa heimsuchten: Als Tudhalija starb, stand es nicht gut um das Reich der Hethiter.

Zumal sich Tudhalija für den falschen Nachfolger entschieden hatte.

Kapitel 10

Ein ziemlich moderner Rechtsstaat

»Das ist nicht recht.«

Dieser Satz taucht mehrfach an prominenter Stelle in Erlassen, Briefen oder Verträgen auf. Die Hethiter hatten nicht nur die erste Verfassung der Welt (s. Kap. 7), sondern kannten neben schriftlich festgehaltenen offenbar auch ungeschriebene Gesetze. Vor allem aber hatten sie ein ausgeprägtes Rechtsempfinden, für das Gerechtigkeit und Unparteilichkeit, aber auch Gnade und Milde eine große Rolle spielten. Jemanden dorthin auszuliefern, wo ihm die Todesstrafe drohte, gehörte zu diesen Dingen, die als »nicht recht« betrachtet wurden. Dasselbe galt für grausame Strafen wie Verstümmelungen, die in anderen Zeiten und Kulturen gang und gäbe waren. In den überlieferten Gesetzen sind nahezu keine körperlichen Strafen vorgesehen, es dominieren Geldstrafen, die dem Opfer zugute kommen. Und zwar ausschließlich dem Opfer: Eine frühere Praxis, nach der der König, also der Staat, genauso viel Entschädigung bekommen sollte wie der Geschädigte, wurde bereits zur Zeit von Telipinu (um 1500) zurückgenommen.

Auch die Todesstrafe wurde bei dieser Reform weitgehend abgeschafft. Sie drohte zwar noch für Mord, aber ein Schadenersatz war bereits als gleichrangige Möglichkeit angeführt:

»Und die Angelegenheit des Blutes ist folgendermaßen: Wer eine Bluttat begeht, dem geschieht, was des Blutes

Herr sagt. Wenn er sagt: ›Er soll sterben!‹, dann soll er sterben. Wenn er aber sagt: ›Er soll Ersatz leisten!‹, dann soll er Ersatz leisten. Dem König aber soll er dabei nichts an Ersatz leisten.«

Verlangten die Hinterbliebenen als »des Blutes Herren« den Tod des Mörders, dann kam der Fall vor das Gericht des Königs. Und der konnte ein Todesurteil fällen, mußte es aber nicht. Umgekehrt hatte er jedoch nicht die Möglichkeit, statt der Ersatzleistung auf ein Todesurteil zu drängen. Zu den wenigen weiteren Fällen, die mit der Todesstrafe geahndet werden konnten, gehörte der Ehebruch einer Frau (obwohl sonst in der Rechtsprechung ganz selten zwischen den Geschlechtern unterschieden wird, ist hier nichts dergleichen über Männer festgehalten). Wenn der gehörnte Ehemann den Tod seiner Frau forderte, mußte allerdings auch der Liebhaber sterben, sofern der König ein Todesurteil aussprach – entweder beide oder keiner.

Die Höchststrafe erwartete außerdem den Dieb, der sich am Eigentum der Götter verging, während der Besitz des Königs in nichts über dem eines normalen Untertanen stand. In diesem Zusammenhang ist interessant, daß beispielsweise bei einer Körperverletzung einem Freien eine doppelt so hohe Entschädigung zustand wie einem Unfreien – aber ein Unfreier für dieselbe Tat auch nur halb soviel bezahlen mußte wie ein Freier. Bei uns nennt man so etwas heute Tagessätze …

Leider war Klios Zufallsgenerator bei den hethitischen

§ 57: »Wenn jemand einen Stier stiehlt – wenn es ein saugendes Rind ist, ist es kein Stier, wenn es ein einjähriges Rind ist, ist es kein Stier, wenn es ein zweijähriges Rind ist, ist das ein Stier –, pflegten sie früher 30 Rinder zu geben, und jetzt gibt er 15 Rinder, nämlich 5 zweijährige, 5 jährige, 5 saugende Rinder.«

Gesetzen besonders aktiv: Normatives Recht fehlt, und die rund 200 erhaltenen Gesetze sind eher Ausführungsbestimmungen, die nur einige Bereiche des Zusammenlebens betreffen und überwiegend aus dem 16. und 15. Jahrhundert stammen. Offenbar wurden die Gesetze immer wieder reformiert; spätere Novellierungen werden allerdings nur in einzelnen Textstellen deutlich, etwa in einem Brief von Hattusili III. an den babylonischen König, der zeigt, daß im 13. Jahrhundert die Todesstrafe wenn nicht komplett, so doch mindestens bei Mord abgeschafft war:

»Im Land Hattusa tötet man nicht zur Strafe ... Wenn es [das Delikt] dem König zu Ohren kommt, wird diese Angelegenheit verfolgt. Sie ergreifen den Mörder und liefern ihn den Verwandten des Getöteten aus, aber der Mörder darf weiterleben. Der Ort, wo der Mord geschehen ist, wird gereinigt. Wenn seine Verwandten den Ersatz in Silber nicht akzeptieren wollen, können sie den Mörder zu ihrem Sklaven machen. Wenn ein Mann, der ein Verbrechen gegen den König begangen hat, in ein anderes Land flieht, ist es nicht erlaubt, ihn zu töten ... Sollten jene, die einen Übeltäter nicht töten, einen Händler töten?«

Damit ist gleich noch eine zweite Besonderheit der hethitischen Rechtspraxis angesprochen: der Ersatz durch Arbeit. Wer einer Familie den Ernährer genommen hatte, war fortan für die – gute – Versorgung der Hinterbliebenen zuständig. Wer etwa einen Freien – Mann wie Frau – im Streit totschlug, mußte vier Ersatzleute stellen, für Unfreie genügten zwei »Köpfe«. Bei fahrlässiger Tötung (»wenn nur seine Hand sündigt«) halbierte sich der Ersatz für Freie, und wenn es sich um eine Schlägerei gehandelt hatte, war nur ein »Kopf« fällig.

Diese Praxis bevorzugte natürlich Reiche: Sie konnten sich »freikaufen«, indem sie sich durch Sklaven vertreten ließen, Ärmere mußten dagegen selbst den Dienst antreten oder ihre Kinder schicken. Eine ähnliche Regelung galt übrigens auch bei Körperverletzung für die Zeit der Rekonvaleszenz (s. § IX).

Die Hethiter unterschieden also zwischen Mord, Totschlag sowie grob und leicht fahrlässiger Tötung. Und bei Körperverletzung wurden, neben der Frage, ob die Tat Absicht oder Versehen war, die Folgeschäden berücksichtigt: Blieb der Geschädigte – etwa nach einer Fußverletzung – ein Krüppel, bekam er doppelt soviel Silber wie bei einer ausgeheilten Verletzung. Auch bei der Beschädigung von Eigentum wurde immer zwischen Vorsatz und Fahrlässigkeit differenziert. Für Diebstahl oder Fundunterschlagung beispielsweise mußte ein höherer Schadenersatz geleistet werden als in dem Fall, daß ein Feuer auf den Weingarten eines Nachbarn übergegriffen hatte.

Wenn der Verursacher eigentlich nur Pech gehabt hatte, fiel die Strafe sogar ziemlich mild aus: »Wenn jemand Feuer auf sein Feld bringt und es auf ein in Frucht stehendes eines anderen läßt und das Feld anzündet, so nimmt sich derjenige, der angezündet hat, das verbrannte Feld, ein gutes Feld aber gibt er dem Herrn des verbrannten Feldes; und dieser erntet es sich ab.«

Das Strafsystem war im Grunde denkbar einfach und von dem geprägt, was wir heute unter gesundem Menschenverstand verstehen: Ersatz des angerichteten Schadens und ein abgestuftes Schmerzensgeld.

§ IX: »Wenn jemand eines freien Mannes Kopf schwer verletzt, so pflegt er ihn. An seiner Stelle gibt er einen Menschen, und in seinem Haus arbeitet dieser, bis der Verletzte gesund wird. Wenn er aber gesund wird, so gibt er ihm 10 Sekel Silber. Auch als des Arztes Lohn gibt er 3 Sekel. Wenn es aber ein Unfreier ist, gibt er 2 Sekel Silber.«

Völlig fremd war den Hethitern spätestens seit Telipinu der Talions-Gedanke (Auge um Auge ...), der in altorientalischen Kulturen häufig praktiziert wurde und seinerseits schon eine Rücknahme früherer, noch schrecklicherer Strafen darstellte: Er bedeutete, für ein Auge auch *nur* ein Auge fordern zu dürfen, und hatte nichts mit dem erbitterten Kampfprinzip zu tun, das der Volksmund bei uns daraus gemacht hat. Aber die Erkenntnis der Hethiter, daß mit zwei Einäugigen statt einem niemandem gedient ist, war weitaus moderner.

Diese Leistung erscheint um so größer, wenn man bedenkt, daß sie in früherer Zeit derart grausame Strafen durchaus kannten: »Wenn jemand 2 Bienenstöcke oder 3 Bienenstöcke stiehlt – früher war er ein Gestochener [= man ließ ihn von Bienen totstechen], jetzt gibt er 6 Sekel Silber.«

Teuer wurde es, wenn jemand ein Geschäft hintertrieb, um selbst billiger an den Gegenstand seiner Wahl zu gelangen: Dann mußte er Buße sowie den ursprünglich vorgesehenen Preis zahlen. Arme Schuldner genossen hingegen einen besonderen Schutz: Wer eigenmächtig pfänden wollte und sich dabei an Grundnahrungsmitteln vergriff,

§ V: »Wenn jemand einen freien Mann infolge eines Streits blendet, gibt er 1 Mine Silber. Wenn nur die Hand sündigt, gibt er 20 Sekel Silber.«

§ VI: »Wenn jemand einen Unfreien infolge eines Streits blendet, gibt er 20 Sekel Silber. Wenn nur die Hand sündigt, gibt er 10 Sekel Silber.«

Diese Strafsätze wurden später auf die Hälfte herabgesetzt; die Arbeitsleistung eines Sklaven wurde in einem anderen Gesetz mit 12 Sekel pro Monat bewertet.

mußte kräftig Ersatz leisten und durfte ein ganzes Jahr lang seine Forderung nicht geltend machen. Neben solchen Regeln für das Geschäftsleben gab es Preistabellen und umfangreiche Bestimmungen hinsichtlich Abgabepflichten und Arbeitsleistungen (genauer: zur Befreiung davon – unser heutiges Steuersystem läßt grüßen).

Breiten Raum nehmen des weiteren Ehe und Sexualität in dem Gesetzestext ein. Diese Abschnitte betreffen jedoch eher die Ausnahmen, nicht den Normalfall. Das für die Hethiter sehr wichtige Verbot der Geschwisterehe (s. den Hukkana-Vertrag im Kap. 11) kommt beispielsweise gar nicht vor. Aufgeführt ist dagegen, was sonst in dieser Hinsicht noch als etwas »Ungeheuerliches« galt: Geschlechtsverkehr mit einer Schwester der Frau, der Schwiegermutter, der Stiefmutter, der Frau des Bruders – solange die Betreffenden verheiratet waren; nach dem Tod des Partners waren solche Ehen durchaus zulässig, aber wohl auch nicht die Regel (die Leviratsehe, die einer der Paragraphen anspricht, bezog sich, wie gesagt, wahrscheinlich nur auf kinderlose Witwen).

Wenn zwei Brüder oder Vater und Sohn mit derselben Freien oder Unfreien schliefen, erregte es »kein Ärgernis«. Außer- und anscheinend auch vorehelicher Geschlechtsverkehr waren keine Schande, und Dirnen, insbesondere wenn sie zu den Tempeln gehörten, genossen durchaus Ansehen (nicht nur bei den Hethitern).

Grundsätzlich verboten war einem Mann der Verkehr mit der eigenen Mutter, der leiblichen Tochter wie der Stieftochter und dem eigenen Sohn. Über den Verkehr mit anderen Männern wird dagegen überhaupt nichts gesagt.

Bei einer Vergewaltigung war der Ort entscheidend: »im Gebirge« war sie eine Sünde des Mannes, im Haus die der Frau. Anscheinend ging man davon aus, daß innerhalb des Haushalts nichts ohne das Einverständnis der Frau möglich war.

Beim Eherecht stehen gleichfalls eher Sonderfälle im Mittelpunkt: aufgelöste Verlobungen (wozu Mann wie Frau einseitig berechtigt waren) und Rückerstattungen von Brautpreis oder Mitgift sowie Mischehen zwischen Freien und Unfreien. Letztere scheinen allerdings keine Seltenheit gewesen zu sein; wenn eine freie Frau einen Unfreien heiratete, wurde sie selbst nicht unfrei. Nur eine für uns etwas merkwürdige Ausnahme gab es: War der Mann ein Hirte oder ein Verwalter, verlor die Frau für drei Jahre ihren Status als Freie.

Völlig problemlos war die Scheidung. Beide Partner hatten dabei gleiche Rechte. Leider sind die entsprechenden Paragraphen teilweise zerstört, aber in dem einen heißt es: »Wenn eine Frau den Mann zurückweist«, im anderen: »Wenn ein Mann die Frau wegstößt«. Jeder Partner konnte sich also trennen, die Schuldfrage spielte keine Rolle. Streit wie friedliche Trennungen galten gleichermaßen als Auflösungsmöglichkeiten. Besitz wie Kinder wurden aufgeteilt, die persönliche Habe verblieb sowieso beim jeweiligen Eigentümer. Der Paragraph 31 bezieht sich zwar auf eine »Mischehe«, aber vergleichbare Bestimmungen gab es wohl für alle Ehen.

Gleich mehrere Paragraphen befassen sich mit Sodo-

§ 31: »Wenn ein freier Mann und eine Unfreie einander zugetan sind und sie sich einig werden und er sie zu seiner Frau nimmt und sie sich einen Hausstand und Kinder schaffen und wenn sie nachher entweder streiten oder sich friedlich trennen, dann teilen sie sich das Haus gemeinsam; dabei nimmt der Mann die Kinder, eines der Kinder nimmt die Frau.«

Interessant ist, daß dabei die Kinder nicht von einem der Partner komplett getrennt wurden, man es aber anscheinend richtiger fand, daß der wirtschaftlich potentere Partner auch die meisten Kinder versorgte.

mie, ob mit Rindern, Pferden, Schafen oder kleineren Tieren. Darauf stand die Todesstrafe, falls der König sich nicht für Milde entschied. Diese Täter durften sich aber danach dem König nicht mehr nähern.

Nach einem (späteren) Paragraphen war Sodomie nicht mehr mit der Todesstrafe belegt, aber nach wie vor geächtet: Wer erwischt wurde, durfte sich gleichfalls dem König nicht mehr nähern und auch nicht Priester sein.

»Die Rechtsstreitigkeiten des Landes, welche du entscheidest, entscheide gut.

Und verdrehe nicht [die Entscheidung] zugunsten seines [des Täters] Hauses, seines Bruders, seiner Ehefrau, eines seiner Familienangehörigen, eines seiner Sippe, eines Angeheirateten oder eines seiner Freunde für eine Gabe in Brot und Bier. Mach nicht den günstigen Rechtsfall zu einem ungünstigen, mach nicht den ungünstigen zu einem günstigen.

Den Rechtsstreit, den du zu entscheiden nicht in der Lage bist, bring ihn vor den König, deinen Herrn, und der König wird ihn selbst entscheiden.«

Diese Anweisung von Tudhalija II. galt in ähnlicher Form für alle, die als Richter fungierten: hohe Verwaltungs- und Militärbeamte, die nicht ausschließlich als Richter eingesetzt waren, sondern auch noch viele andere

§ 199: »Wenn sich jemand mit Schwein oder Hund versündigt, stirbt er. Zum Tore des Palastes bringt er ihn hin. Sie tötet der König oder erhält sie am Leben. Zum König tritt der Täter nicht. Wenn ein Rind einen Mann anspringt, stirbt das Rind, und der Mann stirbt nicht. Ein Schaf ziehen sie an Stelle des Mannes heran, und dieses töten sie. Wenn ein Schwein einen Mann anspringt, erregt es kein Ärgernis.«

Aufgaben bei Administration, Kult und Verteidigung wahrnahmen. In den Städten im Grenzgebiet beispielsweise bildete der »Herr der Grenzwarte«, eine Art Provinzgouverneur, zusammen mit dem jeweiligen Stadtinspektor und den Ältesten das Gericht. Die Dienstanweisungen für den Herrn der Grenzwarte stammen von Arnuwanda I. (dem die meisten hethitischen Instruktionen zu verdanken sind); sie legten überdies fest, daß der Richter Interessenskonflikte vermeiden mußte, keinen Prozeß zugunsten seiner eigenen Familie oder von Freunden und genausowenig zugunsten eines »Herrn« führen durfte – und wiederum, daß auf keinen Fall einer der Beteiligten Bestechungen annehmen sollte.

»Tu das, was rechtens ist! In der Stadt aber, in die du kommst, rufe alle Einwohner zusammen. Und wer [von ihnen] eine Rechtssache hat, dem entscheide und beende sie.«

Ausdrücklich betont wurde noch, daß dies auch für Unfreie beiderlei Geschlechts und alleinstehende Frauen zu gelten habe. Wahrscheinlich war dieser Zusatz nötig, weil die Gleichbehandlung für das hethitische Kerngebiet selbstverständlich, für kürzlich hinzugewonnene Länder dagegen ein Novum war. Daneben, so wurde festgehalten, waren die lokalen Strafgepflogenheiten zu berücksichtigen (etwa Verbannung statt Todesstrafe).

Hethitische Gerichtsverhandlungen waren also öffentlich, jeder war gleich zu behandeln, und der Richter mußte unparteiisch und unbestechlich sein, nicht einmal Brot und Bier, also die bescheidenste Gabe, durfte er annehmen. Auch die Gerichtsverfahren selbst muten ausgesprochen heutig an – und zumindest was ihre Dauer angeht, dürften sie sich kaum von denen unserer Zeit unterschieden haben: Es war absolut üblich, zahllose Zeugen, zur Beweisführung wie zur Entlastung, aufzurufen und unter Eid zu vernehmen. Diese Aussagen wurden protokolliert.

Aus der Zeit von Hattusili III. sind Protokolle vom Prozeß gegen einen höheren Tempelfunktionär erhalten, der der Unterschlagung bezichtigt wurde: Mindestens 30 Zeugen wurden dabei angehört. Hierbei handelte es sich allerdings nicht um ein einfaches Verfahren: Klägerin – oder besser Anklägerin, denn es ging um Tempeleigentum, nicht um persönliches – war immerhin die Königin Puduhepa selbst.

Als Richter konnte der König in diesem Fall natürlich nicht fungieren. Aber wenn es um Vergehen ging, für die auch die Todesstrafe in Frage kam, übernahm er, wie gesagt, dieses Amt grundsätzlich persönlich. Bei einem Schuldspruch war es dann in sein Ermessen gestellt, ob die Höchststrafe zur Anwendung kam oder nicht. Ein König wie Hattusili III. (s. Kap. 17) zog dabei offenkundig die Verbannung dem Todesurteil vor.

Auch in anderen Fällen konnte der König das Verfahren an sich ziehen. In den Dienstanweisungen für den Herrn der Grenzwarte hieß es ähnlich wie in der von Tudhalija II.: »Wenn aber der Rechtsstreit zu umfangreich wird, so soll er ihn vor die Sonne [= den König] schicken.«

Damit kannte das hethitische Recht also schon Instanzen. Zu den beiden irdischen kam dann noch die himmlische: Das Gesetz war von den Göttern gegeben, es galt für Mensch und Tier. Wer der irdischen Gerechtigkeit entging, den traf die Vergeltung der Götter, denn die ließen sich nicht hinters Licht führen; sie wußten, was geschehen war, vor ihnen konnte sich niemand herausreden. Und sie waren nicht so gnädig wie die menschlichen Richter: Bei ihnen war man vor Sippenhaft ganz und gar nicht sicher. Wer Eide und Verträge brach, mußte mit Strafen rechnen, die noch seine Kindeskinder heimsuchten.

Kapitel 11

Ein Großreich macht Karriere

Was wäre, wenn ... Das Spiel ist beliebt, doch selten bietet ein Ereignis so viel Raum zu dieser Spekulation wie der hethitische Thronwechsel um 1355: Wenn Tudhalijas Söhne das Gesetz befolgt hätten, wäre dieses Buch nicht geschrieben worden – weil es den berühmtesten aller Hethiter-Könige, jenen, der sein Land zum Großreich machte, nicht gegeben hätte. Vielleicht würde man statt dessen heute bloß an versteckter Stelle eine Fußnote über die Provinz Hattusa irgendwo am Rande des großen Mittanni-Reichs lesen. Oder aber den Bericht, wie Arzawa ganz Anatolien beherrschte, und der Vizekönig in Troia huldvoll seinen Untertan aus Hattusa zur jährlichen Tributzahlung empfing und mit gefüllter Hammelkeule (s. Kap. 6) bewirtete.

Aber Telipinus Gesetz wurde wieder einmal gebrochen. In der Folge waren nicht – wie es kurz zuvor noch ausgesehen hatte – die Tage des Hethiter-Reichs gezählt, sondern die von Mittanni. Und in Troia herrschte kein Vizekönig, sondern die Stadt wurde hethitischer Vasall.

Dies war bei weitem nicht der letzte Thronwechsel in Hattusa, bei dem Gewalt im Spiel war, aber immerhin der letzte, den der bedauernswerte Verlierer nicht überlebte.

Der kranke König Tudhalija II. hatte seinen Sohn Tudhalija zu seinem Nachfolger bestimmt, und die gesamte Adelssippe hatte dies, wie seit Telipinu vorgesehen, mit ihrem Eid bestätigt – auch Prinz Suppiluliuma. Doch der exzellente Feldherr war mittlerweile vielleicht nicht mehr damit einverstanden, weiter eine untergeordnete Rolle zu spielen. Oder er hielt seinen älteren Bruder für unfähig, das in Not geratene Land zu retten. Für letzteres spricht, daß Suppiluliuma viele und vor allem hochrangige Bundesgenossen hatte, wie später sein Sohn berichtete:

»Als mein Vater [Suppiluliuma] sich gegen Tudhalija erhob, standen die Prinzen, die Herren, der Vorsteher der Tausend und die Offiziere alle auf der Seite meines Vaters, und die Verschwörer ergriffen Tudhalija, und sie töteten Tudhalija.«

Zu Suppiluliumas Ehrenrettung kann angeführt werden, daß im Unterschied zu vielen früheren Malen gegen diese blutige Machtübernahme kein Zeitgenosse etwas einzuwenden hatte. Im Gegenteil, Suppiluliuma wurde darin unter anderem von seinem Bruder Zida bestärkt, der somit ebenfalls in den Brudermord verwickelt war.

Man kann die zitierte Textstelle auch so übersetzen, daß Suppiluliuma seinen Bruder »maßregelte« statt sich gegen ihn zu »erheben«. In diesem Fall warf man Tudhalija also ein Vergehen vor. (Zwar ist anzunehmen, daß der Sohn Suppiluliumas Tat eher beschönigte, aber der Text stellt ein Gebet dar, war also an die Götter gerichtet, denen die Wahrheit sowieso bekannt war, und dürfte daher ziemlich den Tatsachen entsprechen.)

Wie auch immer: Suppiluliuma bestieg den hethitischen Thron, ohne daß ihn jemand wegen des Eidbruchs und des Brudermords zur Rechenschaft zog, und machte sich ans Werk. Und das war gewaltig. Der Anfang allerdings fiel Suppiluliuma leicht, denn er setzte fort, womit er sich schon als Prinz hervorgetan hatte: gegen die Länder zu kämpfen, die das geschrumpfte Hethiter-Reich von allen Seiten bedrängten.

Er begann mit Kriegszügen gegen Arzawa und die Kaskäer. Einer seiner ersten Erfolge war die Rückeroberung von Tuwanuwa. Damit war die Straße nach Süden wieder in hethitischer Hand. In den folgenden Jahren gelang es ihm offenbar, den Expansionsdrang von Arzawa einzudämmen, und später profitierte er zusätzlich von internen Streitigkeiten dort.

Auch gegen die Kaskäer war er siegreich. Er konnte sie entscheidend zurückdrängen und nach und nach eine Pufferzone befestigter Städte errichten, die schon weit vor der Stadt Hattusa das Kernland schützten. Sein Bruder Zida erhielt den Titel Oberster der Leibgarde und wurde Regent im Oberen Land, der Feldherr Hannuzzi war als Statthalter für das Untere Land verantwortlich.

Hattusa bekam neue Mauern und wurde wieder Regierungssitz. Doch es blieb, so neue Forschungsergebnisse, nicht allein beim Wiederaufbau: Wahrscheinlich begann nun die Erweiterung der Stadt auf mehr als das Dreifache, jener grandiose Ausbau, von dem 34 Jahrhunderte später selbst die Reste noch den Atem verschlagen (s. Kap. 12).

Suppiluliumas nächstes Problem war Azzi-Hajasa, das keine Ruhe gab, weil hier mehr oder weniger gleichrangige Lokalfürsten herrschten, was wie bei den Kaskäern Verträge ziemlich sinnlos machte. Also ging es darum, einen von ihnen, der vielleicht ein bißchen mehr Durchsetzungsvermögen aufwies, zu einer Art Oberfürst aufzubauen und diesen dann an sich zu binden. Das hatte schon Tudhalija versucht, aber jener Kontrakt hatte sich im wahrsten Sinn des Wortes als kurzlebig erwiesen: Da der Vertragspartner Marija einer hethitischen Hofdame an die Wäsche ging (höflich umschrieben hieß das, er habe sie »angesehen«), ließ Tudhalija II. Marija hinrichten.

Damit sich Derartiges nicht wiederholte, ging Suppiluliuma gründlicher vor: Einen dieser Fürsten, Hukkana, verheiratete er mit einer seiner Schwestern; er nahm »den letzten Hund«, wie er im Vertrag genannt wurde, in die königliche Sippe auf und präsentierte ihn den Leuten von

Hattusa wie von Azzi-Hajasa als seinen Schwager. Gleichzeitig machte er aber klar, wer das Sagen hatte. Denn im Vertrag beließ er es nicht bei den üblichen (vor allem militärischen) Treueverpflichtungen und dem Gebot, hethitischen Hofdamen weiträumig aus dem Weg zu gehen, sondern schrieb auch gleich noch mit hinein, wie Hukkana künftig sein Sexualleben zu gestalten hätte:

»Diese Schwester, die ich, die Majestät, dir zur Frau gegeben habe, hat viele Schwestern aus ihrer eigenen wie ihrer erweiterten Familie. Sie alle gehören zu deiner weiteren Familie, denn du hast ihre Schwester geheiratet. Doch in Hattusa ist es ein wichtiger Brauch, daß der Bruder nicht [sexuell] mit der Schwester oder den Basen verkehrt. Das ist nicht erlaubt. Wer immer in Hattusa diesen Akt begeht, bleibt nicht am Leben, sondern wird hingerichtet. Dein Land ist barbarisch, deshalb lebt es in Streitigkeiten. Dort verkehrt man regelmäßig [sexuell] mit der Schwester oder der Base. Aber in Hattusa ist das nicht erlaubt.

Wenn eine Schwester deiner Frau oder die Frau eines Bruders oder eine Base zu dir kommt, gib ihr zu essen und zu trinken. Eßt und trinkt beide, seid fröhlich! Aber du sollst sie nicht begehren ... Dies fällt unter deinen Eid ...«

Die Eheschließung zwischen Hukkana und Suppiluliumas Schwester war der Beginn einer neuen Politik, in der Diplomatie und Verschwägerung bestimmende Elemente wurden. Vorgemacht hatten es die Ägypter: Im Harem von Amenophis III. lebten Prinzessinnen unter anderem aus Babylonien, Mittanni und wohl auch Arzawa.

Allerdings war das Los dieser Ausländerinnen in Ägypten nicht unbedingt erstrebenswert: So beklagte sich Kadasman-Enlil I. von Babylonien gereizt bei Amenophis, daß seinen Boten der Kontakt zu seiner Schwester, die Amenophis zur Frau gegeben worden war, verweigert wurde. Sie und ihre Leidensgenossinnen waren eher ein menschliches Pfand zur Sicherung von Abkommen und galten nur als Nebenfrauen – jedenfalls in Ägypten. Wie einseitig die Pharaonen die Heiratspolitik betrachteten, geht auch daraus hervor, daß Kadasman-Enlil, als er seinerseits eine ägyptische Prinzessin heiraten wollte, barsch beschieden wurde, daß »von alters her eine Königstochter von Ägypten an niemanden gegeben« worden sei.

Zwischen Babylon, Hattusa und Assur entwickelte sich ein anderes Klima. Etwa fünf Jahre vor dem Tod von Amenophis III., der 38 Jahre als Pharao herrschte, kam es in Hattusa, Babylon und Assur nahezu zeitgleich zu Thronwechseln. Wie eng die Beziehungen dieser drei »jungen« Könige tatsächlich waren, ist nicht bekannt (nicht einmal, wie nahe sie sich dem Alter nach standen und ob das eine Rolle gespielt hätte). Auch wäre es übertrieben, von einer gemeinsamen Politik gegen Ägypten zu sprechen, denn jeder der drei Könige suchte trotz der ägyptischen Arroganz den Kontakt zum Pharao, sobald er sich einen Vorteil für sein Land versprach. Aber nach der Beleidigung, die Kadasman-Enlil erfahren mußte, ist es nicht abwegig, daß die Generation der Söhne bewußt neue Akzente setzen wollte.

Folglich heiratete Burnaburias II. von Babylon, der Sohn von Kadasman-Enlil, die Tochter von Assur-Uballit, des assyrischen Königs also. Wie bei Suppiluliumas Abkommen mit Hukkana handelte es sich nicht um eine Nebenehe: Die assyrische Prinzessin wurde zur anerkannten Königin und Mutter des Thronerben.

Sich an diesem Ehereigen zu beteiligen, war für den hethitischen König ein gewisses Problem. Er hatte noch keine Töchter, die er mit wichtigen auswärtigen Kollegen verheiraten konnte. Also mußte er selbst heiraten – und dafür seine bestehende Ehe auflösen.

Einen Erlaß, mit dem Suppiluliumas zweitältester Sohn

Telipinu zum Priester in Kizzuwatna ernannt wurde (ein Amt, das neben religiösen auch politische und militärische Aufgaben umfaßte, die zu diesem Zeitpunkt wegen Kizzuwatnas Nähe zu Mittanni besonders wichtig waren), siegelte neben Suppiluliuma, Kronprinz Arnuwanda und Suppiluliumas Bruder Zida auch die Tawananna, die Großkönigin Henti. Doch unter einem wenige Jahre später abgeschlossenen Vertrag findet sich ein neues Siegel: »Siegel des Suppiluliuma, Großkönig, König des Landes Hattusa, geliebt vom Wettergott; Siegel der Tawananna, der Großkönigin, Tochter des Königs von Babylon.«

Suppiluliuma hatte es geschafft. Drei der Reiche, zwischen denen sich Mittanni breitmachte, waren miteinander verschwägert. Doch diese Tawananna aus Babylonien sorgte später noch für erhebliche Aufregung am hethitischen Hof.

Die Knüpfung der freundschaftlichen beziehungsweise verwandtschaftlichen Bande war nur einer der Schritte, mit denen Suppiluliuma jene Unternehmung einleitete, für die er berühmt wurde: die Vernichtung von Mittanni. Sein erster Versuch endete allerdings noch katastrophal: Tusratta von Mittanni meldete einen grandiosen Sieg über die Hethiter an Amenophis III. von Ägypten.

Wer diese Königin Henti war und wie ihr weiteres Schicksal aussah, ist nicht bekannt. Dem Erlaß zufolge war sie sicher die Mutter der beiden ältesten Söhne von Suppiluliuma, wahrscheinlich aber auch die der übrigen drei namentlich bekannten. Ein späteres Textfragment legt nahe, daß sie ins Exil nach Ahhijawa verbannt wurde. Auf alle Fälle hatte diese Verbannung nicht die Ächtung ihrer Kinder zur Folge, was den Schluß zuläßt, daß sie allein aus heiratspolitischen Gründen vertrieben wurde.

Offensichtlich hatte Suppiluliuma daraus gelernt, denn nun bereitete er seine Sache besser vor. Er trat in diplomatischen Kontakt zu Ägypten und erreichte zumindest ein informelles Stillhalteabkommen, möglicherweise sogar einen ersten Freundschaftsvertrag. Dabei kamen ihm die Umstände entgegen: Nach Amenophis' III. Tod herrschte in Ägypten Echnaton, dessen Hauptinteressen dem Aton-Kult und der neuen Hauptstadt Achetaton galten. Er hatte gelobt, Achetaton nie zu verlassen, und verspürte wenig Neigung, Feldzüge ins Syrische zu befehlen oder gar selbst zu führen. Solange bestehende ägyptische Interessen nicht berührt wurden, war Echnaton offenkundig egal, was in Syrien passierte.

Ganz und gar nicht egal war dies den anderen beiden. Assyrien war seit Mitte des 15. Jahrhunderts Vasall von Mittanni, und auch in Babylonien dürfte es Besorgnis hervorgerufen haben, daß der Nachbar im Norden und Westen zunehmend erstarkte. Bereits Tudhalija hatte mit dem assyrischen König ein Abkommen getroffen, das dessen Land die Freiheit von Mittanni versprach. Ein ziemlich kluger Schachzug: Mach dem Vasallen deines Gegners die Revolte schmackhaft, indem du ihm volle Selbständigkeit in Aussicht stellst – falls sein Aufstand Erfolg hat. Ohne selbst investieren zu müssen, waren damit entscheidende Kräfte der anderen gebunden. Diese Absprache wurde

---

Entsprechend den diplomatischen Gewohnheiten seiner Zeit schickte Suppiluliuma einen Glückwunschbrief an Echnaton zu dessen Thronbesteigung. Darin wies er auf die gute Beziehung hin, die zu Echnatons Vater bestanden hatte, und wählte eine Anrede, die deutlich machte, daß er diese fortsetzen wollte: »Hureja«. Dies war eine eher vertrauliche Kurzform des Namens, und Suppiluliuma war der einzige auswärtige König, der sie benutzte.

---

auch zwischen Suppiluliuma und seinem assyrischen Kollegen Assur-Uballit I. eingehalten – zu einem Zeitpunkt, als sie Früchte tragen sollte.

Mit der nächsten Maßnahme versuchte Suppiluliuma, die Situation im Süden von Mittanni zu destabilisieren. Zum einen nahm er Kontakt zu Ugarit auf: Ugarit, der wichtige Knotenpunkt des Seehandels wie der Landwege, gehörte spätestens seit der Zeit von Thutmosis III. zum Einflußgebiet von Ägypten und beherbergte auch eine Garnison des Pharao. Suppiluliuma schrieb nun König Niqmadu II. von Ugarit einen Brief, der ein diplomatisches Meisterstück darstellte: Er legte ihm nahe, die mit Mittanni verbündeten nordsyrischen Länder Mukis und Nuhasse anzugreifen, auf deren Kosten sein Gebiet zu vergrößern und im übrigen ein Vasallenverhältnis mit Hattusa einzugehen. Mehr oder weniger gleichzeitig schloß er mit Sarrupsi, einem der Kleinkönige von Nuhasse, einen Protektionsvertrag ab. Damit hatte Hattusa den ersten Schritt nach Syrien geschafft.

Seinen größten Coup landete Suppiluliuma schließlich in Mittanni selbst: Dort war kurz zuvor der König ermordet worden, und nun gab es zwei rivalisierende Linien, die beide Anspruch auf den Thron erhoben. De facto hieß der König Tusratta, denn er war von Amenophis III. anerkannt worden und per Heirat mit dem Pharao verbunden. Suppiluliuma unterstützte folglich den Rivalen, Artatama, als rechtmäßigen Erben der Königswürde und versprach ihm den Thron, sobald Tusratta besiegt und vertrieben sei. (Ein Zyniker könnte sagen, daß sich so die über viele Generationen hinweg erworbenen hethitischen Kenntnisse hinsichtlich interner Streitigkeiten auszahlten.)

Mittanni war damit von allen Seiten eingekreist, isoliert und ein Stück weit unterminiert. Suppiluliuma konnte in Ruhe der Dinge harren. Und die ließen nicht lange auf sich warten.

In Isuwa – jenem instabilen Land, das zwischen Hattusa und Mittanni ständig die Fronten wechselte und überdies als Auffangbecken hethitischer Gegner fungierte – gab es wieder einmal einen Aufstand gegen die Hethiter. Als sich nun Teile von Isuwa offen auf die Seite von Mittanni schlugen, nutzte Tusratta die vermeintliche Gelegenheit und griff Sarrupsi von Nuhasse an.

Suppiluliuma muß innerlich frohlockt haben: »Tusratta, König des Landes Mittanni, wollte, daß der Großkönig, König von Hattusa, Held, ihm Aufmerksamkeit schenkte«, kommentierte er dieses Ereignis später ironisch, »und ich, Großkönig, Held, König von Hattusa, wandte meine Aufmerksamkeit Tusratta, König des Landes Mittanni, zu ...«

Danach ging alles sehr schnell. Suppiluliuma setzte Hilfstruppen für Sarrupsi in Marsch und zog selbst gegen Isuwa, das er nun komplett eroberte. Dann drang er von Norden her auf mittannisches Gebiet vor. Tusratta floh, ohne sich der Schlacht zu stellen, und Suppiluliuma erstürmte die Mittanni-Hauptstadt Wassuganni und plünderte sie. Nach diesem Beutezug marschierte er Richtung Südwesten. Dort war Sarrupsi inzwischen von seiner Familie ermordet worden und Nuhasse wieder zu Tusratta übergelaufen. Doch das hielt Suppiluliuma nicht auf. Er eroberte Nuhasse zurück und dazu gleich noch alle anderen syrischen Besitzungen von Mittanni – mit einer entscheidenden Ausnahme: An Karkamis, das den Übergang über den Mala/Euphrat beherrschte, traute sich Suppiluliuma trotz seines grandiosen Siegeszugs nicht heran.

An die ägyptische Interessensphäre wollte er dagegen nicht rühren. In Amurru marschierte er nicht ein, genausowenig wie in die südlich davon gelegenen Küstenstädte. Und Kadesch (hethitisch Kinza), eine Festung am Orontes, sollte samt dem zugehörigen Gebiet gleichfalls unbehelligt bleiben.

Sollte. Doch dann wurde der Stadtfürst von Kadesch, Suttarna, größenwahnsinnig. Aus irgendeinem Grund meinte er, er könne es mit dem Feldherrn aufnehmen, der gerade Tusratta in die Flucht geschlagen und nahezu alle seine Vasallen überwältigt hatte. Suttarna und sein Sohn Aitakkama warfen sich dem hethitischen Heer entgegen – und wurden erwartungsgemäß rasch eines Besseren belehrt. Beide brachte man als Gefangene nach Hattusa.

Damit war nun eigentlich der Konflikt mit Ägypten programmiert. Doch eine Reaktion aus Achetaton blieb aus. Also diktierte Suppiluliuma einen Vertrag für Aitakkama und ließ ihn – als hethitischen Vasallen – auf den Thron seiner Väter nach Kadesch zurückkehren.

»Die Anmaßung von König Tusratta führte dazu, daß ich alle diese Länder in einem Jahr plünderte und sie nach Hattusa brachte. Vom Berg Niblani [Libanon] bis zum entfernten Ufer des Mala [Euphrat] machte ich sie zu meinem Gebiet«, faßte Suppiluliuma die Ergebnisse des Feldzugs zusammen, der als einjähriger syrischer Krieg in die Geschichtsbücher eingegangen ist. Ob diese Bezeichnung den Tatsachen entspricht und ob sich die Ereignisse genau in dieser Reihenfolge abgespielt haben, ist nicht ganz sicher. Beschrieben werden sie in mehreren Verträgen, die Suppiluliuma anschließend abschloß.

Wie immer ist den eigentlichen Vertragstexten eine historische Einleitung vorangestellt – jedoch unterschiedlichen Inhalts. Die Geschehnisse wurden, treffender kann man es nicht bezeichnen, diplomatisch so umschrieben, daß der jeweilige Partner nicht allzusehr beleidigt wurde. Statt von einer glatten Niederlage sprach man lieber von der Weisheit, sich dem hethitischen König zu Füßen zu werfen. Oder man vertauschte Ursache und Folge, um den betreffenden König in besserem Licht erscheinen zu lassen: Tusrattas Feldzug gegen seinen abtrünnigen Vasallen Sarrupsi wurde beispielsweise später als hinterhältiger Versuch, jenen zu ermorden, bezeichnet. Das erschwert zwar die heutige Rekonstruktion, war aber gewiß ein kluges Vorgehen: Da die Hethiter im allgemeinen keine Statthalter einsetzten, sondern dem lokalen König seinen Thron beließen, mußte der auch sein Gesicht wahren können, um im eigenen Land weiterhin Respekt zu genießen. Ein König, der nicht bis auf alle Knochen blamiert dastand, hatte zweifellos mehr Rückhalt in der eigenen Sippe und war gewiß eher bereit, wirklich loyal zu sein.

Damit das ruhmreiche Unternehmen kein kurzlebiger Beutezug blieb, mußte Suppiluliuma die hethitische Macht in Syrien festigen. Sich allein auf Vasallenverträge zu verlassen, war angesichts der großen Entfernung zu Hattusa zu unsicher.

Also richtete er in Halpa ein Vizekönigreich ein, das er seinem Sohn Telipinu übergab, der zuvor als Priester in Kizzuwatna geherrscht hatte. (Damit entstand die uns heute vielleicht merkwürdig anmutende Situation, daß der nach dem Großkönig mächtigste Mann im Hethiter-Reich »nur« ein Vizekönig war, während jeder kleine Lokalfürst den Titel »König« führte.)

Der Vizekönig war Richter bei Streitigkeiten zwischen den Vasallen der Region und auch der erste, der gegebenenfalls mit militärischen Mitteln eingriff, um Aufstände niederzuschlagen oder Invasionen abzuwehren. Innerhalb ihrer Länder behielten die hethitischen Vasallen aber die volle Souveränität. Und einige verbesserten ihre Situation sogar, weil sie ihr Gebiet vergrößern konnten. So verschwanden beispielsweise Mukis und Nija, die Suppiluliuma unter den in Syrien eroberten Ländern aufführte, von der politischen Landkarte. Ein Teil wurde Ugarit zugeschlagen, später etwas davon auch Karkamis, und das Gebiet um Alalha (der Mukis-Hauptstadt) wurde zum gleichnamigen Rumpfstaat, der künftig von einem hethitischen Beamten verwaltet wurde.

In Nuhasse, dessen königliche Familie gleichfalls gefangengenommen worden war, wurde zunächst ein nicht weiter bekannter kleiner Stadtfürst König, später dann Sarrupsis Enkel Tette. Er herrschte nun über ein richtiges Land und blieb Suppiluliuma ein treuer Vasall. Erst einige Dekaden später ließ er sich gleich zweimal zu Rebellionen hinreißen (und bezahlte das mit seinem Leben).

Wann genau Ugarit hethitischer Vasall wurde – ob direkt nach Suppiluliumas »Blitzkrieg« oder ein paar Jahre später –, ist den Quellen nicht eindeutig zu entnehmen. Schon ehe Suppiluliuma den erwähnten Brief an Niqmadu II. schrieb, unterbreitete er dessen Vater Ammistamru I. anscheinend ein ähnliches Angebot. Daraufhin versicherte dieser in einem Brief Echnaton seine Loyalität. Auch Niqmadu ließ sich zunächst nicht auf den Angriff gegen Nuhasse und Mukis ein, den Suppiluliuma ihm nahegelegt hatte. Aber die Herrscher dort erfuhren wohl, daß Ugarit dieses Angebot bekommen hatte, und fielen in das Land ein und plünderten es – angeblich, um es zur Solidarität gegen die Hethiter zu zwingen. Damit erreichten sie das Gegenteil: Niqmadu bat Suppiluliuma um Hilfe, und dessen Truppen vertrieben die Angreifer und sorgten dafür, daß Ugarit Beute wie Gefangene zurückerhielt.

Niqmadu ging nach Alalha, um sich Suppiluliuma als Vasall zu unterwerfen. Das hatte für beide Seiten Vorteile. Suppiluliuma selbst hatte keinen Fuß auf »ägyptisches« Gebiet gesetzt, und Niqmadu stand besser da als seine Nachbarn: Im Gegensatz zu ihnen war sein Land nicht von hethitischen Truppen überrollt worden, er war kein Besiegter, sondern sozusagen »freiwilliger Partner«.

Er erhielt einen Vertrag, der die Grenzen seines Landes

festlegte und ihn zu militärischem Beistand verpflichtete. In einer gesonderten Vereinbarung, die eher ein Erlaß war, wurde der jährlich zu zahlende Tribut festgelegt. Dieser war relativ hoch – zumindest für hethitische Verhältnisse (ägyptische Verträge schrieben auch noch größere Abgaben vor). Doch Niqmadu sah keinen Grund, dagegen zu protestieren, denn der Vertrag belohnte ihn mit einem Gebiet, das auf das Vierfache angewachsen war (als Jahrzehnte später ein Drittel davon an Karkamis ging, wurde der Tribut übrigens entsprechend verringert).

Es zeigte sich, daß Niqmadu mit seiner Haltung recht hatte: Hethitische Oberherrschaft und Prosperität schlossen einander nicht aus. Der Vertrag untersagte zwar eine

Als Tributleistungen hatte Ugarit jährlich abzuliefern:

- an den hethitischen Großkönig 12 Minen und 20 Sekel (große Sekel, wie der Schreiber anmerkte) Gold, 1 Goldbecher von 1 Mine Gewicht, 4 Leinengewänder, 1 großes Leinengewand, 500 Sekel blaupurpurne Wolle und 500 Sekel rotpurpurne Wolle;
- an die Königin 1 Goldbecher von 30 Sekel Gewicht, 1 Leinengewand, 100 Sekel blaupurpurne Wolle und 100 Sekel rotpurpurne Wolle;
- dasselbe Deputat wie die Königin erhielten auch der Kronprinz, der Oberste Schreiber sowie drei hohe Würdenträger;
- einzig ein fünfter wichtiger Hoffunktionär bekam nur Leinen und Wolle.

Die syrische Mine wog wie die hethitische etwa 480 Gramm, war aber in 50 statt 40 Sekel aufgeteilt. Mit der Erläuterung »große Sekel« wollte der Schreiber wohl klarstellen, daß hethitische und nicht syrische Sekel erwartet wurden. Insgesamt waren das also über 8 Kilogramm (8160 Gramm) allein an Gold.

Allerdings waren damit auch alle Leistungen abgegolten: Der Vertrag hält ausdrücklich fest, daß niemand sonst am Hof eine Zahlung bekam und von Niqmadu keine weiteren Geschenke erwartet würden, wenn er den Tribut bringe.

eigenständige Außenpolitik, beschränkte den Handel aber nicht. Offenkundig goutierte man in Ugarit diese innere Souveränität und Freiheit, und das Land erlebte eine kulturelle Blütezeit. Aus dieser Zeit stammt die schriftliche Fixierung zahlloser lokaler Mythen und Legenden – aufgezeichnet in der ältesten bekannten Alphabetschrift.

Damit herrschte in Syrien insgesamt aber noch längst keine Ruhe. Der Hauptunruhestifter hieß, wie schon seit einigen Jahren, Amurru. Ursprünglich war dies der geographische Name für das gesamte Gebiet zwischen Mesopotamien und dem Mittelmeer (also in etwa das, was hier unter Syrien verstanden wird), später dann für einen Küstenstreifen an der mittleren Levante, der bis zum Orontes reichte. Die Bergbewohner führten ein halbnomadisches Leben, und die politische Struktur ähnelte der bei den Kaskäern. Kleine Stammesfürsten beherrschten ein begrenztes Gebiet, griffen mit ihren Leuten, die nicht selten durch marodierende Banden und Flüchtige verstärkt waren, Städte und Händlerkarawanen an, um Beute zu machen: ein Ärgernis, aber zu unwichtig, um gefährlich zu sein.

Doch dann entpuppte sich einer dieser Häuptlinge als Führungstalent: In einer Serie von Aufständen und Raubzügen brachte Abdi-Asirta ganz Amurru in seine Gewalt und bedrängte die benachbarten Stadtfürsten. Nicht weniger als 64 Hilferufe schickte allein Rib-Addi von Gubla (Byblos, heute Jubayl) nach Achetaton, doch der Pharao reagierte nicht.

Amurru gehörte zwar wie Ugarit politisch zu Ägypten, und in der Küstenstadt Sumura (Simyra) residierte auch ein Rabisu, ein ägyptischer »Vorsteher der nördlichen Fremdländer«, aber solche Auseinandersetzungen interessierten nicht. Solange sich die Fürsten in Syrien nur gegenseitig bekämpften und dankenswerterweise gerade deshalb keiner zu mächtig wurde, war das Gleichgewicht zwischen Mittanni und Ägypten nicht tangiert. Zudem hatte Abdi-Asirta von sich aus an Echnaton geschrieben und seine schrankenlose Loyalität erklärt.

Rib-Addis Bitten wurden vollends verzweifelt, als es Abdi-Asirta gelang, auch noch die Truppen von Gubla zur Revolte aufzustacheln: »Wie ein Vogel in der Falle, so bin ich in Gubla.« Dann aber kam mit Abdi-Asirtas Tod (ob dieser auf Mord durch eigene Leute, Krankheit oder ägyptische Intervention zurückzuführen war, ist nicht bekannt) scheinbar die wundersame Wende. Doch die Erleichterung war nur von kurzer Dauer: Abdi-Asirtas Sohn und Nachfolger Aziru erwies sich als noch schlitzohriger.

Er verbündete sich mit anderen Herrschern an der Küste (sicher mit dem von Sidon, wahrscheinlich auch jenem von Tyros), und als er trotz des Widerstands des ägyptischen Statthalters gewaltsam nach Sumura eindrang, begründete er das damit, er wolle doch nur der Stadt des Pharao seine Reverenz erweisen und sie vor Feinden schützen.

Dies spielte sich bereits nach Suppiluliumas Erfolgen im mittannischen Bereich von Syrien ab, und Aziru versäumte nie, in seinen Briefen nach Ägypten darauf hinzuweisen, daß er Angst vor einer hethitischen Invasion habe: »Wenn er [Suppiluliuma] nur nicht hier in Amurru, das Land meines Herrn, hereinkommt. Ja, ich habe Furcht wegen des Landes meines Herrn.«

In Wirklichkeit ging es Aziru wohl eher darum, Ägypten klarzumachen, daß er jederzeit die Seiten wechseln

Tyros (das heutige Sur, wenige Kilometer nördlich der Grenze zu Israel) war eine der bedeutendsten Hafenstädte an der Levante-Küste. Es war nicht nur die Mutterstadt von Karthago, sondern auch der Ort, aus dem Zeus der Sage nach in Gestalt eines Stiers die Königstochter Europa entführte und nach Kreta brachte.

könnte, wenn sich der Pharao gegen ihn stellte. Und genau das kam am Nil auch an. Aziru wurde nicht in die Schranken verwiesen, und Rib-Addi starb als Gefangener des Königs von Sidon.

Aber dann überspannte Aziru den Bogen. Echnaton schrieb einen bösen Brief und hielt ihm vor, daß er mit dem Herrscher von Kadesch freundschaftlich verkehre: »Ihr beiden eßt gemeinsam und trinkt starke Getränke zusammen ... Warum tust du das? Warum bist du mit einem Herrscher befreundet, gegen den der König kämpft?« Diese Verbindung war dem Pharao zu gefährlich. Er drohte, Aziru würde mit seiner gesamten Familie unter der Axt sterben, und stellte ihm ein Ultimatum, nun endlich den lange fälligen Besuch in Achetaton abzustatten.

Aziru gehorchte und wurde über ein Jahr in Ägypten festgehalten – so lange, daß in Amurru das Gerücht aufkam, sein Sohn hätte ihn an den Pharao verkauft. Als Echnaton ihn gehen ließ, weil verstärkte hethitische Truppen in Nuhasse gemeldet wurden, setzte Aziru kurz einen Krieg gegen Ugarit fort, den seine Brüder begonnen hatten, traf aber bald ein Übereinkommen mit Niqmadu und schloß nicht lange danach einen Vasallenvertrag mit Suppiluliuma ab.

Der Tribut, den Amurru zu leisten hatte, war bemerkenswert niedrig: 7 Minen und 20 Sekel (3,6 Kilo) feinsten Goldes jährlich.

Um 1323, gut zehn Jahre nach Echnatons Tod, befand sich Suppiluliuma wieder einmal auf einem Feldzug gegen die Kaskäer. Diese Abwesenheit des Großkönigs nutzten sowohl Tusratta als auch Ägypten aus, um Boden gegen die Hethiter gutzumachen.

Der Mittanni-König, der nach wie vor unbesiegt war und weiterhin in Wassuganni residierte, wollte sein Gebiet wieder nach Süden hin erweitern. Doch Vizekönig Telipinu konnte den Versuch erfolgreich abwehren: Er besiegte die Länder Arzija und Karkamis – nicht aber die Festung selbst! – und errichtete ein Winterquartier im nahegelegenen Murmuriga. Hier ließ er den Feldherrn Lupakki mit 600 Mann und Streitwagen zurück, um sich mit Suppiluliuma im Unteren Land zu treffen, wo dieser ein kultisches Fest ausrichtete.

Beinahe wäre das schiefgegangen, denn daraufhin belagerten Truppen aus Mittanni Murmuriga, und gleichzeitig lancierte Ägypten den so lange hinausgezögerten Angriff gegen Kadesch. Also kehrten die hethitischen Führer im nächsten Jahr, sobald die Wege wieder passierbar waren, nach Syrien zurück. Ein Heer unter dem Kommando von Kronprinz Arnuwanda und Suppiluliumas Bruder Zida bereitete den Boden für die Belagerung von Karkamis, und Lupakki holte zu einem Vergeltungsschlag gegen die ägyptische Grenzprovinz Amka (zwischen Libanon und Antilibanon) aus.

Dieses Vorgehen war riskant. Bislang hatte Suppiluliuma wohlweislich nach seinem ersten syrischen Krieg den Konflikt mit Ägypten vermieden. Offiziell erfolgte die Plünderung in Amka daher aus Ärger darüber, daß Ägypten einen hethitischen Vasallen angegriffen hatte (davon, daß jener ursprünglich zum Pharaonenreich gehörte, war nicht mehr die Rede – im Gegenteil, im späteren Resümee hieß es, Suppiluliuma habe Kadesch dem hurritischen König abgenommen). Tatsächlich befürchtete der hethitische Großkönig wohl aber eine Wiederbelebung der Allianz zwischen Mittanni und Ägypten. Also mußte er handeln, obwohl er damit die Gefahr eines offenen Krieges heraufbeschwor.

Doch aus Ägypten kam kein Heer, sondern ein Brief. Und damit begann eine der rätselhaftesten Episoden in der Geschichte der späten Bronzezeit.

1 Hethitische Trankopfergefäße aus Sarissa in Gestalt der Himmelsstiere Hurri und Seri (s. Kap. 4); ein fast identisches Stierpaar wurde auch in Hattusa gefunden. Die aus Ton gebrannten Hohlplastiken lassen die handwerkliche Meisterschaft der Hethiter erkennen, der heitere Ausdruck verrät etwas vom menschlichen Maß ihrer Religion.

2 Aus der Luft wird deutlich, auf welch schwierigem Gelände die Hethiter ihre Hauptstadt Hattusa errichteten (s. Kap. 12 u. Stadtplan): oberhalb der Bildmitte der Burgberg; links dahinter verläuft diagonal die Schlucht, die die Stadt durchschnitt; rechts außen, am höchsten Punkt der Stadt, das imposante Yerkapı-Bollwerk im Süden (s. nächste Seite).

3 Der an einen Pyramidenfuß erinnernde, sorgfältig gepflasterte Wall von Yerkapı diente weniger der Verteidigung als vielmehr der Demonstration von Macht und Größe. Gekrönt wurde er von einer gewaltigen Festungsmauer mit einem zentralen, von Sphingen bewachten Tor. Unten in der Mitte der im Vergleich zum Ganzen winzige Poternen-Eingang (vgl. Abb. 4).

5

4 Der Eingang zum 80 Meter langen unterirdischen Gang, der den Wall von Yerkapı an seiner Basis quert. Diese sogenannte Poterne ist noch heute begehbar: Man sieht das Licht am Ende des Tunnels.

5 Typisch für das heikle Terrain von Hattusa sind die schroff aus den Hängen hervorspringenden Kuppen, die von Palästen oder Tempeln gekrönt waren, sogenannten Felsgipfelhäusern.

6 Der Wächter des Tores: Trotz Verwitterung erkennt man noch, wie detailliert die Löwenmähne herausgearbeitet war. In der Vertiefung unten im Sockelstein wurden den Schutzgöttern der Stadt beim Betreten Salb- oder Trankopfer dargebracht; solche für Anatolien typische Opfernäpfchen finden sich auch an den Toren von Troia.

7 Das Löwentor hatte – wie andere – zwei parabelförmige Durchgänge (vgl. S. 191), die mit massiven zweiflügeligen Türen verschlossen wurden.

8 Die kaum noch lesbare, Suppiluliumas II. Siege verkündende Inschrift am Nişantepe und sein Relief in der unvollendeten Grotte (9) sind die letzten von Stolz und Selbstbewußtsein kündenden Zeugnisse; sie entstanden kurz vor dem Untergang von Hattusa (s. Kap. 19).

9

10

11

Das Felsheiligtum Yazılıkaya in der Nähe von Hattusa gliedert sich in zwei Kammern. Die Reliefs der größeren (10) sind die älteren. Sie diente vermutlich als »Haus des Wettergotts«, in dem sich alljährlich sämtliche Gottheiten zu einem Neujahrsfest versammelten (s. Kap. 4). Die kleinere Kammer (11) wurde im 13. Jahrhundert v. u. Z. von Suppiluliuma II. zu Ehren seines verstorbenen Vaters Thudhalija IV. ausgestaltet (s. Kap. 12).

12 Die Reihe der zwölf Unterweltsgötter ist das am besten erhaltene Prozessions-Relief von Yazılıkaya, da es im Gegensatz zu denen der großen Kammer jahrhundertelang verschüttet war; genauso erging es der Darstellung von Großkönig Tudhalija IV. in der Umarmung seines Schutzgottes Sarruma (13) und der Schwertgottheit, die die Kammer bewachte (14).

13

14

15

16

17

18

Das Sphinxtor (15) bildet den Eingang zur Ausgrabungsstätte Alacahöyük, wo mit die schönsten Artefakte aus der hethitischen Frühzeit gefunden wurden (s. Abb. 32, 33, 35). Reliefs links und rechts des Tors zeigen den Großkönig und die Tawananna beim Trankopfer vor dem als Stier dargestellten Wettergott (16) sowie Musikanten, Schwertschlucker und auf Leitern balancierende Artisten (17). Die rechte Torwange ziert ein Doppeladler (18), die Habsburger hatten also nicht nur bei der Heiratsdiplomatie in den Hethitern ihnen unbekannte Vorläufer.

19 Das Keramikmodell eines typischen Stadtmauerturms (ein Gefäßaufsatz aus dem 15. oder 14. Jahrhundert) mit den typischen abgerundeten Zinnen und den Köpfen der Balken, die den Lehmziegelaufbau trugen.

20 Mit großer Kunstfertigkeit und viel Erfahrung restaurieren und schützen Handwerker aus Boğazkale die Überreste der Bauwerke. Für jede erdenkliche Steinform des polygonalen Mauerwerks haben sie eigene Namen wie etwa »Fünfecker mit Spitze nach unten«. Deutlich wird hier die Kastenkonstruktion der Verteidigungsmauern, deren Hohlräume mit Erde verfüllt wurden: Eine solche Mauer war auch mit den größten Rammböcken nicht zum Einsturz zu bringen.

21

22

An besonders gefährdeten Stellen sicherten die hethitischen Baumeister bereits im 2. Jahrtausend große Steinquader mit Bronzedübeln – hier in einer erodierten Mauerfuge deutlich zu erkennen (21). In Ägypten oder Griechenland kannte man diese Technik erst ab dem folgenden Jahrtausend. Ansonsten aber wußten die Hethiter Steine so geschickt zu behauen, daß sie unverrückbar ineinander griffen und auch ohne Mörtel äußerst stabile Mauern bildeten (22).

23 Der sorgfältig geglättete grüne Monolith aus dem Großen Tempel gibt den Wissenschaftlern bis heute Rätsel auf (s. Kap. 12).

24 Der älteste bilaterale Friedensvertrag der Menschheit, geschlossen zwischen Großkönig Hattusili III. und Pharao Ramses II. (s. Kap. 2 und 17). Eine Kopie dieser hethitischen Abschrift ist heute im UN-Hauptquartier in New York ausgestellt.

25

Das British Museum verzichtete 1860 auf dieses silberne Siegel (25), weil es so exotisch wirkte, daß man eine Fälschung vermutete (es befindet sich heute in Boston). Als erstes Fundstück wies es denselben Text in Keilschrift und in Hieroglyphen auf (vgl. Kap. 2). »Tariktimme, Herr des Landes Erme«, las damals der Übersetzer. Später korrigierte man den Namen in Tarkondemos und dann in Tarkamuwa. Erst 1998 konnte David Hawkins den Siegelinhaber als Tarkasnawa von Mira identifizieren. Derselbe, durch einen Eselskopf symbolisierte Name ziert das sogenannte Karabel-Relief bei Izmir (s. Kap. 19).

26 Der Bruch des auf dieser Bronzetafel festgehaltenen Vertrages zwischen Tudhalija IV. und Kurunta von Tarhuntassa hat entscheidend zum Zerfall des Großreichs beigetragen (s. Kap. 19). Ein interessanter Nebenaspekt dieses einzigartigen Fundes von 1986 ist die bislang ungeklärte Frage, mit welchen Werkzeugen die Keilschriftzeichen in die ziemlich harte Bronze getrieben wurden.

27 Siegelabdrucke in Ton (hier der von Großkönig Mursili) dienten als »Unterschrift« auf allen wichtigen Dokumenten.

28 Das Bronzesiegel eines Schreibers aus Troia: Die luwischen Hieroglyphen weisen seinen ehemaligen Besitzer als dem luwisch-hethitischen Kulturkreis zugehörig aus (s. Kap. 20). Der Außenring trägt keine Keilschrift – das war Großkönigen vorbehalten –, sondern nur Schmuckelemente.

29

30

31

Hethitische Madonna (29): Bronzestatuette einer Mutter mit Kind aus dem 3. Jahrtausend v. u. Z. Einer der beiden in Hattusa gefundenen Stiere (30, vgl. Abb. 1): gefüllt wurden diese Kultgefäße durch eine Öffnung hinter dem Hals, ausgegossen wurde der Opfertrank durch die Nasenlöcher. Die vierhenkelige, 82 cm hohe Vase (17. Jahrhundert) zeigt in bemalten Reliefs eine Hochzeitszeremonie (31). Perfekte Technik: Teils geschmiedet, teils gegossen wurde diese bronzene Kultstandarte aus Alacahöyük (32, 3. Jahrtausend, s. Kap. 1). Der 18,5 cm lange Dolch mit Goldgriff zählt zu den ältesten Eisenfunden überhaupt (33, s. Kap. 14).

32

33

34 Die Silberschale, die Samaja von Hattusa nach dem Sieg Tudhalijas II. über Tarwiza für sich selbst stiftete und vom Schreibergehilfen Benti mit Hieroglyphen gravieren ließ (s. Kap. 9).

35 Art déco, könnte man meinen: Der Goldpokal aus der 2. Hälfte des 3. Jahrtausends zählt zu den prächtigsten Grabbeigaben von Alacahöyük.

»Während mein Vater sich im Lande Karkamis aufhielt«, berichtet Suppiluliumas Sohn Mursili, »... sandte die Königin von Ägypten Tahamunzu [= Gemahlin des Königs] einen Botschafter zu meinem Vater und schrieb ihm folgendermaßen: ›Mein Gemahl ist gestorben und ich habe keinen Sohn. Die Leute sagen, daß du viele Söhne hast. Wenn du mir einen deiner Söhne sendetest, könnte er mein Gatte werden. Niemals werde ich einen meiner Diener zum Gatten nehmen.‹ Als mein Vater das hörte, rief er die Großen zur Beratung zusammen und sagte: ›Seit alters her ist mir so etwas niemals vorgekommen!‹«

Suppiluliuma war zu Recht erstaunt – und mißtrauisch, denn nach ägyptischer Tradition war es völlig ausgeschlossen, daß eine ägyptische Königswitwe einen ausländischen Prinzen heiratete und ihn damit zum Pharao machte. Nicht einmal eine nachrangige Prinzessin wollte man üblicherweise in ein Fremdland verheiraten, wie Kadasman-Enlil I. ja eine Generation zuvor erfahren hatte.

Also schickte der Hethiter-König erst einmal einen Kundschafter nach Ägypten, um herauszufinden, ob das Angebot echt sei oder womöglich eine Falle, um einen seiner Söhne in die Gewalt zu bekommen. Unterdessen setzte er die Belagerung von Karkamis fort, eroberte die Festung nach acht Tagen und plünderte die Unterstadt. Von dort brachte er Gefangene, Silber, Gold und Bronze nach Hattusa. Die Tempel in der Oberstadt verschonte er, denn hier zogen alsbald seine eigenen Priester ein: Um auch diese Eroberung dauerhaft zu festigen, errichtete Suppilu-

Ob die Absenderin des Briefs Anchesenamun war, die Witwe von Tutanchamun, oder noch die von Echnaton, ist nicht widerspruchsfrei geklärt. Neue dendrochronologische Untersuchungen legen jedoch nahe, daß Suppiluliuma frühestens 1320 starb und somit die Schreiberin Anchesenamun gewesen sein muß.

liuma in Karkamis ein zweites Vizekönigreich. Herrscher wurde sein Sohn Pijassili, der den hurritischen Thronnamen Sarrikusuh annahm.

Etwa zu dem Zeitpunkt »löste« sich auch das letzte noch offene Problem hinsichtlich Mittanni: Tusratta wurde ermordet. An der Verschwörung in Wassuganni waren seine Söhne beteiligt, und einer von ihnen, Sattiwaza, wurde der Nachfolger.

Allerdings konnte er sich nicht lange halten. Suttarna III. machte nun den Anspruch auf den Thron geltend, den Suppiluliuma Jahre zuvor seinem Vater Artatama zuerkannt hatte. Dabei wurde Suttarna jetzt von Assyrien unterstützt. Doch der Preis war hoch: Den Nordteil des Landes teilten Assur und das benachbarte Alzi unter sich auf. Zahllose Edelleute wurden grausam getötet und die Reichtümer des Palasts nach Assur verschleppt.

Sattiwaza floh zusammen mit einem Bruder nach Babylonien, fühlte sich dort jedoch alsbald bedrängt: Während der Bruder vom babylonischen König zum Streitwagenfahrer degradiert wurde, konnte Sattiwaza entkommen. Am Marassanta (Halys) warf er sich Suppiluliuma zu Füßen:

»Als ich, Prinz Sattiwaza, zum Großkönig kam, hatte ich nur drei Streitwagen dabei, zwei Hurriter und zwei andere Diener, die mir gefolgt waren. Außer den Kleidern, die ich auf dem Leibe trug, hatte ich sonst nichts dabei. Und der Großkönig hatte Mitleid mit mir und gab mir Wagen, die mit Gold verkleidet waren, gepanzerte Pferde, ein Leinenzelt, zwei Kessel aus Silber und Gold, zusammen mit Bechern aus Silber und Gold …«

Vor allem aber machte sich der dankbare Prinz mit Suppiluliumas Sohn Sarrikusuh daran, seinen Thron zurückzuerobern. Die Assyrer, die mit Suttarna im Bunde waren, verzichteten auf den Kampf, und Sattiwaza wurde der König dessen, was von Mittanni übrig war. Suppiluliuma gab ihm eine Tochter zur Frau und schloß einen Vertrag mit ihm ab, der offiziell zwar partnerschaftlich war (und dessen historische Einleitungen in den beiden Fassungen deshalb stark voneinander abweichen), de facto Mittanni aber zum Vasallen machte.

In der hethitischen Version heißt es, Suppiluliuma habe Rinder, Schafe und Pferde geschickt, als er von der Armut im von Suttarna ruinierten Mittanni erfuhr. Doch das dürfte kaum Mitleid gewesen sein, sondern wohlkalkulierte Machtpolitik.

Eigentlich war er ja mit Suttarnas Linie im Wort, doch nachdem dieser sich so eng mit Assyrien verbündet hatte, sah sich Suppiluliuma zum Handeln gezwungen. Als Mittanni noch stark und Assur bloß dessen Vasall war, hatte er, wie sein Vater, das assyrische Unabhängigkeitsstreben unterstützt. Nachdem sich Assur-Uballit I. jedoch als so durchsetzungsfähig und geschickt erwies, daß Tutanchamun ihn bereits als Großkönig anerkannte, änderte der Hethiter-König seine Politik und sorgte lieber für einen Puffer zwischen seinem Reich und der aufstrebenden neuen Macht: Er stellte sicher, daß in Mittanni ein König auf dem Thron saß, der eine hethitische und keine assyrische Marionette war.

Der Schnee war kaum geschmolzen, als Suppiluliumas Kundschafter mit dem ägyptischen Gesandten Hani und einem zweiten Brief der Pharaowitwe in Hattusa eintraf und bestätigte, daß das Heiratsangebot ernst zu nehmen sei. Im von zahllosen Säulen getragenen Audienzsaal begannen die Verhandlungen zwischen Suppiluliuma und Hani. Sie zogen sich eine Weile hin, dann erklärte sich Suppiluliuma bereit, seinen Sohn Zannanza nach Ägypten zu schicken.

Doch die dynastische, außenpolitisch so bedeutsame Verbindung der beiden wichtigsten Reiche jener Zeit kam nicht zustande. Als Zannanza in Ägypten eintraf, war der Pharaonenthron bereits besetzt. Möglicherweise war Suppiluliuma mit daran Schuld, weil er zu lange gezögert hatte und die Pharaowitwe sich nicht viele Monate lang dem konservativen Lager im eigenen Land widersetzen konnte.

Statt den hethitischen Prinzen sofort zurückzuschicken, hielt ihn der neue Pharao Eje anscheinend in Ägypten fest, und dort starb Zannanza in dieser Zeit.

Bislang hatte die Forschung angenommen, daß Zannanza nie bis Ägypten gelangt war, sondern noch vor Erreichen der Landesgrenze ermordet wurde. Doch ein neu eingepaßtes Teilstück eines Briefs besagt, daß er dort ankam und einen Thronfolger vorfand. (Dieses nur wenige Zentimeter große Fragment ist übrigens ein gutes Beispiel dafür, wie schnell sich anhand neuer Funde auch anerkannte Interpretationen ändern können.)

Als Suppiluliuma von Zannanzas Tod erfuhr, machte er den Pharao dafür verantwortlich: »Als du dich aber auf den Thron gesetzt hattest, da hättest du meinen Sohn heimschicken können! ... Was habt ihr gemacht mit meinem Sohn?« Um zu unterstreichen, wie ernst die Angelegenheit sei, äußerte er schließlich sogar den Verdacht, Zannanza sei »vielleicht ermordet« worden und gab zu verstehen, daß seine Truppen groß und sieggewohnt genug seien, um sich nicht von Ägypten einschüchtern zu lassen: Die Hethiter seien keine Küken, die der Falke vertreiben könne (dabei griff Suppiluliuma geschickt die traditionelle Bezeichnung Horus, Falke, für den Pharao auf).

Offenbar war der Pharao nicht bereit, die Schuldigen zur Rechenschaft zu ziehen. Das bedeutete letztlich, daß er die Drohung, die der Brief enthalten hatte, als Kriegserklärung annahm. Also schickte Suppiluliuma den Kronprinz Arnuwanda auf einen Rachefeldzug ins ägyptische Syrien:

»Mein Vater ließ seinem Zorn freien Lauf, er zog gegen Ägypten in den Krieg und griff es an. Er schlug die Truppen und Streitwagen des Landes Ägypten. Der Sturmgott, mein Herr, gab meinem Vater durch seinen Ratschluß den Sieg; er besiegte und schlug die Truppen und Wagen des Landes Ägypten ...«

Dieser Sieg sollte sich als Pyrrhus-Sieg erweisen – was allerdings noch niemand ahnen konnte, als bald darauf Suppiluliuma an einer Krankheit starb, die im Land Hattusa immer mehr Menschen befiel. Der Konflikt wurde vorerst auf Eis gelegt.

Was wäre wenn ... Auch am Ende von Suppiluliumas Leben bietet sich das spekulative Spiel an: Wenn die Heiratsverbindung zwischen den beiden Weltmächten zustande gekommen wäre, wie hätte das den Lauf der Geschichte – zumindest jener rund ums Mittelmeer – verändert? Hätte diese ägyptisch-hethitische Riesenmacht über Jahrhunderte hinweg alle anderen dominiert und blockiert? Hätte man es sich so bequem einrichten können, daß die Erfindung neuer Technologien überflüssig geblieben wäre – und die Eisenzeit viel, viel später begonnen hätte oder der Höhenflug der griechischen Kultur ausgeblieben wäre?

Am naheliegendsten wäre zu sagen, daß es den Pharao Ramses II. nicht gegeben hätte. Doch vielleicht stimmt noch nicht einmal das. Vielleicht hätte sich genau jener Ramses erhoben und ein paar Länder am Nil wieder von den Hethitern gelöst. Sicher ist eigentlich nur: Wenn Zannanza Pharao geworden wäre, gäbe es jenen Friedensvertrag nicht, der heute im New Yorker UN-Hauptquartier hängt.

Kapitel 12

Tempel, Tore und Paläste: Hattusas Baumeister

Große Künstler seien sie nicht gewesen, sagt man seit C. W. Ceram den Hethitern nach. Damit tut man ihnen unrecht. Sicher: Was von ihrer bildenden Kunst erhalten blieb – überwiegend ziemlich stereotype Reliefs –, ist sicher nicht atemberaubend, aber auch nicht schlechter als vieles andere aus derselben Zeit. Auf dem Gebiet der Staats- und dem der Kriegskunst sieht das schon anders aus, und wenn man ihr fortschrittliches Verständnis von Rechts- und Gesellschaftsordnung als Kunst begreift, gebührt den Hethitern für lange Zeit der Lorbeer. Ganz zu schweigen von der Literatur: Mursilis Pestgebete (s. Kap. 13) sind der lyrisch überzeugende Versuch eines erstaunlich modern reflektierenden Individuums, seinen Platz in der Welt zu bestimmen, und sie sind darin anderen Textzeugnissen ihrer Zeit meilenweit voraus.

Meister waren die Hethiter auch auf dem Gebiet der Baukunst. Ganze Städte wie etwa Sarissa (s. Kap. 4) planten sie quasi »am Reißbrett«. Sie errichteten raffiniert ausgeklügelte Festungsbauwerke und prächtige Tempel und Paläste und wußten das alles auch visuell beeindruckend zu gestalten. Ihre Baumeister genossen so hohes Ansehen, daß sogar die Pharaonen deren Dienste in Anspruch nahmen.

Beredtes Zeugnis ihrer architektonischen Fähigkeiten legt noch heute Hattusa ab, wo sie auf schwierigstem Terrain eine der größten Städte der damaligen Welt nicht nur bauten, sondern geradezu inszenierten. Basis ihrer baulichen Großtaten waren ihre weit fortgeschrittenen handwerklichen Techniken und ein ausgeprägtes Gespür für das jeweilige Material.

»Dieser Tempel war mit 65 mal 42 Meter das größte Gebäude in ganz Hattusa«, erklärt Ausgrabungsleiter Jürgen Seeher. »Zusammen mit allen Nebengebäuden bedeckte er eine Fläche von 14 500 Quadratmeter.

Die Wandsockel bestehen aus sauber bearbeiteten Kalksteinblöcken, die bis zu 5 Meter lang sind; 20 Tonnen und mehr wiegen sie. Die Wände darüber errichtete man wie bei allen Gebäuden hier aus einem massiven Fachwerkaufbau aus Holzbalken und Lehmziegeln. Die Verputzschicht darauf war teilweise plastisch gegliedert und wohl auch häufig bemalt. Überall auf den Sockelblöcken sieht man Bohrlöcher für Dübel aus Holz oder Bronze, mit denen die Wandbalken befestigt waren. Diese Dübellöcher wurden mit Hohlbohrern aus Bronze sowie Wasser und Sand in den Stein geschliffen. Wir haben es ausprobiert: Bei einem Durchmesser von 3,5 Zentimeter schafft man etwa 6 bis 8 Zentimeter Tiefe pro Stunde.«

An einem der Tore kann man heute noch sehen, daß an kritischen Stellen auch Stein auf Stein verdübelt wurde. Zwischen zwei Eckblöcken klafft waagerecht ein erodierter Spalt, in dem man weiter hinten den vertikalen Bronzedübel sieht, der das Verrutschen verhindert – seit rund 3300 Jahren, trotz der Erosion (s. Abb. 21).

Tore, Türme und Festungsmauern wurden in einer anderen Technik errichtet als der Tempel: nicht aus rechteckigen Quadern, sondern aus polygonalen, also vieleckigen Steinen, die so bearbeitet waren, daß sie präzise auf- und ineinanderpaßten und ohne Mörtel eine felsenfeste Mauer abgaben. Noch heute paßt stellenweise kein Blatt Papier dazwischen. Erst nachdem die Mauer stand, wurden die Steine auch an der Außenseite behauen, so daß sich eine glatte Front ergab.

Die Stadtmauern wurden in Hattusa seit althethitischer Zeit fast immer als sogenannte Kastenmauern angelegt: Dicke Außen- und Innenwände aus polygonalem Mauerwerk verband man in regelmäßigen Abständen mit ebensolchen Querwänden und verfüllte die dazwischenliegenden Hohlräume mit Erdreich. Eine derart massive, 8 bis 10 Meter dicke Konstruktion war mit damaligen Mitteln von Belagerern weder zu durchbrechen noch zum Einsturz zu bringen. So wehrhafte Befestigungen hatte die Stadt allerdings auch nötig: Zwar eigneten sich die vorhandenen Felsplateaus und -klippen gut zum Bau einzelner Burgen, das Stadtgebiet selbst aber war von Natur aus relativ ungeschützt – vor allem im Norden, wo es fast eben in das sich weitende Tal überging.

Auf zwei dieser Felsplateaus hat alles begonnen: Die von den Archäologen gefundenen Beweise für eine dauerhafte Besiedelung des Stadtgebiets reichen bis ins Chalkolithikum zurück, in die Kupfersteinzeit. Die ersten Menschen ließen sich im 6. Jahrtausend v. u. Z. auf Büyükkaya nieder, dem Felsmassiv im äußersten Nordosten; dieses war einst zerklüftet und hatte noch nicht die heutige Form eines Bergrückens, die erst in späterer Zeit durch Aufschüttungen erzielt wurde. In der frühen Bronzezeit siedelten dann auch Menschen jenseits der Schlucht auf Büyükkale, dem zentralen Burgberg oberhalb der späteren Unterstadt. Beide Plätze boten sich von Natur aus für wehrhafte Siedlungen an, da das Gelände fast rundum steil abfällt.

Die Siedlung auf dem Burgberg dehnte sich schon in vorhethitischer Zeit zu einer befestigten Stadt aus. Anfang des 2. Jahrtausends wurde sie talwärts um ein Karum, eine assyrische Handelsniederlassung, erweitert, und jetzt tauchte erstmals ihr Name »Hattus« in Urkunden auf; der Ort entwickelte sich zum Zentrum eines der kleinen Fürstentümer, wie sie für die vor- und frühhethitische Epoche typisch waren. Doch um 1700 wurden Stadt und Burg in einem verheerenden Brand vernichtet. Das war Anittas Werk (s. Kap. 1). Ungeachtet seines Bannfluchs aber machte man sich bald an den Wiederaufbau, und nachdem Hattusili I. den Ort zur Hauptstadt des Hethiter-Reichs gemacht hatte, ging es mit der Silberstadt, wie man sie auch nannte, richtig aufwärts. Vom mit starken eigenen Mauern gesicherten Burgberg erstreckte sich nach Nordwesten den Hang hinunter bis fast in die Talaue eine ihrerseits mit Mauern gesicherte Unterstadt mit Tempel, Wohnhäusern und Werkstätten.

Später wurden innerhalb der befestigten Stadt noch weitere Mauern eingezogen, so daß sich so etwas wie eine Zellenstruktur ergab, wie sie auch für andere befestigte Städte des anatolisch-vorderasiatischen Raums typisch ist; sie machte potentiellen Eroberern das Leben besonders schwer, da sie die Stadt nur abschnittsweise einnehmen konnten und immer wieder vor neuen Mauern standen.

Bei der Befestigung Hattusas vollbrachten die hethitischen Baumeister eine architektonische Großtat: Sie zogen die Stadtmauer von der Nordecke des Burgbergs Büyükkale schräg den Steilhang der Schlucht entlang bis hinunter zum Bach und dann auf der Gegenseite über einen sehr steilen Grat wieder hoch, bis sie oben an die gleichzeitig errichtete Ostmauer des Felsmassivs Büyükkaya anschloß. Die Lücke über dem Bachbett unten in der Schlucht sicherten sie, vermutet Jürgen Seeher, mit einem ständig bewachten Gatter – ein festes Bauwerk kam wegen des regelmäßigen Frühjahrshochwassers nicht in Frage.

Auf den ersten Blick erscheint es widersinnig, natürliche Barrieren wie Steilwände mit einer Mauer zu queren, statt sie zur Befestigung mit heranzuziehen, aber hier war es durchaus sinnvoll, meint Jürgen Seeher: »Gerade der Einbezug des Höhenrückens von Büyükkaya erscheint logisch, da man so verhinderte, daß sich Feinde dort oben festsetzen und von diesem Aussichtspunkt hoch über der Stadt jede Aktivität verfolgen konnten.«

Trotz dieser massiven Befestigungen gelang es kurz nach der Wende vom 15. zum 14. Jahrhundert wahrscheinlich den Kaskäern, die Stadt einzunehmen und zumindest teilweise niederzubrennen. Mehr als ein Raubzug kann das allerdings nicht gewesen sein, denn die Stadt wurde sofort wieder aufgebaut. Man erneuerte auch die Mauer, die vom Burgberg nach Nordwesten entlang eines natürlichen Taleinschnitts die Stadt nach Süden sicherte; sie war – wie andere Bollwerke in Hattusa – mit mehreren »Poternen« genannten unterirdischen Gängen untertunnelt, deren Funktion bislang nicht geklärt ist.

Wie es in der Archäologie oft geschieht, wird derzeit die Chronologie der Stadt Hattusa aufgrund neuer Messungen, Daten und Vergleiche korrigiert. Generell zeichnet sich die Tendenz ab, daß einzelne Bauphasen deutlich älter anzusetzen sind als bisher. Vor allem das großartigste Ausbauprogramm der Stadt ist davon betroffen: die Erweiterung um eine Oberstadt auf rund das Doppelte der ursprünglichen Fläche.

Freeclimber würden die Trasse, auf der die Stadtmauer durch die Schlucht führte, vielleicht für einen kleinen Verdauungsspaziergang nutzen; uns nicht ganz schwindelfreie Großstädter bekämen keine zehn Pferde da hinauf oder herunter. In der Tat ist das Gelände stellenweise so extrem steil, daß die hethitischen Baumeister die Mauerfundamente mit ihrer bewährten Technik im gewachsenen Fels verdübeln mußten.

Bislang war man davon ausgegangen, daß frühestens Hattusili III. (1266–1236 v. u. Z.) dieses gigantische Vorhaben startete, als Hattusa nach kurzem Zwischenspiel wieder Hauptstadt geworden war. Doch diese Einschätzung muß revidiert und der Beginn des Ausbaus mit ziemlicher Sicherheit nicht im 13. Jahrhundert, sondern schon früher angesetzt werden, meint Jürgen Seeher, der sich von den kommenden Grabungskampagnen neue Belege dafür erhofft. Für eine Vorverlegung spricht auch, daß Andreas Müller-Karpe in Sarissa Keramik fand, wie sie für die neue Oberstadt von Hattusa typisch ist, und diese mindestens ins 14. Jahrhundert datieren konnte.

Ob im 13. oder 14. Jahrhundert oder noch etwas früher: Das gesamte weite Hochtal-Rund südlich der Alt- oder Unterstadt wurde nun einbezogen und mit einer neuen, 3,3 Kilometer langen Mauer gesichert. Dies ist der Teil Hattusas, in dem noch heute die jäh aufragenden Felsklippen überraschen – Sarıkale, Yenicekale und Nişantepe heißen sie auf türkisch. Auf ihnen standen Gebäude, bei denen es sich um die in hethitischen Texten erwähnten »Felsgipfelhäuser« gehandelt haben könnte. Das waren, soweit man weiß, sakrale Einrichtungen, die besonders mit dem Totenkult in Verbindung standen. Da diese Bauwerke befestigt waren und über eigene Zisternen verfügten, ist aber auch der Gedanke an separate, kleinere Burgen nicht von der Hand zu weisen. (Uns erinnert das an die Innenstadt von Stuttgart, die heute einen weiten Talkessel füllt; einst standen ringsum an den Hängen auf Kuppen mehrere befestigte Burgen; Stadtteil- und Straßennamen künden noch davon.)

Wie dicht das Gesamtareal dieser Neu- oder Oberstadt bebaut war, ist noch nicht klar. Die früheren Ausgrabungskampagnen konzentrierten sich hauptsächlich auf Sakralbauten: große und kleine Tempel von 600 bis 1500 Quadratmeter wurden gefunden, denen allen dasselbe

Schema zugrunde liegt. Doch es gab hier auch Werkstätten und Wohnhäuser, glaubt Jürgen Seeher, denn mit der Erweiterung der Stadt müßte zumindest ein gewisser Bevölkerungsanstieg verbunden gewesen sein – schließlich brauchten wenigstens all die neuen Tempel Priester und sonstiges Personal. Die profanen Gebäude zu finden und auszugraben ist die Aufgabe, die sich sein Team für die Zukunft gestellt hat. Erste Geländeuntersuchungen haben zahlreiche Hinweise ergeben, wo es sich lohnen dürfte, den Spaten anzusetzen.

Bestens bekannt hingegen ist der krönende Abschluß des gesamten Neubauprogramms der Großreichszeit – ein Monumentalbau, der vielleicht sakral, vielleicht profan ist, auf jeden Fall aber gigantisch.

»Eindruck wollten sie damit machen, denke ich«, sagt Jürgen Seeher. Wir stehen mit ihm auf dem seltsamsten Festungsbauwerk, das wir bislang gesehen haben, und rätseln, was die Funktion dieser weltweit einmaligen, verteidigungstechnisch aber kuriosen Konstruktion gewesen sein mag.

Hattusas Oberstadt wurde im Süden von einem sich hufeisenförmig hinziehenden Höhenrücken umfaßt. Diesen machten die hethitischen Baumeister durch Erdaufschüttungen noch höher, und obendrauf setzten sie ihre neue Stadtmauer. Den südlichsten Abschnitt krönten sie außen mit einem mächtigen Bollwerk: Den natürlichen Hang verstärkten und ebneten sie mit weiteren Erdanschüttungen, und dann verkleideten sie ihn, links und rechts rechtwinklig in Richtung Mauer abknickend, mit weißem Kalkstein. Die Steinbrocken wurden keilförmig in die Erde eingelassen und erst anschließend zu der Schrägung geglättet, so daß sie uns heute wie Platten erscheinen. Dieser künstliche Wall war an seiner Basis

80 Meter dick, außen 30 Meter hoch und unten satte 250 Meter breit (s. Abb. 3).

Vielleicht war es kein Zufall, daß die Hethiter ihn etwas breiter als die Cheops-Pyramide angelegt hatten: Das Ganze macht noch heute, obwohl viele Platten verschwunden sind, den Eindruck einer gewaltigen Pyramide, der der obere Teil fehlt. Statt dessen erhob sich darüber die insgesamt rund 8 Meter hohe Verteidigungsmauer mit vier noch mal höheren, vorspringenden Türmen. In der Mitte prangte ein weiterer Turm mit einem prächtigen Tor, das innen und außen zu beiden Seiten von insgesamt vier Sphingen flankiert war. Außen führten von links und von rechts zwei enge, steile, in die gepflasterte Aufschüttung eingelassene Treppen mit 81 beziehungsweise 102 Stufen vom Tal zum Sphinxtor hinauf.

Ein weiterer, direkter Zugang in die Stadt (oder aus ihr heraus) befand sich unter dem Tor: Von der Oberstadt bis hinaus auf die Talsohle außen vor dem Wall verläuft tief unten an der Basis der künstlichen Aufschüttung ein Gang, eine weitere Poterne wie die unter der Altstadtmauer. Sie war noch vor Errichtung der Gesamtanlage gebaut worden, ist 3 bis 3,3 Meter hoch, 71 Meter lang und noch

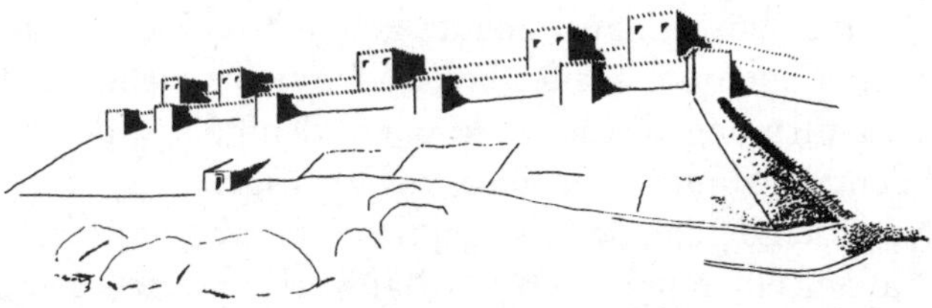

Rekonstruktion des Yerkapı-Bollwerks mit Befestigungsmauer. Die äußere, niedrigere Mauer mit den sechs Türmen wurde erst gegen Ende des 13. Jahrhunderts davorgesetzt. Damit verlor das Sphinxtor (im großen Turm in der Mitte) seine Funktion.

heute begehbar. Außen mündet sie in einem pultartig vorspringenden Torbau.

»Seinen türkischen Namen trägt der künstliche Wall nach dieser Poterne, ›Yerkapı‹ bedeutet ›Tor im Boden‹«, erläutert Jürgen Seeher. »Konstruiert wurde der Tunnel aus Bruchsteinblöcken in der sogenannten Kragtechnik, das heißt, der jeweils oben liegende Stein ragt etwas mehr nach innen als der unter ihm. So wird ein spitzdreieckiges Gewölbe gebildet, in das oben als Schlußsteine keilförmige Blöcke eingesetzt sind. Diese Konstruktion ist stabil, weil die Bruchsteinblöcke seitlich weit in den Erdwall hineinragen.«

Kann das ein Geheimgang gewesen sein, um Feinden außen vor der Mauer in den Rücken zu fallen? »Wohl kaum«, sagt Jürgen Seeher. »Der Ausgang ist weithin sichtbar und taugt kaum als Ausfallspforte. Außerdem konnte man mit Pfeil und Bogen damals auf höchstens 50 bis 60 Meter gezielt schießen, so daß die Verteidiger oben auf der Mauer dann ihre eigenen Leute unten gefährdet hätten.«

Überhaupt sei die gesamte Anlage kein Festungsbauwerk, meint er: »Der Böschungswinkel von 35 Grad ist nicht steil genug, geübte Krieger wären hier im Laufschritt hochgestürmt. Auch die Treppen links und rechts sprechen dagegen. Da sie eingetieft sind, hätten sie Feinden sogar noch zusätzlichen Schutz geboten. Ohnehin hätten Angreifer ein Stück weiter links oder rechts viel einfacher eine Erstürmung versuchen können, denn da ist der Wall, auf dem die Stadtmauer steht, viel niedriger.

Nein, ich denke, daß der gepflasterte Wall von Yerkapı vor allem ein repräsentatives Bauwerk gewesen ist, mit dem Macht und Größe der Stadt, des Staates und beziehungsweise oder der Religion zum Ausdruck gebracht werden sollten. Für von Süden kommende Reisende muß der weiß leuchtende Wall mit Stadtmauer und Türmen eine beeindruckende, weithin sichtbare Landmarke gewesen sein. Und stellen Sie sich vor, wie minderwertig sich ein kleiner Provinzfürst vorgekommen sein muß, der dort unten vor dem Riesenbau untertänigst auf Einlaß wartete. Das Ganze ist eindeutig auf den optischen Eindruck hin angelegt.«

Folgt man der Befestigungsmauer nach Westen, kommt man zum Löwentor (s. Abb. 7), in entgegengesetzter Richtung liegt das Königstor. Beide wurden nach den sie zierenden Figuren benannt: einem Löwenpaar und dem Relief einer männlichen Gestalt, die, wie wir heute wissen, keinen König, sondern einen Gott darstellt. Da er Schwert und Streitaxt trägt, kann es sich um einen Kriegsgott gehandelt haben, vielleicht aber auch um Sarruma, den persönlichen Schutzgott Tudhalijas IV., der den Ausbau der Oberstadt weiter vorangetrieben hat (s. Kap. 19). Beide Tore waren jeweils von zwei mächtigen Türmen flankiert;

Zeichnung des Königstors, Ansicht von außen, im oberen Bereich rekonstruiert. Das Relief befindet sich an der Innenseite.

die Toröffnung dazwischen war nicht rechteckig, sondern, wie bei den Hethitern häufig, parabelförmig. Verschlossen wurden die Tore innen und außen mit zwei massiven doppelflügeligen Türen, die man des Nachts verriegelte und sogar versiegelte.

Peter Neve, der von 1978 bis 1993 die Ausgrabungen in Hattusa leitete, zog auf seinem Stadtplan durch die drei Haupttore der Oberstadt – Sphinx-, Königs- und Löwentor – Linien, die sich im Nişantepe schnitten, der mitten in der Oberstadt aus dem Hang hervorspringenden Felskuppe; zu dem »Felsgipfelhaus«, das einst hier stand, führte der Weg durch ein ebenfalls von Sphingen bewachtes Tor.

Die gesamte Erweiterung der Stadt, schlußfolgerte Peter Neve, war durchgeplant und, soweit das natürliche Gelände es erlaubte, auf Symmetrie angelegt. Er sah in diesem Teil der Stadt daher – und vor allem wegen der vielen Tempel – einen gigantischen »heiligen Bezirk«. Gut die Hälfte des gesamten Stadtareals hätte demnach in der Spätzeit des Großreichs sakralen Zwecken gedient. Dazu paßt, daß die Hethiter viele religiöse Kulte in ihrer Hauptstadt zusammenzogen und auch vielen verschleppten Gottheiten hier eine neue Heimstatt bieten mußten (s. Kap. 4). Und das mächtige Bollwerk von Yerkapı war für Peter Neve ebenfalls in religiöse Riten eingebunden: Ein Prozessionsweg habe von den Tempeln der Oberstadt durch das Königstor hinaus über die Treppen zum Sphinxtor und von dort wieder durch das Löwentor zurück in die Stadt geführt.

»Diese Theorie der Torachsen und der Symmetrie haben wir durch neue Geländevermessungen widerlegt«, berichtet Jürgen Seeher. »Die Achse des Sphinxtors läuft direkt westlich am Nişantepe vorbei; von der Achse des Löwentors wird sie 130 Meter südlich des Nişantepe geschnitten; die Achse des Königstors verläuft noch weiter südlich und schneidet die Achse des Sphinxtors 220 Meter südlich des Nişantepe sowie die Achse des Löwentors etwa 100 Meter südlich von Sarıkale.«

Also doch kein »heiliger Bezirk«?

»Nun ja, das Sphinxtor war keinesfalls ein normales Stadttor«, räumt Jürgen Seeher ein, »da es von außen nur über die beiden steilen Treppen an den Seiten des Walls zu erreichen war. Im Gegensatz zum Löwentor wiesen hier zwei der Sphingen, und zwar fast vollplastische, zur Stadt hin, nicht nur nach außen, und auf der Innenseite war das Tor überhaupt nicht verschließbar. Das läßt durchaus an den Eingang zu einem Heiligtum denken. Die Tür auf der Außenseite wurde vielleicht nur zu besonderen Anlässen geöffnet: Der Wall von Yerkapı könnte eine gewaltige Bühne für Kultfeste gewesen sein, vor der außen die Zuschauermenge darauf wartete, daß sich oben das Sphinxtor öffnete und zum Beispiel ein Priester mit einem Kultbild erschien.

Was aber Prozessionen angeht«, führt er seine Überlegungen fort, »ist die Anlage dafür recht wenig geeignet; stellen Sie sich vor, auf den engen, steilen Stiegen wäre ein Statuenträger gestrauchelt! Das hätte man bestimmt als böses Omen interpretiert: Die Standbilder waren ja nicht Sinnbilder, sondern Verkörperungen der Gottheit, und wenn ein Sterblicher seinen Gott fallen ließ – das hätte nur als Katastrophe gelten können. Ich zweifle, ob man solche Risiken bei Kulthandlungen eingegangen ist. Aber wie auch immer, Spekulationen sind hier kaum Grenzen gesetzt.«

Eine weitere Besonderheit der Oberstadt sieht Jürgen Seeher etwas profaner als sein Vorgänger. Die Archäologen fanden mehrere künstliche Teiche, von denen vier schon im 16. oder 15. Jahrhundert, also vor der großen Ausbauphase, angelegt worden waren. Diese älteren, die Südteiche, lagen nordwestlich vom Sphinxtor auf dem dreieckigen Plateau unmittelbar hinter der Stadtmauer (sie sind auf dem Plan nicht eingezeichnet, weil die Arbeiten daran derzeit noch nicht abgeschlossen sind); von den jüngeren, den beiden Ostteichen, entdeckte den einen bereits Peter Neve auf dem großen Plateau östlich vom Nişantepe, südlich der Burg, und unterhalb dieses Wasserbeckens konnte er zwei künstlich angelegte Grotten rekonstruieren, die sich durch die ältesten bekannten echten Steingewölbe auszeichneten (die im Unterschied zur Kragsteintechnik selbsttragend waren). »Göttlicher Weg in die Unterwelt« wurden solche Grotten genannt, und Peter Neve deutete das Becken darüber folglich als »heiligen Teich«.

Abermals relativiert Jürgen Seeher die Interpretation seines Vorgängers: »Einige Jahre später haben wir den zweiten, direkt daneben liegenden Ostteich gefunden. Aufgrund dessen schien es mir sinnvoller, anstelle von nun gleich zwei heiligen Teichen hier eher Nutzwasserbecken zu sehen: Die Trennung in zwei kleine Einheiten anstelle von einem großen Teich, der auch möglich gewesen wäre, deutet auf Risikominimierung und separate Bewirtschaftung von unabhängigen Reservoiren hin. Dasselbe gilt für die Südteiche: Auch dort hätte man einen einzigen Teich machen können, hat aber vier separate angelegt.«

Heilig oder weltlich war damals ohnehin nicht so zu trennen, wie wir das heute gewohnt sind. Solche Teiche können gut beiden Zwecken zugleich gedient haben: zum einen dem Kult einer Quell- oder Unterweltgottheit, zum anderen ganz profan als Wasservorrat für die Bevölkerung. Das wäre kein Widerspruch gewesen. Und nicht zuletzt: Wenn in 3000 Jahren zukünftige Archäologen irgendwo in den Alpen eine Staumauer ausgraben, finden sie möglicherweise auch die Kruzifixe, die heute da stehen, und vielleicht sogar eine Kapelle am Ufer. Würden sie unseren energiewirtschaftlichen Zweckbau folglich als »heiligen Stausee« interpretieren?

Ganz bestimmt kultischen Zwecken diente der Große Tempel mitten in der Unterstadt; trotz des Ausbaus des Tempelbezirks in der Oberstadt war er nach wie vor das religiöse Zentrum sowohl der Sadt als auch des gesamten Reichs. Dem Wettergott von Hattusa und der Sonnengöttin von Arinna war er geweiht, den Hauptgottheiten des Landes. Als Doppeltempel verfügte er im Allerheiligsten über gleich zwei Kulträume. Beide hatten Wandsockel aus Gabbro, einem wunderschönen dunkelgrünen Tiefengestein. Die Farbe Grün war im Kult wohl von spezieller Bedeutung, obwohl den Schriftquellen nichts darüber zu entnehmen ist: Gleichfalls im Großen Tempel fand sich ein sorgfältig geglätteter Monolith aus grünem nephritartigen Material; seine Bedeutung für die Hethiter ist noch völlig unklar (modernen lokalen Legenden zufolge sollen sich Reichtum und Kindersegen einstellen, wenn man ihn berührt).

Der heute sichtbare Komplex stammt wahrscheinlich aus dem 13. Jahrhundert v. u. Z. und steht auf einer bis zu 8 Meter hoch aufgeschütteten Terrasse, mit der leider ältere Bauten überdeckt wurden. Allseitig war das Hauptheiligtum von großen zweigeschossigen Magazinbauten mit rund 200 Räumen umgeben. Hier lagerten die Tempelschätze und Vorräte; noch heute stehen zwischen den Grundmauern gigantische, aus Ton gebrannte Vorratsgefäße, die bis zu 2000 Liter fassen konnten: Getreide, Öl, Wein, Hülsenfrüchte. Doch auch Verwaltungsräume und ein umfangreiches Keilschrifttafel-Archiv fanden die Archäologen hier.

Jenseits einer Straße stand ein großer Bau von 5300 Quadratmeter; in einem darin gefundenen Keilschriftfragment ist von einem »Haus der Arbeitsleistung« die Rede. Falls sich der Text auf dieses Gebäude bezieht, waren hier also Arbeitsplätze und vielleicht auch Wohnstätten für das Tempelpersonal untergebracht. Der Zugang zu diesem

Gebäude lag genau gegenüber von einem Seitentor, das zum Haupteingang des Tempels führte. Und es war der einzige Zugang – da könnte man sich allerdings fragen, ob in diesem »Haus der Arbeitsleistung« alle freiwillig ihre Arbeit leisteten.

Der andere zentrale Pol Hattusas war seit eh und je der Palast auf dem Burgberg Büyükkale. Natürlich wurde auch dieser Bereich mehrfach neu bebaut und umgestaltet. Auf das Felsplateau gelangte man über einen Viadukt, der den Taleinschnitt südwestlich davon überspannte; er war breit und stabil genug, daß auch Pferdewagen zur Burg hinauffahren konnten: Versierte Brückenbauer waren die Hethiter also auch. Das äußere Burgtor zierten Löwenreliefs ähnlich denen am Löwentor in der Oberstadt. Dahinter fanden die Archäologen den ältesten bekannten »roten Teppich«: Der weiterführende Weg in den Palast hinein war mit roten Steinplatten gepflastert.

In der Großreichszeit gliederte sich das rund 250 mal 140 Meter große Areal in vier hintereinanderliegende, durch Tore abgetrennte Höfe; eines davon zierten abermals Löwen. Die Höfe waren teils von Kolonnaden, teils von zahlreichen Palastbauten umschlossen: Residenzen für die höchstrangigen Palastbeamten, ein kleiner Tempel (die »Schloßkapelle«), Unterkünfte für Wachen und Personal, Archiv- und Vorratsräume. Das größte Bauwerk am dritten, zentralen Burghof diente wohl der staatlichen Repräsentation; das Obergeschoß bestand aus einem einzigen großen Saal von 32 Meter Seitenlänge, dessen Decke auf 25 Pfeilern ruhte: offensichtlich die Audienzhalle der Großkönige von Hattusa. Hier hielt der mal mächtigste, mal zweitmächtigste Herrscher der damaligen Welt Hof.

Und wenn er gerade nichts zu tun hatte, genoß er von seinen Privatgemächern die schönste Aussicht auf die

Stadt und die Schlucht, die das Gelände zu bieten hat: In den zwei Palastbauten am vierten, nordöstlichen Burghof lagen die Privaträume des Großkönigs und seiner Familie. (Daß es zwei waren, erklärt sich vielleicht aus dem manchmal lästigen Umstand, daß die Großkönigin, die Tawananna, nicht immer die Gattin des Großkönigs war.)

Auf dem Burgberg stellten zwei Zisternen die Wasserversorgung sicher, wenn die tiefer am Weg in die Unterstadt gelegene Quelle einmal nicht zu erreichen war oder zu wenig Wasser führte. Außerdem fanden die Wissenschaftler in der Palastanlage zwei Wasserbecken – ein kleineres im Tempel, ein größeres in einem Seitenhof –, auf deren Grund Opfergefäße lagen. Letztere lassen auf Kulthandlungen schließen, das größere Becken aber könnte

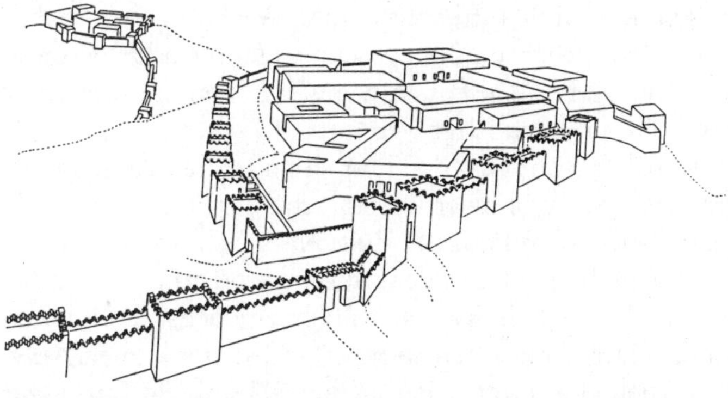

Rekonstruktion der Palastanlage auf dem Burgberg Büyükkale, Ansicht von Südwesten, Zustand gegen Ende des 13. Jahrhunderts. Links im Vordergund die südliche Befestigungsmauer der Alt- oder Unterstadt (»Poternenmauer«); links hinten das ebenfalls befestigte Felsmassiv Büyükkaya, wo die ältesten Besiedelungsspuren gefunden wurden. Zwischen den beiden Erhebungen liegt die Schlucht, die von der äußeren Stadtmauer – wie im Hintergrund ein Stück weit zu sehen – durchquert wurde.

Jürgen Seeher zufolge zugleich als Löschwasserreservoir gedient haben.

Und natürlich kümmerten sich die hethitischen Baumeister auch um die Entsorgung: Ein kunstvolles Kanalsystem leitete Abwässer diskret aus dem Palastbereich heraus.

Um die beiden Pole Tempel und Palast spielte sich überall in der Stadt das normale Leben ab – sofern man in diesem riesigen Kult- und Verwaltungszentrum eines gewaltigen Großreichs überhaupt von normalem Leben sprechen konnte. Mit dem Alltag auf dem Land dürfte jener in Hattusa wenig zu tun gehabt haben, denn in der Hauptstadt wohnte ja vor allem die Oberschicht samt ihrer Dienerschaft, waren die Experten wie Schreiber, Goldschmiede, Baumeister und Händler wie Handwerker samt ihren Familien und Hilfskräften zu Hause. Auch Tavernen gab es schon: Natürlich mußten in einer Hauptstadt wie dieser jede Menge Besucher auch weniger hohen Standes untergebracht und verköstigt werden.

Nördlich vom Großen Tempel haben die Archäologen ein typisches Wohnviertel erforscht. Auch hier wechselte die Bebauung im Lauf der Zeit. Natürlich war sie wesentlich kleinteiliger als auf dem Burgberg oder in den Tempelbezirken, aber keineswegs ärmlich. Zunächst dominierten kleine Häuser mit offenem Innenhof, später kamen größere Hallenhäuser mit überdachter Wohnhalle auf – was angesichts der strengen Winter in Zentralanatolien sicherlich die komfortablere Lösung war. Die Wohnhäuser hatten mehrere Räume und waren mit Herdstellen und Backöfen ausgestattet. Und mit Badewannen: Der großzügige Umgang mit Wasser war keineswegs den Menschen im Palast und in den Tempeln vorbehalten. Eine tiefe, fast quadratische aus Ton gebrannte Sitzbadewanne ist noch heute im örtlichen Museum zu bewundern. An der Seite hat sie sogar zwei Tragegriffe – obwohl sie mit Wasser gefüllt kaum zu transportieren sein dürfte, so groß ist sie.

Die gesamte Stadt war bestens mit Wasser versorgt. Von den zahlreichen, über das gesamte Areal verstreuten Quellen spenden auch heute noch einige gutes Trinkwasser. Zusätzlich führten die Hethiter aus Quellen in den Bergen südlich der Stadt weiteres Wasser heran, und zwar schon über geschlossene Rohrleitungen aus gebranntem Ton. Zum Teil wurden damit auch die künstlichen Teiche gespeist, was deren Funktion als Zwischen- oder Ausgleichsspeicher noch plausibler macht. Die Bewohner holten sich ihr Frischwasser meist an Zapfstellen, die über die Stadt verteilt waren. Wegtragen mußten sie es nicht: Ihre Häuser verfügten über eigene Anschlüsse an ein unter den Straßen und Gassen verlaufendes Kanalsystem, das wie auf dem Burgberg das Abwasser entsorgte. Und dieses war keineswegs primitiv, sondern schon recht elaboriert; die Archäologen fanden einen regelrechten Kanaldeckel: eine Kalksteinplatte, in die mit bewährter Technik in geometrisch exakter Anordnung Löcher gebohrt waren, durch die das Wasser in den darunterliegenden Kanal ablaufen konnte.

Mit anderen Worten: Die Hethiter hatten in der Wasserwirtschaft ein Niveau erreicht, das weit über dem jeder mittelalterlichen Stadt Europas lag. Besuchern aus Ländern, die weniger mit dem lebensnotwendigen Naß gesegnet waren, muß Hattusa wie das Paradies vorgekommen sein. Zwar waren Ägypter und Babylonier dank der großen Flüsse auch gut mit Wasser versorgt, aber an jeder Ecke leckeres, kühles und vor allem absolut klares Quellwasser zu bekommen – das hat die Boten und Diplomaten aus anderen Reichen sicher sehr beeindruckt.

»Du wirst Brot essen und Wasser trinken«, lautete der rituelle hethitische Spruch, mit dem man dem Gegenüber zusicherte, daß es ihm an nichts mangeln werde. (Hingegen wurde das reale, lebensnotwendige Minimum an Nahrungsmitteln Gerichtsprotokollen zufolge mit der Metapher »Brot und Bier« ausgedrückt.) An Wasser herrschte in Hattusa wahrlich kein Mangel, für Brot war reichlich gesorgt: Riesige Mengen Getreide horteten die Hethiter in ihrer Hauptstadt, so große, daß die Bauern der umliegenden Weiler, die die Städter mit den alltäglichen Nahrungsmitteln versorgten, sie allein überhaupt nicht hätten liefern können. Aus dem gesamten Reich beziehungsweise seinen »Kornkammern« wurde es zusammengetragen und bevorratet. Und hier wurde es auch umverteilt; allerdings ist noch nicht ganz klar, wie die zentralwirtschaftlichen Elemente der hethitischen Ökonomie im Detail funktionierten und welche Rolle die Hauptstadt beziehungsweise die Königssippe dabei spielte.

Auf jeden Fall bildete die zentrale Vorratshaltung einen wichtigen Teil der Machtbasis des Herrschers; nur so konnte er im Fall von Mißernten oder feindlichen Einwirkungen die Kontinuität des Systems gewährleisten, und nur so konnte er auch längere Kriegszüge riskieren, während der weniger Felder bestellt wurden und gleichzeitig der Bedarf an Vorräten für die Krieger und Streitwagenpferde erheblich war.

Gelagert wurde das Getreide – vielleicht waren es zu einem kleineren Teil auch getrocknete Hülsenfrüchte – in kunstvoll angelegten Silos.

Elf solche unterirdischen Gruben aus dem 13. Jahrhundert v. u. Z. haben die Archäologen bislang auf dem Felsmassiv Büyükkaya im Nordosten der Stadt gefunden. Die größte davon maß 12 mal 18 Meter und war mindestens 2 Meter tief. Die Böden der Gruben waren gepflastert und hatten eine Drainage zur Ableitung von eventuellem Wasser. Die Wände waren mit einer sehr tonhaltigen Erde verputzt, die gut isolierte. Die Gruben wurden mit Stroh ausgekleidet, dann füllte man das Getreide ein, darüber kam eine dicke Erdschicht.

Das Getreide lagerte also trocken und unter Luftabschluß: Nach Versiegelung der Gruben wurde durch biologische Prozesse der letzte Rest von Sauerstoff verbraucht und dabei noch zusätzlich Kohlendioxid freigesetzt. Unter solchen Bedingungen können Getreideschädlinge nicht überleben: Ratten und Mäuse am allerwenigsten, aber auch keine Kornkäfer oder sonstige Insekten und selbst Pilze (also Schimmel) und Hefen nicht.

Diese Lagerungsmethode haben die Menschen an vielen Stellen der Erde unabhängig voneinander anhand ihrer Erfahrungen entwickelt; sie wurde auch in anderen Ländern der Bronzezeit angewandt, genauso nutzten sie amerikanische Ureinwohner, und sie ist noch heute in Ländern der Dritten Welt wie auch mancherorts in Anatolien verbreitet. Das Getreide ist bei diesem Verfahren jahrelang halt- und genießbar, mit etwas Glück sogar jahrzehntelang.

Allerdings waren die auf Büyükkaya gefundenen Gruben leer, ein letzter Beweis für die Silo-Theorie fehlte.

»Manche Kollegen wollten die Geschichte mit den Erdsilos nicht so recht glauben«, berichtet Jürgen Seeher vom Sommer 1999. »Aber jetzt haben wir den schlagenden Beweis, im wahrsten Sinne des Wortes schwarz auf weiß – schwarz verkohltes Getreide auf weißen, ausgeglühten Strohschichten. Wir haben einen riesigen Getreidespeicher teilweise ausgegraben – 118 Meter lang, 33 bis 40 Meter breit und in 32 Kammern unterteilt –, und das tollste war, daß ein Drittel dieses Komplexes von Erdsilos abgebrannt ist. Um nur in vier Kammern in kleinen Suchschnitten bis zum Boden vordringen zu können, haben wir allein 4 Tonnen verkohltes Getreide geborgen – Hunderte von Tonnen liegen da noch. Das ist eine absolut sichere Bestätigung unserer Speicher auf Büyükkaya, denn die Befunde sind absolut identisch. Den größten Gewinn davon haben aber die Botaniker, denn in dem Getreide – es handelt sich um Gerste und Weizen – finden sich auch jede Mengen Samen von damals mitgeernteten Unkräutern und Nutzpflanzen, die jetzt untersucht werden können.«

Wie ^{14}C-Messungen ergaben, brannte diese Anlage in der Unterstadt hinter der Südmauer schon im 16. Jahrhundert, was zusammen mit den jüngeren Gruben beweist, daß das Siloverfahren über Jahrhunderte hinweg angewandt und nicht nur vorübergehend in Notzeiten praktiziert wurde, wie das einige Wissenschaftler für die Gruben auf Büyükkaya angenommen hatten.

Die 32 Kammern des Erdsilos in der Unterstadt konnten nach Berechnungen von Jürgen Seeher mindestens 6000 bis 8000 Kubikmeter Getreide fassen. Eine solche Menge reicht aus, um den jährlichen Grundbedarf an Nahrungskalorien von 20000 bis 25000 Menschen zu decken – weit mehr, als das damals noch kleinere Hattusa Einwohner hatte. Und dieser Komplex war wohl nicht der einzige Vorratsspeicher; allein in der Unterstadt gibt es noch mehrere andere Kandidaten für solche Silos, und zusätzlich hortete der Große Tempel seine eigenen Vorräte. Damit ist klar, daß hier nicht nur ein Grundnahrungsmittel lagerte, sondern ein Teil des Staatsschatzes, ein Machtfaktor.

Doch als man gegen Ende des 13. Jahrhunderts die letzten Silogruben auf Büyükkaya beschickte, muß dieser Staatsschatz in großer Gefahr gewesen sein: Man änderte die Befestigungsanlagen auf dem Felsmassiv so ab, daß noch nicht einmal mehr die Einwohner der Stadt herankamen und nur ein einziger, gut bewachter Zugang blieb. Maßnahmen dieser Art verheißen nie etwas Gutes, und die letzten Tage Hattusas waren zu diesem Zeitpunkt bereits gezählt.

Kapitel 13

Die Macht wird gefestigt

Diesmal war kein meuchelnder Anverwandter schuld: Arnuwanda II. (1320–1318 v. u. Z.), dem Sohn von Suppiluliuma und damit rechtmäßigen Thronfolger, war keine lange Regierungszeit vergönnt – rund 18 Monate, schätzen die Fachleute. Er hatte sich dieselbe Krankheit zugezogen, an der schon sein Vater verschieden war.

Seite an Seite hatte Arnuwanda mit Suppiluliuma gekämpft und sich dabei einen Ruf als hervorragender Heerführer erworben. Normalerweise hätte das seine Aufgabe, das Großreich zusammenzuhalten, sehr erleichtert. Denn wie so oft versuchten etliche Vasallen, anläßlich des Thronwechsels gegen Hattusa aufzubegehren. Doch von jener grassierenden Krankheit gezeichnet, gelang es Arnuwanda II. kaum, seine Ansprüche mit militärischen Mitteln durchzusetzen.

Wenigstens sorgten tatkräftige Mitstreiter dafür, daß nicht alles noch schlimmer wurde: Im Unteren Land diente noch immer Hannutti, der erfolgreich gegen die Kaskäer gekämpft hatte, als Statthalter, und Arnuwandas jüngere Brüder sicherten wie gehabt das Reich im Süden: In Karkamis war Sarrikusuh Vizekönig, in Halpa Telipinu.

Um wieviel schwerer hatte es da der nächste Thronfolger, der noch ein unbeschriebenes Blatt war und deshalb von seinen Feinden geradewegs verspottet wurde:

»Du bist ein Kind, und du verstehst nichts, du nötigst mir keinen Respekt ab. Zur Zeit ist dein Land zugrunde gerichtet und deine Truppen und deine Wagenkämpfer sind wenig geworden. Gegen deine Truppen sind meine Truppen mehr; gegen deine Wagenkämpfer sind meine Wagenkämpfer mehr. Dein Vater hatte viele Truppen und Wagenkämpfer; aber du, der du ein Kind bist, wie wirst du ihm gleich kommen?«

Der da so lächerlich gemacht wurde, war in Wirklichkeit ganz und gar kein Kind mehr, aber relativ jung – wohl Anfang Zwanzig – und ziemlich unerfahren. Auf seine Rolle als Großkönig hatte ihn niemand vorbereitet, denn nicht er war ursprünglich der nächste Thronanwärter gewesen, sondern der Sohn des früh verstorbenen Arnuwanda II. Aber dieser erlag noch vor dem Vater der Krankheit. Die älteren Brüder Sarrikusuh und Telipinu, die wesentlich mehr Kriegs- und Regierungserfahrung besaßen, waren als Vizekönige offenbar von der Thronfolge ausgeschlossen. Somit setzte man auf den Eisenthron gerade in dieser Krisensituation – offensichtlich ohne die sonstigen blutigen Auseinandersetzungen – ihn, den Jüngsten, und traf damit letzten Endes keine schlechte Wahl: Mursili II. (1318–1290) regierte das Land fast drei Jahrzehnte lang mit großem Erfolg.

Dabei sah es anfangs – der Spott traf ihn nicht ganz ungerechtfertigt – alles andere als rosig aus. Die Vasallen, die schon gegen seinen ältesten Bruder aufbegehrt hatten, erklärten auch ihm den Krieg; zu ihnen gesellten sich weitere, die sich bislang nicht getraut hatten, nun aber Hattusa für schwach genug hielten: Von Westen her griffen die Arzawa-Länder nach der Macht in ganz Anatolien. Und natürlich witterten etliche Kaskäer mal wieder ihre Chance. In den letzten Tagen Arnuwandas II. hatte man den getreuen Hannutti vom Unteren Land nach Ishupitta geschickt, um den Kaskäern dort Einhalt zu gebieten, doch zu allem Unglück war dieser unterwegs gestorben.

Mursili II. muß ein zutiefst religiöser Mensch gewesen

sein. Denn angesichts des schier nicht zu bewältigenden Berges von gleichzeitig drängenden Problemen nahm er sich die Zeit, erst einmal um höheren Beistand zu bitten: Sein Vater Suppiluliuma, berichtete er in seinen Annalen, hatte wegen des Krieges gegen Mittanni die Feste der Sonnengöttin von Arinna nicht feiern können. Dies holte er nun nach und betete zu ihr:

»Sonnengöttin von Arinna, meine Herrin! Die umliegenden Feindesländer, die mich klein schimpften und ... deine Gebiete zu nehmen immer und immer wieder bestrebt waren, du, Sonnengöttin ... komm zu mir herab und schlage jene umliegenden Feindesländer vor mir!«

Sie erhörte ihn.

Sein erster Vorstoß führte Mursili II. nach Norden. Die Kaskäer-Stadt des Landes Turmitta (das ansonsten hethitisch war) und die Kaskäer-Länder Halila und Dudduska wurden geschlagen. Bei den beiden letzteren wandte Mursili die von seinem Vater entwickelte Taktik der verbrannten Erde an: Sie wurden in Schutt und Asche gelegt, Gefangene, Rinder und Schafe nach Hattusa verschleppt.

Daraufhin zogen weitere Kaskäer gegen ihn in die Schlacht, vor allem aus dem Land Ishupitta jenseits des Oberen Landes. Mursili schlug auch sie und brachte wieder Vieh und Gefangene heim. Noch im selben Jahr mußte er abermals Turmitta niederringen, in diesem und im folgenden noch zweimal Ishupitta sowie Tipija, Kathaidduwa und im dritten Jahr Palhuissa.

Zu diesem Zeitpunkt hätte er sich eigentlich schon um Wichtigeres kümmern müssen: um die Arzawa-Länder.

Pergamon, Ephesos, Milet, Ayvalık, Çeşme, Kuşadası, Altınkum, Bodrum, dazu vielleicht noch Lesbos, Chios und Samos: Was wie der Traumzielkatalog kulturbeflissener Sonnenanbeter klingt, das war in etwa die Gegend, die

die Hethiter unter dem Sammelbegriff »Arzawa-Länder« verstanden. Wer heute einen Charterflug nach Izmir bucht, gelangt direkt in ihr ehemaliges Zentrum, das Land Mira. Seine Hauptstadt hieß Abasa. Daraus wurde Ephesos. Doch diesen Namen gaben dem Ort erst die Hellenen. Die frühen Griechen, die Mykener, waren längst da, als Mursili regierte. Sie hatten in Millawanda, in Milet, um 1375 einen zuvor minoischen Außenposten übernommen, und wahrscheinlich besaßen sie auch auf den der Küste vorgelagerten Inseln Stützpunkte – wenn sie diese nicht sogar ganz beherrschten.

Die Hethiter des 14. Jahrhunderts betrachteten das Land Millawanda – einen schmalen Küstenstreifen nördlich und südlich von Milet – als dem Reich Ahhijawa zugehörig. Wenn man bedenkt, daß die zwei »h« der Umschrift wie im Rachen kratzende »ch« auszusprechen sind, ist klar, daß damit die Achaier oder Achäer gemeint sind – die mykenischen Griechen eben, die zu jener Zeit das östliche Mittelmeer beherrschten.

Die Westküste Kleinasiens, die mit Mursilis Kriegszügen endgültig ins Blickfeld der Hethiter rückte, war die Schnittstelle der hethitisch-luwischen mit der frühgriechischen Kultur; hier fanden nicht nur Kriege, sondern auch materielle wie ideelle Austausch- und Lernprozesse statt, die bislang noch wenig erforscht sind; deutlich wird das

Nahezu ein Jahrhundert hat es gedauert, bis sich in der Hethitologie die Identifizierung Ahhijawas mit der Heimat der Achäer durchsetzte. Einige Wissenschaftler fürchteten die linguistische »Sirene des Gleichklangs« so sehr, daß sie jeden Versuch in dieser Richtung mieden wie der Teufel das Weihwasser. Der Historiker Fritz Schachermeyer merkte dazu süffisant an, daß einige Kollegen Ahhijawa »lieber auf dem Mond als auf dem griechischen Festland lokalisieren« würden, als den anderen recht zu geben.

im nördlich von Arzawa gelegenen Land Wilusa (s. Kap. 20). Spätestens mit Mursilis Griff nach Westanatolien wird die Geschichte des Hethiter-Reichs auch Teil der europäischen, unserer Frühgeschichte.

Doch von vorn: In Arzawa hatten interne Streitigkeiten dazu geführt, daß der dort als Thronfolger vorgesehene Mashuiluwa nach Hattusa ins Exil gegangen war, wo man ihn mit Wohlwollen aufgenommen und ihm sogar eine Tochter Suppiluliumas zur Frau gegeben hatte. Nur das Versprechen, ihm zu seinem Thron zu verhelfen, hatte man bislang nicht einlösen können. Nachdem nun Mursili im Norden die Kaskäer fürs erste zurück in die Berge getrieben hatte und seine Brüder, die Vizekönige von Karkamis und Halpa, ihm im Süden und Südosten den Rücken freihielten, hinderte ihn nichts mehr, seinem Schwager Mashuiluwa diesen Gefallen zu tun und Arzawa für ihn »zurückzuerobern«.

Das wahre Motiv wird allerdings die Machtfrage in Zentralanatolien gewesen sein. Zum einen ging es darum, eine Neuauflage von Ägyptens Brautschau-Flirt mit Arzawa zu verhindern; zum anderen fürchteten die Hethiter wohl auch, daß Ahhijawa sich via Arzawa auf dem anatolischen Festland breitmachen könnte. Denn der Großkönig von Hattusa ließ zunächst nicht Arzawa, sondern das ahhijawische Millawanda angreifen: Es wurde zerstört. Die Archäologen haben zwischen der ersten und der zweiten mykenischen Siedlungsphase in Milet eine Brandschicht gefunden, die bestätigt, was Mursili in seinen Annalen berichtet.

Als nächstes stellte sich Mursili, von seinem Bruder Sarrikusuh und den Truppen aus Karkamis unterstützt, am Fluß Astarpa (am Oberlauf des Mäander) der Entscheidungsschlacht, die er gewann. Die Hauptstadt Abasa wurde danach kampflos eingenommen. Der König Uhhaziti, ein Bruder des vertriebenen Mashuiluwa, floh »übers

Meer«, also zu den Achäern. Viele seiner Landsleute gingen mit ihm. Andere flüchteten sich in die Stadt Puranda oder ins Arinnanda-Gebirge; Mursili beschrieb es als »steil, ins Meer geht es hinaus, ferner [ist es] sehr hoch und unzugänglich, felsig, und mit Pferden hinaufzufahren ist unmöglich«. (Heute ist diese schöne Halbinsel direkt gegenüber von Samos, die in der Antike Mykale hieß, ein gepflegter Nationalpark mit schönen Grill- und Badeplätzen.) Da er seine Streitwagen nicht einsetzen konnte, verlegte er sich auf eine klassische Belagerungsstrategie und hungerte die dort Eingeschlossenen aus. 15 500 von ihnen ließ er als Gefangene nach Hattusa bringen; noch viel mehr sollen seine Mitstreiter verschleppt haben.

Den Winter verbrachte er mit seinen Truppen am Astarpa, um im folgenden Jahr die Stadt Puranda zu belagern und sich die Flüchtlinge aus Abasa zu holen, die ihm seinem Rechtsverständnis nach als Gefangene zustanden. Puranda wurde nicht ausgehungert, sondern »ausgedörrt« – die Hethiter schnitten den Bewohnern einfach die Wasserzufuhr ab, bis auch diese letzte Bastion von Uhhazitis Dynastie genommen war.

Insgesamt soll Mursili II. bei diesen Kriegszügen 65 000 Gefangene gemacht und nach Hattusa deportiert haben. Arzawa teilte er in Mira (das Kernland), Haballa (nordöstlich davon) und Seha (nordwestlich davon, am gleichnamigen Fluß) auf. Er setzte Vasallenkönige ein, in Mira natürlich seinen Schwager Mashuiluwa. Alle drei Länder wurden mit inhaltlich aufeinander abgestimmten Verträgen an Hattusa gebunden und bildeten fortan im Rahmen des Großreichs unter Führung von Mira eine Art Staatenverbund.

Was nicht heißen soll, daß im übrigen Reich alles zum besten stand. Nach einer wohlverdienten Winterpause im heimischen Hattusa besiegte Mursili II., mittlerweile in seinem fünften Regierungsjahr, die Kaskäer, die das Bergland Asharpaja besetzt und damit den Weg ins Land Pala blockiert hatten: »Das Bergland Asharpaja aber machte ich leer.« Anschließend wandte er sich dem Land Arawanna zu, angeblich weil es während Suppiluliumas Kriegszügen gegen Mittanni ständig das Land Kissija überfallen hatte, und plünderte es nach demselben Muster: »Und was ich … aus dem Land Arawanna … hergeführt habe, das waren 3500 Gefangene; was die Herren, Fußtruppen und Wagenkämpfer von Hattusa aber an Gefangenen, Rindern und Schafen heimgeführt haben, war unmöglich zu zählen.«

Im Jahr darauf zog er gegen Kaskäer aus Ziharrija, die »zu Zeiten meines Großvaters das Bergland Tarikarimu mit Gewalt besetzt [hatten] … und sie überfielen Hattusa und bedrängten es sehr«. Doch dank göttlichen Beistands – den Mursili ständig betonte – blieb er auch hier siegreich: »Das Bergland Tarikarimu aber machte ich leer, und das ganze Land Ziharrija verbrannte ich.«

All diese »Länder« im Norden – über ihre Größe ist nichts bekannt – sind noch nicht genau lokalisiert, aber das ist auch nicht so wichtig. Interessant ist die einheitliche Strategie, von der sich Mursili wohl den seit Generationen ersehnten dauerhaften Erfolg gegen die Kaskäer versprach: Bevölkerung und Vieh verschleppen, verbrannte Erde zurücklassen.

Was machte Mursili mit all diesen Gefangenen? Einer Schätzung zufolge sollen es allein in den ersten fünf Jahren 100 000 gewesen sein. In Anbetracht seiner alljährlichen Kriegszüge brauchte er sicherlich ständig Nachschub für die Truppen – um so mehr, je größer das Reich wurde –, auch siedelte er viele von ihnen samt Frauen, Kindern und

Vieh in eroberten Landstrichen an, deren Bevölkerung woandershin verschleppt worden war. Den gewaltigsten Bedarf an Menschen aber hatte das Großreich selbst, unter dessen Bevölkerung der fürchterlichste, weil absolut unbesiegbare Feind wütete.

Die heimtückische Krankheit, der bereits sein Vater, sein Bruder und zahllose andere zum Opfer gefallen waren, hatte sich zu einer veritablen Epidemie ausgeweitet, die mehr als 20 Jahre lang wütete und einen weit höheren Blutzoll forderte als alle kriegerischen Unternehmungen zusammen.

»Und da starb mein Vater ... welche Königssöhne, Herren, Oberste über Tausend und höhere Offiziere auf die Seite meines Vaters getreten waren, auch die starben infolge dieser Sache. Auch über das Land Hattusa kam diese Sache, und auch das Land Hattusa begann dahinzusterben, und das Land siechte dahin.«

Es war eine Katastrophe, wie sie noch kein Hethiter je erlebt hatte. Etwas so Schreckliches, Unberechenbares, Unabwendbares konnte nur eine Strafe der Götter sein, und Mursili bemühte sich nach Kräften herauszufinden, was deren Unmut so über alle Maßen erregt haben konnte. Zunächst glaubte er, die Seuche sei die Strafe für die

»Was er [Aziru] vor dem König [Pharao] gesagt hat: ›Es herrscht die Pest in den Ländern‹ – der König, mein Herr, sollte nicht auf die Rede anderer Menschen hören. Es gibt keine Pest in den Ländern. Sie ist seit langem vorbei.«
Rib-Addi, der König von Gubla, wollte mit diesem Brief verhindern, daß der Pharao aufgrund der von Aziru gestreuten Pest-Gerüchte Rib-Addi Hilfstruppen verweigerte (s. Kap. 11). Vielleicht handelte es sich aber gar nicht um eine Verleumdung – und es wütete dort tatsächlich die Keimzelle jener Seuche, die kurz danach auf das Hethiter-Reich übergriff.

Bluttat seines Vaters, der den Thronfolger Tudhalija, den eigenen Bruder, hatte töten lassen, um selbst die Macht an sich zu reißen:

»Da kamt ihr, ihr Götter, meine Herren, und diese Sache mit Tudhalija dem Jüngeren rächt ihr jetzt nachträglich …«

Das erschien Mursili plausibel, obwohl er zugleich – was ziemlich modern gedacht war – einen zeitlichen und räumlichen Zusammenhang rekonstruieren konnte, der der realen Herkunft und Ausbreitung der Epidemie entsprach:

»Als mein Vater die Truppen und Wagenkämpfer des Landes Ägypten besiegte …« (gemeint ist der Feldzug nach Syrien, um Zannanzas Tod zu rächen; de facto war Arnuwanda Feldherr, die Ehre des Siegs gebührte aber Großkönig Suppiluliuma, dem Vater) »… da entstand unter den Gefangenen eine Pest, und sie begannen dahinzusterben. Als sie aber nun die Gefangenen nach dem Land Hattusa hineinbrachten, da schleppten die Gefangenen die Pest ins Land Hattusa ein; und im Inneren des Landes Hattusa herrscht seit diesem Tag ein Sterben.«

Folglich bekannte Mursili vor den Göttern die Schuld seines Vaters und auch quasi seine Erbschuld, obwohl er, was bemerkenswert ist, in diesem Punkt genau differenzierte und jede persönliche Verantwortung von sich wies:

»Ihr Götter, meine Herren, es ist so: Man sündigt. Und auch mein Vater sündigte und übertrat das Wort des Wettergottes, meines Herrn; ich aber habe in nichts gesündigt. Und es ist so: Die Sünde des Vaters kommt über den Sohn. Und auch über mich kam die Sünde meines Vaters. Und ich habe sie nunmehr dem Wettergott des Landes, meinem Herrn, und den Göttern, meinen Herren, gestanden: ›Es ist so, wir haben es getan.‹ Und weil ich nun meines Vaters Sünde gestanden habe, soll sich dem Wettergott, meinem Herrn, und den Göttern, meinen Herren, der Sinn wieder besänftigen. Seid mir wieder freundlich gesinnt, und jagt die Pest wieder aus dem Land Hattusa hinaus.«

Es half nichts:

»… das ist nun das zwanzigste Jahr. Und im Land Hattusa herrscht das Sterben, vom Land Hattusa wird die Pest noch immer nicht genommen. Ich aber werde der Pein im Herzen nicht Herr; in der Seele aber der Angst werde ich nicht Herr.«

Verzweifelt befragte Mursili Orakel, bat die Götter, ihm einen Traum zu schicken, versuchte herauszubekommen, was für Opfer sie verlangten – alles vergebens. Auch wenn er sich gar nicht mehr vorstellen konnte, welches Vergehen denn eine so fürchterliche Strafe verdient haben könnte, ließ er keine Möglichkeit aus und appellierte in seiner schieren Hilflosigkeit schließlich an das gesamte hethitische Pantheon:

»Und so richtete ich wegen der Pest an *alle* Götter das Gebet … ›So erhört mich, ihr Götter, meine Herren, und jagt die Pest aus dem Land Hattusa hinaus!‹ … Die Götter aber erhörten mich nicht.«

Auch wenn in allen Übersetzungen »Pest« steht, bedeutet das nicht, daß es sich um die Pest im medizinischen Sinn handelte. Der Ausdruck wurde früher als Sammelbegriff für jede Art von Epidemie gebraucht, wäre also mit »Seuche« korrekter wiedergegeben.

Genauso verhält es sich übrigens mit der berühmten »Pest von Athen« im 5. Jahrhundert v. u. Z., die wahrscheinlich eine Typhus- oder Dengue-Epidemie war. Welche Seuche die Hethiter heimsuchte, ist nicht bekannt; die Krankheitssymptome sind nicht beschrieben. Da die Hethiter aber äußerst hygienebewußt waren und über ausgeklügelte Frisch- und Abwassersysteme verfügten, scheint eher unwahrscheinlich, daß es sich bei der Seuche um Cholera oder Typhus handelte, weil beide meist durch verschmutztes Wasser übertragen werden.

Die Gebete und Anfragen und flehenden Bitten, die er an die Götter richtete, ließ er, wie alles Wichtige, schriftlich festhalten; diese sogenannten Pestgebete Mursilis, aus denen hier zitiert wird, sind erhalten geblieben und zählen zu den ergreifendsten Zeugnissen des Anfangs aller Literatur.

Bisweilen werden Mursilis Pestgebete mit dem tausend Jahre jüngeren Buch Hiob verglichen; von ähnlichem literarischen Rang sind sie allemal, aber in der Art und Weise, wie Mursili über Sünde, Schuld und Vergebung denkt, mutet er viel moderner an als Hiob. Man spürt, wie hier ein Mensch zutiefst an sich selbst und seinem Glauben zweifelt und mit sich, seinen Göttern und der Welt hadert; zugleich aber hat Mursili eine wesentlich rationalere Einstellung zu seinem Schicksal: Strafe, wenn sie denn sein muß, hat gerecht zu sein; ihm, dem Menschen, steht Gnade zu, wenn er seine Fehler einsieht. Und wenn schon nicht ihm, dann steht wenigstens dem Volk Gnade zu, das für die Fehler seiner Könige nichts kann. Er sieht es als Pflicht der Götter, auch für die Menschen da zu sein:

»Wenn einem Knecht etwas drückend wird, so richtet er an seinen Herrn eine Bitte. Und sein Herr erhört ihn und ist ihm freundlich gesinnt; was drückend wurde, das bringt er in Ordnung. Oder wenn ein Knecht sich etwas hat zuschulden kommen lassen, das Vergehen aber seinem Herrn gesteht, was da sein Herr mit ihm tun will, mag er mit ihm tun. Weil er aber das Vergehen seinem Herrn gesteht, beruhigt sich des Herrn Sinn; und der Herr wird diesen Knecht nicht strafen ... Dem Wettergott des Landes, meinem Herrn, und den Göttern, meinen Herren, ist der Sinn trotzdem nicht besänftigt.«

Zwar sind auch Mursilis Götter allmächtig, aber im Gegensatz zu Hiobs Gott sollen oder dürfen sie sich eigentlich nicht alles herausnehmen. Denn wenn am Ende niemand mehr da ist, der sie anbetet, wozu sind Götter dann noch gut? Und vor allem schaden sie sich letztlich selbst, wenn sie niemanden übrig lassen, der ihnen Opfer bringen könnte. Es klingt wie eine Drohung:

»Wenn aber die Götter, meine Herren, die Pest aus dem Land Hattusa nicht verjagen, werden die Brotopferer und Trankspender dahinsterben. Und wenn auch diese tot sind, dann werden für die Götter, meine Herren, Opferbrot und Trankspende aufhören ... Weil mir jetzt Familie, Haus, Truppen und Wagenkämpfer dahinsterben, womit soll ich da euch, ihr Götter, wieder in Ordnung bringen?«

Der letzte Satz ist besonders bemerkenswert: Nicht allein die Zustände im Land, auch die Götter müssen »wieder in Ordnung gebracht werden«. Das heißt, für Mursili ist die Welt an sich aus den Fugen, einschließlich der Götter. Ins rechte Lot muß man sie gemeinsam bringen, aus allem spricht das reziproke Verhältnis, das die Basis des hethitischen Glaubens darstellt: Die Menschen müssen für die Götter sorgen und die Götter für die Menschen.

Auch im Buch Hiob ist von Schuld und Sühne, Verantwortung und Gerechtigkeit die Rede, aber die Moral der Bibel ist völlig anders, wie die Herausgeber der Einheitsübersetzung »im Advent 1979« (u. Z.) mitteilten: »Gott führt das Leiden des Gerechten keiner eigentlichen Lösung zu, vielmehr weist er Hiob auf sein Unvermögen hin, die Pläne Gottes zu durchschauen. Der Einblick in Gottes Absicht bei der Weltlenkung ... bleibt dem Menschen versagt. So ergibt sich dann Hiob demütig in Gottes Willen.«

Wieviel humaner erscheint dagegen das Verhältnis zwischen Mursili und seinen Göttern. Er verstand immer weniger, warum die Hethiter diese Strafe aller Strafen erleiden mußten, und er begehrte – wenn auch bescheiden und demütig – gegen die Götter auf, als er sie fast vorwurfsvoll fragte, was sie denn *noch* alles wollten, und an sie appellierte, jetzt sei es genug, so viel könne man gar nicht gesündigt haben, sie sollten mit dem grausamen Spiel endlich aufhören.

Ein Glaube mit menschlichem Maß: Bedenkt man, daß das Volk Israel und die Ururur...enkel jener Hethiter in friedlicher Nachbarschaft miteinander lebten, ist es eigentlich verwunderlich, daß sich letztlich der aus Ägypten stammende, keine anderen Götter neben sich duldende Monotheismus in Gestalt gleich dreier Weltreligionen durchsetzte.

Während Mursili II. und seine Truppen noch im Norden des Reichs durch die Kämpfe mit den Kaskäern gebunden waren, gab es in Syrien Versuche, die hethitische Oberhoheit abzuschütteln. Anführer war Tette, der noch von Suppiluliuma als König des Landes Nuhasse eingesetzt worden war.

Da Mursili militärisch nicht eingreifen konnte, mußte er auf ein anderes bewährtes Mittel der Machterhaltung setzen: die politische Intrige. Tettes Stellung war in seiner Sippe nicht unumstritten, und die Hethiter machten in »nichtöffentlichen« Verhandlungen – so etwas wie Geheimdienste gab es durchaus schon – seinem Bruder Summittara den Vorschlag, Tette abzusetzen und zu töten oder wenigstens so lange gefangenzuhalten, bis er den Hethitern übergeben werden könnte. Zum Lohn sollte er selbst dann als legitimer Herrscher von Nuhasse und Vasall Hattusas von Mursili anerkannt werden.

Summittara willigte ein, sein Staatsstreich glückte. Die restlichen Aufständischen konnte Mursili, der sich im Norden eine kurze Auszeit nahm, mit einer militärischen Blitzaktion niederringen. Offensichtlich war er dabei allzu sehr in Eile, denn der von Summittara eingekerkerte Tette wurde nicht, wie sonst üblich, sicherheitshalber nach Hattusa verbracht.

Was sich als Fehler erwies: Kaum hatte der Großkönig Syrien verlassen, holte Tette zum Gegenstaatsstreich aus und übernahm wieder die Herrschaft. Erneut flackerten die Aufstände auf.

Mursili konnte wiederum nicht eingreifen, schickte aber seinen General Kantuzzili mit einigen Truppen, die seinen Bruder Sarrikusuh unterstützen sollten; dieser trug als Vizekönig von Karkamis nun die Hauptverantwortung für die Niederschlagung der Aufstände. Er ersuchte den König von Ugarit um Hilfe, bekam sie aber nicht. Wirklich bedrohlich wurde die Situation, als von Osten die Assyrer immer weiter in Richtung Euphrat vordrangen; vor allem aber hatte inzwischen Pharao Haremhab, der seit 1319, ein Jahr vor Mursilis Thronbesteigung, regierte, ägyptische Streitkräfte nach Syrien geschickt, die die Aufständischen unterstützen sollten.

Mursili war alarmiert und eilte nach Süden, um sich persönlich mit seinen Truppen den Ägyptern entgegenzuwerfen; doch auf halbem Weg erhielt er die Nachricht, daß Kantuzzili und Sarrikusuh die Truppen des Pharao geschlagen hätten und diese sich auf dem Heimweg befänden. Erleichtert machte er kehrt, um im Nordosten ein paar kleinere unbotmäßige Länder in die Schranken zu weisen, vor allem Azzi-Hajasa, das seit seinem Großvater Tudhalija III. hethitischer Vasall gewesen war.

Ganz gelang Mursili dies nicht, aber es war ihm auch wichtiger, im folgenden Jahr ein Versäumnis seines Vaters gutzumachen, der der Göttin Hepat von Kummanni ein Fest versprochen, dieses aber nicht veranstaltet hatte. Also begab sich der – wie gesagt sehr religiöse – Großkönig nach Kizzuwatna, um das Anrufungsfest der Hepat nachzuholen. Praktischerweise – sehr effizient war er ja auch – traf sich Mursili bei dieser Gelegenheit mit seinem Bruder Sarrikusuh, um Wichtiges zu besprechen. Zum einen waren die Probleme mit Nuhasse noch nicht vollständig gelöst, zum anderen war wenige Monate zuvor beider Bruder Telipinu gestorben, der Vizekönig von Halpa, dessen vakanter Thron – gerade in so unruhigen Zeiten – dringend neu besetzt werden mußte. Vielleicht beriet man sich auch in einer prekären Familienangelegenheit: Mursili mußte einen Weg finden, seine Stiefmutter loszuwerden.

Trotz des Festes zu ihren Ehren stand ihm die Göttin Hepat in diesen Tagen nicht bei. Wie groß muß Mursilis Entsetzen gewesen sein, als plötzlich auch Sarrikusuh erkrankte und noch in Kummanni verstarb. Welch eine Katastrophe: Syrien in Aufruhr, und seine Brüder, seine wichtigsten Stützen dort, waren beide tot.

Nicht nur in Nuhasse kochte die Revolte aufs neue hoch, jetzt sagte sich auch Aitakkama von Kadesch, den ebenfalls noch Suppiluliuma eingesetzt hatte, vom hethitischen Reich los. Außerdem hatte Sarrikusuhs Tod die Assyrer ermutigt, ins Land Karkamis einzufallen. Und zu allem Ungemach startete im Nordosten der Herrscher von Azzi-Hajasa einen Gegenangriff auf das Obere Land.

Angesichts eines Dreifrontenkriegs bewies Mursili Führungsqualitäten: Er handelte nicht nur entschlußfreudig, sondern konnte auch delegieren. Vielleicht noch wichtiger

Sarrikusuh war schon immer ein wichtiger Berater Mursilis gewesen – nicht nur in syrischen Angelegenheiten. Aus tiefer Dankbarkeit erhob Mursili daher den Vizekönig von Karkamis nach dem Großkönig und dem Kronprinzen zum dritthöchsten Mann im Reich, was auch für alle Nachkommen galt: »Welcher Sohn oder Enkel von Sarrikusuh oder welcher Nachkomme von Sarrikusuh auch immer den Thron des Landes Karkamis besteigt, und wer auch immer der Kronprinz Seiner Majestät ist, nur er [der Kronprinz] soll größer sein als der König von Karkamis.« Zu den Vorteilen dieses hohen Ranges zählte unter anderem, daß er »sich nicht vom Sitz erheben soll vor Seiner Majestät.« Nach der üblichen Androhung von göttlichen Strafen im Fall von Verstößen gegen diesen Erlaß folgt der guten Ordnung halber die prosaische Schlußzeile: »Der Schreiber Tattija schrieb diese Tafel.«

war, daß er genau wußte, *wem* er *welche* Aufgabe übertragen konnte. Den bewährten Heerführer Nuwanza schickte er ins Obere Land, um die Truppen von Azzi-Hajasa wieder hinauszuwerfen. Seinen Feldherrn Kurunta setzte er gegen die abtrünnigen syrischen Vasallen in Marsch. Und er selbst machte sich auf den Weg nach Astata am Euphrat, um die Assyrer wieder aus Karkamis zu verjagen.

Letztlich, wenn auch nicht sogleich, blieben die Hethiter an allen drei Fronten siegreich. Das Obere Land wurde zurückerobert, Azzi-Hajasa selbst allerdings erst im folgenden Jahr vollständig unterworfen. (An der kleinen Verzögerung könnten die Probleme schuld gewesen sein, die Mursili mit seiner Stiefmutter hatte.) Dann herrschte dort allerdings für lange Zeit Ruhe.

In Syrien, an der weitaus wichtigeren Front, schlug Kurunta die Aufständischen in Nuhasse und verwüstete ihr Territorium. Als er anschließend das ebenfalls abgefallene Kadesch belagerte, wurde der dortige König Aitakkama von seinem Sohn Niqmadu umgebracht, der sich und sein Land freiwillig wieder den Hethitern unterwarf. Mursili, der in Astata war, zögerte, ihn als rechtmäßigen Vasallenherrscher einzusetzen; denn immerhin war er ein Vater- und Königsmörder. Vielleicht wollte er Niqmadu auch erst ein wenig demütigen, denn Gefahr war dort nicht mehr im Verzug, seit die Ägypter abgezogen waren. Letztlich obsiegte Mursilis politischer Pragmatismus über seine moralischen Bedenken, und Niqmadu bekam den Vasallenthron.

Mursili selbst befreite Karkamis von den assyrischen Truppen; in Astata weihte er die neue Stadt Emar ein, in der er Truppen stationierte; der Ort (Tell Meskene) an der Hauptroute nach Mesopotamien war strategisch optimal gewählt: Hier, am Westufer des Euphrat, stießen Karkamis, Halpa und Nuhasse zusammen – und noch heute führt die Fernstraße von Aleppo nach Bagdad dort vorbei.

In den ersten neun Jahren seiner Regierungszeit hatte

Mursili II. das Reich Hattusa nicht nur in der von seinem Vater übernommenen Größe stabilisiert – vor allem im Süden –, sondern im Westen auch erheblich ausgeweitet, wo nun fast die gesamte Ägäis-Küste zum hethitischen Machtbereich zählte; auch hatte er die ständige Kaskäer-Gefahr aus dem Norden zwar nicht gebannt, aber doch gebändigt. Er hatte fast alle Probleme gelöst. Fast alle.

Was die besagte Stiefmutter anbelangt, so handelte es sich um die Tawananna, eben jene babylonische Prinzessin, die Suppiluliuma im Interesse der Außenpolitik geheiratet hatte. Ihr Name lautete Malnigal (vielleicht auch nicht – die Hethitologen diskutieren das seit 60 Jahren –, weil sie auf Siegeln immer nur mit ihrem Titel, nicht mit dem

»Tawananna« lautete das weibliche Pendant zu »Tabarna«, war also der mit der Würde des Königtums verbundene Ehrentitel. Protokollarisch bekleidete die Tawananna den Rang einer Großkönigin, als Staatsrepräsentantin führte sie den Titel »Königin des Landes Hattusa«. Zugleich war sie »Gottesmutter«, das heißt, die oberste Priesterin des Staatskults. Als Mitregentin verfügte die Tawananna über ein außerordentliches Maß an Macht, Ansehen und Unabhängigkeit; Cleopatra und zuvor Hatschepsut vielleicht ausgenommen, hatte bis zu Königin Tamar von Georgien (1178–1213 u. Z.) und Königin Elizabeth I. von England (1558–1603 u. Z.) keine Frau der Welt mehr Macht und mehr politische Gestaltungsmöglichkeiten als eine hethitische Tawananna. Ihre Position, einschließlich des Sitzes im Panku, behielt sie auch nach dem Tod ihres Gatten, das heißt, sie wurde – jetzt als »Königinmutter« – automatisch Mitregentin des nächsten Großkönigs – und nicht etwa dessen Hauptfrau. Wie man sich denken kann, führte dies häufig zu Spannungen und Konflikten, die gelegentlich ihre gewaltsame Absetzung beziehungsweise Beseitigung nach sich zogen.

persönlichen Namen erscheint). Durch die Eheschließung war sie hethitische Großkönigin und Gottesmutter geworden. Wie in Hattusa üblich, änderte der Tod des Großkönigs nichts an ihrer Stellung im Staat; nachdem die Seuche erst Suppiluliuma und dann Arnuwanda dahingerafft hatte, war sie nun Mitregentin schon des dritten Großkönigs in Folge, eben Mursilis.

Jeder, der in zweiter oder dritter Generation ein großes Familienunternehmen führt, kann sich vorstellen, wie lästig, ja kontraproduktiv es sein kann, wenn die Seniorchefin, »die Alte«, einfach nicht abdanken will (oder, um in diesem Fall gerecht zu bleiben: nicht abdanken darf).

Bei Mursili kam hinzu, daß es die Tawananna wirklich arg getrieben hatte und noch immer trieb: Sie, die Babylonierin, liebte einen extravaganten, verschwenderischen Lebensstil und führte völlig neue, »in Hattusa unerwünschte Sitten« ein; sie plünderte den königlichen Privathaushalt, um Günstlinge zu beschenken; als oberste Priesterin verfuhr sie nach Gutdünken mit dem Tempelbesitz, und überhaupt tat sie vieles, was »ihr in keiner Weise erlaubt« war, wie Mursili ihr ankreidete. Sie schikanierte ihre Schwiegertochter, und vor allem nutzte sie ihre Position als Gottesmutter, um mit Hilfe passender »göttlicher Orakel« auch die Bevölkerung zu terrorisieren.

Was für »unerwünschte Sitten« das waren und was man ihr konkret an finanziellen und religiösen oder auch moralischen Verfehlungen vorwarf, wissen wir nicht. Aber Mursili beklagte sich bitter, daß sie wie schon unter Suppiluliuma und Arnuwanda so auch unter ihm »das Haus des Königs und das Land Hattusa beherrschte«. Und nicht nur beherrschte: »Sie ließ nichts übrig ... Meines Vaters Haus zerstörte sie.«

Es ist kaum glaubhaft, daß eine einzelne Frau sich wirklich so aufführen konnte, daß sämtliche Klischees der bösen Stiefmutter, der herrschsüchtigen Schwiegermutter und der starrsinnigen, egoistischen Alten auf sie zutrafen. In der Rückschau können wir mangels anderer Quellen nicht herausfinden, inwieweit die Anschuldigungen objektiv berechtigt waren. Ein Teil mochte üble Nachrede sein, die späterer Rechtfertigung diente. Ein wahrer Kern muß aber dabeigewesen sein, denn wir haben es hier nicht mit dem Aufeinandertreffen zweier völlig fremder Kulturen zu tun. Es gab zwischen Hattusa und Babylon viel zu viele Gemeinsamkeiten, um alles bloß auf Andersartigkeit und daraus resultierende Mißverständnisse zurückführen zu können. Und es war bei allen Kulturen dieser Zeit und Weltgegend üblich, fremde Gottheiten und Kulte in das eigene Glaubensgebäude zu integrieren. Religiöse Intoleranz scheidet als Grundkonflikt also ebenfalls aus – es sei denn, die Tawananna hatte, wofür es Anzeichen gibt, einen bestimmten Kult verabsolutiert. Damit wäre sie aber auch zu Hause in Babylon nicht durchgekommen.

Wie dem auch sei, Mursili betonte mehrfach, daß erst sein Vater und sein Bruder, dann er selbst gegenüber der Tawananna viel Geduld und Nachsicht übten. Wie seine beiden Vorgänger beschnitt auch er ihre Befugnisse keineswegs, wie viele Siegel beweisen, die beider Namen tragen. Immerhin war sie die rechtmäßige Königin von Hattusa, und Mursili war ein ebenso gläubiger wie gesetzestreuer Mann.

Der Wendepunkt kam, als Mursilis Frau Gassulawija erkrankte (wohl nicht an der Seuche, aber Genaueres wissen wir nicht); trotz einer flehentlichen Anrufung der Unterweltgöttin Lelwani, die man zunächst dafür verantwortlich machte, starb Gassulawija in Mursilis neuntem Regierungsjahr.

Er muß seine Frau sehr geliebt haben, denn seine Trauer saß tief. So verzweifelt war er, daß es für ihn nur eine Schlußfolgerung gab: Die verhaßte Tawananna hatte seine Gassulawija verhext und umgebracht. (Der Glaube an

Verwünschungen und Zauberei war fester Bestandteil des hethitischen Weltbilds.)

Mursili befragte die Orakel, und sie bestätigten seinen Verdacht. Die Götter sprachen die Tawananna Malnigal des Kapitalverbrechens schuldig und, so die Orakel, würden es gutheißen, wenn ihr Stiefsohn sie aus ihren Ämtern entfernte – und tötete. Doch vor dieser letzten Konsequenz schreckte Mursili zurück. Vielleicht war es nicht zuletzt das, was er in Kummanni mit seinem Bruder hatte besprechen wollen: Wie er gegen die Tawananna vorgehen sollte.

Er ließ Milde, Recht und Gesetz walten. Er sorgte für ein ordnungsgemäßes Gerichtsverfahren – das erste, aber beileibe nicht das letzte gegen eine Tawananna. Sie wurde schuldig gesprochen, aus dem Palast verbannt sowie ihrer politischen und religiösen Funktionen enthoben, mehr aber nicht. Er ließ sie am Leben. Er wies ihr sogar eine Bleibe zu, wo es ihr an nichts Lebensnotwendigem mangelte.

Natürlich wissen wir heute, daß man, wenn man einen Menschen heimlich umbringen will, ihm nicht eine tödliche Krankheit anhexen kann. Höchstens vergiften. Und zumindest *ein* gutes Mordmotiv hätte Malnigal gehabt: Als sie noch in Amt und Würden war, tauchte auf königlichen Siegeln schon Gassulawijas Name mit dem Titel »Großkönigin« neben dem ihres Gatten auf. Die Konkurrentin hatte also bereits Flagge gezeigt. Und Malnigal konnte nicht darauf hoffen, bei Gassulawija denselben Langmut zu finden wie bei Mursili: Wenn sie die Jüngere gewähren ließ, waren ihre Tage auf jeden Fall gezählt; wenn nicht, hatte sie vielleicht eine Chance von 50 Prozent, als Mörderin unerkannt und an der Macht zu bleiben, und insgesamt vielleicht eine noch größere, zumindest am Leben zu bleiben.

Wir wissen nicht, ob Malnigal so dachte. Aber Mursilis Anklage wegen Hexerei beweist, das man ihr so etwas durchaus zutraute.

Abgesehen von den ständigen Sorgen wegen der Seuche verliefen die restlichen zwei Drittel von Mursilis Regierungszeit in deutlich ruhigeren Bahnen. Und als die Krankheit endlich zu wüten aufgehört hatte, durfte Mursili II. noch etliche Jahre miterleben, daß es seinem Land richtig gut ging, daß also er, das einst verhöhnte »Kind«, seine Aufgabe als Großkönig bravourös gemeistert hatte.

Er mußte allerdings noch ein paarmal gegen die Kaskäer ziehen, ohne sie wirklich befrieden zu können. Und er mußte in seinem zwölften Regierungsjahr eine weitere, wenn auch kleine Rebellion in den Arzawa-Ländern niederschlagen und seinen abtrünnigen Schwager Mashuiluwa – der als König von Mira für diesen Teil des Reichs eigentlich verantwortlich war – durch dessen Neffen und Adoptivsohn Kubantakurunta ersetzen. Obwohl dieser noch von Suppiluliuma als Thronfolger abgesegnet worden war, diktierte Mursili ihm nun einen Vasallenvertrag, in dem er ziemlich deutlich machte, wie gnädig es von ihm war, trotz Mashuiluwas Abfall das Königtum in den Händen derselben Familie zu belassen. Kubantakurunta blieb diesem Großkönig von Hattusa treu ergeben.

Mursili heiratete nach Gassulawijas Tod wieder, seine zweite Frau hieß Tanuhepa und war dem Namen nach hurritischer Herkunft. Über diese Ehe ist wenig bekannt – wahrscheinlich hat Klios Zufallsgenerator wieder einmal zugeschlagen. Sicher ist nur, daß Tanuhepa, was ihre Ausdauer anbelangte, in Malnigals Fußstapfen trat und unter gleich drei Großkönigen insgesamt 30 Jahre lang Tawananna war. Auch das ging nicht gut.

Kapitel 14

Gutes Eisen, schlechtes Eisen: Eine Technologie im Werden

Im Gegensatz zu seinem Bronzedolch haben sich Anittas Thron und Zepter nicht erhalten – die beide aus Eisen waren. Das ist höchst bedauerlich, könnten diese Artefakte doch vielleicht die Frage lösen helfen, wie früh und wie gut die Hethiter den Umgang mit diesem heiklen Material wirklich bewältigten. Doch leider hat Eisen zwei entscheidende Nachteile: Zum einen zerfällt es, von bestimmten Stählen abgesehen, sehr bald zu Rost, wie viele Autobesitzer spätestens bei der fünften Fahrt zum TÜV leidvoll erfahren, und zum anderen war es in der Frühzeit seiner Nutzung so wertvoll, daß kein noch so winziges Stück liegengelassen, sondern sofort weiter- oder wiederverwertet wurde. Die archäologische Fundlage ist also äußerst dürftig, auch wenn einige Artefakte viel, viel älter sind, als die gängige Lehrmeinung vom Beginn der Eisenzeit um 1000 v. u. Z. glauben machen will.

Eisen an sich kannten schon die Ägypter des 6. Jahrtausends v. u. Z.: Schmuckstücke sind aus jener Zeit erhalten. Dieses Eisen war buchstäblich vom Himmel gefallen. Bestimmte Meteoriten bestehen fast ausschließlich aus einer Eisen-Nickel-Legierung. Kein Wunder, daß Eisen bei den Ägyptern »Geschenk des Himmels« und »Himmlisches Metall« bei den Sumerern hieß. Doch schon bald hatte man mit irdischem Material zu experimentieren begonnen, denn neueren naturwissenschaftlichen Untersuchungen zufolge sind nicht alle frühen Eisenfunde meteoritischen Ursprungs. (Einen hohen Nickelgehalt, der früher allein als Beweis für Meteoreisen galt, kann auch verhüttetes irdisches Eisen aufweisen, wie man mittlerweile weiß.)

Wie die Menschen darauf kamen, das »himmlische Metall« auch auf Erden zu produzieren, bleibt ein Rätsel, denn im Gegensatz zu Meteoriten, deren Eisen sehr rein ist, sieht man es den irdischen Erzen – dem rostrot-bröckeligen Hämatit, dem spröden schwarzen Magnetit oder dem körnigen ockergelben Limonit etwa – keineswegs an, welche Schätze sie bergen. Vielleicht half der Zufall: Rotes Eisenoxid wurde schon seit Jahrtausenden, wie auch Kupferoxid, für dekorative Zwecke gebraucht, und bei einem Versuch, Keramik mit diesem Farbstoff zu verzieren, mag beim anschließenden Brennen etwas herausgekommen sein, das zur Verblüffung des Töpfers dem »Geschenk des Himmels« ähnelte. Auch ist es möglich, daß als solche nicht erkannte Eisenerze zufällig in die Kupferschmelze gelangten oder daß Hämatit bei der Verhüttung von Blei und Kupfer bewußt als Flußmittel zugesetzt wurde und das erste menschengemachte Eisen auf diese Weise als ungeplantes Nebenprodukt anfiel, das erst nach und nach in seiner Bedeutung erkannt wurde.

Wie es auch gewesen sein mag, aus den folgenden Jahrtausenden finden sich immer mehr Artefakte aus Eisen: Perlen aus Gerzeh (3500 v. u. Z.), ein Dolch aus Ur (3. Jahrtausend), ein Messer aus Deir el-Bahri (2000), ein weiterer Dolch (s. Abb. 33) und auch schon ein Schwert aus Alacahöyük aus derselben Zeit – beide mit goldverziertem Griff, was zeigt, daß sie zeremoniellen oder kultischen Zwecken dienten. Ein minoisches Grab in Knossos (ca. 1800) barg einen rätselhaften eisernen Würfel; das Material ist allerdings wohl meteoritischen Ursprungs.

In Troia entdeckte Schliemann ein seltsames Stück aus der Mitte des 2. Jahrtausends, das mal als Knauf, mal als Keulenkopf gedeutet wurde; wie man inzwischen herausgefunden hat, besteht es aus Eisenerz; des weiteren grub er ein Stück Roheisen und ein eisernes Messer aus, deren Alter aber sehr ungewiß ist.

Eine aus Ugarit stammende Eisenaxt wurde auf 1450 bis 1365 datiert. Und in Tutanchamuns (1333–1323) Grab fand sich ein gut erhaltener Eisendolch, wiederum mit Goldgriff.

Die weitaus meisten frühen Eisenartefakte wurden jedoch in Anatolien gefunden, und zwar nicht nur in Alacahöyük. Rein statistisch belegt Hattusa den ersten Platz: Einer Auswertung von Jane Waldbaum zufolge sind von 33 anatolischen bronzezeitlichen Eisenfunden allein 19 hethitischen Ursprungs.

»Bronzezeitliche Eisenfunde« – das klingt leicht bizarr, wie ein Widerspruch in sich. Doch mit einem Begriff wie Bronze- oder Eisenzeit bezeichnet man üblicherweise erst dann eine Epoche, wenn die Verwendung des jeweiligen Materials so dominiert, daß Kultur und Gesellschaft insgesamt davon geprägt werden. Unsere gegenwärtige Ära wird vielleicht einmal als Computerzeitalter bezeichnet, doch dessen Anfang wird man zweifellos nicht mit Konrad Zuses Z-3 oder mit dem amerikanischen ENIAC gleichsetzen, den ersten digitalen Computern in den vierziger Jahren des 20. Jahrhunderts u. Z., sondern eher mit der Einführung der PCs ab 1981 oder gar erst mit Inbetriebnahme des World Wide Web.

Wirklich bizarr sind allerdings gewisse eigenwillige Qualitäten des Materials, um das es hier geht. Eisen (Zeichen Fe, von lateinisch *ferrum*, Ordnungszahl 26, spezifisches Gewicht 7,86, Härte 4,5) ist das vierthäufigste Element auf der Erde. Etwa 4,7 Prozent der Erdkruste bestehen daraus, und zugleich ist es lebensnotwendig: Durchschnittlich fünf Gramm brauchen wir davon im Körper.

Doch es ist kein Edelmetall wie Gold, sondern reagiert so leicht mit anderen Stoffen, daß es auf der Erde von Natur aus nur in Verbindungen vorkommt, meist in Form von Oxiden und Karbonaten.

Für Menschen der Bronzezeit, die von Chemie und Physik noch nichts wußten, war es – abgesehen vom Meteoriteisen – also quasi unsichtbar. Doch als die ersten das Geheimnis der Eisenerze erkannt hatten, da gingen für sie die Schwierigkeiten erst los.

Zunächst mußte das Eisen herausgeschmolzen werden, dafür brauchte man Temperaturen von gut 1500 Grad Celsius. Die konnte man damals in Anatolien durchaus schon erreichen: Der Schmelzpunkt von Bronze liegt zwar je nach Zinnanteil zwischen nur 950 und 1050 Grad, aber für ausgefeilte Gußtechniken brauchte man höhere Temperaturen, damit die Schmelze lange genug flüssig blieb, um auch in feine Verzierungen zu gelangen. Die notwendige Ofentechnik, die aus der Brenntechnik für Keramik herrührte, war also schon für Bronze entwickelt worden.

Bei der Weiterverarbeitung zu Waffen oder Werkzeugen kommt dann ins Spiel, daß bei Metallen deren kristalline Struktur die Materialeigenschaften entscheidend mitbestimmt. Zum einen kann sich diese Struktur – man nennt sie auch Gefüge – durch Temperaturzufuhr verändern. Umgekehrt kann durch rasche Abkühlung ein sonst nur bei höheren Temperaturen vorhandenes Gefüge sozusagen eingefroren werden. Das ist besonders wichtig, wenn man bestimmte Eigenschaften der unterschiedlichen Gefügearten ausnutzen möchte, wie man es beispielsweise beim Härten von Eisen tut.

Zum anderen ist für die Materialeigenschaften von Eisen der Kohlenstoffgehalt entscheidend. Eisen mit einem Kohlenstoffanteil von etwa 0,25 bis 2,0 Prozent läßt sich durch schnelles Abkühlen härten. Bei geringerem Kohlenstoffgehalt ist das Eisen sehr weich; bei höherem Kohlenstoffanteil wird es spröde, und die Elastizität verringert sich – es kann dann nur als Gußeisen verarbeitet werden.

Aus Erz geschmolzenes Eisen hat je nach Schmelztechnik einen zu geringen oder zu hohen Kohlenstoffgehalt. Bei der Weiterverarbeitung läßt sich der Kohlenstoffgehalt durch wiederholtes Ausschmieden verringern oder durch Glühen mit Holzkohle erhöhen. Auch diese Erkenntnis könnte Ergebnis von glücklichen Umständen, Versuch und Irrtum gewesen sein.

Eisen kann im Gegensatz zu Kupfer und Bronze kalt geschmiedet – fachsprachlich getrieben – werden, wobei »kalt« unterhalb von 700 Grad bedeutet. Dabei wird es aber durch die auftretenden Spannungen im Material spröde, und man muß es zwischendurch immer wieder auf über 720 Grad erhitzen, um durch die Rekristallisation des Gefüges die Spannungen zu entfernen.

Für Messer, Schwerter und sonstige Geräte, die eine hohe Festigkeit benötigen, um längere Zeit scharf zu bleiben, wird das Eisen nach dem Schmieden noch gehärtet. Dazu wird das rotglühende Eisen in Wasser abgeschreckt, wodurch das normalerweise allein bei hohen Temperaturen vorhandene Gefüge beibehalten wird. Das funktioniert aber nur bei dem genannten Kohlenstoffgehalt zwischen 0,25 und 2,0 Prozent.

Andererseits ist gehärtetes Eisen spröder und für manche Zwecke nicht elastisch genug.

Im Lauf der Zeit lernten die frühen Schmiede, einzelne Stränge von Eisen mit unterschiedlichem Kohlenstoffgehalt zusammenzuschmieden und daraus Schwertklingen und ähnliches herzustellen. Dabei verwendete man einen kohlenstoffarmen, nicht härtbaren Stahl für die elastische Seele in der Mitte und für die Klingen einen kohlenstoffreichen Stahl, den man anschließend härten konnte, um eine harte, dauerhafte Schneide zu erhalten. Breite Anwendung erlangte diese »Damaszierung« genannte Technik erst später in der Eisenzeit, doch ein frühes Beispiel dafür ist eine Klinge aus Sardis (bei Salihli) in Westanatolien, die ins 11. oder 10. Jahrhundert datiert wurde.

Angesichts des nur gut hundert Jahre älteren Reliefs des Schwertgottes in der kleinen Kammer von Yazılıkaya (s. Abb. 14) haben wir uns gefragt, ob es nicht genau so eine laminierte, also aus Schichten aufgebaute Schwertklinge zeigt. Allerdings wurden auch Bronzeschwerter mit Längsrippen versehen: Das zum Beispiel, welches Tudhalija sich als Souvernir vom Feldzug gegen Assuwa mitbrachte (s. Kap. 9), sieht dem des Schwertgottes ziemlich ähnlich. Schade, daß Steine nicht reden können.

Vom Erkennen des richtigen Erzes bis zur biegsamen, aber dauerhaft scharfen Klinge war es wahrhaftig ein langer, komplizierter Prozeß, den sich viele Menschen an vermutlich vielen Orten im Lauf von Jahrhunderten mühsam Schritt für Schritt erarbeiteten. Stattgefunden haben soll dieser Lernvorgang – auf genauere Angaben legen sich die Fachleute ungern fest – irgendwo zwischen dem Kaukasus und der Levante. Anatolien mit seinen reichen Erzvorkommen (gerade auch Eisen), mit genügend Holzkohle aus den damals noch dichten Wäldern und einem bereits jahrtausendealten Know-how in der Metallverarbeitung ist ein guter Kandidat.

Obwohl aus den genannten Gründen die archäologischen Eisenfunde nicht sehr zahlreich sein können, häufen die wenigen aus der Zeit vor dem 12. Jahrhundert sich auffällig im hethitischen Kernland. Noch bemerkenswerter ist, wie ausführlich sich die Hethiter mit dem Material beschäftigt haben, wenn man ihre Schriftquellen heranzieht. Schon in ihren Handelsbeziehungen mit den Assyrern spielte es eine Rolle; da war es vierzigmal so teuer wie Silber (während Gold und Silber im Verhältnis 1:7

getauscht wurden). Man kann sich vorstellen, wie stolz Anitta auf seinen ganzen Thron aus Eisen gewesen sein muß. Ganz bestimmt war der nicht aus Stückchen von Meteoreisen zusammengesetzt.

Wie selbstverständlich Eisen eingesetzt wurde, beweist ein Ritual zur Errichtung eines Hauses: Dort ist vorgesehen, daß neben einem Löwen aus Gold gleich zwei Paar Stiere aus Eisen in die Fundamente eingelassen werden sollten. Sie waren zwar nicht sehr groß (nur je 1 Sekel schwer), aber gerade dieser Umstand läßt darauf schließen, daß die Hethiter – entgegen der Lehrmeinung – bereits den Eisenguß beherrschten.

Mit noch mehr Stieren aus Eisen kann S. Košak aufwarten, der die Nennungen von Eisenobjekten in hethitischen Texten zusammengetragen hat. Viele davon sind Kultobjekte wie eben Stiere, ein Schaf, ein Löwe aus Eisen, die Eisenstatue eines Mannes »eineinhalb Spannen hoch mit Augen aus Gold«, die wiederum auf einem eisernen Löwen steht, oder gar ein Trankopfergefäß in Form eines Stierkopfs; doch genauso finden sich Waffen und Werkzeuge wie Messer und Dolche, Speer- und Lanzenspitzen, Hämmer, Pickel, Äxte und Hacken. Sie waren keine Seltenheit: Eine Textstelle bezieht sich auf gleich 56 Eisendolche auf einmal. In einer anderen ist sogar von einem Kultgefäß aus Eisen die Rede, das 90 Minen wog, also rund 43 Kilogramm. Und vor allem finden sich zahlreiche Erwähnungen von Roheisen in Form von Barren oder sogenannten Luppen mit beachtlichen Mengenangaben wie 20, 22 oder 66 Stück. Bezeichnend ist auch, daß die Eisenschmiede in den Texten expressis verbis eine andere Expertengruppe darstellen als die Gold-, Silber- und Kupferschmiede.

In Hattusa grub man – abgesehen von den anderen Eisenfunden – in einem Fall ein seltsames Gemenge von Eisen, Arseniden und Schwefel und daneben auch normale Eisenschlacke aus; ersteres läßt zwar darauf schließen, daß der unglückliche Schmied ziemlich unbrauchbares Erz erwischt hatte, aber der Fund insgesamt und vor allem seine Entdeckung »in einem häuslichen Zusammenhang« eröffnen sogar die Möglichkeit, daß hier schon quasi kleingewerbemäßig Eisen geschmolzen und verarbeitet wurde.

Auch wenn aus dem Fehlen entsprechender Fundmengen noch immer geschlossen wird, daß Eisen bei den Hethitern oder andernorts in der Ägäis und im Vorderen Orient vor dem 11. Jahrhundert nur als Edelmetall in zeremoniellen Zusammenhängen eine Rolle gespielt hätte, sieht das alles schon nach einer regelmäßigen Fertigung weit jenseits des kultischen Gebrauchs aus. J. D. Muhly, der diese Fakten zusammentrug, meint: »Sowohl die Artefakte als auch die Texte deuten darauf hin, daß Eisen im hethitischen Anatolien oft als Metall für die Herstellung von Gebrauchsgegenständen verwandt wurde, was im Gegensatz zu anderen Gegenden des östlichen Mittelmeeres steht, wo Eisen während der gesamten Bronzezeit als dekoratives und daher wertvolles Material angesehen wurde.«

Auch was den schwierigen Verarbeitungsprozeß zu hochwertigem, gehärtetem Eisen angeht, waren die hethitischen Schmiede mit Sicherheit über das Experimentierstadium mit seinen Zufallserfolgen hinaus. Mitte des 13. Jahrhunderts bat der assyrische König brieflich seinen hethitischen Kollegen Hattusili III. um Eisen, und zwar um »gutes Eisen«. Hattusili antwortete ihm:

»Was das gute Eisen angeht, weshalb du mir geschrieben hast – gutes Eisen ist nicht verfügbar in meinem Schatzhaus in Kizzuwatna. Es ist nicht die richtige Zeit, um Eisen zu machen, wie ich geschrieben habe. Sie machen wieder gutes Eisen, aber sie sind noch nicht fertig damit. Wenn sie fertig sind, werde ich dir welches schikken. Heute sende ich dir eine Dolchklinge.«

Wenn der Assyrer-König seinen Bruder um »gutes Eisen« anbetteln konnte, dann muß dieser den Stoff bereits in einer Qualität besessen haben, die zur fraglichen Zeit nicht die Regel war. Und da die hethitische Wirtschaft zentral organisiert war, hatte der Königshof quasi ein Monopol auf jenes qualitativ hochwertige Eisen. Allerdings kam auch der Großkönig, der im Prinzip der richtige Adressat für diese Bitte war, nicht nach Belieben an das Material: »Es ist nicht die richtige Zeit, um Eisen zu machen ...«

Vielleicht hatte das pragmatische Gründe: Von späteren Schmelzöfen, sogenannten Rennöfen, ist bekannt, daß sie an Berghängen gebaut wurden, damit statt eines Blasebalgs der Wind von unten nach oben hindurchfahren, das Feuer anfachen und die Glut auf hohe Temperaturen bringen konnte. Hattusa hat viele solche Hänge, und schön regelmäßige, kräftige Winde wehen dort. Möglicherweise kam die Bitte zur falschen Jahreszeit, als kein Wind wehte. Oder es konnte gerade keine Holzkohle hergestellt oder transportiert werden, weil Winter war (für 1 Kilogramm Roheisen braucht man etwa 50 Kilogramm Holzkohle).

Denkbar ist auch, daß Riten beachtet, Zeremonien eingehalten, Götter oder dunkle Mächte gnädig gestimmt werden mußten – es war ja noch die Zeit eines magisch-religiösen Denkens –, und vielleicht wartete man auf ein Zeichen. Auch deswegen mag es »nicht die richtige Zeit« gewesen sein.

Oder es waren ganz einfach die Transportwege unpassierbar, beispielsweise die Routen durch den Taurus nach Kizzuwatna, wo der König offensichtlich sein »gutes Eisen« bevorratete. Vielleicht saßen die frühen Eisenexperten dort in den Bergen, in der Nähe der reichsten Erzvorkommen.

Daß Hattusilis »gutes Eisen« wirklich ein Material ganz besonderer Qualität, zugleich aber bei den Hethitern nicht unüblich war, beweist noch eine andere Textstelle (die wir seltsamerweise in den genannten Fachaufsätzen nie zitiert gefunden haben). In einer Schenkungsurkunde aus dem 14. Jahrhundert steht:

»Die Worte des Herrschers, Königs und Großkönigs Arnuwanda und die seiner Frau Asmunikal sind von Eisen, nicht zu vernichten, nicht zu brechen ...«

Wer den Begriff des Eisens in solch einer metaphorischen Form verwendete, meinte nicht seinen Wert, und schon gar nicht dachte er an bröckeliges, mit Schlacken verunreinigtes Roheisen im Experimentierstadium, auch nicht an weiches, keine Schärfe haltendes einfaches Schmiedeeisen, erst recht nicht an brüchiges, weil zu kohlenstoffreiches Gußeisen. Wem Eisen als Inbegriff der Unzerstörbarkeit galt, der hatte Kenntnis von einem Werkstoff, der unserer modernen Vorstellung von Stahl recht nahe kommt.

Ob Hattusa selbst – oder ein anderer Ort des Hethiter-Reichs – ein frühes Zentrum der Eisentechnologie war, müssen zukünftige Grabungen ergeben. Bei früheren Kampagnen wurden in der Unterstadt zwar mehrere Eisenschmieden gefunden, aber sie konnten nicht datiert werden; eine weitere auf dem Felsmassiv Büyükkaya stammt erst aus nachhethitischer Zeit. Jürgen Seeher möchte zwar generell die Rolle des Eisens bei den Hethitern nicht überbewertet sehen, doch er und sein Team wollen in den nächsten Kampagnen vor allem bislang unerforschte Stadtviertel angehen; vielleicht stoßen sie dabei auf Sachverhalte, anhand derer die jahrzehntelange Debatte um die Rolle der Hethiter bei der Entwicklung der Eisentechnologie fundierter fortgesetzt werden kann.

Einen Baustein dazu haben sie vielleicht schon entdeckt: Gleichfalls auf Büyükkaya kam ein höchst ungewöhnliches Stück Metall ans Tageslicht. Eine Materialprüfung am Bergbaumuseum Bochum bestätigte Jürgen Seehers Verdacht: Es ist Stahl. Dem Fundzusammenhang nach wurde das Stück unter Vorbehalt in die frühe Bronzezeit datiert. Das wäre eine Sensation. Gerade deswegen will sich Jürgen Seeher in diesem besonderen Fall nicht allein auf klassische archäologische Methoden verlassen. Mit modernen physikalischen Verfahren kann das Alter des Stahls anhand des Kohlenstoffanteils exakt bestimmt werden. Diese Untersuchung ist derzeit noch nicht abgeschlossen. Wenn sie es sein wird, wissen wir wieder etwas genauer, ob die Hethiter nur an einem langwierigen technologischen Reifeprozeß teilhatten, oder ob sie ihn maßgeblich vorantrieben.

Mit der Entwicklung der entsprechenden Technologie hatte das Eisen seinen Siegeszug noch keineswegs angetreten. Gewiß bietet gutes Schmiedeeisen gegenüber Bronze manchen Vorteil. Ein gehärtetes Eisenschwert zerbricht zwar ein bronzenes nicht, doch im anhaltenden Zweikampf würde die Klinge des letzteren rasch schartig, stumpf und unbrauchbar. Keineswegs darf man sich aber den Übergang zur eigentlichen Eisenzeit so vorstellen, daß irgendein kriegerisches Volk das Eisenschwert »erfindet« und damit alle anderen Völker samt ihrer unterlegenen Bronzetechnolgie überrennt – wie das früher ein paar angelsächsische Autoren den Hethitern nachsagten.

Wichtiger als Waffen sind ohnehin andere, vor allem landwirtschaftliche Verwendungszwecke: Äxte, Sicheln, Pflugscharen, Messer, Meißel und gerade auch Radreifen aus hochwertigem Eisen erhöhen die Produktivität erheblich, und eine Kultur, die über diese Mittel verfügt, wird sich rasch auf friedliche, ökonomische Weise gegenüber ihren Konkurrenten durchsetzen. Und genau das geschah um die Jahrtausendwende rings ums östliche Mittelmeer.

Massenhaft verbreitet wurde das Eisen durch Menschen, die die Zeitumstände in neuartige Zwänge gestürzt hatten. Und zu denen zählten auch Hethiter.

Kapitel 15

Die Schlacht von Kadesch

Mittlerweile waren seit Zannanzas mysteriösem Tod über 30 Jahre vergangen. Während in Anatolien die Seuche wütete, hatten am Nil die Erneuerung der Verwaltung und die Erweiterung der Tempel Vorrang. An einer Änderung der bestehenden Interessensphären in Syrien war in diesen Jahren weder die hethitische noch die ägyptische Seite interessiert. Doch das hieß nicht, daß der Konflikt stillschweigend beigelegt war.

Haremhab hinterließ ein gefestigtes Land, aber keinen leiblichen Erben. Schon früh hatte er deshalb Paramesse, den Kommandanten der Grenzfestung Sile (nordöstlich des Nil-Delta) zum Kronprinzen aufgebaut: Im Herbst 1292 bestieg dieser als Ramses I. (die Vorsilbe »Pa« hatte er abgelegt, denn sie verwies auf eine nicht adlige Herkunft) den Pharaonenthron. Nach nur knapp zwei Jahren folgte ihm sein Sohn Sethos I. Und dieser Pharao hatte ein großes Vorbild: Thutmosis III., der nahezu jedes Jahr gegen Syrien gezogen und mit seinen Eroberungen bis zum Euphrat vorgedrungen war.

Nicht viel später, möglicherweise im selben Jahr, erfolgte der Thronwechsel in Hattusa. Auch hier übernahm der Nachfolger ein gesichertes Reich: Für hethitische Verhältnisse geradezu beispiellos, mußte Mursilis Sohn Muwattalli II. (1290–1272) nicht als erstes Vasallenaufstände niederschlagen. Offenbar verlief die übliche Neuvereidigung der Bündnispartner reibungslos, es herrschte Friede.

Muwattalli hegte jedoch keinerlei Illusionen, daß dieser Zustand von Dauer sein könnte. Und der Feind, diesmal in Gestalt der Ägypter, ließ denn auch nicht lange auf sich warten. In seinem fünften Jahr zog Sethos I. gegen Kadesch und eroberte die Festung. Gleichzeitig gewann er Amurru zurück. Allerdings war dies kein langfristiger Erfolg: Kadesch wie Amurru – hethitisch Kinza beziehungsweise Amurra – gehörten alsbald wieder zum Hethiter-Reich. (Das Intermezzo war so kurz, daß die historischen Einleitungen in den hethitischen Quellen es gar nicht erst erwähnen; bezeugt wird Sethos' Triumph durch eine Abbildung des besiegten Kadesch und eine Stele, die dort gefunden wurde.) Weiterreichende Konsequenzen oder gar Illoyalitäten bewirkte der Feldzug nicht. Offenbar hatte Muwattallis Cousin Sahurunuwa, der Vizekönig von Karkamis, die Region gut unter Kontrolle.

Eventuell gab es daraufhin auch eine Art Stillhalteabkommen zwischen Hethitern und Ägyptern. Einige Textstellen scheinen das anzudeuten. Trotzdem hatte Muwattalli sicher nicht die Absicht, sich auf Dauer daran zu halten. Und er rechnete genausowenig damit, daß der Pharao das tun würde – vor allem nicht Ramses II., der Sethos 1279 auf den ägyptischen Thron gefolgt war.

Wollte er den Ägyptern wirkungsvoll begegnen, durfte Muwattalli sich nicht wieder auf einen kräftezehrenden Krieg an mehreren Fronten einlassen. Also mußte er dafür sorgen, daß im Westen und Norden die Lage ruhig blieb.

Suppiluliumas Festungsgürtel, den Mursili durch weitere Wiederbesiedelungen ausgebaut hatte, erwies sich zwar als die bislang effektivste Maßnahme gegen die Kaskäer, aber wirklich sicher war die hethitische Hauptstadt damit nicht. Die Lösung, die Muwattalli fand, war ebenso verblüffend wie ohne Beispiel: Er verlegte seine Hauptstadt nach Süden, in das neugegründete Land Tarhuntassa, das (in heutigen Begriffen) ungefähr zwischen Antalya und

Erdemli lag und im Norden etwa bis zur Ebene von Konya reichte. In Hattusa wurde Mittannamuwa, bislang als Oberster Schreiber so etwas wie der Chef der Staatskanzlei und Außenminister, als Regent eingesetzt. Sicher dürfte diese Verlagerung der Residenz auf einigen Widerstand gestoßen sein: bei den Priestern in den Tempeln von Hattusa, aber auch bei jenen, denen die Stadt trotz aller Nachteile ans Herz gewachsen war, denn sie symbolisierte die Macht und den Glanz des Landes und war seit so vielen Jahren das Zentrum der religiösen Aktivitäten.

Begrüßt wurde die Maßnahme dagegen von den Kaskäern. Diese Chance ließ man sich selbstverständlich nicht entgehen: Kaum hatte Muwattalli dem Norden den Rükken gekehrt, brachen überall Aufstände los. Wieder einmal drangen Kaskäer bis über den Marassanta vor. Doch dagegen hatte Muwattalli eine wirklich wirksame »Waffe«: seinen Bruder Hattusili.

Hattusili war das jüngste der vier Kinder von Mursili und bei Muwattallis Thronbesteigung wohl noch keine 20 Jahre alt. Seine erste Mannestat war ein Sieg über Kaskäer in Hahha (wahrscheinlich am oberen Euphrat), den er errungen hatte, obwohl seine Truppen in der Unterzahl waren. Nicht ohne Stolz ließ er später aufschreiben: »Mich aber schickte mein Bruder Muwattalli aus und gab mir 120 Gespanne Pferde, an Fußtruppen aber war nicht ein einziger Mann bei mir. Auch da lief Istar, meine Herrin, mir voran, und ich konnte den Feind aus eigener Kraft besiegen … Hinter mir kam mein Bruder Muwattalli und befestigte … Tabikka [das heutige Maşat]. Dann zog er sogleich wieder ab, in meine Nähe kam er nicht.«

In der Folge ernannte Muwattalli seinen Bruder, den er zunächst als Obersten der Leibgarde (eines der höchsten politischen Ämter) und Regenten des Oberen Landes eingesetzt hatte, zum König von Hakmissa. Hattusili besiedelte die verwüsteten Länder und schlug die Kaskäer nicht nur zurück – sogar die ehrwürdige Kultstadt Nerik entriß er ihnen nach rund zweihundert Jahren endlich wieder –, sondern konnte sie auch seinem Heer eingliedern.

Muwattalli war derweil nicht untätig. Noch vor der Verlagerung der Hauptstadt hatte er für einen neuen Bundesgenossen im Westen gesorgt.

Bei Mursilis II. Eroberung und Neuaufteilung der Arzawa-Länder war ein Gebiet unbehelligt geblieben: Wilusa im äußersten Nordwesten von Anatolien. Da sich das Land an keinen Feindseligkeiten beteiligte und seine Könige kontinuierlich Briefe und Boten nach Hattusa schickten, wurde es in die Auseinandersetzungen der Arzawa-Länder zur Zeit von Suppiluliuma I. und Mursili II. nicht hineingezogen und bewahrte seine Unabhängigkeit.

Doch dann tauchte plötzlich Pijamaradu auf. Er war wohl der Enkel von Uhhaziti, jenem Arzawa-König, der gegen Mursili verloren hatte, übers Meer nach Ahhijawa geflohen und kurz darauf dort gestorben war. Da Kubantakurunta, den Mursili 1307 auf den Thron von Mira gesetzt hatte, ganz und gar nicht unumstritten war, rechnete sich Pijamaradus Zweig der Familie offenbar gute Chancen aus, sich im westlichen Anatolien wieder einen Königsthron zu erobern. Unterstützt wurde dieses Vorhaben durch die Tatsache, daß Pijamaradu seine Tochter mit Atpa, dem Statthalter in Millawanda, verheiratet hatte – denn Millawanda gehörte inzwischen wieder Ahhijawa.

Das erste Opfer war Wilusa/Troia, und die Attacke traf seinen König Alaksandu einigermaßen unvorbereitet. Erst eine Armee aus Hattusa konnte wieder geordnete Verhältnisse herstellen.

Für Muwattalli war Pijamaradus Eroberungsversuch ein Geschenk des Himmels, denn es trieb auch dieses letzte Arzawa-Schaf in den hethitischen Stall. Alaksandu schloß einen Vertrag mit dem Großkönig ab, der die Machtverhältnisse zweifelsfrei festschrieb: »Diese Worte beruhen nicht auf Gegenseitigkeit. Sie gehen vom Lande Hattusa aus!« Wilusa wurde als eines der Arzawa-Länder hethitischer Vasall. Vertragsbestandteile waren unbedingte Loyalität, der wechselseitige Schutz der regierenden Königslinien und militärischer Beistand. Letzterer umfaßte ausdrücklich die Bereitstellung von Streitwagen und Fußvolk durch Wilusa, falls der hethitische Großkönig gegen einen der gleichrangigen Herrscher zu Felde ziehen wollte. Es sollte nicht lange dauern, bis diese Klausel zum Tragen kam.

Am 12. Mai 1274 v. u. Z. beging Ramses II. einen ausgesprochen dummen Fehler.

Wer sich angesichts des hochpräzisen Datums verblüfft die Augen reibt und meint, *wir* hätten jetzt einen ziemlich dummen Fehler gemacht, sei beruhigt: Hier handelt es sich tatsächlich um ein absolutes Datum, das weitgehend anerkannt ist. Zu verdanken ist es einem neueren Papyrusfund und dem ägyptischen Kalender.

Das ägyptische Jahr begann im Sommer, hatte 12 Monate à 30 Tagen und am Jahresende 5 Zusatztage – »die fünf auf dem Jahr«, gefeiert als die Geburtstage der Götter Osiris, Horus, Seth, Isis und Nephtys. Damit hatte das ägyptische Jahr wie unseres 365 Tage.

Die Bezeichnungen für die Monate waren ziemlich prosaisch: zuerst kamen der 1., 2., 3. und 4. Monat der Über-

Der Name Alaksandu, so der Hethitologe Frank Starke, »stellt zweifellos die luwisch-hethitische Adaption von griechisch Alexandros dar [der zweite Name von Homers Paris], was vielleicht darauf beruht, daß die Mutter Alaksandus achaiischer (ahhijawischer) Herkunft gewesen ist.« Daß seine »Muttersprache« aber kaum Griechisch war, beweist der Vertrag: Er ist auf hethitisch abgefaßt und nicht etwa auf akkadisch.

schwemmung (Achet), dann der 1. bis 4. Monat des Sprießens (Projet) und schließlich der 1. bis 4. Monat der Hitze (Schomu).

Der Fixpunkt war der Tag, an dem der Stern Sirius (griechisch Sothis) in Memphis erstmals wieder in der Morgendämmerung zu erkennen ist (nach unserer Zeitrechnung der 19. Juli). Dieser Tag war eigentlich der Neujahrstag. Wichtig war den Ägyptern der Termin, weil etwa zu diesem Zeitpunkt die alljährliche Nil-Schwemme einsetzte. Da aber das Sonnenjahr um ¼ Tag länger als das ägyptische Kalenderjahr ist und keine Schalttage eingefügt wurden, wanderte der kalendarische Jahresanfang im Lauf der Jahrhunderte rückwärts durch die Jahreszeiten: Erst nach 1461 (!) Jahren fielen die beiden Termine wieder auf denselben Tag – im sogenannten Sothis-Jahr. Daß dem besondere Bedeutung zukam, kann man sich leicht vorstellen. Zum Glück wurden die Abweichungen der beiden Tage mehrfach festgehalten und dazu auch die Daten von weiteren Himmelsbeobachtungen.

Daß über einen so ungeheuer langen Zeitraum sich auch mal Fehler einschlichen oder Differenzen entstanden, weil die Sothis-Beobachtung nicht immer in Memphis erfolgte, ist nicht verwunderlich und liefert den Stoff für endlose Diskussionen und ganze Symposien. Derzeit herrscht aber ziemliche Einigkeit, was Ramses II. angeht: Sethos I. starb am 26. Tag des 3. Hitze-Monats, am Tag danach, am 31. Mai 1279, bestieg Ramses II. den Thron.

Damit's nicht gar zu einfach wird: Historische Daten werden traditionell nach dem Julianischen Kalender angegeben (für das 13. und 12. Jahrhundert v. u. Z. liegt das gregorianische Datum um 11 Tage früher als das julianische); und noch ein bißchen komplizierter ist die Jahreszählung: Sie richtete sich nach dem Regierungsantritt des Pharao (nicht mit der Krönung zu verwechseln, die normalerweise erst nach der Beisetzung des Vorgängers erfolgte, also gut 70 Tage später) und wurde nicht – wie noch im Alten Reich oder in Mesopotamien – mit dem Kalenderjahr in Übereinstimmung gebracht. Jedes Jahr von Ramses begann wieder am 27. Tag des 3. Hitze-Monats, während das Kalenderjahr rund einen Monat später endete.

Mitte April 1274 v. u. Z. hatte sich Ramses II. zum zweiten Mal mit seinen Truppen Richtung Nordosten in Bewegung gesetzt.

Beim ersten Mal, im Jahr zuvor, war sein Vorstoß ausgesprochen erfolgreich gewesen: Bentesina, der König von Amurru, der offenbar nicht mit einem Angriff gerechnet hatte, ließ es erst gar nicht auf einen größeren Kampf ankommen und unterstellte sein Land den Ägyptern. Aber das Hauptziel hatte Ramses bei diesem ersten Syrien-Feldzug noch nicht erreicht: die endgültige Rückeroberung von Kadesch.

Begleitet wurde Ramses diesmal von ausgesuchten Familienmitgliedern, Streitwagengespannen, vier Einheiten

Für sich allein war die Festung Kadesch nie ein entscheidender Machtfaktor, aber ihren Herrschern gelang es mehrfach, das empfindliche Gleichgewicht in diesem Teil Syriens zu stören. Von Bedeutung war die Lage am Nordrand des Libanon (dessen Hauptkamm über 3000 Meter hoch ist); erst von Kadesch aus konnte man das Mittelmeer bequem erreichen. Hier kreuzten sich die Wege von Damaskus nach Aleppo und vom Meer (damals vor allem Amurru, heute Tripoli) nach Palmyra und weiter nach Mesopotamien.

Heute ist der entsprechende Verkehrsknotenpunkt das nur wenige Kilometer nördlich gelegene Homs. Zu den alten Straßen sind noch Eisenbahnen und Autobahnen gekommen, die Routen haben sich dagegen kaum verändert.

à 5000 Soldaten und dem Troß, der für sein leibliches Wohl zuständig war. Das Ganze glich teilweise einer Landpartie. So wie er als junger Prinz dabeigewesen war, als sein Vater Sethos die Festung nahm, wollte Ramses nun seinen eigenen Söhnen vorführen, wie ein richtiger Pharao eine Schlacht gewinnt und den Feind für immer und ewig vernichtet.

Genau einen Monat später lief er in die Falle. Schuld daran war seine Eitelkeit.

»Wir sind als freie Leute deine Vasallen geworden. Aber jetzt sind wir nicht mehr deine Vasallen.« Muwattalli muß getobt haben, als ihm Bentesina mit so dürren Worten den Abfall von Amurru mitteilte. Er schwor Rache: »Auf welchen Feldzug sich die Majestät auch immer begibt, wenn ihr Götter mir vorangeht und ich das Land Amurru erobere – ob ich es mit Waffen besiege oder es Frieden mit mir schließt – und den König von Amurru gefangennehme … werde ich die Götter mit Geschenken überhäufen.«

Vor allem aber war Muwattalli klar, daß nun die direkte Konfrontation mit Ägypten unausweichlich war. Einen solchen Angriff auf einen hethitischen Vasallen wollte er nicht hinnehmen. Und er hatte vorgesorgt. Er sammelte ein Heer von 3500 Streitwagen und 37 000 Fußsoldaten in Nordsyrien. Diese Zahlen stammen aus ägyptischen Berichten über die spätere Schlacht. Selbst wenn sie übertrieben sind, war es sicher ein stattliches Heer, über das Muwattalli gebot. Aufgelistet werden Verbündete und Söldner der Länder von Arzawa und Lukka bis Mittanni und Karkamis sowie hinunter nach Syrien. Sogar Kaskäer waren darunter. Letztere dürfte Muwattallis Bruder Hattusili befehligt haben.

Ob es sich bei den gleichfalls aufgeführten Dardanoi um die Dardaner, also Troianer handelte, ist umstritten.

Doch angesichts der Tatsache, daß die Gleichsetzung von Wilusa mit Troia immer mehr Anhänger findet, kurz zuvor der Vasallenvertrag zwischen Alaksandu und Muwattalli abgeschlossen wurde und Dardanoi in beiden Textversionen, die über die Schlacht berichten, direkt neben Arzawa und anderen Ländern in Westanatolien genannt werden, ist das ziemlich wahrscheinlich.

Am 9. Tag des 3. Hitze-Monats erreichte Ramses eine Furt gut zehn Kilometer südlich der Festung Kadesch. Normalerweise hätte er hier gewartet, bis sich seine vier Einheiten, die nach Göttern benannt waren, hier versammelt hatten, um mit seinem gesamten Heer den Orontes zu durchqueren (in der französischen Literatur ist häufig von Divisionen die Rede; der Größe nach – 5000 Mann – ist das richtig, aber eigentlich spricht man erst seit den napoleonischen Kriegen von Divisionen).

Doch da brachte man ihm zwei Beduinen, die seine Wachen aufgegriffen hatten. Die Männer erklärten, sie seien Abgesandte ihrer Stämme, die zu Ramses überlaufen wollten. Ramses fragte daraufhin, wo sich ihre Stämme befänden, und sie antworteten:

»Sie sind dort, wo der elende Herrscher von Hattusa ist, denn der Feind aus Hattusa ist in dem Lande Halpa. Er fürchtet sich zu sehr vor dem Pharao – er lebe, sei heil und gesund –, um nach Süden zu kommen, seit er gehört hat, daß Pharao – er lebe, sei heil und gesund – nach Norden gekommen ist.«

Ramses war selbstgefällig genug, darauf hereinzufallen. Dies entsprach ziemlich genau dem Bild, das er von den Hethitern hatte: unbeweglich, dumm und vor allem feige, sobald sich der große Pharao näherte. Er war überzeugt, er könne Kadesch nun im Handstreich erobern, ehe die Hethiter auch nur in Reichweite wären. Statt den Wahrheitsgehalt der Geschichte zu überprüfen, setzte sich Ramses an der Spitze der Amun-Einheit in Marsch. Ein Stück dahinter folgte die Re-Einheit; die Ptah- und die Seth-Einheit waren zu diesem Zeitpunkt noch in einem Wald viele Kilometer weit weg.

Kadesch (der heutige Tell Nebi Mend) lag am Westufer des Orontes fast wie auf einer Halbinsel, weil direkt nördlich der Festung ein kleiner Nebenfluß mündete. Diese beiden Flüsse waren im Süden möglicherweise noch durch einen Kanal verbunden.

Ramses überquerte auch den Nebenfluß und ließ sein Lager westlich von der Stadt aufschlagen: Prunkvolle Zelte wurden errichtet, und in der Mitte plazierte man den gezähmten Löwen, der den ägyptischen Herrscher auf allen Feldzügen begleitete.

Als die Re-Einheit zwischen den beiden Flußläufen angelangt war, griffen die Hethiter an.

Natürlich hatte sich Muwattalli nicht aus Furcht mehrere Tagesreisen bis nach Aleppo zurückgezogen, sondern lag mit seinem Heer auf der Ostseite von Kadesch auf der Lauer.

Nur 1000 Streitwagen schickte Muwattalli über den Orontes; sie genügten, um die völlig überraschte Re-Einheit aufzureiben. Die Soldaten des großen Horus flohen wie aufgescheuchte Küken nach allen Seiten (Suppiluliuma hätte seine helle Freude gehabt). Ein Teil von ihnen rannte in das Lager. Dort richteten sie ein solches Durcheinander an, daß es für die Hethiter ein leichtes war, Ramses hier zu umzingeln. Der Pharao konnte gerade noch dafür sorgen, daß seine Familie in Sicherheit gebracht wurde.

Anscheinend war Ramses der einzige, der wirklich Widerstand leistete – so berichten es jedenfalls die ägyptischen Quellen (hethitische sind nicht überliefert). Aber lange hätte er das nicht durchgehalten. Er wäre sicher gefangengenommen worden, wenn nicht in seinem Rücken unvermutet Hilfe aufgetaucht wäre: Eine Elite-Einheit kam heran, die den Weg über Amurru genommen hatte.

Statt dieser veränderten Situation Rechnung zu tragen und selbst einzugreifen, blieb Muwattalli weiterhin mit dem gesamten Fußvolk auf der anderen Seite des Flusses. Offenbar hatte er nicht damit gerechnet, daß Ramses der List so bedingungslos auf den Leim gehen und die hethitischen Kämpfer leichtes Spiel mit ihm haben würden. Somit war die Schlacht beendet, bevor sie richtig begonnen hatte.

Vielleicht begnügte sich der hethitische Großkönig auch damit, weil das Ziel seines Kriegszugs erreicht war. Er hatte Ramses unmißverständlich klargemacht, daß die Hethiter einen Überfall auf ihre Vasallen nicht hinnehmen, sondern jederzeit mit einem Gegenschlag beantworten würden – und daß sie dabei nicht zu unterschätzen waren. Um Kadesch brauchte sich Muwattalli keine Sorgen zu machen. Die ägyptische Armee hatte zu starke Verluste erlitten, um jetzt noch an einen Angriff auf die Festung denken zu können.

Muwattalli schickte einen Unterhändler zu Ramses und bot ihm den Rückzug an. Den akzeptierte der Pharao nur zu gern.

Wahrscheinlich hatte Muwattalli recht, so vorzugehen. Neue Eroberungen auf ägyptischem Gebiet oder gar eine Unterwerfung des Pharaos wären mit Sicherheit nicht von Dauer gewesen. Der Waffenstillstand verhinderte, daß sich Ägypter und Hethiter in jahrelangen Kämpfen gegenseitig schwächten und damit dem Expansionsdrang der mittlerweile immer stärker werdenden Assyrer goldene Brücken bauten.

Ramses zog also ab, und Kadesch blieb hethitisch. Sozusagen auf dem Rückweg gewann Muwattalli Amurru zurück – und enthronte den abtrünnigen Bentesina auf der Stelle. Sein Bruder Hattusili drang noch südlich nach Aba (ägyptisch Upe, das Gebiet um Damaskus) vor – wohl eher, um noch ein bißchen zu plündern; von einer längerfristigen Eroberung des Landes ist nirgendwo die Rede (und Aba blieb weiterhin von Ägypten dominiert beziehungsweise neutral).

Vielleicht wäre Muwattalli weniger gnädig verfahren, wenn er geahnt hätte, wie Ramses II. wenige Jahre später die Wahrheit verbog: Er ließ mehrere Berichte über die Schlacht niederschreiben und in Tempelmauern meißeln, in denen er sich zum großen Sieger von Kadesch erklärte. Um das Lügengebilde zu komplettieren, erfand man lange Listen mit Gefallenen. Unter anderem stehen darauf zwei leibliche Brüder von Muwattalli, die dieser nie gehabt hat, und es wurde behauptet, Muwattalli sei gebrochen, weil alle seine Brüder in der Schlacht den Tod gefunden hätten. Hattusili, der einzige Bruder von Muwattalli, der nachweislich teilgenommen hat (vielleicht sogar als Befehlshaber der Streitwagen) – und quicklebendig blieb –, wird hingegen überhaupt nicht erwähnt.

Doch die Propaganda wirkte: Noch heute glauben zahllose Ägyptologen und Ägypten-Touristen, daß die Hethiter ungehobelte Bergbauern gewesen seien, erbarmungslos grausam, nur auf Eroberungen aus und immer bestrebt, den Frieden zu stören. Nie hätten sich diese Barbaren mit den Ägyptern messen können, und die Schlacht von Kadesch haben sie natürlich schmählich verloren. Da sieht man einmal mehr, was geschickte PR ausmacht – diese ist noch nach über 3000 Jahren wirksam!

Niemand kam auf die Idee nachzufragen, wieso Amurru und Kadesch, wenn Ramses denn so grandios gesiegt hätte, in der Folge ihren Vasallentribut trotzdem an Hattusa entrichteten.

Kapitel 16

Die schrecklichste Waffe der Bronzezeit

3500 Streitwagen, die man rund 180 Kilometer entfernt wähnte, plötzlich auf sich zukommen zu sehen – das muß ein fürchterlicher Schock gewesen sein für Ramses II. und seine Mitstreiter bei Kadesch. 3500 hethitische Streitwagen bedeuteten 7000 bestens ausgebildete, wild herangaloppierende Pferde und dahinter auf schnellen, leichten, überaus wendigen Wagen 10 500 durchtrainierte Krieger, die sowohl für den Distanz- wie für den Nahkampf optimal gerüstet waren. (Ganz zu schweigen von den 37 000 schwerbewaffneten Fußsoldaten hinter den Streitwagen.) In seiner Arroganz der Macht hatte der Pharao die Hethiter unterschätzt: Muwattalli gebot über die schlagkräftigste Armee seiner Zeit.

Keineswegs verfügten die Hethiter über so etwas wie eine Geheimwaffe: Was die Ausrüstung und die Waffengattungen betraf, waren sich alle Streitkräfte der Bronzezeit sehr ähnlich. Doch Hattusas Militärs hatten die drei Faktoren perfektioniert, auf die sie bei ihren kriegerischen Aktionen schon immer gesetzt hatten: Schnelligkeit, Effizienz, Taktik.

Ihre am meisten gefürchtete Waffe war der schnelle, leichte Streitwagen, der spätestens seit dem Ende des 18. Jahrhunderts v. u. Z. in Gebrauch war: Schon Anitta, der erste hethitische Großkönig, zog damit in die Schlacht, auch wenn es damals nur 40 Stück waren; sein Bericht ist das bislang älteste Zeugnis, das wir für den Einsatz von

Streitwagen im Kampf haben. Wie ausschließlich sich die Hethiter auf die Kampfkraft dieser Waffengattung verließen, zeigt das Beispiel Mursilis II., der die ins steile, felsige Arinnanda-Gebirge geflohenen Gegner lieber aushungerte, als sie mit Fußtruppen anzugreifen: »... mit Pferden hinaufzufahren ist unmöglich« (s. Kap. 13).

Eine hethitische Erfindung ist das Gefährt allerdings nicht. Bereits die Sumerer kannten zwei Wagentypen: ein- und zweiachsige. Doch mit ihren massiven Scheibenrädern waren sie schwer und dienten Transportzwecken, nicht dem Kampf. Auch die Assyrer der Handelskolonien schienen Pferdewagen ausschließlich zum Transport zu nutzen. Eine Reliefscherbe aus Hattusa, die ins 17. Jahrhundert datiert wird, zeigt dann schon den moderneren Typ des von zwei Pferden gezogenen Streitwagens, wie er sich alsbald überall durchsetzte.

Der Aufbau bestand aus einem mit Leder und Gurten bespannten Holzrahmen, an der Achse drehten sich zwei sechsspeichige Räder. Die gesamte Konstruktion zielte auf Gewichtseinsparung ab, nur die stark beanspruchten Radkränze beließ man relativ massiv. So leicht war solch ein Gefährt, daß ein einziger Mann es tragen konnte; ein erhaltener ägyptischer Streitwagen, der heute in Florenz

Klassisch geschulte Historiker und Archäologen behaupten oft, die Streitwagen hätten – so steht es bei Homer – nur dazu gedient, die Krieger von einem Ort des Schlachtgetümmels schnell an einen anderen zu bringen; gekämpft worden sei dann nicht vom Wagen aus, sondern auf dem Boden in direkter Konfrontation Mann gegen Mann. Zumindest für die Hethiter und die Reiche des Vorderen Orients trifft das nicht zu. Ganz im Gegenteil bestand der Hauptvorteil des Streitwagens darin, in schneller Vorbeifahrt Pfeile in die Reihen der Feinde abfeuern zu können, während man selbst ein nur schwer zu treffendes Ziel abgab.

aufbewahrt wird, wiegt 24 Kilogramm (zum Vergleich: ein moderner Leichtmetall-Sulky darf 30 Kilogramm nicht überschreiten).

Anfangs waren die hethitischen Streitwagen mit zwei Mann besetzt, wie ein ägyptisches Relief aus der Zeit von Mursili II. (1318–1290) zeigt: Einer war mit Pfeil und Bogen bewaffnet, der andere schützte beide mit einem Schild und lenkte den Wagen.

Doch nur eine Generation später zeigten Reliefs der Schlacht von Kadesch, daß die Hethiter eine Neuerung eingeführt hatten: Ihre Wagenlenker konnten sich nun ganz auf das Fahren konzentrieren, weil ein dritter Mann mit dem Schild für die Abwehr sorgte. Zugleich diente dieser weitere Krieger als Verstärkung, wenn es nach der ersten Angriffswelle zum Nahkampf kam. Zu diesem Zweck führte die Besatzung lange Lanzen auf den Streitwagen mit. Das Spezialgefährt war sozusagen zu einer Mehrzweckwaffe weiterentwickelt worden.

Was sie über Pferde wußten, hätten die Hethiter von den mittannischen Hurritern gelernt, lautete lange die gängige Lehrmeinung. Sie stützte sich auf eine der ältesten bekannten pferdekundlichen Schriftquellen, den nach seinem Autor benannten Kikkuli-Text. Dieser »Pferdekundige«, wie er sich selbst bezeichnete, stammte aus Mittanni und war, so interpretierte man seinen Text, eher ein Pferdeschinder, der die edlen Tiere für Wagenrennen brutal auf Ausdauer und Tempo trimmte.

Da hatten einige Hethitologen wohl zuviel *Ben Hur* gesehen oder zuwenig Pferdeverstand. Den Kikkuli-Text inhaltlich und kulturgeschichtlich richtig gedeutet und eingeordnet zu haben ist das Verdienst Frank Starkes von der Universität Tübingen, der nicht nur Hethitologe ist, sondern sich dank seiner Biographie auch bestens mit

Pferden auskennt. Aufgrund seines Philologie wie Hippologie umfassenden Wissens konnte er zahlreiche Mißinterpretationen des Kikkuli-Textes korrigieren und nachweisen, daß die Pferdeausbildung im Anatolien der Bronzezeit ein Niveau hatte, das auch heute nicht wesentlich zu übertreffen ist.

Von Natur aus ist das Pferd wenig geeignet, vor einen Wagen gespannt zu werden. Vor allem läuft es schief: Vorder- und Hinterhand liegen nicht in einer Linie, sondern etwas seitlich versetzt. Also muß man das Tier – ausschließlich Hengste zogen die Streitwagen – erst einmal dazu bringen, gerade zu laufen. Sodann ruht normalerweise zuviel von seinem Gewicht auf der Vorderhand, folglich muß man es dazu erziehen, sein Gewicht teilweise auf die Hinterhand zu verlagern, wenn es einen Reiter tragen oder einen Wagen ziehen soll. Schließlich muß man dem Pferd beibringen, die durch die Zügel vermittelten Kommandos geschmeidig umzusetzen, ohne sich dabei zu verkrampfen.

Pferde sind hochsensible und scheue Tiere, deshalb muß der Wagenlenker – bei Hethitern wie Ägyptern bildete jeder sein Gespann selbst aus – vor allem erst einmal ein Vertrauensverhältnis herstellen und dem Tier das Gefühl geben, daß es sich voll und ganz auf seinen menschlichen Partner und dessen Anweisungen und Hilfestellungen verlassen kann.

Natürlich kann man ein Pferd auch mit Gewalt abrichten, aber das würde dazu führen, daß aufgrund von Fehlhaltungen und ständigem Verkrampfen binnen kurzer Zeit seine Muskeln, Sehnen und Gelenke verschlissen sind.

Mit der Ausbildung darf nicht zu früh begonnen werden, erst im dritten, besser vierten Lebensjahr; das tägliche Pensum muß zuträglich bemessen sein, Ruhephasen müssen eingeschoben werden, die Übungen sollten abwechslungsreich durchgeführt, aber auch ständig wiederholt werden.

Kurz: neben viel physiologischer Sachkenntnis und psychologischem Einfühlungsvermögen braucht der Ausbilder ein regelrechtes kleines Curriculum, wenn sein Pferdetraining den optimalen Erfolg haben soll.

Genau so einen Ausbildungsplan bot der Kikkuli-Text. Was die zu trainierenden Fähigkeiten anging, begann er erst an dem Punkt, der das eigentliche Fahren mit dem Wagen betraf. Die bisher genannten Grundtechniken wurden also samt dem dazugehörigen Wissen über Pferde bereits vorausgesetzt. 184 penibel geplante Trainingstage behandelte Kikkulis Text (von insgesamt wohl drei bis vier Jahren Ausbildung mit halbjährigen Pausen); Themen waren hauptsächlich das Angaloppieren aus den unterschiedlichsten Situationen, verschiedene Übergänge von Trab zu Galopp und umgekehrt, die Wechsel zwischen Links- und Rechtsgalopp und, besonders wichtig, rasche Wendungen in beide Richtungen sowie in Viertel-, Halb- oder Vollkreisen.

Kikkulis Übungen kulminierten in trickreichen geometrischen Figuren, die in Form von Hufschlagspuren in den Sandboden gezeichnet wurden: Kreise, Achten, Kreise mit eingeschriebenem S-Bogen, Kreise mit eingeschriebener Acht und so weiter bis zu Kreisen mit vier oder sechs eingeschriebenen Zirkeln von exakt dem halben Radius wie der große Kreis. Natürlich war das alles kein artistischer Selbstzweck: Solche Wendungen boten, wenn mit der nötigen Schnelligkeit ausgeführt, entscheidende Vorteile beim Kampfeinsatz.

Einen zentralen Punkt bei diesem Training hatten frühere Übersetzer nicht richtig verstanden; den Begriff für »Wendung« gaben sie mit »Runde« wieder, und so kam der Irrtum von den Wagenrennen auf.

Auch viele andere Ausdrücke interpretierten sie nicht richtig, da sie von der (zugegebenermaßen komplizierten) hippologischen Materie zuwenig verstanden. So entstand das Mißverständnis, Kikkuli in die Nähe des Pferdeschinders zu rücken, der er ganz und gar nicht war. Mit Frank Starkes zutreffenden Fachtermini an den richtigen Stellen des Kikkuli-Textes ergab alles plötzlich einen viel besseren Sinn, als hätten sich schlecht passende Mosaiksteinchen von selbst zu einem harmonischen Bild umarrangiert: dem einer geradezu tierpädagogisch inspirierten, einfühlsamen Pferdeausbildung.

Zugleich konnte Frank Starke den Irrtum ausräumen, irgendwelche »Indoarier« seien die pferdekundlichen Lehrmeister des Vorderen Orients gewesen und die Hurriter hätten dann die spezifischen Kenntnisse den Hethitern weitervermittelt. Diese jetzt veraltete Ansicht stützte sich auf den Umstand, daß der hethitische Kikkuli-Text unter anderem hurritische und indoarische Lehnwörter enthält (die Sprache der Herrscher von Mittanni gehörte zum östlichen Zweig der indoeuropäischen Sprachfamilie); das stimmt zwar, aber Frank Starkes philologische Analyse ergab, daß das Luwische statistisch den größten Anteil daran hat und im Vergleich dazu hurritische sowie indoarische Wurzeln nur spärlich vertreten sind.

Er zieht den genau umgekehrten Schluß: daß diese Art der Pferdeausbildung eine *gemeinsame* Kulturleistung der diversen Völker Anatoliens und Vorderasiens war. Seinem sprachlichen Befund nach sieht er den Ursprung dieser Trainingsanleitung in einer luwischsprachigen Umgebung mit starken hurritischen Einflüssen. Am ehesten, meint Frank Starke, kam zur Entstehungszeit des Textes im 15. Jahrhundert dafür Kizzuwatna in Frage, von wo damals auch viele Ritual- und Beschwörungstexte ins hethitische Kernland gelangten.

Abermals wurde also im »Cocktailshaker der Kulturen« eine bahnbrechende Entwicklungsarbeit geleistet, auf der die Antike aufbauen konnte. Und nicht nur sie, wie Frank Starke ausführt: »Die neuzeitliche Hippologie, die ihre Entstehung dem Bekanntwerden von Xenophons *Hip-*

pike [einer berühmten pferdekundlichen Abhandlung der Griechen] in der Renaissance verdankt, ist maßgeblich durch die im Altertum auf diesem Gebiet erworbenen Kenntnisse geprägt.«

Zwei Hengste, ein handwerklich aufwendiger Wagen aus besten Materialien, eine langjährige Ausbildungszeit – es ist klar, daß nur Reiche sich so etwas leisten konnten. Die Streitwagengespanne zu stellen und zu fahren war daher der Oberschicht vorbehalten. Zucht und Ausbildung der Pferde waren in Hattusa wie in Ägypten so hoch angesehen, daß Pharao Amenophis II. sich vor allem in der Funktion des Pferdetrainers mit Eigenlob überschüttete.

Obwohl auch der Großkönig von Hattusa auf einem Streitwagen fuhr, bildeten die hethitischen Gespannkrieger keine elitäre Kaste wie die Adligen Mittannis und Syriens, die sich als eine Art »Ritter« verstanden. Dafür spricht des weiteren, daß in späterer Zeit auch eroberte Gespanne samt ihren Fahrern in die hethitischen Verbände eingegliedert wurden.

Wie in allen damaligen Reichen kommandierte der Großkönig nicht nur die Streitwagen, sondern war Oberbefehlshaber aller Truppen. In der Regel führte er sie persönlich in die Schlacht; wenn er verhindert war – wegen Krankheit oder kultischer Verpflichtungen etwa –, konnte er diese Funktion jedoch delegieren, normalerweise an ein Mitglied der königlichen Familie. Genauso wurden die

Geritten wurde auch schon, aber noch nicht in der Schlacht. Schnelle Boten bedienten sich – im Krieg wie im Frieden – des Pferdes als Fortbewegungsmittel. Militärisches Reiten, die Kavallerie also, kam erst im 9. oder 8. Jahrhundert v. u. Z. auf und verdrängte dann rasch die Streitwagen als wichtigste Kampftruppe.

Posten der Statthalter in gefährdeten Grenzregionen, wo ständige militärische Präsenz erforderlich war, möglichst an enge, vertrauenswürdige Verwandte vergeben. Familienangehörige und Männer der Oberschicht besetzten auch die obersten Ränge der Kommandohierarchie. Deren Struktur beruhte auf dem Dezimalsystem und untergliederte sich in Befehlshaber über 1000, 100 und 10 Mann.

Der Drill muß gründlich gewesen sein, denn die hethitischen Truppen zeichneten sich durch ein hohes Leistungsniveau und erhebliche Disziplin aus. Das ermöglichte ihren Befehlshabern die ungewöhnlichen Manöver, die für ihre Taktik typisch waren: rasche Truppenbewegungen auch über große Distanzen, Scheinmanöver zur Irreführung des Gegners, Nachtmärsche mit Angriffen im Morgengrauen, blitzartige Wechsel von der Marschkolonne zur Kampfaufstellung.

Das Überraschungsmoment stellte nicht nur bei der Schlacht von Kadesch den Kern hethitischer Taktik dar, sondern spielte immer eine wesentliche Rolle: »In der Nacht nahm ich die Stadt mit Gewalt«, berichtete schon Anitta. Das war eine damals ungewöhnliche, von den Hethitern aber häufig angewandte Strategie, die ihnen von ihren Gegnern sicher als »unsportlich« angekreidet wurde.

Bei Nachtangriffen und im unwegsamen Gebirge mußten die Fußtruppen die Hauptlast des Kampfes tragen. Ein differenziertes Spektrum von Waffen ist für sie überliefert, was zum einen auf eine Anpassung an unterschiedliche Kampfsituationen schließen läßt, zum anderen wohl daher rührt, daß die Krieger aus den verschiedensten Provinzen oder Vasallenstaaten mit je eigenen Traditionen kamen. Gekämpft wurde mit:

– Lanzen oder Speeren, die sowohl als Stich- wie als Wurfwaffe eingesetzt werden konnten,
– sichelförmig gekrümmten Säbeln, die anscheinend die Hauptbewaffnung darstellten,

– vom Ende des 2. Jahrtausends an auch mit geraden Langschwertern, die man vielleicht in Westanatolien kennengelernt hatte,
– Kurzschwertern, die großen Dolchen ähnelten, und
– Streitäxten, die in ihren Grundformen noch daran erinnerten, daß die Axt die ursprüngliche Nahkampfwaffe seit der Steinzeit war.

Auf dem Kopf trug der Krieger einen Helm mit Wangen- und Nackenschutz. Die hethitischen Schilde waren aus Leder auf Holzrahmen gefertigt und hatten die Form einer Acht mit nicht allzu eng eingeschnürter Taille (solche Schilde beschrieb übrigens auch Homer in der *Ilias*). Sie gehörten zur Grundausstattung der Streitwagenbesatzungen, waren den Bildquellen zufolge bei den Fußtruppen jedoch ausgesprochen selten.

Der britische Archäologe J. G. Macqueen, der lange in Ankara arbeitete, glaubte hierin ein Indiz für die ungeklärte Frage zu sehen, wie die hethitischen Kämpfer eigentlich gekleidet waren. Das ist nämlich keineswegs klar. Hethitische Reliefs zeigen Krieger beziehungsweise Kriegsgottheiten mit einer kniekurzen, ärmellosen Tunika und Gürtel, gelegentlich auch mit bloßem Oberkörper und einer Art Wickel-Minirock; doch das sind ausschließlich rituelle, also idealisierte Darstellungen. Ägyptischen Reliefs zufolge trugen sie ein knöchellanges Gewand mit kurzen Ärmeln. Da Peter Neve in Hattusa rund 6 Zentimeter lange Bronzeplättchen mit Lochösen fand, glaubt J. G. Macqueen, die Fußtruppen hätten deswegen keine Schilde getragen, weil ihre Gewänder – höchstwahrscheinlich die langen der ägyptischen Darstellungen – mit solchen Plättchen besetzt und damit so etwas wie Schuppenpanzer waren. Doch genauso können die Unterschiede in der Bekleidung – wie schon die der Bewaffnung – auf die regionale Heterogenität der hethitischen Fußtruppen zurückgeführt werden.

Neben diesem Hauptkontingent der Fußtruppen gab es noch eine Art »leichte Infanterie«, deren Hauptwaffe Pfeil und Bogen war. Sie kam wohl immer dann zum Einsatz, wenn das Gelände für Streitwagen zu unwegsam war, der erste Angriff aber mit Distanzwaffen erfolgen sollte. Wie die Schützen auf den Streitwagen schossen auch diese Fußtruppen bereits mit einem trickreich aus Holz und Horn zusammengesetzten Kompositbogen, der deutlich mehr Durchschlagskraft (oder größere Schußweite) bot als ein einfacher Holzbogen.

Nicht zuletzt gab es in der hethitischen Armee schon Pioniere – hauptsächlich für Baumaßnahmen bei Belagerungen und vermutlich für Winterquartiere – und berittene Boten, die für die militärische Kommunikation in dem riesigen Reich unerläßlich waren.

Ein Großteil der Fußtruppen wurde jeweils zu Beginn der »Saison« – Krieg führen konnte man ja nur im Sommer – aus der normalen Bevölkerung zusammengestellt. Daneben gab es auch Söldner und zum Dienst gezwungene Kriegsgefangene aus früheren glorreich gewonnenen Schlachten. Die Provinzgarnisonen entlang den permanent gefährdeten Grenzen – am Kaskäer-Gebiet vor allem – mußten natürlich ständig besetzt sein, also gab es auch so etwas wie Berufssoldaten.

Den Kern der hethitischen Streitkräfte bildete ebenfalls ein stehendes Heer. Das waren – neben den Streitwagenteams natürlich – die Elitetruppen, die Garden. Sie waren ständig im Dienst, denn ihnen kam auch in Friedenszeiten die überragende Aufgabe zu, die innere Sicherheit zu gewährleisten. Sie waren also nicht nur Soldaten, sondern zugleich so etwas wie Polizeikräfte.

Den innersten Zirkel der Macht beschützten die Palastwachen (Goldlanzenträger) und die Leibgarde des Großkönigs. In deren Reihen dienen zu dürfen bedeutete für jeden Hethiter die denkbar größte Ehre, war er damit doch Seiner Sonne ständig nah. Dies brachte aber – wegen der zahllosen rituellen Gebote hinsichtlich Seiner Sonne – ein paar Unannehmlichkeiten mit sich.

So mußten sie sich einer komplizierten »Austreteordnung« unterwerfen: Ein Gardist durfte sich nicht nach Belieben entfernen. Wenn ihn ein körperliches Bedürfnis plagte, ging er hinter die anderen Wachen und sagte zum letzten Gardisten: »Ich gehe auf den Topf!« (Dieser umgangssprachliche Ausdruck ist angemessen, denn es handelte sich tatsächlich um einen Kessel, der für diesen Zweck bereitstand.) In einer Art stille Post wurde das Begehren dann über die nächsthöheren Ränge schrittweise bis zum diensthabenden Kommandanten weitergegeben, der schließlich die Erlaubnis erteilte. Komplizierter wurde es, wenn einen Gardisten das Grimmen im Gedärm überfiel. Wiederum konnte sich der Mann dann entfernen, sobald der Instanzenweg durchlaufen war – aber nicht, wenn der König in der Nähe war. Dann befaßte der sich mit dem Fall. (Gemeint ist wohl nicht, daß sich der König im wahrsten Sinne um jedes Exkrement kümmerte, sondern daß geklärt werden sollte, ob der Gardist krank sei – was bei einer Diarrhöe naheliegt – und den König verunreinigen, also anstecken könnte.)

Wer von den Gardisten den Palasthof verließ, mußte seinen Speer bei der Torwache abgeben. Vergaß das jemand, hatte der Wächter die Pflicht, den Gardisten festzuhalten und dessen Schuhe aufzubinden. Das ist ohne Frage die putzigste Anordnung, die für die Leibgarde überliefert ist – inwieweit sie das hethitische Hofzeremoniell wirklich prägte, wissen wir nicht. Vielleicht wurde sie auch im 13. Jahrhundert, als sie auf einer Tontafel festgehalten wurde, bereits als Kuriosum betrachtet. Denn sie stammt aus der Zeit von Arnuwanda I., also sozusagen aus dem (hethitischen) Mittelalter.

Kapitel 17

Der Taktiker und die Diplomatin

Muwattalli starb etwa zwei Jahre nach seinem Sieg bei Kadesch. Bei der Bestimmung seines Nachfolgers wurde buchstabengetreu Telipinus Erlaß befolgt. Es gab keinen Sohn ersten Ranges: Urhitesub, der den Thronnamen Mursili III. (1272–1266 v. u. Z.) trug, war der Sohn einer Nebenfrau. Lange saß er allerdings nicht auf dem Thron von Hattusa.

Anfangs war das Verhältnis zwischen Urhitesub und seinem Onkel Hattusili noch gut – solange der Neffe tat, was der Onkel für richtig hielt. So verlegte er die Hauptstadt zurück nach Hattusa. Und er begnadigte die »alte« Tawananna, die vom Hof vertrieben worden war und nun wieder zur Mitregentin wurde.

Wie schon Mursili II. hatte Großkönig Muwattalli, wenn auch erst gegen Ende seiner Regierungszeit, der amtierenden Tawananna den Prozeß gemacht – eben jener Tanuhepa, die sein Vater Mursili nach Gassulawijas Tod geheiratet hatte. (Seine Stiefmutter war sie auch noch, was die Parallele komplett macht.) Was auch immer das persönliche Verhältnis getrübt hatte, Muwattalli hatte Tanuhepa eine Entweihung, ein schweres religiöses Vergehen also, vorgeworfen; das Urteil hatte auf Verbannung für sie und ihr Gefolge gelautet.

Manche Forscher sind der Meinung, der wahre Grund sei Tanuhepas Versuch gewesen, ihre eigenen Söhne in die Thronfolge einzubringen, weil Muwattalli keinen Nachkommen ersten Ranges hatte. In diesem Fall wäre allerdings nicht ganz verständlich, warum Urhitesub ausgerechnet die Rehabilitation seiner Widersacherin betrieben haben sollte. (Ein Gebet von Urhitesub, in dem er sich den Göttern gegenüber klar von dem Prozeß gegen Tanuhepa distanziert, macht deutlich, daß er nicht bloß auf Druck von Hattusili, sondern ebenso aus eigener Überzeugung handelte.)

Zweifellos auf Hattusilis Betreiben setzte Urhitesub sodann Bentesina wieder als König von Amurru ein (oder er traf die Vorbereitungen dazu, denn den eigentlichen Akt nahm Hattusili später für sich in Anspruch). Muwattalli hatte Bentesina abgesetzt, weil er zu den Ägyptern übergelaufen war, und ihn als Gefangenen nach Hattusa gebracht. Damit wäre dessen Schicksal eigentlich besiegelt gewesen, aber Hattusili setzte sich für den Amurriter ein, nahm ihn mit in sein Königreich Hakmissa, gab ihm ein »Haus« (ein Gut mit Ländereien und Bediensteten) und schließlich sogar seine Tochter Gassulawija zur Frau.

Andere Anweisungen, mit denen Urhitesub Verfügungen seines Vaters rückgängig machte, stießen dagegen bestimmt auf den Widerstand seines Onkels, vor allem, daß er einen gewissen Sipaziti in seinen Stab berief – denn damit rührte er an eine alte Familienfehde.

Als Muwattalli Hattusili als Verwalter des Oberen Landes einsetzte, mußte der bisherige Regent Armatarhunta seinen Posten räumen. Der war ein Sohn von Suppiluliumas Bruder Zida und wehrte sich energisch gegen seine Absetzung. Er erhob Anklage gegen Hattusili, aber dieser gewann den Prozeß. Als Hattusili dann mit Muwattalli bei Kadesch kämpfte, zettelte Armatarhunta eine Revolte in Hattusilis Königreich Hakmissa an. Hattusili eroberte seinen Thron zurück, und es kam zum nächsten Prozeß. Wieder siegte Hattusili und zeigte sich – immer noch zu Muwattallis Lebzeiten – ausgesprochen großzügig: »Weil

Armatarhunta ein Blutsverwandter war, ferner ein Greis war, tat er mir leid, und ich ließ ihn frei. Auch den Sipaziti, seinen Sohn, ließ ich frei und tat ihnen nichts an. Die Gemahlin des Armatarhunta aber und seinen [anderen] Sohn schickte ich nach Alasija [Zypern]. Seinen Landbesitz aber nahm ich zur Hälfte und gab ihn dem Armatarhunta wieder zurück.«

Trotzdem hatte sich Hattusili Armatarhuntas Familie nicht gerade zu Freunden gemacht, und daß Urhitesub nun Armatarhuntas Sohn Sipaziti ins unmittelbare Machtzentrum des Großkönigs holte, läutete die offene Konfrontation zwischen Onkel und Neffe ein, bei der jeder sich seine Bundesgenossen suchte.

Einen potentiellen Verbündeten vergrätzte Urhitesub allerdings. Muwattalli hatte den König Manabatarhunta von Seha gezwungen, zugunsten seines Sohnes Masturi abzudanken (s. Kap. 20), und letzteren mit seiner einzigen Schwester Massanazi verheiratet. Manabatarhunta wurde seinerzeit verbannt (allerdings nicht auf die Kupferinsel Alasija, sondern ganz kommod nach Hattusa). Warum Urhitesub ihn nun wieder in seine Heimat Seha entließ, ist nicht bekannt. Masturi dürfte wenig begeistert gewesen sein, obwohl er seinen Thron behielt. Er erklärte: »Soll ich etwa einen Bastard unterstützen?« und stellte sich auf Hattusilis Seite.

Ganz sicher ergriff auch der dankbare Bentesina für Hattusili Partei, und genauso die Familie von Mittannamuwa (dem Statthalter in Hattusa, solange Tarhuntassa vorübergehend Hauptstadt war): Sein Sohn verlor unter Urhitesub das Amt als Oberster Schreiber. Deshalb verwundert es nicht, daß Mittannamuwa Hattusili dazu riet, den Kampf gegen Urhitesub aufzunehmen, als dieser seinem Onkel auch noch all die Länder wegzunehmen begann, die ihm Muwattalli verliehen hatte.

Neben den eher persönlichen Animositäten gab es noch wesentlich gewichtigere Gründe, gegen Urhitesub Front zu machen: seine Außenpolitik, die man nur als grob fahrlässig, wenn nicht gar strohdumm bezeichnen kann.

Auch wenn Urhitesub, wie Siegelabdrücke beweisen, schon von seinem Vater als Kronprinz auf sein Amt vorbereitet worden war, verhielt er sich de facto wie ein Anfänger. Als erster spürte Ramses II., daß er es jetzt mit einem schwachen Großkönig zu tun hatte. In seinem achten und zehnten Jahr (1271 und 1269/68) marschierte er in Syrien ein und eroberte mehrere Städte nördlich von Kadesch, unter anderem Dapur. (Allerdings waren diese Erfolge wiederum nur von kurzer Dauer: Der Vizekönig von Karkamis – immer noch Sarrikusuhs Sohn Sahurunuwa – sorgte alsbald wieder für die alten Grenzen zugunsten der Hethiter.) Um Kadesch selbst machte Ramses einen Bogen.

Zwischendurch aber »eroberte« er die Festung sozusagen für die Ewigkeit: In seinem neunten Regierungsjahr ließ er von seinem Schreiber Pentawer das sogenannte Kadesch-Gedicht niederschreiben, das ihn zum großen Sieger der Schlacht erklärte.

In Mittanni glaubte König Wasasatta, er könne Hethiter und Assyrer gegeneinander in einen Krieg hetzen und auf demselben Weg die Unabhängigkeit für sein Land wiedergewinnen, wie einst zu Suppiluliumas Zeit Assyrien von Mittanni freigekommen war. Wasasatta fädelte den beabsichtigten Coup ein, indem er zunächst die Unterstützung der Hethiter suchte und dann Assyrien angriff. Doch der Plan schlug fehl: Urhitesub hatte zwar, so eine assyrische Inschrift, Wasasattas Bestechungsgeschenke angenommen, kam ihm aber im entscheidenden Moment nicht zu Hilfe. Also erging es Wasasatta nicht besser als ein paar Jahre zuvor seinem Vater: Adad-Nirari besiegte ihn, Mittanni verlor weiter an Eigenständigkeit und konnte nicht mehr als Pufferstaat zwischen Hethitern und Assyrern fungieren.

Dieser Verlust dürfte Urhitesub in Hattusa nicht unbedingt Bewunderung eingetragen haben. Und er schaffte es, die Situation auch noch zuzuspitzen. In einem Antwortbrief an Adad-Nirari, den Herrscher von Assur, räumte er zwar zähneknirschend ein, daß der Assyrer nun ein Großkönig sei, fuhr dann aber fort: »Warum soll ich dir als meinem Bruder schreiben? Wurden du und ich vielleicht von derselben Mutter geboren?«

Das war eine unverschämte Beleidigung, und letztlich ziemlich albern. Die Anrede »Bruder« war zwischen gleichrangigen Großkönigen üblich. Sie signalisierte die Bereitschaft zum diplomatischen Austausch und war nicht auf freundschaftliche Beziehungen beschränkt. Also zeugte der Hinweis auf biologische Verwandtschaft bloß von der Dummheit des Absenders, nicht von einer Ignoranz oder Anmaßung des Empfängers.

Den Assyrern konnte man keinen Vorwurf machen, sie hatten nicht gegen internationale Gepflogenheiten verstoßen: Hanigalbat, ein offiziell unabhängiges Land, hatte angegriffen. Deshalb war Urhitesubs Brief alles andere als

---

Nachdem Suppiluliuma das Großreich Mittanni zerschlagen hatte, war der klägliche Rest formell unabhängig geblieben, stand de facto jedoch unter der Schutzherrschaft von Hattusa. Dieses Land wurde in den hethitischen Quellen fortan als Hanigalbat bezeichnet. Unter Mursili II. wie unter Muwattalli II. gab es zwar mit Assyrien immer wieder kleinere Auseinandersetzungen um das Gebiet, aber beide Hethiter-Könige behielten die Oberhand: So kämpften dann bei der Schlacht von Kadesch auch Truppen aus Hanigalbat auf Muwattallis Seite.

Aber als Urhitesub den Thron bestiegen hatte, wollte Sattuara I., der Vater von Wasasatta, seine Position stärken. Doch er erreichte das Gegenteil: Ohne Vorwarnung griff er Adad-Nirari von Assyrien an, unterlag prompt und wurde zum Tribut für Assur verpflichtet. Schon damals hatte Urhitesub tatenlos zugesehen.

hilfreich: Er änderte nichts an den bestehenden Besitzverhältnissen, enthielt aber eine indirekte Kriegserklärung.

Urhitesub war auf dem besten Weg, Hattusa in einen Zweifrontenkrieg zu treiben, den das Land nicht lange durchgestanden hätte. Ramses wäre sicher nur allzu bereit gewesen, im Fall eines hethitisch-assyrischen Konflikts sofort wieder nach Syrien zu ziehen. Als seine Kundschafter ihm von den Entwicklungen im Norden berichteten, dürfte sich der Pharao schon die Hände gerieben haben. Doch es kam ganz anders.

Was folgte, beschrieb Hattusili in seiner sogenannten Apologie fast wie einen Spaziergang:

»Als aber mein Bruder Gott geworden [gestorben] … und für ihn kein legitimer Sohn vorhanden war, nahm ich den Urhitesub, den Sohn einer Nebenfrau, und setzte ihn zur Herrschaft ein. Ganz Hattusa legte ich ihm in die Hand, und er war Großkönig in den Ländern von Hattusa. Ich aber war König von Hakmissa …

Als aber Urhitesub das Wohlwollen der Gottheit [der Istar, zugleich Hattusilis persönliche Schutzgöttin] mir gegenüber sah, da beneidete er mich und suchte mir Leid zuzufügen. So nahm er mir alle Untergebenen fort … Die Städte Hakmissa und Nerikka [Nerik] jedoch nahm er mir auf göttliches Geheiß nicht fort. Und um meines Bruders willen fügte ich mich für sieben Jahre.

Urhitesub aber suchte mich zu vernichten und nahm mir auch noch Hakmissa und Nerikka weg. Nun fügte ich mich nicht mehr, sondern ergriff gegen ihn Feindschaft …

Weil mir aber Istar, meine Herrin, die Königsherrschaft schon früher zugesagt hatte, erschien zu eben jener Zeit Istar, meine Herrin, meiner Gattin im Traume und sprach: ›Deinem Gatten werde ich vorangehen, und ganz Hattusa wird sich auf die Seite deines Gatten wenden!‹ … Und den

Herren, die Urhitesub vertrieben hatte, erschien Istar im Traume mit den Worten: ›Die Länder von Hattusa insgesamt habe ich, Istar, dem Hattusili zugewandt.‹

Da erfuhr ich das fürsorgliche Walten der Istar auch bei dieser Gelegenheit in reichem Maße: Wie sie den Urhitesub irgendwo anders keinesfalls ließ, sperrte sie ihn in Samuha ein wie ein Schwein in seinen Koben. Die Kaskäer, welche mir feindlich gesinnt waren, die traten hinter mich, auch ganz Hattusa trat hinter mich. Entsprechend der Hochachtung für meinen Bruder tat ich keinesfalls Böses, sondern marschierte gegen Urhitesub und führte ihn wie einen Gefangenen ab. Ich gab ihm im Lande Nuhassa [Nuhasse] befestigte Städte, und dort verblieb er …

Und Istar, meine Herrin, gab mir das Königtum über das Land Hattusa. Und ich wurde Großkönig.«

Urhitesub wurde in Samuha gefangengenommen und nach Nuhasse verbannt. Der hethitische Bürgerkrieg, auf den der Pharao gehofft hatte, war ausgeblieben. Hattusilis Vorstoß erhielt einfach mehr und bessere Unterstützung oder wurde zumindest von den meisten Hochrangigen im Reich geduldet, während Sipaziti als wichtigster Bundesgenosse von Urhitesub sogar scheiterte: Es gelang ihm nicht, im Oberen Land in genügender Zahl Truppen für Urhitesub auszuheben.

Vor allem Urhitesubs außenpolitische Fehler dürften dazu geführt haben, daß Hattusili nicht als Thronräuber zur Verantwortung gezogen wurde, obwohl er eklatant gegen geltendes Recht verstoßen hatte. Ehemalige, jetzt abgefallene Verbündete von Urhitesub machten Hattusili sogar das Angebot, ihm den Kopf des Neffen zu bringen – was Hattusili ablehnte. Seinem Ansehen war es sicher zuträglicher, daß er auch bei der Thronusurpation letztlich soweit wie möglich Recht und Ordnung achtete. Möglicherweise ist das auch der Grund, warum die Vizekönige in Karkamis und Halpa nicht Partei gegen Hattusili ergriffen.

Wieder einmal war Telipinus Gesetz mißachtet worden; diesmal allerdings ohne jedes Blutvergießen. Hattusili III. (1266–1236 v. u. Z.) ging eben vieles anders an, als man es bislang von hethitischen Großkönigen gewohnt war.

Wesentlichen Anteil am Gang der Ereignisse hatte eine junge Frau namens Puduhepa.

Ihr Vater war der Istar-Priester von Lawazantija in Kizzuwatna, am Oberlauf des antiken Saros. Die Forschung ist sich nicht ganz einig, ob sie adlig war, doch angesichts der auf allen Ebenen versippten und verschwägerten Herrscherschicht von Hattusa ist anzunehmen, daß sie über sehr viele Ecken auch zur Verwandtschaft gehörte. Sicher war die Position des Istar-Priesters von Lawazantija nicht sonderlich einflußreich (er war nicht zugleich weltlicher Landesherr wie seinerzeit Telipinu als Priester in Kizzuwatna), so daß die Ehe, die der Bruder des Großkönigs schloß, auch einiges Erstaunen hervorgerufen haben dürfte. Gestiftet hatte sie die Göttin Istar.

Auf dem Rückweg von Kadesch hatte Hattusili einen Abstecher nach Lawazantija gemacht, um zu opfern. Dort erschien ihm Istar im Traum und befahl ihm, ihre Priesterin Puduhepa zu heiraten. Die Ehe (wohl Hattusilis zwei-

Ihren Namen verdankte Puduhepa allerdings nicht ihrer Schutzgöttin Istar, sondern Hepat. Dies war, einem ihrer Gebete zufolge, der hurritische Name der Sonnengöttin: »Im Lande Hattusa setztest du dir den Namen Sonnengöttin von Arinna, jedoch in dem Lande, das du zu dem der Zeder machtest, setztest du dir den Namen Hepat. Ich aber, Puduhepa, bin deine Dienerin von Anfang an.«

te) wurde eine der bemerkenswertesten Verbindungen der späten Bronzezeit. »Und wir hielten zusammen, und uns gab die Gottheit die Liebe des Gatten und der Gattin«, schrieb Hattusili später.

Er nahm Puduhepa mit in den Norden und machte sie zur Königin von Hakmissa.

Welche Bedeutung sie für Hattusilis Werdegang hatte, zeigt sich an den Träumen, die der König anführt: Puduhepa war es, die von Istars Verheißung träumte. Und vor allem wenn man weiß, daß diese Königin sehr oft bedeutungsvolle Träume hatte, ist man versucht, ihr zudem eine – wie auch immer – vorbereitende Mitwirkung an dem kollektiven Traum der Würdenträger zuzuschreiben, die sich auf Hattusilis Seite stellten. Offensichtlich war sie in der Lage, Menschen zu überzeugen und für ihre Sache zu gewinnen – vielleicht sogar, ihnen etwas einzureden.

Wer nun wirklich die treibende Kraft bei dem Umsturz war, wissen wir nicht, zu vermerken ist aber, daß jetzt erstmals nach einem Thronraub eine neue, wirklich andere Politik folgte.

Gleich zu Beginn seiner Regierungszeit schrieb Hattusili an Adad-Nirari von Assyrien und schlug ihm eine Einigung vor, mit der er keine direkten Ansprüche auf Hanigalbat erhob, kündigte die von seinem Kollegen heißer-

Bei Puduhepa fällt zumindest uns immer Hillary Clinton ein, über die vor ein paar Jahren im Internet erzählt wurde, sie sei auf Besuch in ihrer alten Heimat gewesen und an eine Tankstelle gekommen. Der Besitzer war ein Tanzstundenfreund, der ihr damals den Hof gemacht hatte. »Wenn du mich geheiratet hättest, Hillary«, sagte er, »dann wärst du jetzt die Frau eines Tankwarts.« Hillary schüttelte lächelnd den Kopf. »Nein, mein Lieber, wenn ich dich geheiratet hätte, wärst du jetzt Präsident der Vereinigten Staaten.«

sehnte Eisenlieferung an und sprach erst dann das Thema an, um das es in diesem Brief in erster Linie ging – den Tadel, daß der Assyrer keinen Boten mit Glückwünschen geschickt hatte: »Wenn ein König den Thron besteigt, ist es Brauch, daß die Könige, die ihm im Rang gleich sind, angemessene Geschenke, einen Königsmantel und feines Salböl, senden. Das hast du bis heute nicht getan.« Das war ziemlich deutlich, doch zum Abschluß lieferte er dem anderen gleich noch einen Grund, das Versäumte ohne Gesichtsverlust nachzuholen und künftig bessere Beziehungen zu pflegen: »Den Boten, die du zur Zeit von Urhitesub regelmäßig hierher geschickt hast, erging es meist schlecht. Heute mußt du nicht sagen: ›Er macht sicher eine schlimme Zeit durch.‹ Wenn er zurückkommt, brauchst du [deinen Boten] Bel-qarrad nicht zu fragen, ob ich ihn gut behandelt habe.«

Am schnellsten wurden gute Beziehungen zum babylonischen Großkönig Kadasman-Turgu hergestellt: Hattusili erneuerte den Freundschaftspakt – der bereits bestand, denn eine Nichte von Hattusili war schon früher nach Babylonien verheiratet worden. Besiegelt wurde dieses Bündnis später durch die Heirat einer Tochter von Hattusili mit Kadasman-Turgus Nachfolger.

Damit war die Situation im Osten geklärt, aber eine wichtige Bestätigung fehlte Hattusili noch: die durch Ramses II. Wenn ihn der Pharao wie die Großkönige von Babylonien und Assyrien anerkannte, konnte Hattusili auch mit wesentlich mehr Rückhalt in der königlichen Sippe von Hattusa rechnen. Es dürfte den hethitischen König einige Botenmissionen und diplomatisches Fingerspitzengefühl gekostet haben, aber schließlich schickte Ramses seinen Boten Mairia mit dem ersehnten Brief: »Ich nehme dich zur Kenntnis, denn du bist groß im Lande Hattusa, und du bist heldenhaft in allen Ländern ... Der Sonnengott hat dich veranlaßt, und der Wettergott hat dich veranlaßt, das

Königtum auszuüben in den Ländern des Landes Hattusa an der Stelle deines Großvaters ... Einen Mann von Rang nehme ich zur Kenntnis, aber siehe, den Urhitesub nehme ich nicht zur Kenntnis, ein starrsinniger Mensch ist der ... Du wirst das Land Hattusa gedeihen lassen. Fürwahr, du hast die Königsherrschaft über das Land Hattusa zu Recht ergriffen und nicht zu Unrecht!«

Zu den Geschenken, die Ramses an seinen »Bruder« schickte, gehörte auch ein leibhaftiger Affe, der viel Bewunderung hervorrief.

Gelöst waren damit Hattusilis Probleme nur für kurze Zeit. Urhitesub hatte von Nuhasse aus alsbald den Kontakt mit Babylonien gesucht – wohl über seine Schwester, die dort am Hof lebte –, um ein Komplott gegen Hattusili anzuzetteln. Das konnte Hattusili verhindern, und er schickte Urhitesub nun in die Verbannung auf Alasija. Von dort konnte dieser aber bald entkommen und in den ägyptischen Teil Syriens fliehen. Hattusili verlangte seine Herausgabe, der Pharao verweigerte sie. Das führte zu erheblichen Spannungen, die auch den babylonischen König zum Abbruch der Verbindungen zu Ägypten veranlaßten.

Zu dieser Zeit starb Adad-Nirari von Assyrien, und der Herrscher von Hanigalbat, mittlerweile Sattuara II., nutzte das zum – vergeblichen – Aufstand gegen den Nachfolger Salmanassar I. Kurz danach erfolgte auch in Babylonien ein Thronwechsel. Auf Betreiben seines Wesirs Itti-Marduk-balatu nahm der neue König Kadasman-Enlil II. den diplomatischen Kontakt zu Ägypten wieder auf und ließ die Beziehungen zu Hattusa abkühlen. Hattusili war wenig begeistert, erinnerte den jungen König nachdrücklich an den bestehenden Vertrag und äußerte unverblümt seine Meinung über den Berater: »Itti-Marduk-balatu, den die Götter viel zu lange am Leben gelassen haben und in dessen Mund die bösen Worte nie abreißen ...« Zum Abschluß forderte er Kadasman-Enlil mit einer subtilen

Stichelei auf, seine Qualitäten als Feldherr durch einen Angriff gegen einen Feind (wohl in der Hoffnung, daß dieser Assyrien heißen würde) unter Beweis zu stellen.

Aber Hattusili war klar, daß er eine wirklich dauerhafte Lösung finden mußte. Und die lag am Nil. Assyriens Expansionsdrang – den die Könige als Auftrag ihres Reichsgottes Assur verstanden – war nur mit Macht, nicht mit Verträgen zu begegnen. Mit den verbündeten Kräften von Ägypten und Hattusa (und einem vielleicht neutralen Babylonien) würden die Assyrer sich nicht so schnell anlegen wollen. Das war der eine Unsicherheitsfaktor. Der andere hieß Urhitesub. Hattusilis Anerkennung durch die anderen Großmächte hatte seine Hoffnungen auf Wiedererlangung des Throns zwar verringert, aber es gab nach wie vor Mitglieder der Adelssippe, die ihn für den rechtmäßigen Großkönig hielten.

Im Inneren versuchte Hattusili sich daher durch besondere Treueide die Loyalität zu sichern. Da Eidbruch als Verbrechen galt, für das man sich nicht nur vor dem Gericht des Königs verantworten mußte, sondern das auch von den Göttern mit schweren Strafen belegt wurde, hatte ein Eid – jedenfalls unter den Hethitern – einen hohen Stellenwert. Aber Hattusili war Realist. Deshalb machte er das, was Herrscher in dieser Situation seit Menschengedenken tun: Er vergab weltliche Belohnungen. Das Amt des Obersten Schreibers wurde wieder Mittannamuwas Familie überlassen: Jetzt bekleidete es der Sohn Walwaziti; ein jüngerer Bruder von ihm wurde Richter in Ugarit. Überliefert ist auch die Gabe an den Kämmerer Uratarhunta: Er bekam ein Landgut, das von den üblichen Abgaben befreit war. In der Schenkungsurkunde wurde explizit festgehalten, daß dies geschah, weil Uratarhunta auf Hattusilis Seite stand, obwohl sein Vater ihm feindlich gesinnt war.

Große Umsicht verlangte der Fall Kurunta. Er war von Hattusili adoptiert worden und in dessen Haus aufgewachsen – vor allem aber war er der jüngere Bruder von Urhitesub und somit jemand, der gleichfalls Anspruch auf den Thron in Hattusa hätte erheben können. Hier war also eine spezielle Lösung nötig. Und Hattusili fand sie: Er errichtete in Tarhuntassa ein weiteres Vizekönigtum und gab diesem Neffen dort einen Thron, wo dessen Vater Muwattalli einst regiert hatte. Kurunta, der zu diesem Zeitpunkt kaum mehr als halbwüchsig gewesen sein dürfte, war dankbar: »Dann nahmen sich Hattusili, der Großkönig, mein Herr, und Puduhepa, die Königin, aufs neue meiner an, setzten mich an den Platz seines Bruders [also Muwattallis], machten mich zum Herrn im Lande Tarhuntassa und ernannten mich zum König des Landes Tarhuntassa.«

Am 21. Tag des 5. Monats im 21. Jahr des Pharao Ramses (am 21.11.1259 v.u.Z.) traten in dessen Residenzstadt Piramesse drei ägyptische Rechtsgelehrte zusammen mit drei königlich-hethitischen Gesandten (von denen einer aus Karkamis kam) vor Ramses II. und überreichten ihm eine Silbertafel.

Der Pharao nahm das kostbare Stück (da Ägypten keine Silbervorkommen hatte, wurde das weiße Metall oft höher geschätzt als Gold, das in reichem Maße aus den nubischen Minen kam) entgegen und gelobte, es zu Füßen von Amun zu deponieren.

Die Tafel trug einen keilschriftlichen Text auf akkadisch und die Siegel von Hattusili und Puduhepa. Der vielleicht bemerkenswerteste Satz darauf lautete: »Was die Beziehungen angeht zwischen dem Großkönig, dem König von Ägypten, und dem Großkönig, dem König von Hattusa, so hat die Gottheit [der ägyptische Seth beziehungsweise der oberste Wettergott von Hattusa] mit diesem Vertrag für alle Zeiten verboten, daß Krieg zwischen ihnen herrscht.«

Modern ausgedrückt: Das war der erste völkerrechtliche Vertrag der Welt – und folgerichtig hängt heute im UN-Hauptgebäude in New York eine Kopie davon (s. Abb. 24).

Neben der Absage an den Krieg gegeneinander umfaßte er einen wechselseitigen Beistandspakt – gegenüber äußeren wie inneren Feinden. Plünderungen wurden ebenso verboten wie die Aufnahme von Flüchtlingen aus dem Hoheitsgebiet des Partners – seien es einzelne Würdenträger, unbekannte Männer oder ganze Stämme. Gleichzeitig wurde aber auch festgeschrieben, daß zurückgeschickte Flüchtlinge Amnestie erfuhren: »Aber sie sollen sie nicht bestrafen für ihr Verbrechen. Sie sollen ihnen nicht die Zungen oder die Augen herausreißen. Und sie sollen ihre Ohren oder Füße nicht verstümmeln. Und sie sollen ihre Häuser samt ihren Frauen und Söhnen nicht vernichten.«

Die körperlichen Strafen wie die Sippenhaft wurden also explizit beiden Königen untersagt, obwohl dies eigentlich nur aufgrund sorgfältiger diplomatischer Abwägungen erfolgte: Dem Großkönig von Hattusa wurde damit Strafen verboten, die das hethitische Recht gar nicht vorsah (s. Kap. 10). Aber auf diese Weise konnte auch der Ägypter ohne Gesichtsverlust dem zustimmen. Eindeutig auf hethitischen Wunsch wurde festgehalten, daß Ramses den Thronanspruch von Hattusilis Linie verteidigen würde.

Was aber der Auslöser für den Vertrag war, stand gar nicht im Text: Die Regelung der Grenzen wurde mit keiner Silbe erwähnt. Möglicherweise gab es hierzu ein weiteres Dokument, das bislang nicht gefunden wurde. Wenn dies existierte, dann hielt es letztlich den Status quo fest: Kadesch wie Amurru blieben hethitisch, alle Länder südlich davon ägyptisch. Aba/Upe galt als neutral (wenn vielleicht auch mit einer gewissen Präferenz für den Pharao), im Gegenzug konnte Ägypten seine Handelsniederlassungen in den Hafenstädten an der Levante verstärken und die Küstenstraßen benutzen. Eine Regelung, von der alle

Beteiligten, also nicht nur die beiden Großkönige, für die nächsten rund sechs Dekaden profitierten.

Parallel zur Übergabe in Piramesse wurde Hattusili in Hattusa eine gleichfalls auf kostbares Material geschriebene akkadische Version überreicht. Die Gesandten, die sie überbrachten, wurden von Nubiern begleitet, die Festtagsgewänder trugen. In beiden Residenzen dürften große Feiern mit der Übergabe verbunden gewesen sein. Der Höhepunkt, der heute dazugehören würde, fehlte allerdings: Hattusili und Ramses trafen sich bei dieser Gelegenheit nicht. Eine persönliche Zusammenkunft war damals nicht üblich. Ramses wollte das ändern und schlug Hattusili nach dem Vertragsabschluß ein Treffen in Kinahhi (Kanaan) vor. Von dort wollte er ihn in seine Residenz im Nil-Delta geleiten. Das rief augenblicklich den Assyrer-König auf den Plan: Er bezeichnete Hattusili in einem Brief als »Ersatz eines Großkönigs«. Die Botschaft kam an. Hattusili verstand, daß er hier nicht unkonventionell vorgehen konnte. Wer einem Großkönig seine Aufwartung machte, degradierte sich zum Vasallen. Auch wenn die Einladung anders lautete – daß Ramses durchaus fähig war, Ereignisse in ihr genaues Gegenteil zu verkehren, hatte Hattusili am Beispiel Kadesch nur zu gut mitbekommen. (Als der Hethiter-König Ramses letzteres in einem Brief vorgehalten hatte, war der Pharao ausgewichen.)

Die Reise unterblieb also. Ungefähr aus derselben Zeit stammt ein Text, in dem von einem wohl sehr schmerzhaften »Brennen der Füße« die Rede ist, das Hattusili heimsuchte. Vielleicht bot die Fußkrankheit den willkommenen Anlaß, auf höchst diplomatische Weise den zweifelhaften Staatsbesuch abzusagen.

Ansonsten entwickelten sich die wechselseitigen Beziehungen prächtig. Ständig waren Boten unterwegs, wurden Geschenke ausgetauscht – wobei dieser Ausdruck eigentlich nicht ganz stimmt, auch wenn ihn die Könige selbst in ihren Briefen verwendeten. Vielmehr handelte es sich um ein hochherrschaftliches Tauschgeschäft; was geschickt wurde, entsprach nicht dem Wohlwollen des Schenkers, sondern Wunschlisten des Beschenkten. Zudem wurde genau Buch geführt über Menge und Qualität der Gaben: Ein Goldkästchen, das Ramses im hethitischen Stil fertigen ließ, wog knapp 180 Gramm, eine zwölfsträngigige Kette aus bestem Gold sogar gut 800 Gramm. (Unehrenhafte Boten hätten also keine Chance gehabt, sich in Versuchung führen zu lassen und etwas für sich abzuzweigen.)

Des weiteren kamen aus Ägypten feinstes Leinen und vor allem Medizin. Von den hethitischen Warenlisten sind so gut wie keine erhalten, aber es ist anzunehmen, daß neben Pferden und Silber wohl auch Eisen ziemlich weit oben darauf stand (s. Kap. 14). Ein wichtiger Punkt war der Technologietransfer. Ramses schickte Ärzte, Bewässerungsspezialisten und Pläne für Schiffe, Hattusili Baumeister. Auch auf der gesellschaftlichen Ebene unterhalb des Throns gediehen persönliche Beziehungen: Die Adelsfamilien sandten ihre Söhne als Pagen an den Hof im Partnerland.

Ein Ärgernis blieb allerdings Urhitesub. Es gelang ihm, sich weiterhin Hattusilis Zugriff zu entziehen. Offenbar hatte er noch genügend Anhänger, so daß er in Syrien ständig zwischen dem hethitischen und dem ägyptischen Einflußgebiet wechseln konnte. Hattusili forderte von Ramses mehrfach Urhitesubs Auslieferung, aber der Pharao konnte ihn genausowenig dingfest machen – jedenfalls behauptete er das in seinen Briefen.

Hattusili fürchtete, sein Neffe könnte eine Armee sammeln und einen Krieg gegen ihn beginnen. Vielleicht bedauerte er insgeheim manchmal, daß er seinerzeit das Angebot nicht angenommen hatte, sich den Kopf von Urhitesub bringen zu lassen. Doch der einzige, der sich jetzt noch offen für Urhitesub einsetzte, war Kubantakurunta, König von Mira. Er schrieb (obwohl ihm so etwas eigentlich verboten war) einen entsprechenden Brief an Ramses – aber der Pharao beschied ihn kühl, er habe einen Freundschaftsvertrag mit Hattusili geschlossen, und der Großkönig würde die Angelegenheit schon selbst regeln.

Und das tat er – mit Hilfe Ägyptens. Hattusili und Ramses kamen überein, daß Urhitesub dort am besten aufgehoben sei. Da hatte er ein ehrenvolles Exil, aber keine Möglichkeit, eine Hausmacht zu sammeln. Wann genau und wie Urhitesub schließlich an den Nil kam, ist nicht bekannt. Verbürgt ist, daß er sich 20 Jahre nach seiner Absetzung und knapp 15 Jahre nach Abschluß des Friedensvertrags in Ägypten befand – zu einem Zeitpunkt, als zwischen Hattusa und Piramesse ein noch viel komplizierteres Abkommen als der Friedensvertrag verhandelt wurde.

»Was aber das Ermordetwerden anlangt, dessentwegen er in Furcht geraten ist – ist etwa Bluttat im Lande Hattusa Rechtens? Das ist nicht der Fall!«

Urhitesub war es nicht, der mit diesem Satz beruhigt werden sollte. Er war nicht der einzige, der sich Hattusilis Zugriff hatte entziehen können. Pijamaradu war wieder einmal aktiv geworden, diesmal im Südwesten, in Lukka. Die Lukka-Länder, in denen eine ähnliche politische Struktur wie bei den Kaskäern herrschte, gehörten zwar nicht direkt zum Hethiter-Reich, aber man rief Hattusili trotzdem zu Hilfe, weil unter den Gefangenen, die Pijamaradu verschleppt hatte, auch hethitische Untertanen waren.

Als sich der Hethiter-König mit seinem Heer näherte, bat Pijamaradu in einem Brief, hethitischer Vasall zu werden. Genauer: Er wollte, wie schon zur Zeit von Muwattalli, einen Thron in einem der Arzawa-Länder. Das war natürlich unmöglich, denn es bestanden gültige Verträge mit den dortigen Königen. Das wußte Pijamaradu selbstverständlich – aber vielleicht hatte er von Kubantakuruntas eigenmächtigem Brief an Ramses gehört und hoffte, daß der König von Mira deshalb in Ungnade bei Hattusili fallen könnte.

Und Hattusili lehnte auch nicht von vornherein ab, sondern schickte einen Stellvertreter (wohl einen seiner Söhne) zum erbetenen Treffen. Dieser war Pijamaradu offenbar nicht hochrangig genug: Pijamaradu demütigte den Ersatzmann »angesichts der Länder« und zog sich nach Millawanda zurück, wo noch immer sein Schwiegersohn Atpa als Statthalter von Ahhijawa herrschte.

Hethitisches Militär rückte daraufhin bis Millawanda vor, aber Hattusili griff nicht an, sondern schrieb einen Brief an den Großkönig von Ahhijawa: Dieser solle doch bitte schön dafür sorgen, daß Pijamaradus Feldzüge auf hethitisches Gebiet ein Ende hätten und Pijamaradu zu dem Treffen käme. Falls Pijamaradu Angst um sein Leben hätte, so sei das unbegründet, weil Mord – siehe das obige Zitat – nicht Rechtens sei.

Damit Pijamaradu wie der Großkönig von Ahhijawa ganz sicher sein konnten, daß kein Übergriff zu befürchten war, bot Hattusili sogar an, einen Leibbürgen nach Millawanda zu schicken – ein Mitglied von Puduhepas Familie, das in Ahhijawa nicht unbekannt war. Es handelte sich um einen Freund von Hattusili wie von Tawaglawa, dem Bruder des Großkönigs von Ahhijawa. Mehr als einmal hätten die beiden zusammen einen Wagen bestiegen, fügte Hattusili hinzu. (Die griechische Form von Tawaglawa lautet übrigens Etewoklewes, Eteokles.)

Der Brief war ein Meisterwerk der Diplomatie – und hatte offenbar die gewünschte Wirkung. Hattusili entschuldigte sich für frühere verbale Ausfälle und entschärfte so eine ziemlich frostige Situation – der Ahhijawa-König hatte entgegen den üblichen Gepflogenheiten seinem Boten kein Geschenk und noch nicht einmal einen Gruß mitgegeben. Pijamaradu war fortan aus der hethitischen Geschichte abgemeldet (wahrscheinlich starb er auch bald danach).

Die zweifellos vorhandenen massiven Spannungen eskalierten nicht – und das war gewiß nicht das Verdienst von Ahhijawa.

Hattusili wird von der heutigen Forschung gern als kränkelnder, ältlicher König dargestellt. Gelegentlich heißt es, er sei schon über fünfzig gewesen, als er den Thron bestieg. Begründet wird das damit (auch wenn dies den Quellen nicht zu entnehmen ist), daß seine Mutter Gassulawija gewesen sei, die erste Frau von Mursili, die in dessen neuntem Regierungsjahr starb. Muwattalli und Hattusili wären demnach leibliche (Voll-)Brüder gewesen, und es leuchtet ein, daß Muwattalli die großzügige Förderung, die Hattusili genoß, nicht ausgerechnet einem Sohn der Tawananna Tanuhepa zukommen ließ, der er später den Prozeß machte.

Eine andere Überlegung spricht aber gegen dieses hohe Alter Hattusilis. In seiner Apologie beschrieb er nicht nur, warum er Urhitesub vom Thron vertrieb, sondern erzählte auch die Geschichte seiner Jugend: Und da heißt es, daß er seine »erste Mannestat« gegen die Kaskäer *nach* Muwattallis Thronbesteigung vollbrachte. Anders als bei Mursili, wo die Schmähung »Kind« auf die Unerfahrenheit und nicht auf das Alter bezogen war (s. Kap. 13), kann dieses Ereignis nicht in einem fortgeschritteneren Alter erfolgt sein – dann wäre es nichts, dessen man sich rühmen sollte (Ramses beispielsweise hat stolz betont, daß er als Zehnjähriger schon Armeebefehlshaber war; und Hattusili selbst schreibt seinem Sohn Tudhalija den Sieg in einem Kaskäer-Feldzug zu, bei dem dieser kaum älter als zwölf war). Auch wenn Hattusili ganz kurz vor Gassulawijas

Tod geboren wurde (nach dem derzeitigen Stand der Chronologien 1310/09), wäre er bei seiner ersten Mannestat 20 Jahre gewesen, also nicht unbedingt jung für das Verständnis jener Zeit.

Wahrscheinlicher ist, daß Hattusili mit etwa 40 Jahren auf den Thron kam und damit nicht viel älter als Ramses war. Dazu paßt auch besser der Zeitpunkt seines Todes nach rund 30 Regierungsjahren.

Die angebliche Gebrechlichkeit Hattusilis ist wohl gleichfalls übertrieben worden. Ihr widersprechen seine Feldzüge. Auch wenn er nicht gegen Ahhijawa kämpfte, scheute er nicht vor kriegerischen Auseinandersetzungen zurück, um immer wieder die Kaskäer in die Schranken zu verweisen. Daß er als Großkönig eher auf Diplomatie setzte als auf Streitwagen, sollte man ihm vielleicht als politische Klugheit anrechnen und nicht als körperliches Unvermögen auslegen.

Unbestritten ist allerdings, daß Hattusili mehrfach an Krankheiten litt. Aus der Apologie geht hervor, daß er ein schwächliches Kind war; seiner Ansicht nach hatte er nur überlebt, weil man ihn als Knabe in den Dienst seiner Schutzgöttin Istar gegeben hatte. Der Oberste Schreiber Mittannamuwa – dem er sich viele Jahre später noch verpflichtet fühlte – kannte eine Medizin, dank derer Hattusili damals geheilt werden konnte. Nach dem Friedensvertrag ließ er sich des öfteren Ärzte und Medizin aus Ägypten kommen, unter anderem gegen eine Augenkrankheit (ob auch gegen die erwähnte Fußkrankheit, ist nicht überliefert). Und von Puduhepa sind verschiedene Gebete überliefert, in denen sie um das Wohlergehen ihres Gatten bittet.

Das kann tatsächlich für einen kränkelnden Großkönig sprechen, genausogut aber ein verzerrtes Bild sein, weil zu diesem Thema zufällig ein paar Texte mehr erhalten blieben als zu anderen. Zumal man angesichts seines hohen

Alters (sicher 70 Jahre) nicht von seinen späteren Jahren auf sein gesamtes Leben rückschließen darf. Sich Ärzte oder Medikamente aus Ägypten (wofür das Land berühmt war) kommen zu lassen, war im übrigen ein ganz normaler Vorgang im Rahmen des Geschenkeaustauschs, denn Arzneien forderte Hattusili auch für Kurunta von Tarhuntassa an und für seine ältere Schwester Massanazi, die mit dem König von Seha verheiratet war.

Die Bitte um Arznei für seine Schwester verrät allerdings, daß es mit Hattusilis Kenntnissen in Biologie nicht weit her gewesen sein kann. Er bat Ramses um Hilfe, weil Massanazi kinderlos war, und Ramses konnte sich eine ironische Antwort nicht verkneifen: »Nun siehe, die Massanazi, die Schwester meines Bruders – der König, dein Bruder [Ramses] kennt sie. Eine Fünfzigjährige oder eine Sechzigjährige ist sie! Und siehe, eine Frau, die 50 Jahre alt ist, oder eine die 60 Jahre alt ist – für die kann man keine Arznei bereiten, um sie noch gebären zu lassen. Fürwahr, der Sonnengott und der Wettergott mögen einen Befehl geben ...«

Es muß Ramses zutiefst befriedigt haben, daß er wenigstens auf diesem Gebiet Hattusili als Volltrottel hinstellen konnte.

Die junge Dame war begehrt. Man riß sich geradezu um ihre Hand. Gleich zwei echte Großkönige sowie einer, der sich selbst wohl ein bißchen überschätzte, wollten sie heiraten. Sie war zwar ausgesprochen schön, aber der Grund für die Anträge lag in der Person ihres künftigen Gatten.

Das Rennen machte selbstverständlich Ramses. Aber erst nach zähen Verhandlungen.

Ob Hattusili damit das vollenden wollte, was seinem Großvater Suppiluliuma seinerzeit versagt blieb, oder ob er durch eine Dürreperiode in Hattusa zu dieser dynastischen Verbindung gezwungen wurde, ist nicht ganz klar. Jedenfalls traf seine Tochter Sauskanu im 3. Monat des Sprießens des 34. Jahrs (Januar/Februar 1245 v. u. Z.) mit großem Gefolge in Piramesse ein, wurde von dem Bräutigam begeistert als Große Königliche Gemahlin empfangen und erhielt den ehrenvollen ägyptischen Namen Maat-Hor-nefru-Re (»Die Horus und die Schönheit des Re erschaut«).

Vorangegangen waren Briefe, in denen vor allem die Brautmutter dem Schwiegersohn in spe einige unangenehme Wahrheiten vorhielt. Wie so oft ging es erst einmal ums Geld: »Besitzt denn mein Bruder gar nichts?!« beschied Puduhepa den Pharao. »Nur, wenn der Sohn der Sonne oder der Sohn des Wettergotts nichts hat, oder das Meer nichts hat, hast auch du nichts! Willst denn du, mein Bruder, dich an mir etwas bereichern?! Das entspricht weder gutem Ruf noch vornehmer Haltung!«

Hattusili hatte Ramses durchaus eine standesgemäße Mitgift versprochen (größer als die anderer Königstöchter, die Ramses geheiratet hatte), aber Ramses' Erwartungen

»Das Siegel der Puduhepa, der Fürstin des Landes Hattusa, der Tochter des Landes Kizzuwatna, der Geliebten der Sonnengöttin von Arinna, der Herrin der Erde, der Dienerin der Göttin«, besagte das Siegel auf der Rückseite der Silbertafel mit dem Friedensvertrag. Das hatte Ramses eindeutig beeindruckt: eine Königin, die dem König gleichgestellt war. Da wollte der Pharao Hattusili an »Offenheit« nicht nachstehen und betonte, daß die Frauen seiner Familie ebenfalls in Staatsangelegenheiten eine Rolle spielten. Die Königinmutter Tuja und die Große Königsgemahlin Nerfertari schickten Briefe an Puduhepa. Was sie schrieben, war freundlich – Fragen nach dem Wohlergehen und Freude über die guten Beziehungen –, aber keineswegs politisch bedeutsam. Zu aktuellen Fragen nahm einzig Puduhepa Stellung. Und zwar direkt Ramses gegenüber.

waren dann doch zu hoch gesteckt, zumal es einen Brand im hethitischen Schatzhaus gegeben hatte und außerdem akuter Mangel an Gerste herrschte, um das vorgesehene Gefolge samt Vieh zu versorgen. Der Pharao hatte daraufhin vorgeschlagen, die Mitgift später nachzureichen, doch das lehnte Puduhepa kategorisch ab: Ohne die Morgengabe könne vielleicht eine Prinzessin aus Zulabi, Assyrien oder Babylonien kommen, aber nie und nimmer eine aus Hattusa! Mit dem Ansinnen würde er die Ehre seiner »Schwester« beleidigen.

Das war aber nicht der einzige Grund, warum sich Ramses gedulden mußte. Puduhepa wollte erst das Wohlergehen ihrer Tochter gewährleistet wissen.

Zweifellos funktionierte das Geheimdienstwesen in der späten Bronzezeit ausgezeichnet. Kaum daß Hattusili und Ramses die Heiratsverhandlungen aufgenommen hatten, traten die Könige von Babylonien und Hanigalbat in Aktion. Zum einen schrieben sie an Ramses und boten ihm jeweils die eigene Tochter als Ehefrau an – zum anderen hielten sie bei Hattusili um die Hand von Sauskanu an.

Hattusili wie Ramses lehnten dankend ab und setzten die Verhandlungen fort. Kudur-Enlil II. von Babylonien tat ein übriges: Er ließ dem hethitischen Königspaar mitteilen, daß Ramses ausländische Prinzessinnen ausgesprochen schlecht behandelte und keine heimatlichen Boten zu ihnen ließe: »Als zu der Tochter des Landes Kardunija [Babylonien], die ins Land Mizri [Ägypten] gegeben worden war, später Boten kamen, standen sie hinten auf dem Acker!«

Der Brief, mit dem Sattuara II. Ramses seine Tochter andiente, war möglicherweise die letzte eigenständige Aktion eines Königs von Hanigalbat. Sattuara hatte keinen Nachfolger mehr, denn Salmanassar I. verleibte Hanigalbat endgültig Assyrien ein, ließ ihm nicht einmal mehr einen Vasallenstatus.

Daß dies nicht bloß eine Verleumdung war, um den Ehevertrag zu hintertreiben, wußte Puduhepa: Ähnliche Erfahrungen hatten die Babylonier, wie erwähnt, schon viele Jahre zuvor mit den Ägyptern gemacht. Die Großkönigin bestand auf der Zusicherung, daß hethitische Boten – meist höherrangige Verwandte – jederzeit Zugang zu ihrer Tochter hätten, und machte Ramses durch die Blume darauf aufmerksam, daß solche Abgesandten samt prachtvollem Gefolge auch dem Pharaonenhof zur Ehre gereichten.

In ihrem Brief stellte sie die Angelegenheit geschickt so dar, als sei sie einer Fehlinformation durch einen nachrangigen Boten aufgesessen, und entschuldigte sich, fügte aber hinzu, daß sie sich durchaus befugt fühle nachzufragen, ob ihr »Bruder« mit dieser Bedingung einverstanden sei. Wenn alles geklärt sei, könne der Prinzessin Öl aufs Haupt gegossen (diese Salbung durch einen Abgesandten von Ramses war der offizielle Akt der Verlobung) und die Reise angetreten werden.

Die wichtigste Kondition, Sauskanu nicht als Nebenfrau, sondern als Große Königliche Gemahlin einzusetzen, hatte Ramses schon zu Beginn der Verhandlungen akzeptiert. Damit nahm die hethitische Prinzessin eine bis dahin einmalige Stellung ein – andere ausländische Königstöchter lebten nur als Nebenfrauen am ägyptischen Hof, die Pharaonen dachten nicht im Traum daran, ihnen eine außerordentliche Ehrerbietung entgegenzubringen.

In einem Punkt jedoch blieb der Pharao seinem Dünkel treu. Er erfüllte zwar alle Forderungen, aber die offizielle Darstellung in Ägypten sah wieder einmal anders aus. Auf einer Stele in Abu Simbel ist Hattusili abgebildet, der Tribut abliefert, seine Tochter demütig dem göttlichen Pharao zuführt und unterwürfig erklärt: »Geben wir all unsere Güter her, allem voran meine älteste Tochter, und bringen wir sie als ehrenvolle Geschenke dem lebenden Gott, damit er uns Frieden schenke und wir leben können, o Ramses!«

In Wahrheit dürfte Hattusili den Hochzeitszug überhaupt nicht begleitet haben und Puduhepa bestenfalls bis Amurru mitgekommen sein (wo sie ihre Stieftochter Gassulawija besuchen wollte). Und mit Sicherheit war Sauskanu nicht die älteste Tochter von Hattusili (Gassulawija muß einige Jahre älter gewesen sein), wahrscheinlich noch nicht einmal Puduhepas Erstgeborene – denn zum Zeitpunkt der »ägyptischen Hochzeit« war das hethitische Königspaar schon fast 30 Jahre verheiratet.

Nichtsdestotrotz war der Hochzeitszug für alle Länder, durch die er führte, ein großes, feierliches Ereignis. Zum Gefolge gehörten unter anderem Kaskäer (sozusagen das exotische Gegenstück zu den dunkelhäutigen Nubiern, die seinerzeit den Friedensvertrag nach Hattusa begleiten mußten), Wagenlenker und Soldaten, und in jeder Provinz schlossen sich weitere Begleiter und Würdenträger in festlichen Gewändern an.

Ramses war beeindruckt von der Schönheit seiner Braut, und pünktlich kündigte sich Nachwuchs an. Das brachte den ägyptischen König auf eine ganz neue Idee: Er berichtete Hattusili von dem zu erwartenden freudigen Ereignis und meinte, nun könne doch sein – Ramses' – Sohn hethitischer Thronfolger werden.

Wie Hattusili und Puduhepa in Wahrheit auf das Ansinnen reagierten, ist leider nicht bekannt. Sie konnten höflich bleiben, der Konflikt blieb ihnen erspart. Sauskanu gebar eine Tochter.

Weiterhin herrschten Friede und Eintracht, wie sie sich schon während des Brautzugs zwischen Ägyptern und Hethitern eingestellt hatten: »Sie aßen und tranken gemeinsam, brüderlich vereint ... Brüderlichkeit herrschte zwischen ihnen, wie sie auch dem Gott selbst innewohnte, Ramses! ... Und so konnte nach diesem Wunder ein Mann oder eine Frau auf dem Weg nach Syrien ohne Furcht im Herzen das Land Hattusa betreten ...«

Kapitel 18

Vasallen und Verträge: Die politische Verwaltung

Also wurde Troia hethitischer Vasall. Genaugenommen stimmt dieser Satz (s. Kap. 15) nicht: Wilusa wurde ein Gliedstaat des hethitischen Großreichs. Und der war eher mit modernen Bundesländern zu vergleichen als mit dem abhängigen Status, den wir heute für Vasallen annehmen. Das Land ging bestimmte Verpflichtungen ein, kam aber auch in den Genuß eines Schutzbündnisses. Es gab nach außen die Eigenständigkeit auf – doch das war kaum mehr, als einst amerikanische Bundesstaaten taten: Sie verzichteten auf eine eigenständige Außenpolitik, behielten aber nach innen weitgehend ihre Souveränität.

Wer einen Vertrag mit dem hethitischen Großkönig abschloß, mußte Freunde wie Feinde des Hethiter-Königs als die seinen anerkennen und durfte keine eigenständigen Bündnisse eingehen. Gesetzgebung, Rechtsprechung und Vollzug waren weiterhin Sache des jeweiligen Landes. Desgleichen wurden Gebräuche und Eigenheiten respektiert – selbstverständlich inklusive der verschiedenen Sprachen und religiösen Vorstellungen (auch Europa könnte hier durchaus noch manches lernen).

Der angestammte Herrscher behielt seinen Thron (sowie den Titel König), und die Hethiter gewährleisteten, daß die Nachfolge in dieser Familie blieb – genauer: daß nur der vom Vasallen vorgesehene Thronfolger dies auch wurde. Mit ihm wurde dann ein Verlängerungsvertrag abgeschlossen, den der neue König persönlich beeiden mußte.

Dieses Verfahren hatte den Nachteil, daß bei jedem Wechsel auf dem Thron in Hattusa auch sämtliche Vasallenkönige neu eingeschworen werden mußten. Nicht wenige nutzten das zum Abfall. Allerdings geschah dies möglicherweise eher, um bessere Konditionen auszuhandeln als um sich tatsächlich loszusagen: Auch wenn die Rückgewinnung der Vasallen in der Regel mit Feldzügen in deren Länder – oder zumindest in deren Richtung – verbunden war, herrschte meist nach kurzer Zeit wieder Ruhe. Begünstigt wurde dies durch ein äußerst korrektes Vorgehen von seiten des Hethiter-Königs: Der Abtrünnige wurde schriftlich aufgefordert, binnen einer bestimmten Frist – zwei Wochen etwa – seinem Eid wieder Folge zu leisten. Erst danach folgte schlimmstenfalls der militärische Nachdruck.

Wie gesagt, war der Vasallenstaat vor Angriffen von außen geschützt, aber auch bei internen Streitigkeiten ergriff der Großkönig die Partei seines Vertragspartners. Für Könige, die innerhalb ihrer Sippe Verrat befürchteten, war der Vasallenvertrag geradezu die ideale Möglichkeit, ihren Zweig der Familie an der Macht zu halten.

Darüber hinaus mischten sich die Hethiter nicht in die internen Angelegenheiten des Vasallenlandes ein. Das Beispiel Ugarit (s. Kap. 11) zeigt, daß der internationale Handel nicht berührt wurde, sogar wenn die Händler aus Ländern kamen, mit denen Spannungen bestanden – wie im Fall Assyrien und Ahhijawa: Auch nachdem sich Ugarit

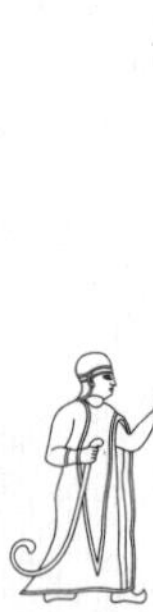

»Wie dir dein Wille, deine Person, deine Ehefrauen, deine Kinder und dein Land wichtig sind, sollen dir auch der Wille des Großkönigs [im Sinne von Souveränität], der Körper des Großkönigs [= die Krone als Gemeinwesen], die Kinder des Großkönigs und das ganze Land Hattusa ewig wichtig sein!« (Aus dem Vertrag zwischen Suppiluliuma I. und Aziru von Amurru.)

mit dem Hethiterreich verbündet hatte, liefen die Handelskontakte unverändert weiter, ja intensivierten sich sogar. Daß ein hethitischer Großkönig ein Handelsembargo verlangte (s. Kap. 19), war eine Ausnahme, um eine akute Kriegsgefahr abzuwenden.

Die Verträge folgten einem mehr oder weniger einheitlichen Schema: Am Anfang stand nach der Titulatur des hethitischen Großkönigs die Vorgeschichte inklusive der Situation, die zum Vertragsabschluß geführt hatte. Daher sind die Kontrakte für uns heute auch eine wunderbare Geschichtsquelle, denn den Beteiligten waren die Ereignisse ja bekannt, also wären historische Klitterungen unsinnig gewesen. Bei Gewichtungen ist allerdings schon eine gewisse Vorsicht angebracht. Gelegentlich erschien der Vasall in einem besseren Licht als eigentlich angemessen. Aber eine Machtdemonstration per Demütigung entsprach nicht der hethitischen Politik. Das war einigermaßen weitsichtig, denn damit gewann man sozusagen einen »starken« Partner – vor allem einen, dessen Position nach innen nicht geschwächt war, der nicht gefährdet war, alsbald gestürzt zu werden.

Der nächste Abschnitt legte zumeist die Grenzen fest. Waren diese den Beteiligten hinreichend bekannt oder unterlagen keinen Veränderungen, fehlte er beziehungsweise verlangte nur pauschal, die Grenzen zu Hattusa zu achten (leider weist die hethitische Geographie deshalb nach wie vor viele »weiße« Flecke auf). Nach der bereits erwähnten wechselseitigen Anerkennung der Thronfolge schlossen sich die militärischen Pflichten an. Dazu gehörten neben der Teilnahme an Feldzügen gegen fremde Großkönige (als potentielle Gegner wurden im Verlauf der hethitischen Geschichte Ägypten, Ahhijawa, Assyrien, Babylonien und Mittanni genannt) auch der Beistand für benachbarte hethitische Vasallen und deren Achtung, das Verbot, fremden Armeen den Durchmarsch zu gestatten, und die Gebote, erstens Verleumdungen keinen Glauben zu schenken und nach Hattusa zu melden, zweitens die hethitischen Garnisonen im Land gut zu behandeln sowie drittens jeden Flüchtling auszuliefern. Letzteres war ganz und gar nicht paritätisch, denn Hattusa pflegte nur arbeitsscheue Handwerker und – vielleicht – Attentäter auszuliefern.

Gelegentlich, aber bei weitem nicht in allen Verträgen, wurde auch gleich der Tribut festgelegt. Wichtiger waren offenkundig die militärischen Kontingente, die im Bedarfsfall bereitgestellt werden mußten. Selten erwähnt wurde eine protokollarische Selbstverständlichkeit: Der Vasallenkönig mußte einmal im Jahr dem Großkönig in Hattusa seine Aufwartung machen. Zweifellos wurde dann jenen, die nur einen geringen Tribut zu leisten hatten, in besseren Jahren rechtzeitig nahegelegt, welche Gastgeschenke bei ihrem Besuch erwartet wurden. Ganz sicher war das hethitische Vasallensystem kein koloniales: Die Zahlungen waren eher moderat und auf das Vermögen abgestimmt, sie zielten nicht auf die Ausbeutung abhängiger Länder.

Den Abschluß der Vereinbarung bildeten die Listen der menschlichen Zeugen und der Eidgötter sowie die Fluchformel für den Vertragsbruch und der Segen bei der Einhaltung. Ausgefertigt wurden die Verträge auf Metalltafeln, die zu Füßen wichtiger Götterstatuen in den Tempeln deponiert und in bestimmten Abständen dem Vasallen vorgelesen wurden. (Wie bei den meisten Herrschern der Bronzezeit ist vor allem bei den Vasallenkönigen nicht davon auszugehen, daß sie selbst des Lesens und Schreibens mächtig waren.)

Des öfteren wurden diese Verträge durch Heiraten zementiert. Bei wichtigen Vasallen war der Ehepartner nicht bloß irgendein Sproß der weitverzweigten Königsfamilie, sondern ein enger Verwandter des Großkönigs. Mit dem Herrscherhaus von Amurru verheiratete Hattusili III. beispielsweise gleich eine Tochter *und* einen Sohn. In jedem

Falle wurde der Vasallenkönig durch die Ehe in den Rang eines hethitischen »Herrn« erhoben und damit offiziell in die königliche Sippe aufgenommen. Und das bedeutete, daß er Mitglied des Panku wurde. Er war also fortan nicht nur der Herrscher seines eigenen Landes, sondern auch Angehöriger des hethitischen Kontrollgremiums.

An der Spitze des Großreichs stand selbstverständlich der Großkönig. Er war höchster Repräsentant, oberster Priester, hatte die höchste Amtsgewalt inne, das Oberkommando über die Streitkräfte, den Vorsitz bei der Versammlung des Panku, verkündete Gesetze, Erlasse und Staatsverträge, benannte den Thronfolger, bestallte »Herren« (also Mitglieder des Panku), ernannte *und* entließ die Vorrangigen (beziehungsweise Großen/Obersten).

Die Großkönigin war ebenfalls Mitglied des Panku, oberste Priesterin und konnte Staatsurkunden siegeln, Gesandte empfangen und diplomatisch aktiv werden.

Die vielfältigen Regierungsaufgaben lagen in den Händen der Großen oder Obersten (bezeichnet wurden sie mit dem Sumerogramm GAL, das »groß« bedeutet; da es für

Ungeachtet zahlloser Amtstitel (Oberster/Großer der ..., Vorsteher von ..., Vorrangiger, Vater des Hauses ... zur Linken/zur Rechten), die uns heute bisweilen recht kurios erscheinen, oder der verschiedenen Bezeichnungen für die Prinzen (abhängig vom Verwandtschaftsgrad zum König) verschwendeten die Hethiter im Alltag keine Zeit mit verschnörkelten Titulierungen: Für alle lautete die Anrede schlicht »Herr«.
Offenbar hielt man nicht viel von derartigen protokollarischen Spitzfindigkeiten. Eine Ausnahme bildete nur die Anrede Meine Sonne (Majestät) für den Großkönig – jene für die Tawananna ist nirgendwo festgehalten!

die verschiedenen Ämter jeweils nur einen Träger gab, wird der Titel häufig mit Oberster übersetzt). Sie berieten den König, hatten nach ihm die höchste Amtsgewalt, nahmen wichtige kultische Funktionen wahr, konnten als Gesandte agieren und ein eigenständiges Heereskommando übernehmen. Untereinander waren sie gleichgestellt, obwohl nicht jeder von ihnen den Amtstitel Großer/Oberster führte und manche Ämter natürlich prestigeträchtiger waren als andere (genau wie wir das bei heutigen Ministern kennen).

Im 13. Jahrhundert v. u. Z. wurden alle Mitglieder dieser obersten Regierungsebene als Vorrangige bezeichnet. Der Herkunft nach waren sie ausnahmslos Prinzen, also Söhne, Brüder, Onkel oder Neffen des amtierenden Großkönigs – aber längst nicht jeder Prinz war Mitglied dieser Führungselite.

Bemerkenswert ist, daß diese Ämter nicht auf Lebenszeit verliehen wurden und nicht erblich waren. Das schloß allerdings nicht aus, daß bestimmte Ämter auch innerhalb einer Familie »weitergereicht« wurden. So bildete die Familie von Mittannamuwa eine richtige Schreiberdynastie: Mittannamuwa selbst war Oberster Schreiber, später hatten das Amt seine Söhne Purandamuwa und Walwaziti inne; mindestens ein weiterer Sohn, Naninzi, sowie sein Enkel Talmitesub waren gleichfalls Schreiber. Besetzt wurden diese Ämter aber eben nicht nach Familienzugehörigkeit, sondern nach Befähigung. Nützlich war allenfalls in dieser Familie, daß die Söhne dank der internen Tradition vielleicht besonders früh mit der schwierigen und umfangreichen Ausbildung begannen: Schreiber mußten nicht nur lesen und schreiben können (und zwar Keilschrift *und* Hieroglyphen), sondern auch mehrere Sprachen beherrschen und sich unter anderem mit Geschichte wie Verträgen auskennen. Dem Obersten Schreiber oblagen mannigfaltige verwaltungstechnische und diplomatische Aufgaben – aber nicht mehr das Schreiben selbst. Das erledigten die nachgeordneten Schreiber.

Daß man nicht in ein Amt hineingeboren wurde, auch wenn die Zugehörigkeit zur Königssippe natürlich Grundvoraussetzung war, zeigt ein anderes Beispiel: Alalimi, über dessen Verwandtschaftsgrad zum König nichts weiter bekannt ist, war unter Hattusili III. erst Mundschenk und dann Vorsteher der Mundschenken, unter Tudhalija IV. stieg er zum Obersten Mundschenk auf; er machte also im 13. Jahrhundert eine richtiggehende Karriere.

Die nächste Führungsebene bildeten die den Großen unterstellten Vorsteher, auch sie gehörten noch zu den Herren und damit zum Panku. Praktisch die gesamte königliche Sippe war darin Mitglied – ob aber außer der amtierenden Tawananna weitere Frauen darunter waren, ist nicht überliefert. Möglicherweise zählte zumindest die Frau des Großkönigs dazu, auch wenn ihre Schwiegermutter noch lebte. (Da Puduhepa, die politisch aktivste Hethiter-Königin, von Anfang an auch Tawananna war, gibt es hier keine Quellen aus ihrer Zeit, die darüber Aufschluß geben könnten.)

Panku bedeutet »Gemeinschaft« und war der Adelsrat, den Telipinu zum obersten Gericht selbst über den König

Nachdem Kassu Anfang des 14. Jahrhunderts zum Vorsteher der Truppeninspektoren aufgestiegen war, sollte er mit kaskäischen Abgesandten über Truppenkontingente verhandeln. Offenbar fühlte er sich der Aufgabe nicht ganz gewachsen und bat den Obersten der Streitwagenkämpfer um Hilfe. Doch dieser weigerte sich herbeizueilen und ermahnte Kassu, daß er als Herr nun selbständig und eigenverantwortlich handeln müsse. Ironisch fragte er: »Doch du bist wohl kein Herr und Großer?!«, und warnte, daß alle Kassus Unfähigkeit erkennen würden, wenn er Unterstützung brauchte und die Truppen nicht allein beibringen könnte.

berufen hatte (s. Kap. 7). Neben der Kontrolle über den Großkönig, die Großkönigin und die Vorrangigen stand ihm auch das Recht zu, an Gesetzen und Verträgen mitzuwirken. Vor allem aber war er die Instanz, die über den vom König benannten Thronfolger befinden durfte: Der Panku war berechtigt, den vorgeschlagenen Thronfolger abzulehnen und ihm den Treueid zu verweigern. Hatte er diesen Eid aber geleistet, war er verpflichtet, den Anspruch des Kronprinzen auch durchzusetzen.

Ebenfalls bei der Versammlung des Panku vertreten waren die Regenten der verschiedenen Landesteile sowie die Vasallenkönige, die zu Herren ernannt worden waren.

»So hat das ganze Land Hattusa ... alle auswärtigen und inneren Länder, von dir vernommen.«

Politisch setzte sich das Land Hattusa aus den inneren und auswärtigen Ländern zusammen. Erstere umfaßten die ursprünglichen sowie die inkorporierten Gebiete: das Kernland im Marassanta/Halys-Bogen, das nördlich beziehungsweise südlich daran anschließende Obere und Untere Land sowie der gesamte Bereich bis zur Mittelmeerküste, also bis hinunter nach Kizzuwatna und dem späteren Tarhuntassa. Regenten in diesen Ländern waren die sogenannten Landesherren. In den Randgebieten zu den Kaskäern und im 13. Jahrhundert auch zu den Lukka-Ländern waren die »Herren der Grenzwarte« zuständig, die in ihrem unruhigen Hoheitsbereich zugleich besondere militärische Funktionen zur Sicherung der Grenzen wahrnehmen mußten. Allein Tarhuntassa hatte einen Herrscher, der die Bezeichnung »König« trug und als einziger in Anatolien besondere protokollarische Vorrechte genoß.

Als auswärtige Länder wurden die Vasallen- oder Gliedstaaten bezeichnet, die per Vertrag an Hattusa gebunden waren und in der Regel von ihren angestammten Königshäusern regiert wurden. Sie waren, mit Ausnahme von Mittanni und Isuwa – solange sie hethitisch waren –, nicht direkt Hattusa unterstellt, sondern einer Art Treuhänder.

In Westanatolien war dies der König von Mira. Er fungierte sozusagen als Vorsteher der Länder Seha, Haballa und Wilusa. Streitigkeiten dieser Gliedstaaten untereinander wurden von ihm entschieden, und bei Aufständen oder Angriffen von außen gingen die militärischen Gegenmaßnahmen von ihm aus. Dabei handelte er in Abstimmung mit Hattusa; direkte Weisungsbefugnis über seine Nachbarn hatte er nicht. In schwierigeren Situationen stand ihm noch der König von Tarhuntassa zur Seite. Der Großkönig selbst griff erst dann ein, wenn Probleme auf diesen nachgeordneten Ebenen nicht gelöst werden konnten.

Die Kompetenzen des Vizekönigs von Karkamis waren erheblich größer. Ihm unterstanden Amurru, Ugarit, Nuhasse, Alalha, Astata und auch das Vizekönigreich Halpa. Diese Rolle war im Lauf vieler Jahrzehnte gewachsen. In Karkamis herrschten auch keine Könige einer lokalen Dynastie, sondern die Nachkommen von Pijassili/Sarrikusuh, dem Sohn Suppiluliumas I.

Mehr als einmal war es der Vizekönig von Karkamis gewesen, der den Bestand an syrischen Vasallenstaaten gesichert hatte, und mehr als einmal hatte er Angriffe anderer Großreiche zurückgeschlagen. Deshalb ist seine besondere Rolle – protokollarisch wie machtpolitisch – nicht verwunderlich, und es erklärt auch, warum einer der Gesandten, die Ramses II. die Silbertafel mit dem Friedensvertrag überbrachten, aus Karkamis kam.

Eineinhalb Jahrhunderte lang bewährte sich dieses System im ständig größer werdenden Reich Hattusa bestens. Doch die fatalen internen Auseinandersetzungen konnte es nicht verhindern.

Kapitel 19

Besenrein in Brand gesetzt

Als Hattusili starb, bestieg der vorgesehene Nachfolger den Thron – und abgesehen von einem Zwischenspiel behielt er ihn auch. Dieser für das Hethiter-Reich recht seltene Vorgang läutete das Ende des Großreichs ein, auch wenn es zu diesem Zeitpunkt noch nicht danach aussah.

Tudhalija, der Sohn von Hattusili und Puduhepa, übernahm 1236 ein in einer langen Friedensperiode gefestigtes Land. Doch offenbar wußten manche diese Situation nicht zu schätzen und äußerten jetzt – nach drei Jahrzehnten noch! – ihre Mißbilligung von Hattusilis Usurpation. Jedenfalls sah sich Tudhalija gezwungen, vermehrt Treueide auf sich einzufordern.

Zunächst war nicht Tudhalija als Thronfolger vorgesehen gewesen, sondern ein älterer Bruder. Doch Hattusili persönlich setzte den Ersterkorenen ab. Eine Blitzentscheidung war das nicht: Tudhalija wurde von seinem Vater systematisch zum Nachfolger aufgebaut. Er setzte ihn als Regenten von Hakmissa ein und als Priester des Wettergotts von Nerik sowie der Istar von Samuha. Zudem bekleidete er als Oberster der Leibgarde eines der höchsten Ämter im Land. Militärische Erfahrungen sammelte er bei mehreren Feldzügen, die ihn zum einen wie üblich gegen die Kaskäer führten (gegen diese kämpfte er bereits mit zwölf Jahren), zum anderen in den Südwesten Anatoliens.

Nach Hattusilis Tod begannen umgehend die Probleme: Tudhalijas Inthronisation mußte verschoben werden, weil nach Flüchen aus der großköniglichen Familie die kultische Reinheit durch entsprechende Rituale wiederhergestellt werden mußte. Die Feierlichkeiten erfolgten dann zum hethitischen Neujahrsfest (am Frühlingsbeginn).

Doch neue Schwierigkeiten tauchten auf: In Lalanda, im Unteren Land, brach eine Rebellion aus; wie Tudhalija von unterwegs an Puduhepa schrieb, fürchtete er, daß sich die Erhebungen ausbreiten würden. Glücklicherweise sprang der Funke nicht über.

Und die Vasallen verhielten sich zwar abwartend, aber keiner wagte offenen Widerstand. Vielleicht war das dem Einvernehmen zu verdanken, das Tudhalija schnell mit den Vizekönigen in Karkamis und Tarhuntassa erzielte, mit denen er die bestehenden Verträge erneuern konnte.

Außenpolitisch liefen die Dinge glatter. Tudhalija profitierte von den stabilen diplomatischen Kontakten seines Vaters. Der Austausch mit Ägypten wurde unverändert fortgesetzt, und eventuell verheiratete Tudhalija auch eine weitere Schwester mit Ramses II. Selbst der brüchige Frieden mit Assyrien, wo immer noch Salmanassar I. herrschte, blieb bestehen, die beiden Großkönige wechselten höfliche Briefe. Mit Babylonien knüpfte Tudhalija persönlich eine neue dynastische Verbindung: Er nahm eine babylonische Prinzessin zur Hauptfrau.

Arrangiert hatte diese Ehe Puduhepa. Sie blieb, den Ge-

»Ebenso, wenn die Lage für den König so ernst wird, daß der Streitwagenlenker vom Wagen springt, daß der Kammerdiener aus dem Palast flieht, daß nicht einmal mehr ein Hund zurückbleibt und ich keinen Pfeil mehr finde, den ich auf den Feind abschießen kann, dann mußt du deinen König erst recht und um so mehr unterstützen.« (Aus einem Treueid für Tudhalija IV.)

pflogenheiten entsprechend, Tawananna. Diesen Titel, den sie als Großkönigin offiziell trug, mochte Puduhepa anscheinend nicht: In keinem der von ihr überlieferten Dokumente benutzte sie ihn.

Diese Ehestiftung erwies sich allerdings als wenig glücklich. Babylonien, das Puduhepa wenige Jahre zuvor Ramses gegenüber noch energisch als Großreich verteidigt hatte (»Wenn du sagst: ›Der König des Landes Babylon ist kein Großkönig‹, so weiß mein Bruder nicht, in welchem Aufstieg sich das Land Babylon befindet«), schwächelte wieder und geriet in wirtschaftliche Schwierigkeiten. Und die Schwiegertochter entpuppte sich als Intrigantin.

Puduhepa drohte das »Tawananna-Schicksal«: Tudhalijas Frau sammelte Verbündete, und der Tawananna wurde der Prozeß gemacht. Ihr wurde vorgeworfen, sie sei an einer Erkrankung des Königs schuld. Umfangreiche Orakelanfragen bestätigten das, doch anscheinend war die Krankheit nicht gravierend, und die Götter ließen sich durch Stiftungen besänftigen. Von Tudhalijas gesundheitlichen Beschwerden war weiter nichts mehr zu hören.

Puduhepa blieb auf der politischen Bühne präsent wie eh und je. Unter anderem fungierte sie als Richterin in einem Prozeß zwischen einem Hethiter und einem Seefahrer aus Ugarit, dessen Schiff im Hafen gesunken war (vielleicht in Ura). Der Hethiter behauptete, das Schiff des Ugariters sei am Kai zerschellt, der Kläger hielt dagegen, es sei kein Unfall gewesen, der Hethiter habe das Schiff absichtlich beschädigt. Puduhepa entschied zugunsten des Ugariters, der seine Version beeiden mußte, und verurteilte den Hethiter, Schiff und Ladung zu ersetzen.

In einem anderen Prozeß entschied der Großkönig persönlich. Da es sich um einen Konflikt zwischen zwei nordsyrischen Vasallen handelte, wäre normalerweise Initesub, der Vizekönig von Karkamis, zuständig gewesen.

Aber hier ging es auch um persönliche Bindungen. Ammistamru II. von Ugarit wollte sich scheiden lassen. Doch seine aus Amurru stammende Frau war nicht irgendwer, sondern die Tochter von Bentesina und Gassulawija und somit Puduhepas (Stief-)Enkelin sowie Tudhalijas Nichte. Zunächst brachte das keine Probleme mit sich. Die Frau kehrte in ihre Heimat zurück, und für das Vermögen wurde ein Kompromiß gefunden. Nach syrischem Recht hätte der Mann das Vermögen der Frau behalten dürfen, nach hethitischem war eine Teilung des gesamten Besitzes vorgesehen. Also verfügte Tudhalija, daß die Amurriterin ihre Mitgift komplett wieder mitnehmen durfte, sonst aber keine Ansprüche gegen Ammistamru hätte.

Dem gemeinsamen Sohn wurde freigestellt, seiner Mutter zu folgen oder als Kronprinz in Ugarit zu bleiben. Letzteres war allerdings an die Bedingung geknüpft, dann auf jeden Kontakt mit seiner Mutter zu verzichten: Selbst nach dem Tod von Ammistamru dürfe er sie nicht wieder ins Land holen; wenn er dem zuwiderhandele, müsse er »sein Gewand auf den Thron legen und hingehen, wohin er will« (abdanken und das Land verlassen). Wie sich der Sohn entschieden hat, ist nicht bekannt. Thronfolger wurde jedenfalls ein anderer.

Eigentlich wäre die Angelegenheit damit erledigt gewesen. Doch Ammistamru war nicht zufrieden. Er sah sich

---

Ura war einer der wichtigsten Handelshäfen der Hethiter. Er lag wahrscheinlich beim heutigen Silifke (dem antiken Seleucia) an der Mündung des Göksu, also an der Straße nach Tarhuntassa. Hier wurden Getreidelieferungen aus Syrien und Ägypten gelöscht.

Der Prozeß liefert übrigens einen interessanten Hinweis: Schon im 2. Jahrtausend gab es künstliche Häfen. Handelsschiffe wurden nicht (wie aus späteren griechischen Berichten über Kriegsschiffe gefolgert wurde) auf einen flachen Strand gezogen, sondern legten bereits in der Bronzezeit an einem Kai an.

---

als Geschädigten und verlangte Rache – und das hieß: die Auslieferung seiner Exfrau. Damit stand Tudhalija vor einem Problem, das uns heute nicht unbekannt ist (etwa bei Auslieferungen in die USA): In Ugarit erwartete die Frau der sichere Tod. Normalerweise wurde niemand in ein Land überstellt, wo ihm ein Todesurteil drohte, das hethitischem Recht widersprach.

Ein längerer Briefwechsel folgte, doch Ammistamru beharrte auf seiner Rache. Trotz der verwandtschaftlichen Beziehungen wie der rechtlichen Skrupel opferte Tudhalija seine Nichte schließlich den politischen Notwendigkeiten. Ugarit war ihm wichtiger – als reicher Tributzahler und als Trumpfkarte in einem anderen politischen Spiel.

Also befahl er Sauskamuwa, dem Nachfolger von Bentesina, seine Schwester auszuliefern.

»Es soll also dein Kaufmann nicht in das Land Assur hineingehen, aber seinen [des assyrischen Königs] Kaufmann sollst du auch nicht in dein Land hineinlassen. Auch durch dein Land hindurch soll er nicht ziehen. Wenn er aber doch in dein Land hineinkommt, so fange ihn ein, schenke ihn Meiner Sonne [dem hethitischen König] her.«

Mit diesem Passus im Vasallenvertrag mit Sauskamuwa von Amurru verfügte Tudhalija das erste Handelsembargo der Welt. Es richtete sich gegen den neuen König auf dem Thron in Assur: Tukulti-Ninurta I.

Zuvor hatte Tudhalija noch gehofft, daß sich die ständigen Spannungen zwischen Assyrien und Hattusa vermindern ließen. Er schrieb einen freundlichen Brief an den jungen König, betonte die bestehenden Grenzen (und damit nochmals den Verzicht auf Hanigalbat) und bot sogar seine Hilfe gegen möglicherweise rebellierende Untertanen an. Tukulti-Ninurta bedankte sich ebenso freundlich und bot seinerseits Freundschaft an.

Doch in Wahrheit rüstete er zu einem Feldzug in den Südosten des Hethiter-Reichs. Tudhalija erfuhr davon und schrieb an Baba-aha-iddina, Tukulti-Ninurtas Wesir: Er habe gehört, daß sich sein junger König erproben wolle, doch dieser solle sich dabei nicht übernehmen. Er, Tudhalija, habe sich sagen lassen, daß das Bergland von Papanhi ein schwieriges Gelände sei …

Papanhi lag südlich von Isuwa zwischen Euphrat und oberem Tigris – auf dem Weg zu den wichtigen Kupferminen beim heutigen Ergani.

Tukulti-Ninurta kümmerte sich nicht um die Warnung, zog noch in seinem ersten Jahr (1233) gegen Papanhi und reklamierte den Sieg für sich. Tudhalija reagierte mit dem Handelsembargo.

Neben Assyrien, dem er den Zugang zum Mittelmeer versperrte (sicher nicht nur über Amurru, sondern auch über Ugarit und alle anderen Häfen), traf er damit zugleich Ahhijawa. Denn Probleme gab es auch im äußersten Westen des Hethiter-Reichs. Solange Masturi König von Seha gewesen war (über 40 Jahre lang), hatte im nördlichsten der ursprünglichen Arzawa-Länder Ruhe geherrscht. Damit war es nach seinem Tod vorbei. Wieder einmal versuchte ein Nachkomme eines abgesetzten Königs, den Thron für seine Linie zurückzuerobern, und wieder einmal mischte sich Ahhijawa ein. Diesmal galt die Unterstützung Tarhunnaradu, der sich als Abkömmling von Masturis Großvater Muwawalwi bezeichnete.

Zu Tudhalijas Glück löste sich dieses Problem schneller als gedacht. Der Großkönig konnte den Aufstand rasch beenden, Tarhunnaradu gefangennehmen und Seha zurückgewinnen. Tarhunnaradu wurde nach Arinna deportiert. Wenige Jahre später kam es in Wilusa im Nordwesten zu einem Staatsstreich (weshalb der König Walmu nach Mira fliehen mußte, s. Kap. 20), doch ebenfalls ohne Erfolg. Als Tudhalijas Vertrauensleute fungierten in dieser Angelegenheit Vizekönig Kurunta von Tarhuntassa und Tarkasnawa von Mira als oberster der Arzawa-Könige.

Bei der Rebellion in Wilusa hatte Ahhijawa schon nicht mehr die Finger im Spiel. Und Millawanda gehörte bereits nicht mehr zu Ahhijawa. Die archäologischen Befunde zeigen, daß die mykenischen Handelskontakte um 1230 drastisch zurückgingen und daß nur wenige Jahrzehnte später neben anderen die Burg von Mykene in Trümmern lag.

Wahrscheinlich wurde der Vertrag mit Sauskamuwa genau zu dem Zeitpunkt ausgefertigt, als der Untergang der mykenischen Burgen seinen Anfang nahm: Der Großkönig von Ahhijawa, der zunächst neben anderen als dem hethitischen Großkönig gleichrangig aufgelistet worden war, wurde später vom Schreiber getilgt. Grund für diese Streichung kann nicht bloß ein Konflikt mit Ahhijawa gewesen sein, denn der Großkönig von Assyrien, den Tudhalija expressis verbis als seinen Feind bezeichnete, verblieb auf der Liste.

Zu dieser Veränderung paßt auch eine Tontafel aus dem mykenischen Pylos (Peloponnes), auf der beklagt wird, daß der Kupfernachschub ausgeblieben war. Ein Großteil des Kupfers, das für die mykenischen Bronzearbeiten ver-

König Tarkasnawa von Mira ... Enkel des Kubantakurunta, besagt die Inschrift auf dem sogenannten Karabel-Relief an einem Paß bei Izmir. Schon Herodot kannte es. Er glaubte, darin ein Monument des ägyptischen Pharao Sesostris ausmachen zu können – und scheute sich nicht, die Inschrift zu »entziffern«: »Von der einen Schulter zur anderen sind über die Brust heilige ägyptische Schriftzeichen eingemeißelt, die besagen: ›Dieses Land habe ich mit meinen Schultern unterworfen‹.«

In Wahrheit hatte Herodot im 5. Jahrhundert v. u. Z. keinerlei Wissen mehr über die Hethiter oder gar ihre Schriften. Das Relief vermeldet keine Eroberung, sondern markierte die nördliche Grenze von Mira.

wendet wurde, kam aus Zypern (Alasija). Die Insel hatte sich seit Beginn des 15. Jahrhunderts zur Drehscheibe für den mykenischen Handel mit dem Süden und dem Südosten entwickelt, politisch aber gehörte sie zum Einflußgebiet der Hethiter (die sie ja zudem mehrfach als Verbannungsort nutzten). Die Herrscher Alasijas versprachen sich von einer Anbindung an Hattusa besseren Schutz vor Piraten. Entsprechend großzügig war ihr Vasallenvertrag, zumal die hethitische Kontrolle über die Insel eher nominal gewesen sein dürfte: Als große Seefahrer galten die Hethiter wahrlich nicht; auf dem Meer waren sie auf die Hilfe von Vasallen wie Ugarit angewiesen.

Doch nun unternahm Tudhalija einen – logistisch sicher schwierigen – Feldzug nach Alasija. Warum er das tat, ist nicht bekannt; vermeldet ist nur sein Sieg. Sicher ging es um die strategisch einmalige Lage im östlichen Mittelmeer; möglicherweise enthält die Tontafel von Pylos aber eine weitere Antwort: Der Tribut, den Alasija zu leisten hatte, wurde anschließend erheblich erhöht; Gold gehörte dazu – und vor allem Kupfer. Nach Assyriens Griff in Richtung der Kupfervorkommen am oberen Tigris wollte Tudhalija vielleicht die Erze Alasijas dem Hethiter-Reich sichern. Damit verlor Pylos seine Quelle für Kupfer, und eine neue konnte wegen des Handelsembargos nicht so schnell gefunden werden.

Der Sieg auf Alasija gehörte zusammen mit einigen Triumphen in Lukka zu Tudhalijas größten militärischen Erfolgen. Gleichfalls auf seiner Habenseite zu verbuchen waren der weitere Ausbau der Oberstadt von Hattusa, die Fortsetzung einer großen Kultreform und die Neugestaltung einiger Feste, die schon unter Hattusili III. und Puduhepa begonnen worden war, sowie die Reliefausgestaltung des Felsheiligtums Yazılıkaya (s. Kap. 4).

Viele Probleme hatte er gelöst, doch die wirklichen Schwierigkeiten standen erst bevor.

In seinem elften Jahr (1223) schlug Tukulti-Ninurta I. erneut zu: Er zog gegen Babylonien, das in Assyrien als Wiege der eigenen Kultur bewundert wurde. Frühere Könige von Assur hatten deshalb nie einen Feldzug gegen das verehrte Land unternommen. Doch Tukulti-Ninurta hielt das nicht ab. Er eroberte Babylon und brachte den babylonischen König Kastilias als Gefangenen nach Assur. Nun traf Ramses' Einschätzung wirklich zu: Von einem Großkönig konnte hier nicht mehr die Rede sein.

Dabei blieb es zwar nicht (s. Kap. 21), aber Tudhalija IV. hatte erst einmal einen Bündnispartner weniger.

Am Sonntag, den 20. Juli 1986 wurde in der Nähe des Sphinxtors im Süden von Hattusa eine Bronzetafel gefunden, die der Hethitologie gleich mehrere, viele Jahre lang diskutierte Fragen beantworten half – und sie umgehend mit ganz neuen Rätseln versorgte (etwa dem, wer statt Tudhalija ursprünglich als Thronfolger vorgesehen war).

Der Fund ist bislang einzigartig; alle anderen erhaltenen Vertragstexte sind nur Tontafel-Kopien der kostbaren Metalltafeln, die den Partnern jeweils überreicht wurden. Es handelte sich um das Original eines Vertrags zwischen Tudhalija IV. und Kurunta von Tarhuntassa. Mit ihm wurde die alte Vereinbarung erneuert, die Hattusili mit seinem Adoptivsohn und Neffen seinerzeit geschlossen hatte.

Kurunta konnte seine Position sogar noch verbessern: Sein Herrschaftsgebiet wurde vergrößert, unter anderem wurden ihm ein bedeutendes »Ewiges Felsheiligtum«, große Salzlager – samt der damit verbundenen Einnahmen – sowie Viehkontingente für die Opfer in Tarhuntassa zugesprochen. Besonders unterstrich der Vertrag das gute Einvernehmen zwischen Tudhalija und Kurunta seit ihrer Jugend; da Hattusili Kurunta adoptiert hatte, waren sie wie Brüder zusammen aufgewachsen. Außerdem wurde

Kuruntas Rang erhöht: Er war nun dem Vizekönig von Karkamis gleichgestellt, über ihnen rangierten einzig der Großkönig und der Kronprinz, und fortan brauchten beide Vize sich nicht vor Tudhalija vom Sitz zu erheben.

Mag sein, daß Kurunta ob dieser Formalität übermütig oder pflichtvergessen wurde, denn kurz nachdem er noch als Tudhalijas Vertrauensmann im Westen agiert hatte, sah sich Tudhalija veranlaßt, Kurunta als König von Tarhuntassa abzusetzen.

Als Grund für die drastische Maßnahme nennt der Vertrag mit Ulmitesub, dem neuen König in Tarhuntassa, Kurunta habe seine Kultpflichten nicht erfüllt: »Er [= Kurunta] bewältigte die Lehensdienste der Gottheit aus seinem Land nicht, und der König und die Königin [= Tudhalija und Puduhepa, falls diese da noch lebte] haben dann dir [= Ulmitesub] diesen Vertrag ausgestellt …«

Selbst wenn man den hohen Stellenwert solcher Opfer und Feste für das Wohlergehen des Landes berücksichtigt, klingt diese Begründung nahezu ironisch. Daher ist anzunehmen, daß erhebliche machtpolitische Differenzen zwischen den Adoptivbrüdern bestanden, die Ausdruck ernsthafter Streitigkeiten innerhalb der königlichen Sippe waren.

Kurunta ließ sich seine Absetzung nicht gefallen und machte Front gegen Hattusa. Möglicherweise nutzte er für seinen Staatsstreich die angespannte Lage am Euphrat aus. Nach der Eroberung von Babylon war Tukulti-Ninurta nach Norden gezogen, hatte den Euphrat überschritten und aus Astata 28 800 Gefangene nach Assyrien verschleppt. Auch wenn diese Zahl (auf einer assyrischen Königsinschrift) vielleicht übertrieben war und es sich nur um ein besseres Grenzscharmützel handelte: der Vorgang war zweifellos alarmierend und dürfte die Kräfte Tudhalijas wie Initesubs von Karkamis, zu dessen Gebiet Astata gehörte, gebunden haben.

Wie Siegelabdrucke beweisen, die ihn als Großkönig nennen, schaffte es Kurunta tatsächlich, sich den Thron in Hattusa zu erobern. Doch lang währte das Intermezzo nicht. Spätestens ein Jahr danach hieß der Großkönig wieder Tudhalija.

Diese Darstellung von Kuruntas Staatsstreich ist nur eine der möglichen Rekonstruktionen; sie erschien uns als die plausibelste. Die Einsetzung von Ulmitesub könnte auch Folge statt Ursache des Staatsstreichs gewesen sein. Selbst wer dieser Ulmitesub eigentlich war, zählt zu den vielen offenen Fragen: Ob er Kuruntas Linie angehörte oder sogar ein jüngerer Bruder war, ist nicht bekannt. Manche Hethitologen billigen ihm gar kein »Eigenleben« zu und meinen, Ulmitesub sei nur ein zweiter, hurritischer Name von Kurunta gewesen, die Absetzung habe es nicht gegeben und der auf einer Tontafel erhaltene Vertrag mit Ulmitesub sei schon von Hattusili ausgestellt worden. Andererseits wird diskutiert, ob es sich bei Kurunta nicht um jenen Kronprinzen gehandelt haben könnte, der zugunsten von Tudhalija abgesetzt worden war.

Wie auch immer: der Vertrag auf der Bronzetafel war gebrochen worden, und wie der Befund der Archäologen rund 3200 Jahre später zeigt, hatte irgend jemand sehr verärgert reagiert und ihn gründlich ungültig gemacht. Die Siegel, die einst an zwei Ketten daran hingen, waren abgetrennt und die Tafel war richtiggehend »beerdigt« worden: Man hatte die 5 Kilogramm schwere Bronzeplatte tief im Boden versenkt und dann darüber eine gepflasterte Straße anlegen lassen.

Tudhalija behielt die Oberhand, aber die Spannungen innerhalb der königlichen Sippe wurden damit gewiß nicht geringer. Im Gegenteil, die Parteigänger der beiden Herren, die zu diesem Zeitpunkt schon über 50 beziehungsweise 60 Jahre gewesen sein müssen, dürften sich – mehr oder weniger offen – weiter angefeindet haben. Die fortschreitende Schwächung des stolzen Großreichs war damit programmiert.

Nach seinem Sieg fühlte sich Tudhalija stark genug, gleich einen weiteren hinzufügen zu wollen. Er ließ den Orakel-Priester das Los befragen, und der kam zu dem Ergebnis, das Los läge ungünstig für den König von Assyrien, wenn dieser den König von Babylonien besiegen und dann auch gegen den König von Hattusa ziehen würde. Mit anderen Worten: das Orakel verhieß Tudhalija einen Sieg über Tukulti-Ninurta. Leider irrte sich der Orakel-Priester.

Die Gelegenheit schien günstig: Tukulti-Ninurta focht gerade einen kräftezehrenden Krieg gegen 40 Lokalkönige aus. Wieder ging es um ein Gebiet am oberen Tigris. Tudhalija schickte Truppen nach Nihrija (wahrscheinlich das heutige Diyarbakır), das zu Tukulti-Ninurtas Gegnern zählte.

Als der Assyrer das hörte, stellte er Tudhalija ein Ultimatum: »Nihrija führt Krieg gegen mich; warum sind deine Truppen in Nihrija? Offiziell haben wir beide Frieden, keinen Krieg. Warum stärken deine Truppen dann Nihrija? Ich werde die Stadt belagern. Zieh deine Truppen zurück aus Nihrija.«

Daß Tukulti-Ninurta die Schlacht verhindern wollte, ermunterte Tudhalija bei seinem Vorhaben. Er verweigerte den Abzug und setzte seine Truppen Richtung Surra (wohl bei Savur) in Marsch, wo die assyrische Basis war.

Der assyrische König erfuhr durch einen Deserteur vom Näherrücken der Hethiter: »Nachdem ich die Worte des Deserteurs vernommen hatte, rief ich meinen Herold: ›Legt eure Rüstungen an und besteigt eure Streitwagen. Der König von Hattusa kommt in Schlachtordnung.‹«

Tukulti-Ninurta gewann den Kampf und besiegte anschließend noch die 40 Lokalkönige. »Ganz sicher habe ich einen großen Sieg errungen«, lautete sein Fazit in einem Brief an Ibiranu von Ugarit (den Nachfolger von Ammistamru II.). Damit wollte er den König von Ugarit dazu bewegen, von Hattusa abzufallen, und schilderte deshalb Tudhalijas Niederlage in allen Einzelheiten.

Tudhalija hingegen schrieb einen anderen Brief: »Als die Lage schwierig für mich wurde, hast du dich von mir ferngehalten. An meiner Seite warst du nicht! Mußte ich nicht allein aus Nihrija fliehen? Als der Feind mir die hurritischen Länder nahm, war ich da nicht allein gelassen?« Der Empfänger war der König von Isuwa – und Tudhalijas Neffe. Er mußte seine Feigheit teuer bezahlen: Ihn traf die hethitische Niederlage am schwersten. Noch vor Tudhalijas Tod ging das Königreich Isuwa in Assyrien auf.

Und genaugenommen hatte das Orakel recht behalten – jedenfalls wenn sich die Ereignisse so zugetragen haben, wie sie Tukulti-Ninurta darstellte: Nicht der assyrische König war gegen den hethitischen gezogen, sondern der hethitische gegen den assyrischen ...

Ironischerweise trug der letzte König des Großreichs denselben Namen wie der, dem das Reich den Aufstieg verdankte: Suppiluliuma.

Tudhalija IV. starb um 1215; Nachfolger wurde Arnuwanda III., der seinerseits nur etwa ein Jahr später starb, ohne Kinder zu hinterlassen. Die Umstände seines Todes sind unklar: »Die Leute des Landes Hattusa erhoben sich gegen ihn«, berichtete sein Bruder Suppiluliuma, der darauf König wurde. Offenbar wurde ihm vorgeworfen, er hätte einen rechtmäßigen Thronfolger mißachtet, was er abstritt: »... ich habe nichts Unrechtes getan. Wenn er [= Arnuwanda] Nachkommen gehabt hätte, hätte ich sie nicht übergangen.« Er habe überall nachfragen lassen, so Suppiluliuma II. weiter, ob es eine Frau gebe, die von Arnuwanda schwanger sei, aber man habe keine gefunden. Also sei es gar nicht möglich gewesen, hier Unrecht zu begehen.

Über den Aufstand gegen Arnuwanda berichtete er nichts weiter (also auch nicht, ob der Großkönig dabei umkam oder eines frühen natürlichen Todes starb), aber die Spaltungen und Parteiungen innerhalb der königlichen Sippe müssen immer mehr zugenommen haben. Mittlerweile ging es nicht bloß um Hattusilis Linie auf der einen und der des abgesetzten Großkönigs Urhitesub auf der anderen Seite, sondern praktisch um jedes einzelne Familienmitglied. Ein Treueid, den Suppiluliuma für sich forderte, zeigt, wie sehr er fürchtete, den Thron wieder zu verlieren: Er verlangte den Schwur, keinen anderen Herrn als ihn selbst anzuerkennen, keinen Nachfahren von Suppiluliuma dem Älteren, keinen von Mursili, keinen von Muwattalli oder von Tudhalija – also auch niemanden von seinen eigenen Geschwistern.

Die instabile Lage im Inneren färbte nach außen ab. Karkamis blieb zwar nominell ein hethitisches Vizekönigreich, und Suppiluliuma schloß auch einen entsprechenden Vertrag mit Initesubs Nachfolger Talmitesub ab, doch de facto war der König von Karkamis jetzt ein gleichrangiger Partner. Und in Ugarit geschahen Dinge, die zuvor undenkbar gewesen wären.

Eingesetzt hatten die Veränderungen schon zu Tudhalijas Zeit (und noch vor Tukulti-Ninurtas Abwerbeversuch): Da mußte Ibiranu erst mit einem bösen Brief daran erinnert werden, daß es zu den Pflichten eines Vasallen gehörte, direkt nach seiner Thronbesteigung einen Antrittsbesuch beim Großkönig zu machen. Noch respektloser verhielt sich Ammurapi, der übernächste König von Ugarit.

Ramses II. war im Sommer 1213 nach 66 Jahren und 2 Monaten auf dem ägyptischen Thron gestorben, neuer Pharao wurde sein Sohn Merenptah. Der war bereits der 13. Kronprinz (Nummer 12 war über eine Dekade früher gestorben) und jetzt selbst schon ziemlich alt. Ammurapi schickte ihm zum Antritt Geschenke und einen Brief, in dem er um die Entsendung eines Steinmetzen bat: Er wolle eine Statue des Pharao anfertigen und im Angesicht des Gottes Baal aufstellen lassen.

Merenptah lehnte höflich ab. Wegen entsprechender Arbeiten in Ägypten stünde gerade kein Steinmetz zur Verfügung. Offenbar wollte er das Verhältnis zum hethitischen Großkönig zu diesem Zeitpunkt nicht belasten. Aber die schwierige Situation in Hattusa war ihm wohlbekannt: Er vergaß nicht hinzuzufügen, daß die Vorfahren von Ammurapi ja ägyptische Untertanen gewesen seien …

Diese Eskapade entschuldigte Suppiluliuma II. vielleicht mit dem jugendlichen Alter und der daraus resultierenden Unwissenheit von Ammurapi. Das war ein Fehler, denn der Ugarit-König wurde noch frecher. Suppiluliuma hatte ihm seine Tochter Ehli-Nikkalu zur Frau gegeben – und nun begehrte der Herr die Scheidung. Die Scheidung von einer Tochter des Großkönigs!

Doch wieder war Ugarit in der besseren Position. Suppiluliuma überließ es Talmitesub von Karkamis, die Angelegenheit zu regeln. Der verfügte, daß Ehli-Nikkalu ihre Mitgift zurückbekam und die Festung, in der sie lebte, wieder an Ammurapi fallen sollte – sobald die Prinzessin mit ihrem Gefolge ausgezogen wäre. Anscheinend verzögerte sich das Arrangement einer neuen Ehe für die Dame etwas, und Ammurapi riß der Geduldsfaden: Er verjagte Suppiluliumas Tochter.

Diesem Umstand verdanken wir die Kenntnis eines hethitischen Bonmots: »Ein Mann saß fünf Jahre lang im Kerker. Als man ihm sagte: ›Du wirst morgen früh freigelassen‹, wurde er ungeduldig.« Genauso habe er sich verhalten, warf Talmitesub dem Ugariter vor; nachdem die Lösung des Problems unmittelbar bevorstand, hätte Ammurapi doch noch so lange warten können.

Aber auch diese Affäre schadete dem König von Ugarit nicht. Allerdings kam er ansonsten seinen Vasallenpflichten wohl brav nach. Und in dieser Hinsicht war Suppiluliuma auf ihn angewiesen.

Mittlerweile gab es im Reich Suppiluliumas II. ernsthafte Versorgungsprobleme: In seinem zweiten Jahr schickte Merenptah größere Getreidemengen nach Hattusa, um das Land »am Leben zu halten«. Und in Ugarit fanden Archäologen einen regelrechten Hilferuf aus Hattusa: Es sei eine Angelegenheit auf Leben und Tod, es müßten sofort Schiffe für den Transport von 450 Tonnen Getreide nach Ura gestellt werden.

Suppiluliuma war beunruhigt: Das östliche Mittelmeer wurde immer unsicherer. Er hatte von sogenannten Sikila-Leuten erfahren, die auf Schiffen lebten und als Freibeuter andere Schiffe überfielen, aber auch immer öfter Häfen angriffen. Niemand wußte genau (wie heute auch), wer diese Leute eigentlich waren, doch sie gefährdeten nicht nur den Getreidenachschub. Jetzt erwies es sich als Segen, daß Hattusili III. seinerzeit begonnen hatte, mit ägyptischer Hilfe eine Flotte aufzubauen. In drei Seeschlachten vor Alasija – den ersten überhaupt, die ein hethitischer Großkönig ausfocht – und anschließenden Kämpfen auf der Insel konnte Suppiluliuma die Gefahr eindämmen. Die Schiffe seiner Gegner gingen in Flammen auf.

Schlechter erging es Ugarit: Da Ammurapi dem Großkönig Truppen und Streitwagen sowie Schiffe zur Verfügung gestellt hatte, die in Anatolien beziehungsweise vor der Küste von Lukka operierten, war sein eigenes Land ungeschützt. Mit sieben Schiffen kamen die Feinde; sie »taten böse Dinge« und »richteten großen Schaden an«. Der Vizekönig von Karkamis, den Ammurapi um Hilfe bat, hatte lediglich ein paar aufmunternde Worte für ihn übrig, die wie blanker Hohn klangen:

»Du hast mir geschrieben: ›Feindliche Schiffe sind auf dem Meer gesichtet worden!‹ Nun, du mußt stark bleiben. Wo befinden sich denn deine Truppen und Wagen? Sind sie nicht in deiner Nähe? Nein? ... Umgib deine Städte mit Schutzwällen. Hol deine Truppen und Streitwagen dort hinein und erwarte den Feind mit großer Entschlossenheit!«

Auch Ägypten blieb nicht verschont. Anscheinend übten die Reichtümer des Nil-Deltas besondere Anziehungskraft aus. Schon Ramses II. hatte Piraten bekämpfen müssen, und in seinem fünften Jahr (1209/08) lieferte ihnen Merenptah eine glorreiche sechsstündige Seeschlacht. Sein Lohn waren reiche Beute und 9000 Gefangene.

Unter den Angreifern sind neben den bereits unangenehm aufgefallenen Sikila-Leuten auch Ahhijawaner und Leute aus Lukka genannt. Bei den Ahhijawanern handelte es sich wohl um Menschen, die nach der Zerstörung der mykenischen Burgen nach Süden verdrängt worden waren, während an den Küsten von Lukka schon seit längerem Piraten ihren Zufluchtsort hatten (bereits gut ein Jahrhundert zuvor hatte sich Echnaton beim König von Alasija über solche Freibeuter beklagt).

Die wohlgeordnete Welt der späten Bronzezeit geriet zunehmend aus den Fugen.

Noch einmal konnte Suppiluliuma II. einen großen Erfolg erringen: Mit Hilfe der Götter nahm er den Ländern Wijanawanda, Tamina, Masa, Lukka und Ikuna »die Grenzen zum Land Hattusa«, das heißt, er eroberte sie und verleibte sie dem eigenen Reich ein.

Mit dieser Unterwerfung von Wijanawanda (oder Winuwanda, »die Wein habende«, lykisch Oenoanda) und Lukka, beide im Südwesten Anatoliens, sowie Ikuna (Ikonion, dem heutigen Konya), legte Suppiluliuma eine Art Gürtel um ein anderes Land: Tarhuntassa. Und sein nächster Schritt zielte genau dorthin: Er eroberte auch Tarhuntassa, erbaute dort eine neue Stadt und opferte den Göttern des Landes.

Bei diesem Feldzug ging es nicht mehr darum, ein paar abgefallene Vasallen wieder unter die Knute zu zwingen oder aufmüpfige Provinzen zur Räson zu bringen. Dieser Krieg hatte eine neue Qualität.

Es war ein Bürgerkrieg.

Was genau vorausgegangen war, ist nicht bekannt. Vielleicht werden wir es wissen, wenn eines Tages die Stadt Tarhuntassa gefunden und ausgegraben wird. Die Situation ist jedoch eindeutig: Das Land Tarhuntassa war von Hattusa abgefallen und hatte sich anscheinend die angrenzenden Gebiete einverleibt. Ob dies das Werk des undankbaren Ulmitesub, des zurückgekehrten Kurunta oder eines ganz anderen Königs (etwa eines Nachkommen von Urhitesub) war, muß bis auf weiteres offenbleiben. Sicher unterstützten ihn aber gegen den Großkönig aufbegehrende Mitglieder der Herrschersippe.

Diesmal behielt Suppiluliuma II. die Oberhand. Den Zerfall des Reichs aber konnte er damit nur aufschieben.

Fernab in Hattusa war von den Kämpfen zunächst wenig zu merken. Hier wurde gebaut: Suppiluliuma II. ließ in seiner Regierungszeit mehrere neue Komplexe errichten. Die kleinere Kammer des Felsheiligtums Yazılıkaya zu einem Totentempel für seinen Vater Tudhalija IV. auszuschmücken und ihn dort in Form einer Kolossalstatue zu verewigen, war verglichen damit ein bescheidenes Projekt.

Doch anscheinend stießen solche Maßnahmen nicht auf Gegenliebe: Mit besonderen Treueiden mußte Suppiluliuma Respekt vor dem Totenkult einfordern.

Seine Siege vermeldete der König mit großzügigen Felsinschriften in der Nähe der Burg: am Nişantepe und in einer der neuen Grotten am unteren Ostteich – dem von Peter Neve rekonstruierten »Göttlichen Weg in die Unterwelt«. Ihr Reliefschmuck wurde nicht mehr vollendet.

Von ganz anderen Ereignissen künden zwei weitere Baumaßnahmen. Vom Königstor bis zum Löwentor wurde der gesamte südliche Bereich der Stadt mit einer zwei-

»Mir, Meiner Sonne, Großkönig Labarna Tudhalija soll er … ein Trankopfer geben … Wer mir aber das Trankopfer gibt, mögen ihm der Hirschgott und … mit Fülle … beistehen!«
Mit seiner Inthronisation wurde ein hethitischer König der vom Wettergott bestimmte Statthalter über das Land, nicht mehr. Er wurde nicht zum irdischen Stellvertreter des obersten Gottes wie sein assyrischer Kollege, bekam nicht Unfehlbarkeit zugeschrieben – wie sie noch heute geistliche Oberhäupter für sich beanspruchen –, und erst recht wurde ihm keine Göttlichkeit eingeräumt wie dem Pharao. Erst nach seinem Tod brachten ihm seine Nachfahren die Ahnenopfer dar. Doch mit der Kultreform von Tudhalija IV. änderte sich das: Nun forderte ein lebender König Opfer für sich ein und ließ sich bereits zu seinen Lebzeiten mit der Hörnerkrone, dem Zeichen göttlicher Würde, abbilden (unter anderem auf Siegeln, somit ist ausgeschlossen, daß es sich um ein Werk seines Sohnes handelte, wie das bei Reliefs etwa von Hattusili III. anzunehmen ist). Und er legte sich den neuen, von Assyrien inspirierten bombastischen Titel »König der Gesamtheit« zu. Suppiluliuma II. setzte diese Neuerung fort und ließ sich in Hattusa selbst mit der Hörnerkrone darstellen (s. Abb. 9). Vielleicht war es dieser Anspruch, der den Hethiter-Königen bis dahin fremd gewesen war, der ein gut Teil zu den unüberwindbaren Spannungen innerhalb der königlichen Sippe beitrug.

ten Mauer umgeben. Der große Wall am Sphinxtor wurde damit überbaut, so daß die Treppen und das Tor selbst blockiert waren, das Prunkbauwerk also funktionslos wurde. Eine ähnliche Blockade errichtete man auf dem großen Felsmassiv im Nordosten (Büyükkaya). Die Getreidesilos hier oben waren danach nur noch über einen geschützten Weg und ein einziges, zusätzlich mit rechtwinkligen Mauern gesichertes Tor zu erreichen. Damit war nicht nur der Zugang von außen, sondern auch der von innerhalb der Stadt befestigt – als wollte man die eigene Bevölkerung von den Getreidevorräten fernhalten.

Was für ein Widerspruch: Eben noch ein prächtiger Ausbau der Stadt, gleich darauf entschiedene Verteidigungsmaßnahmen, die sich zum Teil vielleicht gegen eigene Leute richteten.

Und dann kam das bittere Ende für Hattusa, die Silberstadt. Wie und warum, darüber gibt es keine schriftlichen Quellen. Aber das bedeutet nicht, daß sie zerstört sind. Nur zu finden dürften sie nicht in Hattusa sein, sondern in *jener* Stadt, in die der Hof umzog.

Ein Feind erobert Hattusa, räumt systematisch die Gebäude bis fast auf den letzten Tonkrug leer und steckt dann die Bauten in Brand. Danach zieht er sich zurück, und »über der Stadt lastet die Stille des Todes«: So faßte 1952 der frühere Ausgrabungsleiter Kurt Bittel das Ende Hattusas zusammen.

Noch 1999 führte der Hethitologe Horst Klengel dazu aus: »Brandschutt aus dieser Zeit fand sich auf der Königsburg, in den Tempeln der Ober- und Unterstadt, an Teilen der Maueranlagen sowie im Felsheiligtum von Yazılıkaya. Dabei handelt es sich … nicht um aufeinanderfolgende Zerstörungen, sondern um ein einmaliges, gleichzeitiges und plötzliches Ereignis.«

Jürgen Seeher widerspricht beiden, denn er interpretiert die Grabungsbefunde anders. Zweifellos habe es in der Endzeit der Stadt an den verschiedensten Stellen gebrannt, doch daß dies plötzlich und überall gleichzeitig geschah, sei archäologisch nicht nachzuweisen. Monate oder gar Jahre könnten zwischen den Bränden gelegen haben. Außerdem waren von den Tempeln in der Oberstadt weniger als die Hälfte betroffen, und in der Unterstadt wiesen Wohn- und Werkstätten direkt neben dem abgebrannten Großen Tempel keinerlei Spuren eines Feuers auf. Alle verbrannten Gebäude waren bis auf wertlose Scherben und ältere Tontafelarchive, die jetzt wohl keiner mehr brauchte, völlig leergeräumt.

Feindliche Plünderer nehmen nicht unbedingt sperrige Gegenstände oder ganze Geschirr- und Kochtopfsätze mit, sondern nur wertvolle und leicht transportable Objekte; dann lassen sie bald ihrer Zerstörungswut freien Lauf. In den Brandschichten fand sich jedoch so gut wie nichts von dem, was bei einer kriegerischen Plünderung, und sei sie noch so systematisch, zu erwarten wäre – auch keine Toten. Mithin wurden Tempel und Paläste erst leergeräumt, und gebrannt haben sie später.

»Hattusa ist nicht als blühende Hauptstadt umkämpft

Sarissa ging ungefähr zur selben Zeit zugrunde wie Hattusa, doch Andreas Müller-Karpes Befund ist anders; in seinen Brandschichten fand sich genug Material, um das typische Bild einer feindlichen Einnahme zu ergeben: »Sarissa wurde erobert, geplündert und dann in Brand gesetzt. Nichts spricht dagegen, daß die Feinde in Hattusa besonders gründlich vorgingen, und zwischen dem Ausräumen und der Brandlegung kann genauso nur eine kurze Spanne verstrichen sein. Wenn auf ziemlich leergeräumten Fußböden eine Brandschicht liegt, sollte man meiner Meinung nach vom Normalfall ausgehen: einer Zerstörung durch Eroberer.«

---

und belagert worden«, folgert Jürgen Seeher, »die Stadt wurde nicht erobert, sondern nach und nach aufgegeben; sie wurde nicht zerstört, sie ist verfallen.«

Was war der Grund?

»Eine wie auch immer geartete Kombination aus internen und äußeren Ursachen führte zur Schwächung des Reiches und läutete damit zugleich das Ende der Hauptstadt ein. Zum einen waren das vor allem die Thronfolgestreitigkeiten und inneren Unruhen, zum anderen wohl der Verlust von Handelsverbindungen sowie Hungersnöte, die vielleicht aus Klimaschwankungen resultierten, und *auch* feindliche Angreifer – aber nicht als alleinige Ursache.«

Wie es aussieht, hat Suppiluliuma II. mit seiner Verwaltungsspitze nicht bis zum Ende in Hattusa ausgeharrt. »Hattusa muß seinen Status als Haupt- und Residenzstadt schon vor dem Ende des Reiches verloren haben«, fährt Jürgen Seeher fort, »denn offensichtlich waren der Großkönig und andere staatstragende Elemente in der Lage, die Residenz mit relativ vollständigen Inventaren und unter Mitnahme der meisten Akten der letzten Jahrzehnte zu verlagern. Daß so etwas möglich war, zeigt die schon einmal durchexerzierte Verlegung der Zentrale: der Umzug Muwattallis II. nach Tarhuntassa. Mit dem Herrscher dürften sofort oder nach und nach ein größerer Teil der offiziellen Amtspersonen, der Händler sowie des Militärs abgezogen sein, was nicht ohne Folgen für die Versorgung und den Schutz der Stadt geblieben sein kann.«

Sollten sich etwa Großkönig, Hofstaat und Priester die Mühe gemacht haben, ihren alltäglichen Hausrat mitzunehmen?

»Natürlich nicht«, bestätigt Jürgen Seeher. »Die endgültige und systematische Ausräumung der Tempel, Palast- und sonstigen öffentlichen Bauten dürfte erfolgt sein, als diese bereits verlassen waren. Die verbliebenen Einwohner nahmen sich nach und nach alles, was nicht niet- und nagelfest war. Übrig blieben schließlich nur die nicht transportablen Großgefäße und die wertlosen Schrifttafeln. Auch für die Brände muß kein Feind von außen verantwortlich gewesen sein, genauso kommen die Restbevölkerung oder Menschen aus dem Umland in Frage.«

Man kann sich das gut vorstellen: Nachdem die herrschende Oberschicht Hattusa den Rücken gekehrt hatte, versuchten die Zurückgebliebenen eine Zeitlang, irgendwie mit der neuen Situation zurechtzukommen, obwohl die Infrastruktur zusammengebrochen war. Sie holten sich aus den leerstehenden Gebäuden, was noch halbwegs zu gebrauchen war, bis diese sozusagen besenrein verlassen lagen. Immer mehr Menschen verließen die nicht mehr funktionierende Stadt, und die übrigen mußten sich im Chaos des zerfallenden Großreichs marodierender Truppenteile oder rivalisierender Königssippen-Linien oder umherziehender Räuberbanden erwehren – und mit Sicherheit der allgegenwärtigen Kaskäer. Vielleicht steckten diese die Häuser in Brand, oder die im Stich Gelassenen selbst legten im Zorn Feuer in den Prachtbauten ihrer ehemaligen Herren.

Hattusa, stolze Metropole eines Weltreichs, fand ihr Ende nicht in einem großen Eroberungskrieg, sondern in verzweifelten Verteilungskämpfen um die kärglichen Reste, die dort noch zu holen waren.

Bis schließlich auch jede Erinnerung an sie für über 3000 Jahre ausgelöscht wurde.

Kämpften vor Troia Hethiter?

»Bei unserem Weg durch den Westen Kleinasiens sind wir somit inzwischen bis nach Bithynien und an die Grenze Mysiens gelangt. Ehe wir uns näher mit dem Land Wilusa befassen, für dessen Lokalisierung nunmehr tatsächlich nur noch der äußerste Nordwesten Kleinasiens zur Verfügung steht, erscheint es ...«

Den Rest des Satzes hörten wir nicht mehr. In dem Nebensatz hatte Frank Starke in einem Vortrag Ende Oktober 1996 auf dem Tübinger Schloß gerade den Beweis zusammengefaßt, daß Wilusa nur in der Troas Platz findet, daß Troia und Wilusa identisch sind. Im Sommer zuvor war in Troia erstmals ein bronzezeitlicher Schriftfund ans Tageslicht gekommen: ein Siegel mit luwischen Hieroglyphen. Das bedeutete, daß die Troianer Luwisch sprachen und eben nicht Griechisch (jedenfalls nicht als Muttersprache), wie die Mehrheit der Fachwelt immer noch annimmt. »Die neue Erkenntnis, daß Troia zum Kulturgebiet Anatoliens und nicht Griechenlands gehört, ist in Öffentlichkeit und Wissenschaft gewöhnungsbedürftig«, faßte Manfred Korfmann, der seit 1988 die Ausgrabungen in Troia leitet, auch 2001 noch zusammen.

Ausgangspunkt von Starkes Überlegung war der Vertrag zwischen Tudhalija IV. und Kurunta (s. Kap. 19): Auf der Bronzetafel waren die Grenzen von Tarhuntassa so genau angeben, daß nun endlich ein stimmigeres Bild der hethitischen Geographie möglich wurde. An der anatolischen Südküste lagen, von Ost nach West, Kizzuwatna, Tarhuntassa und Lukka. Nördlich von Lukka folgten, nun schon an der Westküste, Millawanda, Mira, Seha und schließlich Wilusa – südlich der Troas war einfach kein Platz dafür. Wie »unverrückbar« die Grenzen waren, die er vorschlug, wußte Frank Starke in diesem Moment noch nicht: Nahezu zeitgleich überarbeitete David Hawkins die Inschrift am Karabel-Paß bei Izmir (s. Kap. 19) und kam zu dem Ergebnis, daß sie die Grenze zwischen Mira und Seha markierte.

Alaksandu von Wilusa war also Troianer – und Troia damit hethitischer Vasall.

Seit dem militärischen Debakel der Assuwa-Koalition zur Zeit von Tudhalija II. bestanden regelmäßige diplomatische Beziehungen zwischen Wilusa und Hattusa; aus den Streitigkeiten zwischen Hethitern und Arzawa konnte sich Wilusa dadurch fortan heraushalten, und es war dann auch nicht von der Zerschlagung des Arzawa-Reichs durch Mursili II. betroffen.

Im Gegenteil, Troia prosperierte weiter und trieb regen

Streng nach den Gesetzen der Lautverschiebung ist es eigentlich nicht möglich, daß aus Wilusa Ilios wird – doch offensichtlich hat sich gerade bei Ortsnamen kein Volk daran gehalten. Manchmal wird übersetzt, manchmal den eigenen Sprachformen angeglichen, manchmal das genommen, was man zu hören glaubt. Südtirol bietet hier hervorragenden Anschauungsunterricht: Klausen wird übersetzt zu Chiusa, Bruneck dagegen zu Brunico angeglichen, obwohl der Name gleichfalls eine leicht erkennbare Bedeutung hat. Und für den letzteren Fall ist das deutsche Wort Hängematte das schönste Beispiel: Die Spanier brachten das nützliche Teil von Haiti unter der Südsee-Bezeichnung »Hamaca« nach Europa.

Handel mit den Mykenern, wie die archäologischen Funde zeigen. Begünstigt hatte diese Entwicklung sicher auch, daß die Kaskäer Anfang des 14. Jahrhunderts besonders aktiv waren und Hattusas Zugang zum Schwarzen Meer nahezu abgeriegelt war. Der Weg durch die Dardanellen war zwar wesentlich weiter, aber erheblich sicherer.

Möglicherweise sind im Süden der Burg von Troia Spuren des Assuwa-Kriegs zu finden: Einer der ältesten Paläste (wissenschaftlich VI F) wurde verwüstet. Über 20 aus Mykene importierte Gefäße – damals besonders kostbar – gingen dabei zu Bruch. Allzu schlimm scheint der Angriff nicht gewesen zu sein, von einem oder gar *dem* Troianischen Krieg kann nicht die Rede sein. Das Gebäude konnte ausgebessert und weiterhin bewohnt werden. Bislang schrieb man die Zerstörung deshalb eher einer privaten Auseinandersetzung zu, etwa dem »unfreundlichen Besuch« eines verärgerten (mykenischen) Handelspartners. Aber vielleicht war es auch eine hethitische Drohgebärde, die Wilusa ganz schnell zum Einlenken brachte. Der Zeitpunkt dieser kleinen Zerstörung – kurz vor 1400 – paßt jedenfalls gut zur Assuwa-Expedition von Tudhalija II.

Zur Zeit von Suppiluliuma I. hieß der König von Wilusa Kukkunni, noch zur Zeit von Mursili II. folgte ihm Alaksandu auf den Thron. Auch diese beiden Wilusa-Könige setzten die guten Beziehungen fort, bis Alaksandu nach dem Angriff von Pijamaradu um 1280 einen Vasallenvertrag mit Muwattalli abschließen mußte. Damit war die Unabhängigkeit von Wilusa beendet.

Die Ereignisse, die dazu führten, lassen sich nach den hethitischen Quellen folgendermaßen rekonstruieren: Als Alaksandu, der – leibliche oder adoptierte – Sohn von Kukkunni, den Thron bestieg, wurde er von Mursili II. als König anerkannt, ebenso später (um 1290) von Muwattalli. In Wilusa war Alaksandu dagegen ziemlich umstritten: »... weil die Leute aufrührerisch sind ...«, heißt es im

Text. Leider sind Anfang und Ende des Satzes zerstört, so daß nicht erkennbar ist, ob der Aufstand der königlichen Sippe von Wilusa sofort beim Thronwechsel einsetzte oder erst später.

Dann – um 1285 vielleicht, Muwattalli war jedenfalls schon einige Zeit König, hatte aber die Hauptstadt noch nicht verlegt – tauchte Pijamaradu auf, der mehrfach versuchte, sich einen Thron in einem der westanatolischen Königreiche zu erobern (s. Kap. 15 und 17). Er konnte sich erst einmal in Wilusa festsetzen. Manabatarhunta, der König des südlichen Nachbarlands Seha, kam Alaksandu zu Hilfe. Vergeblich: Pijamaradu griff jetzt auch noch Lazba (Lesbos) an, das zu Seha gehörte.

Manabatarhunta zog sich eilends zurück und schickte einen Hilferuf nach Hattusa. Muwattalli setzte daraufhin seinen Feldherrn Gassu in Marsch. Gassu zog erst nach Mira und dann gemeinsam mit Kubantakurunta von Mira und einem Truppenkontingent aus Mira nach Norden. In Seha sollte eigentlich Manabatarhunta mit weiteren Truppen zu ihnen stoßen. Doch der König von Seha hatte offenbar Angst, noch einmal mit Pijamaradu kämpfen zu müssen: »Und ich, ich wurde krank. Ich bin schwer krank, die Krankheit hält mich darniedergestreckt«, entschuldigte er sich bei Muwattalli.

Der Seha-König mußte für seine Feigheit büßen. Wahrscheinlich glaubte Muwattalli ihm kein Wort von seinen mitleidheischenden Ausführungen, denn er wußte zu gut, wie sehr sich Manabatarhunta auf sentimentale Appelle verstand. Obwohl er seinerzeit seinen Thron Mursili zu verdanken gehabt hatte, verbündete er sich alsbald mit Uhhaziti von Arzawa (s. Kap. 13) – um dann sofort wieder einzuknicken, als der hethitische Großkönig anrückte. Weil Mursili seine freiwillige Unterwerfung nicht annehmen wollte, schickte er seine Mutter vor, damit die sich dem Großkönig zu Füßen warf. Mursili war gerührt, und

Manabatarhunta behielt als Vasall seinen Thron – all die Jahre bis zu dieser neuen Eskapade. Nun machte Muwattalli dessen Sohn Masturi zum König, und Manabatarhunta mußte ins Exil nach Hattusa gehen.

Auch ohne Manabatarhuntas Hilfe konnten Gassu und Kubantakurunta Alaksandu helfen: Sie vertrieben Pijamaradu und verwüsteten gleich noch das östlich von Wilusa gelegene Land Masa, das sich gleichfalls an den Kämpfen beteiligt hatte. Alaksandu behielt seinen Thron, mußte sich aber Muwattalli unterwerfen.

Leider war Gassus Mission in den Nordwesten nur zum Teil erfolgreich: Pijamaradu selbst konnte entkommen und später weiter sein Unwesen treiben. Zur Zeit von Hattusili III. tat er das in Lukka, im Südwesten. Wieder hatte er dabei die Unterstützung von Ahhijawa und dessen Stützpunkt Millawanda (Milet), wo Pijamaradus Schwiegersohn Atpa Regent war.

Daß Ahhijawa sich auf diese Weise in die Angelegenheiten der hethitischen Vasallen im Westen einmischte und auf hethitisches Interessengebiet übergriff, führte zu erheblichen Spannungen und möglicherweise sogar zu einem Scharmützel. Und Objekt des Streits war Wilusa!

»In der Angelegenheit von Wilusa, derentwegen der König des Landes Hattusa und ich uns feind waren, in der hat er mich umgestimmt, und wir haben uns vertragen. Ein … Krieg ist Unrecht für uns!«

Offensichtlich war es kein Einzelfall, daß ein Vasall Ausflüchte machte, um seinen militärischen Beistandspflichten zu entgehen. In Alaksandus Vertrag wurde ausdrücklich hinzugefügt, daß er bei einer entsprechenden Aufforderung unverzüglich zu kommen habe und nicht etwa vorher erst ein Vogelorakel befragen dürfe.

Dies solle er Pijamaradu erklären, forderte Hattusili III. den Großkönig von Ahhijawa auf. Wenige Zeilen weiter ist in dem Brief von einem »Krieg« die Rede, den die beiden Reiche führten. Leider fehlt genau das Stückchen, wo stand, weshalb sie aneinandergeraten waren. Wilusa würde recht gut in die Lücke passen. (Auch an der ersten Stelle ist die Tafel schadhaft, aber der Philologe Hans G. Güterbock war sich ziemlich sicher, daß dort tatsächlich Wilusa stand: »Ich zögere nicht, diese Lesart zu akzeptieren.«)

Hattusili III. war von 1266 bis 1236 Großkönig. Wann er diesen Brief nach Ahhijawa geschickt hat, ist nicht bekannt. Da er darin von einer Beleidigung spricht, die er dem Ahhijawa-König zugefügt habe, als er »jung« gewesen sei, kann es nicht gleich 1266 gewesen sein. Andererseits war Pijamaradu bereits um 1280 Vater einer verheirateten Tochter. Frühestens 1260, spätestens 1250 ist vielleicht die beste Zuordnung. Die Auseinandersetzung um Wilusa dürfte zwar nicht direkt vorausgegangen, aber auch nicht allzu lange her gewesen sein.

Ob in der Angelegenheit Wilusa tatsächlich die Waffen gekreuzt wurden oder es sich nur um eine scharfe diplomatische Auseinandersetzung handelte, ist also nicht sicher. Gewiß war es aber kein großer und schon gar kein zehnjähriger Krieg.

Noch zweimal ist in den hethitischen Texten von Wilusa die Rede. Doch da war Ahhijawa wohl kein Großreich mehr, und es ging auch nicht um einen Krieg, den Wilusa mit Feinden von außen führte, sondern um Bürgerkrieg:

»So, mein Sohn, schicke mir den Walmu, damit ich ihn wieder im Lande Wilusa in die Königsherrschaft einsetzen kann. Wie er früher König des Landes Wilusa war, ebenso soll er es jetzt sein! Wie er früher unser Vasall und Soldat war, ebenso soll er jetzt unser Vasall und Soldat sein!«

Walmu, vielleicht ein Enkel von Alaksandu, hatte Wilusa verlassen müssen und beim König von Mira (inzwischen Tarkasnawa) Zuflucht gesucht. Getreu dem Vertrag mit Alaksandu, akzeptierte nun Tudhalija IV. den Staatsstreich nicht und befahl, Walmu wieder einzusetzen.

Zur Ruhe kam Wilusa nicht. Auch die letzte Erwähnung bezieht sich auf Unruhen. Diesmal schrieb der letzte König von Hattusa, Suppiluliuma II., darüber an Mashuitta, den *Groß*könig von Mira. Das war um 1200. Kurz danach war Hattusa verlassen.

Wie passen diese Ereignisse zu den archäologischen Funden in Troia? Abgesehen von der bereits erwähnten kleineren Verwüstung gegen Ende des 15. Jahrhunderts, gab es in Troia in der späten Bronzezeit zwei Zerstörungen, beide mit erheblichen Folgen.

Troia VI, die mächtigste Burg, wurde durch ein Erdbeben zerstört, anschließend kam es zu einem gravierenden Wandel: Wo vorher im Burgbereich ein Kranz von einzelnen großen Palästen stand, wurde nun nahezu jeder Fleck innerhalb der wenigen noch benutzbaren alten Bauwerke wie auch auf den Freiflächen dazwischen mit kleinteiligen Häusern bebaut, in denen zahllose Vorratskrüge standen. Die Zweiteilung der troianischen Gesellschaft, so die Schlußfolgerung, war damit aufgehoben: In der Burg lebten nun dieselben Leute wie in der Unterstadt, und es war enger. Aber es handelte sich nicht um Eroberer: Die materielle Kultur blieb unverändert.

Diese Epoche endete mit einem Krieg – und den verloren die Troianer. Die Burg wie die Unterstadt wurden geplündert und anschließend in Brand gesteckt. In den Trümmern wurden mehrere Tote sowie Pfeilspitzen und andere Waffen gefunden. Troia VIIa versank unter einer dicken Ascheschicht. Danach gab es tatsächlich Zuwanderer, die neue Sitten mitbrachten, etwa sogenannte Violinbogenfibeln als Verschluß ihrer Kleidung. Doch die früheren Bewohner waren nicht alle verschwunden. Etwa der Besitzer des Siegels (ein luwischer Schreiber), das 1995 entdeckt wurde (s. Abb. 28), lebte nach dem Krieg hier. Und die Eisenzeit hielt Einzug. Mindestens bis 1000 v. u. Z. bestand die Stadt in dieser Form weiter.

Doch zeitlich lassen sich beide Ereignisse eigentlich nicht mit denen aus den hethitischen Quellen in Einklang bringen.

Der Krieg am Ende von Troia VIIa kann in den Archiven von Hattusa nicht mehr verzeichnet sein, denn er fand nach 1200 statt, als Hattusa schon nicht mehr die hethitische Hauptstadt war. Er ist eher den Turbulenzen des sogenannten Seevölkersturms (s. Kap. 21) zuzuschreiben. Unwahrscheinlich ist, daß sich der Brief an Mashuitta noch darauf bezieht.

Anders sieht es beim Ende von Troia VI aus. Aber das Datum dafür – in der wissenschaftlichen Literatur werden 1300, 1280, 1250, zwischen 1250 und 1230 genannt – variiert so stark, daß man es kaum seriös zuordnen kann.

Im Vasallenvertrag zwischen Muwattalli und Alaksandu werden drei Götter namentlich aufgeführt: Nach dem Wettergott der Armee folgt Appaliuna, der mit dem späteren griechischen Apollon gleichzusetzen ist (der anatolischen Ursprungs ist) und mit einem Stelen-Kult verehrt wurde, wie man ihn auch in Troia fand. (Apollon ist zudem der Gott, der in der *Ilias* auf seiten der Troianer kämpft.)
Die dritte Gottheit ist jener »Göttlicher Weg in die Unterwelt«, dem in Hattusa Gewölbegrotten errichtet wurden. In Troia gibt es ein künstliches Grottensystem, das sich mehrfach verzweigt und über 150 Meter weit in den Felsen reicht. Angelegt wurde es, wie Thorium-Messungen ergaben, bereits im 3. Jahrtausend v. u. Z., und es führt noch heute Wasser.
Mindestens zwei der drei Wilusa-Götter wurden also archäologisch für Troia nachgewiesen.

Zumal die Ereignisse keineswegs klar sind: Da gab es ein schweres Erdbeben, das viel Schaden angerichtet hat (dies ist jetzt, nach der Entdeckung einer späteren Stützkonstruktion im Turm neben dem Südtor, ziemlich eindeutig). Doch das ist in dieser Weltgegend leider kein ungewöhnliches Ereignis. Zudem wußten die Baumeister in Troia Vorsorge dagegen zu treffen, indem sie beispielsweise Wellenlinien im Mauerwerk eingefügt haben, die seismische Kräfte ausgleichen konnten. Die große Bastion im Nordosten etwa ist – bis heute – bei keinem der zahllosen Beben eingestürzt.

Kann ein einzelnes Erdbeben, auch wenn es sehr schwer war, dazu führen, daß eine reiche, stabile Gesellschaft zusammenbricht? Wir meinen, nein. Dafür sind weitere Faktoren nötig. Interne Streitigkeiten oder ein Angriff von außen – oder aber beides müßte hinzukommen.

Vielleicht war dem Vasallenvertrag solch eine Situation vorausgegangen. Interne Streitigkeiten, womöglich verstärkt durch das Beben, führten zum Angriff von Pijamaradu (eventuell erfolgte er sogar mit Billigung von Teilen der troianischen Herrschersippe?), Masa nutzte gleichfalls die Gunst der Stunde, und die Bevölkerung war unzufrieden, weil die Häuser zerstört waren und Hunger herrschte.

Doch das Ergebnis hätte trotzdem anders aussehen müssen: Alaksandu war vorher König in Wilusa und blieb es auch danach. An der Machtstruktur im Innern hatte sich also nichts geändert.

Eine Veränderung gab es nur zur Zeit von Walmu: Der floh nach einem Aufstand in Wilusa zum König von Mira. Aber auch er wurde wieder König (selbst wenn kein Text das explizit vermeldet, ist davon auszugehen).

Die »humanitäre« Variante, daß die Herrscher der Burg von Troia das einfachere Volk in der Burg wohnen ließen, bis die Häuser der Unterstadt wieder hergerichtet waren, ist die unwahrscheinlichste: Steinerne Zwischenunterkünfte erst einmal hier zu errichten und danach mit den Reparaturen zu beginnen, hätte unnötig Zeit verschwendet. Und eine unmittelbare Gefahr bestand ja in der Unterstadt nicht, weil sie befestigt war. Zudem ist kaum anzunehmen, daß eine Adelsschicht ohne weiteres auf ihre angestammten Privilegien verzichtete, wenn sie nicht dazu gezwungen wurde.

Was aber wäre, wenn die kleinteiligeren Häuser gar nicht in erster Linie als Wohngebäude dienten, sondern als Vorratsräume? Das wäre dann eine ähnliche Situation wie die in Hattusa, wo in den letzten Jahren die Getreidesilos auch innerhalb der Stadt verbarrikadiert wurden – und es würde nicht bedeuten, daß die Trennung zwischen Herrschersippe und normaler Bevölkerung aufgehoben wurde. Da das Zentrum der troianischen Burg beim Bau eines Athena-Tempels gekappt wurde, ist es leider nicht mehr möglich herauszufinden, ob diese Vorratshäuser den gesamten Burgberg bedeckten oder nur den unteren Terrassenring einnahmen.

Daß nicht alle Kriege und Auseinandersetzungen, die die Texte vermelden, auch archäologisch in Troia wiederzufinden sind, spricht nicht gegen die Gleichsetzung von Wilusa mit Troia: Nicht jeder Konflikt muß zwangsläufig direkt in der Stadt ausgetragen worden sein; genausogut kann er außerhalb der großen Unterstadt wie auch an den Grenzen des Umlands stattgefunden haben.

Es kämpften Hethiter vor Troia, soviel ist sicher. Hethitische Soldaten waren dabei, als es darum ging, Walmu seinen Thron zurückzuerobern – und natürlich auch damals, als Tudhalija II. die Assuwa-Koalition besiegte.

Hethiter sind nicht nur gegen die Stadt gezogen, sie haben auch für Troia gestritten. Einer von ihnen ist sogar namentlich bekannt: Gassu, der Feldherr, den Muwattalli II.

schickte. Möglicherweise gehörten zu seinen Gegnern in Pijamaradus Heer auch einige Ahhijawaner, also Mykener. Vielleicht standen sich Hethiter und Mykener auch zu Hattusilis III. Zeit vor Troia gegenüber.

Vier weitere Kriege um Troia – doch um *den* großen, zehnjährigen Krieg mit seinen verheerenden Auswirkungen, wie ihn Homer beschreibt, handelte es sich bei keinem davon (auch nicht bei dem am Ende von Troia VIIa).

Wie das Beispiel Milet gezeigt hat, wäre es falsch, den Mythos gleich ins Reich der Märchen zu verweisen (was im letzten Viertel des 20. Jahrhunderts u. Z. eine liebgewordene Praxis war). Aber die *Ilias* ist vor allem Literatur, kein Geschichtsbuch. Vielleicht hat Homer angesichts der zu seiner Zeit (um 730 v. u. Z.) noch deutlich sichtbaren Ruinen *alle* Erzählungen und Berichte, die sich um die Stätte rankten, zusammengefaßt und zu dem *einen* wunderbaren Epos verdichtet, Dichtung im wahrsten Sinn.

Und möglicherweise hatte er dafür sogar eine schriftliche Vorlage. Unter den hethitischen Tontafeln mit Ritualanweisungen fand sich eine über die – luwische – Kultstadt Istanuwa. Dort wurde ein Lied gesungen, von dem nur die Anfangszeile vermerkt ist:

»Als sie vom Meer her kamen, von Wilusa.«

Eine Tafel mit dem vollständigen Liedtext wurde leider bisher nicht entdeckt. Wenn das Lied tatsächlich etwas besingt, das in Wilusa geschah, ist schon anzunehmen, daß kein Sonntagsspaziergang beschrieben wurde, sondern eher ein ruhmreicher Feldzug. Daß Homer das Lied kannte, ist nicht auszuschließen. Zu seiner Zeit sprach man in seiner Heimat (Izmir) noch Luwisch, und Istanuwa lag wohl gleichfalls in Westanatolien. Doch solange Istanuwa nicht lokalisiert und auch noch die richtige Tontafel ausgegraben wird, bleibt diese »Wilusiade« reine Spekulation.

Aber eine schöne, die unserer Phantasie zur hethitischen Geschichte weitere Nahrung gibt.

Kapitel 21

In alle Winde zerstreut

»Die Fremdländer verschworen sich auf ihren Inseln ... Nicht hielt irgend ein Land stand vor ihnen von Hattusa an. Kode [= Kizzuwatna], Karkamis, Arzawa, Alasija waren vernichtet. Sie schlugen Feldlager auf ... in Amurru. Sie richteten seine Leute zugrunde, als wären sie nie gewesen. Sie kamen, indem ein Feuer vor ihnen herging, auf Ägypten zu.«

Dieser Bericht über die zweite sogenannte Seevölkerschlacht im achten Regierungsjahr (1176/75) von Ramses III. hat dazu geführt, auch das Ende von Stadt und Land Hattusa mit dem »Seevölkersturm« in Verbindung zu bringen, der sich dem Text zufolge in zwei Zügen durch Anatolien beziehungsweise entlang seinen Küsten und über Zypern zur Levante und schließlich nach Ägypten wälzte.

Daß es sich dabei nicht bloß um Seefahrer handelte, war von Anfang an klar. Die zugehörigen Abbildungen zeigen neben Schiffen genauso Krieger, die mit Ochsenkarren, Frauen, Kindern, Hab und Gut gekommen waren, um sich in Ägypten niederzulassen. Zudem bedeutete die ägyptische Bezeichnung »Inseln« nur, daß sie von jenseits des »Großen Grün«, des Mittelmeers, stammten, aus Küstenländern genauso wie tatsächlich von Inseln.

Die Heimat dieser Möchtegerneinwanderer wurde von diversen Wissenschaftlern – außer auf dem Mond – nahezu überall ausgemacht (bis hinauf zum Baltikum). Tatsächlich kamen sie wohl überwiegend von der anatolischen Küste und den vorgelagerten Inseln. Und einige ihrer Nachfahren zogen dann weiter nach Süditalien, Sizilien und Sardinien, während andere, vor allem die Philister, die Palästina den Namen gaben, an der Levante-Küste blieben.

Sie waren keine Piraten, die auf Beute aus waren, sondern suchten ein besseres Leben. Sie hatten Hunger. Und sie bildeten schwerlich eine einheitliche »Feuerwalze«, selbst wenn viele Zerstörungen (wie die von Alalha, Kadesch oder Ugarit) auf ihr Konto gingen. Sie waren – das ist die derzeit plausibelste Erklärung – eine bunte Mischung von Entwurzelten, Vertriebenen vielleicht. Mangels einer besseren Möglichkeit haben heutige Wissenschaftler ihnen den von den ägyptischen Quellen inspirierten Namen »Seevölker« verpaßt und sie jahrzehntelang pauschal für den Untergang fast aller bronzezeitlichen Kulturen rund um das östliche Mittelmeer verantwortlich gemacht.

Vielleicht waren sie aber, zumindest teilweise, auch Opfer dieses Untergangs.

Innerhalb von 50 oder höchstens 70 Jahren versanken nahezu alle bronzezeitlichen Reiche der Ägäis, Anatoliens und der Levante in Bedeutungslosigkeit. Oder sie verschwanden sogar spurlos wie das Großreich, das zuletzt Suppiluliuma II. regiert hatte. Hattusa wurde nicht wiederaufgebaut, genausowenig Sarissa. Die mykenischen Paläste auf der Peloponnes lagen bereits seit einiger Zeit in Schutt und Asche; in Tiryns hatte es zuvor noch drastische soziale Veränderungen gegeben. In Troia kam es ebenfalls zu gesellschaftlichen Umwälzungen, dann verloren seine Bewohner einen Krieg, nach dem sich Angehörige einer fremden Kultur unter die Einheimischen mischten. Diese relative Gleichzeitigkeit – und der ägyptische Bericht – verführten dazu, eine einzige Ursache für das alles zu suchen.

Mittlerweile wird jedoch diskutiert, ob der »Seevölkersturm« Ursache oder bloß Folge dieses tiefgreifenden Wandels war. So unbefriedigend es klingt, die Antwort lautet wahrscheinlich: sowohl als auch. Solche umfassenden Ereignisse lassen sich kaum monokausal ableiten, denn in komplexen Zivilisationen wie denen der Bronzezeit gibt es viele wechselseitige Abhängigkeiten – nicht nur innerhalb der Reiche, sondern auch zwischen ihnen. Ihr materielles Wohlergehen hängt davon ab, daß Nahrungsproduktion, Bevölkerungswachstum und Ressourcennachschub im richtigen Verhältnis zueinander stehen. Dieses Gleichgewicht ist jedoch labil: Geringfügige Störungen können meist noch aufgefangen werden, zu viele auf einmal aber lassen das gesamte System schlagartig zusammenbrechen.

Im Land Hattusa kamen gleich mehrere solcher Faktoren zusammen: eine Hungersnot, bei der es »um Leben und Tod« ging, Angriffe von diversen äußeren Feinden, die unter anderem den Abfall von Vasallen nach sich zogen, Handelsprobleme sowie Konflikte innerhalb der herrschenden Adelssippe, die das Reich in einen Bürgerkrieg stürzten und, da die Autorität der Zentralgewalt desavouiert war, es an allen Ecken und Enden abbröckeln ließen.

Aber es verschwand ja nicht nur das Hethiter-Reich: Eine – im damaligen Sinn – globale Wirtschaftsordnung brach zusammen. Stellen wir uns das mögliche Szenario einmal vor:

Der lockere mykenische Staatenbund, die bedeutendste Handelsmacht im Westen, war das erste Opfer; vielleicht wurden manche seiner Burgen, wie die gängige Theorie besagt, tatsächlich von aus dem Norden einwandernden Stämmen zerstört. Nahezu zeitgleich fiel im Osten Babylon; auch dort hatte es wirtschaftliche Probleme gegeben, die unter anderem der Assyrer-König Tukulti-Ninurta I. für seinen Angriff ausnutzte. Dann ging es Schlag auf Schlag: Der Strudel der Ereignisse riß letztlich alle mit sich.

Der internationale Handel kam zum Erliegen, politische Bündnisse verloren ihre Daseinsberechtigung. Die einst staatlich gelenkten Umverteilungssysteme funktionierten nicht mehr. Mit Metallen oder Luxusgütern war kein Profit mehr zu erwirtschaften, für den man hätte Getreide kaufen können.

Für die Hethiter bedeutete das: Die einheimische Landwirtschaft konnte die immer zahlreicheren Menschen, die sich nicht selbst versorgten, nicht mehr mit ernähren. Die Weiler der Hirten und Bauern waren im Prinzip zwar autark (s. Kap. 6), keineswegs aber Städte wie Hattusa. Der angeschwollene Wasserkopf des Großreichs konnte nicht mehr mit Lebensmitteln versorgt werden, genau wie weite Teile der Bevölkerung andernorts. Die Infrastruktur brach zusammen, das Großreich war nicht mehr zu halten.

Vielleicht hatte die Völkerwanderung aus dem Norden *ursprünglich* den Anstoß gegeben, was aber in Ägypten als »Seevölker« ankam, dürfte damit nicht viel zu tun gehabt haben, sondern war eine sekundäre oder tertiäre Folge der wirtschaftlichen Not und des politischen Zusammenbruchs im gesamten ägäisch-anatolisch-mesopotamischen Raum.

Eine weitere Folge war, daß zugleich eine ganze Epoche der Menschheitsgeschichte ihrem Ende entgegenging. Mit dem Zusammenbruch des Handels war das seltene Zinn ausgeblieben. (Kupfererze gab es lokal, wenn auch nicht überall in guter Qualität.) Und so mangelte es den Menschen an ihrem bislang wichtigsten Metall, der Bronze. Das Rad der Geschichte läßt sich aber nicht zurückdrehen. Gesellschaften, die seit 2000 Jahren mit Bronze arbeiteten, konnten nicht über Nacht wieder zum Steinbeil greifen, genausowenig wie es uns gelingen würde, von heute auf morgen wieder ohne Elektrizität auszukommen.

Wie hochwillkommen müssen da diejenigen gewesen

sein, die die Bronze durch ein gleichwertiges, wenn nicht sogar besseres Material ersetzen konnten. Wenn es stimmt, daß die Hethiter eine Zeitlang am besten wußten, wie man »gutes Eisen« herstellt, dann paßt das gut ins Bild: Gerade sie wurden im Chaos dieses Übergangs in alle Himmelsrichtungen verstreut wie kaum eine andere Gruppierung.

Hattusa lag verlassen – weitgehend zumindest. Doch neue Bewohner ließen nicht lange auf sich warten. Von der einstigen Pracht und Größe der Stadt konnten sie allerdings nichts bewahren. Sie hatten, mangels Massenbedarf, noch nicht einmal eine Töpferscheibe. Aber einen Eisenschmied. Seine Werkstatt konnte ins 11. Jahrhundert v. u. Z. datiert werden und zählt damit zu den ältesten bislang entdeckten.

Oben auf dem Felsmassiv Büyükkaya, wo die Hethiter bis zuletzt ihre Getreidevorräte verteidigt hatten – unter Umständen sogar gegen Teile der eigenen Bevölkerung –, hielt neues Leben Einzug. Und ein altbekannter Keramikstil: Bestimmte Gefäßformen glichen jenen, die für die Zeit vor der Inbesitznahme des Landes durch die Hethiter typisch waren. Das heißt, rund 800 Jahre lang wurden andernorts altanatolische Traditionen bewahrt, die in der Hethiter-Hauptstadt nicht mehr gepflegt wurden, und jetzt sozusagen reimportiert. Es muß also eine Art Urbevölkerung gegeben haben, die ihre Identität über diese ungeheure Zeitspanne hatte wahren können.

Natürlich werden auch noch Hethiter hier gelebt haben, wenn nicht in Hattusa selbst, so doch in ihrem ehemaligen Kernland: Nicht jeder Bauer und jeder Hirte war fortgezogen. (So etwas passierte selbst dann kaum, wenn eine Kultur radikal von einer anderen abgelöst wurde.) Die Übriggebliebenen waren nur nicht mehr zahlreich genug, um in ihrer kulturellen Eigenart noch in Erscheinung zu treten, und gingen in der neuen Bevölkerung auf, die nach einer Übergangszeit mit relativ wenigen archäologischen Funden eine neue Hochkultur in Anatolien entwickelte.

Keines der Großreiche, die das 13. Jahrhundert v. u. Z. dominiert hatten, überlebte das Ende der Bronzezeit unbeschadet.

Ägypten kam noch am besten davon. Nach dem Tod von Ramses III., der sein Land vor den südlichen Ausläufern der großen Wanderungsbewegung bewahrt hatte, regierte seine Dynastie noch fast ein Jahrhundert lang am Nil – auch wenn das Land nie mehr zur einstigen Größe zurückfand und auf der weltpolitischen Bühne keine sonderliche Rolle mehr spielte.

Babylonien konnte sich zwar nach 15 Jahren von der assyrischen Besetzung befreien, die Kassiten-Dynastie unterlag aber keine 50 Jahre später dem östlichen Nachbarn Elam. Auf eine kurzfristige Blütezeit unter Nebukadnezar I. (1126–1105) folgte jahrhundertelange Bedeutungslosigkeit.

Assyrien erging es ähnlich. Obwohl es vom Chaos des »Seevölkersturms« verschont blieb, begann nach Tukulti-Ninurtas I. Ermordung (1197) eine lange Phase des Niedergangs, die nur Anfang des 11. Jahrhunderts eine kurze Unterbrechung erfuhr, bis das Reich irgendwann auf ein schmales, rund 150 Kilometer langes Territorium am Tigris reduziert war, das im Norden ständig von neuen Zuwanderen, den Aramäern, bedroht wurde. Erst um die Wende vom 10. zum 9. Jahrhundert kam es zu einer neuen, aggressiven Expansion, in deren Verlauf die Aramäer verjagt wurden. Im 8. Jahrhundert hatten die Assyrer den gesamten Fruchtbaren Halbmond in ihrer Gewalt, im 7. unterwarfen sie schließlich Ägypten. Doch noch im selben Jahrhundert verschwand das Assyrer-Reich von der Landkarte.

Ein letztes Mal schlug die Stunde Babyloniens, und Nebukadnezar II. konnte im 6. Jahrhundert den »Turm zu Babel« errichten lassen. Gut 100 Jahre später wurde Babylonien persische Provinz.

Aus dem einstigen Kernland im Marassanta-Bogen waren die Hethiter verschwunden, ihre Städte verlassen oder zerstört. Doch ihre Kultur lebte woanders fort.

Das politische Erbe traten drei Großkönigreiche an: Mira, Tarhuntassa und Karkamis.

Von Mira, das wohl alle Arzawa-Länder bis hinauf nach Wilusa umfaßte, ist nur der erste Großkönig bekannt: Mashuitta, der diesen Rang bereits zur Zeit von Suppiluliuma II. innehatte. Überliefert ist sein Name in einem Brief, von dem nur ein winziges Bruchstück gefunden wurde und der von Unruhen in Wilusa handelt (s. Kap. 20). Weitere Nachrichten über dieses Reich hat die Erde bislang nicht preisgegeben.

Auch aus Tarhuntassa sind die Nachrichten spärlich. Es gibt zwar mehrere Felsinschriften, aber sie verraten nichts von dem, was sich ereignet hat, außer dem Namen des Großkönigs – Hartapu – und dem seines Vaters. Und der läßt in der Tat aufhorchen: Er lautet Mursili. Trotz einiger Unsicherheiten datiert die Mehrheit der Forscher die Inschriften auf 1200, in die Zeit unmittelbar nach dem Zusammenbruch des Großreichs von Hattusa. Und das bedeutet, daß Hartapu ein Sohn von Urhitesub gewesen sein kann, der den Thronnamen Mursili III. trug und von Hattusili III. abgesetzt wurde. Eine andere Theorie geht davon aus, daß diese Großkönige Mursili und Hartapu Nachfolger von Kurunta waren, den noch Hattusili III. als Vizekönig von Tarhuntassa bestallt hatte und der dann unter Tudhalija IV. versuchte, die Oberhoheit über das ganze Großreich an sich zu reißen – und damit den Anstoß zum Bürgerkrieg gab. In jedem Fall war Hartapu ein unmittelbarer Nachkomme der Großkönige von Hattusa.

Wenigstens geben die Inschriften Auskunft über die Größe seines Reichs: Es umfaßte nicht nur das alte Tarhuntassa, sondern auch den Westen von Kizzuwatna bis zum Pyramos (heute Ceyhan). Im Norden erstreckte es sich bis zum Marassanta, wie eine weitere Inschrift beim heutigen Aksaray beweist. Sie lautet: »Großkönig Hartapu, Liebling des Wettergotts, Sohn von Mursili, Großkönig, Held …«. Gleich sieben Hieroglyphentexte wurden an den Bergheiligtümern Karadağ und Kızıldağ, beim heutigen Karaman, gefunden. Deshalb vermuten einige in diesem Gebiet auch die Hauptstadt von Tarhuntassa – vielleicht mit dem von den Wissenschaftlern heißersehnten Archiv. Die östlichste Fundstelle war Karatepe, das einstige Azatiwada in Kilikien. Dort wurde 1946 in späthethitischen Ruinen ein und derselbe Text auf phönikisch und in Hieroglyphen entdeckt, eine sogenannte Bilingue: Berühmt wurde sie, weil sie den entscheidenden Schlüssel zur Entzifferung der luwisch-hethitischen Hieroglyphenschrift lieferte.

Tarhuntassa war bereits luwisches Gebiet, und wie aus hethitischen und luwischen Götter- und Ortsnamen aus dem 1. Jahrtausend ersichtlich, florierte diese Kultur hier wie an der Westküste Anatoliens noch jahrhundertelang. Auch als die einstigen Lukka-Länder von den aus der Ägäis nach Westanatolien eingewanderten Griechen längst Lykien genannt wurden und in Smyrna (Izmir) ein Dichter namens Homer lebte, wurde dort noch Luwisch gesprochen.

In deutlicher Ausprägung fand die hethitische Kultur auch in Nordsyrien ihre Fortsetzung. Das ehemals von einem Vizekönig aus Hattusa regierte Karkamis westlich des Euphrat überstand die Wirren ziemlich unbeschadet und lebte als selbständiges Königreich fort, das bis nördlich von Malatya reichte. Ein 1985 gefundener Siegelabdruck belegt, daß Talmitesub, der Ururenkel von Suppiluliuma I. und Vizekönig von Karkamis unter Suppiluliuma II. von seinem Sohn Kuzitesub beerbt wurde, der sich nun selbst als Großkönig bezeichnete und damit als Erbe der glorreichen hethitischen Vergangenheit. Es ist gut möglich, daß viele Flüchtlinge aus dem einstigen Kernland hier eine neue Heimat fanden, wahrscheinlich auch Familienangehörige aus der Herrschersippe. Doch lange hatte auch dieses Nachfolgereich nicht Bestand, im 11. Jahrhundert zerfiel es in kleinere staatliche Einheiten. Wie überall in dieser Umbruchphase zwischen Bronze- und Eisenzeit konnten sich – mit den genannten Ausnahmen – größere Reiche einfach nicht halten.

Zu diesen noch mal kleineren Nachfolgern zählten unter anderen die Königreiche Malida (Melitene, heute Malatya), wo Kuzitesubs Enkel regierten, südlich davon Kummaha (bei Samsat, heute im Atatürk-Stausee versunken) und Imat (aramäisch Hamat), das einstige Amurru.

Zum Teil war diese Zersplitterung sicher darauf zurückzuführen, daß neue Zuwanderer sich in diesen Landstrichen niederließen und andere Gruppen an Bedeutung gewannen, vor allem die Phönikier entlang der Mittelmeerküste und die Aramäer in der Mitte des Fruchtbaren Halbmonds. Doch hier behielt die hethitische Kultur zunächst die Oberhand, wie zahlreiche Hieroglypheninschriften, Reliefs und Monumente aus dieser Zeit und Gegend beweisen. Auch bezeichneten Assyrer, Urartäer und Hebräer Nordsyrien und die Taurus-Region weiterhin als »Hatti-Land«, und die Bibel kennt lokale Herrscher Nordsyriens als »Könige der Hethiter«. Doch die Keilschrift war hier nicht mehr in Gebrauch, man bediente sich ausschließlich der Hieroglyphen, und diese »neohethitischen« oder »syrohethitischen« Reiche verloren, obwohl sich noch Herrschernamen wie Mutallu (Muwattalli) oder Lubarna (Labarna) hielten, immer mehr den Kontakt zu den Traditionen der Großreichszeit, bis sie schließlich 717 v. u. Z. dem assyrischen Expansionsdrang erlagen.

Vom Machtvakuum im ehemaligen hethitischen Kernland profitierten zunächst die Kaskäer, die sich im gesamten Marassanta-Bogen festsetzten und, wie aus assyrischen Quellen hervorgeht, bis zum Euphrat vordrangen. Die eigentliche Nachfolge in Zentralanatolien aber traten ganz neue Zuwanderer an: die Phryger, Indoeuropäer, die laut gültiger Lehrbuchmeinungen im Zug der großen Wanderungswelle des 12. Jahrhunderts nach Anatolien gelangten. Liest man Homers *Ilias* als Geschichtswerk (was man nur sehr kritisch tun sollte, schließlich ist die *Ilias* vor allem große Literatur), müßten die Phryger schon vor dem Troianischen Krieg hier heimisch gewesen sein; dem griechischen Geographen und Historiker Strabon zufolge sollen sie erst kurz danach ins Land gekommen sein. Der archäologische Befund in Hattusa, wo sich schon sehr früh phrygische Elemente finden lassen, legt eine ganz andere Interpretation nahe, so der Archäologe Hermann Genz: daß sich die phrygische Kultur, wie sie aus späterer Zeit bekannt ist, in Anatolien selbst entwickelt hat und folglich, wenn die Phryger tatsächlich Einwanderer waren, genauso kaskäische oder andere anatolische Elemente einschließt.

Wie auch immer: In ihrer Hauptstadt Gordion (ja, die Stadt mit dem Knoten) knapp 100 Kilometer südlich von Ankara häuften später die Phryger derartige Reichtümer an, daß der griechische Mythos ihrem König Midas nachsagte, alles, was er berührte, sei zu Gold geworden. Worüber dieser gar nicht glücklich war, denn schließlich konnte er nichts mehr essen und trinken. Dionysos erlöste ihn.

In Wirklichkeit brachte Midas sich um, weil die Kimmerier, ein ursprünglich südrussisches Reitervolk, 684 v. u. Z. sein Reich überrannten.

Aber das ist eine andere Geschichte.

Nachwort

Moderner als Griechen und Römer

Die Hethiter sind verschwunden. Ihre Sprache ist ausgestorben. Die Archäologen graben weiter die Ruinen ihrer Städte aus, die Philologen entziffern weiter ihre Keilschrifttafeln. Puzzlestein um Puzzlestein werden sie unser Bild von dieser vielschichtigen, faszinierenden und in sich widersprüchlichen Kultur vervollkommnen. In zehn Jahren können wir vielleicht – hoffentlich! – ein neues, ganz anderes Buch über die Hethiter schreiben. Die historische Landkarte Anatoliens hat noch zahllose weiße Flecke, so daß es lange dauern wird, bis jemand wirklich behaupten kann, er wisse jetzt, »wie es eigentlich gewesen« ist.

Fest steht allerdings, daß die Hethiter eine überaus wichtige Ingredienz im anatolischen Cocktail der Kulturen darstellten. Um so erstaunlicher ist, daß sie so sang- und klanglos verschwunden und in Vergessenheit geraten sind wie keine andere Kultur. Das vergleichsweise kleine Troia hat dank Homers Epos die gesamte Geistesgeschichte des Abendlandes mit geprägt; vom riesigen Hethiter-Reich wußte nur wenige Jahrhunderte nach seinem Untergang niemand mehr etwas. Nicht die Griechen, nicht die Römer. Obwohl zu der Zeit, da Homer die *Ilias* schrieb, in Karkamis der Hethiter Pisiri regierte, dessen Abstammung noch immer auf das Herrscherhaus von Hattusa zurückgeführt werden konnte.

Dabei waren die Herrscher von Hattusa Griechen und Römern in vielerlei Hinsicht voraus, von ihren Zeitgenossen ganz zu schweigen. Sicher, die Demokratie erfunden – wie die Hellenen – haben die Hethiter nicht gerade. (Aber vergessen wir nicht, daß die griechischen Demokraten auch Sklavenhalter waren und bei ihnen nur die Männer einer privilegierten, wohlhabenden Oberschicht wählen durften.) Und was die Penetranz angeht, mit der die Herrscher von Hattusa immer wieder in internen Machtkämpfen alles Erreichte zunichte machten, so gebührt ihnen in dieser Disziplin sicherlich der bronzezeitliche Nobelpreis für Dämlichkeit. (Obwohl andere Zeitgenossen, wie wir hoffentlich klargemacht haben, da nicht viel besser waren).

Andererseits aber hatten sie diese außergewöhnliche Modernität entwickelt, die uns Autoren von Anfang an fasziniert hat.

Zum Beispiel ihre ziemlich überraschende Haltung, von anderen bereitwillig zu lernen und alles, was ihnen sinnvoll erschien, zu übernehmen und in die eigene Kultur zu integrieren. Und ihre Toleranz gegenüber eroberten Ethnien, denen sie ihre Sprache wie ihren Glauben ließen und deren nach Hattusa entführte Gottheiten sie in der fremden Sprache anredeten.

Das Großreich von Hattusa war ausgesprochen multikulturell. Sogar die Hurriter, außenpolitisch Gegner der Hethiter, wurden in ihrem Reich keineswegs diskriminiert, sondern trugen ganz im Gegenteil erheblich zur hethitischen Kultur bei und stiegen sogar bis in die Spitze der Herrschersippe auf.

Dann war da ihre komplexe, seit dem 16. Jahrhundert v. u. Z. schriftlich fixierte Gesetzgebung, die von der Thronfolge über das Hofzeremoniell und die religiösen Riten bis hin zur Ahndung von Verbrechen und Viehdiebstahl das friedliche Miteinander der Gemeinschaft zum Ziel hatte – zu einer Zeit, da andernorts noch reichlich Willkür herrschte. Modern ist dabei vor allem die hethitische Auffassung von Strafe: nicht als Vergeltung, sondern als Wiedergutmachung.

Mit der weitgehenden Abschaffung der Todesstrafe standen die Hethiter in der Bronzezeit – und noch für Äonen danach – allein auf humanitärer Flur. Dasselbe gilt für die ausgesprochen weit entwickelte Gleichberechtigung der Frauen, die keineswegs auf Herrscherhaus und Adel beschränkt war, sondern für alle Freien galt. (Griechische und römische Ehefrauen waren verglichen damit noch nicht einmal Lust-, sondern bloß Besitzobjekte ihrer Gatten zur Austragung von erbberechtigten Nachkommen.) Auch mit vor- und außerehelichen sowie gleichgeschlechtlichen Sexualkontakten gingen sie offensichtlich so pragmatisch um, wie es die menschliche Natur nun einmal gebietet.

Verträge, Urkunden, Gerichtsprotokolle, Briefe, Inventar- oder Warenlisten und ausführliche historische Aufzeichnungen belegen, daß die Hethiter nicht nur fähige, gründliche Organisatoren und Verwalter waren, sondern sich bei allem bemühten, politische, wirtschaftliche und gesellschaftliche Vorgänge und Entscheidungen objektiv nachvollziehbar zu machen. Auch wenn die Regierungsform eine rigide Oligarchie war, hegten sie doch geradezu preußische Tugenden wie Recht und Ordnung – wozu auch Rechtsansprüche von Schwächeren zählten.

Wann sonst gab es das in der Geschichte der Menschheit, daß die am meisten gefürchteten Krieger ihrer Zeit ein ausgeklügeltes System von Kriegsandrohung, Kriegserklärung und erst dann erfolgendem Angriff pflegten – mit ausreichend bemessenen Bedenkfristen für die Gegner?

Als Baumeister, Metallurgen, Wasserwirtschafter, Militärstrategen und genauso als friedliebende Diplomaten haben wir sie wohl gebührend gewürdigt. Auch als Köche, Brauer, Bäcker und Winzer. Und als Philosophen?

Ihre ebenso von Selbstzweifeln wie von Selbstbewußtsein zeugenden Zwiegespräche mit den Göttern wären, nähme man sie zur Kenntnis, noch im 21. Jahrhundert (u. Z.) spannende Beiträge für Kirchentagsforen: Im Kern ist da ein intellektuelles Ringen um den Gottesbegriff angelegt, das in Europa erst seit der Aufklärung wieder möglich ist. Kein Vergleich zu den Olympiern der *Ilias*: Die hetzten aus purer Egomanie die Irdischen rücksichtslos in den sinnlosen Völkermord.

Was blieb von alledem?

Viele Errungenschaften auf dem Gebiet der materiellen Kultur wurden von Nachfahren übernommen und weitergegeben. Vor allem über die Luwier Westanatoliens hat manches davon in die griechische, dann römische und schließlich in unsere abendländische Kultur Eingang gefunden. (Doch das gilt nicht allein für das Erbe der Hethiter: Die chaotischen Völkerverschiebungen im Übergang von der Bronze- zur Eisenzeit haben vielen der gemeinschaftlich erbrachten Kulturleistungen Anatoliens zur gebührenden Verbreitung verholfen.)

Den geistig-ideellen Errungenschaften der Hethiter war, soweit wir wissen, kein so günstiges Schicksal beschieden. Sie hätten es verdient, daß ihr Streben nach Objektivität, also Wahrheit, ihr Sinn für Rechtmäßigkeit und Gerechtigkeit, ihre relative Toleranz gegenüber zeitlosen menschlichen Schwächen, ihr Verständnis von Strafe, ihre gekonnte Diplomatie und auch ihr nicht gar so schicksalsergebenes Gottesverständnis zahlreiche Nachahmer gefunden hätten; vielleicht wäre es den Menschen des westlichen Eurasien insgesamt gut bekommen, wenn diese zivilisatorischen Errungenschaften nicht in Vergessenheit geraten wären, so daß sie mühsam – und teils mehrfach – wieder neu entwickelt werden mußten.

Es hat nicht sollen sein. Die Hethiter sind verschwunden. Ihre Sprache ist ausgestorben. In alle Winde zerstreut, verloren sich ihre Spuren inmitten der anderen Völker und Kulturen, von denen ihre Restreiche übernommen wurden oder bei denen sie als Flüchtlinge Aufnahme fanden.

Doch darin liegt auch ein kleiner Trost, steckt doch auf diese Weise ein Stückchen Hethiter in jedem von uns. Daß aber ausgerechnet die *Chatten*, die Hessen, die Nachkommen der Menschen von *Hatti* sein sollen – und somit dieses Buch über die Hethiter von zwei Hethiter-Abkömmlingen geschrieben wurde –, das ist die abwegigste Theorie, der wir bei unserer Arbeit begegnet sind.

Anhang

Danksagungen

Viele Menschen haben zum Gelingen dieses Buches beigetragen. Ihnen allen gilt unser Dank. Besonders hervorheben wollen wir Jürgen Seeher und Frank Starke, die unermüdlich unsere Wissenslücken stopften und auch mit eigenen Anregungen weiterhalfen; genauso bereitwillig stellten Ayşe Baykal-Seeher, Hermann Genz, Theo van den Hout, Andreas Müller-Karpe und Wolf-Dietrich Niemeier uns ihre Zeit zur Verfügung. Dank auch an die Teams von Boğazköy, Kuşaklı und Milet sowie an Hans Birk für den Stadtplan von Hattusa. Des weiteren halfen mit Rat und Tat Christoph Auffahrth, Didier Geyer, Waltraud Guglielmi, Dirk Hellwig, Hans Günter Jansen, Manfred Korfmann und Jürgen G. Rothfuß. Allen ein herzliches Dankeschön.

Zur Transkription

Die Keilschrift, die die Hethiter benutzten, war eine Silbenschrift und läßt sich nicht einfach in eine Buchstabenschrift übertragen. Daher rühren zahllose Diskrepanzen bei den heute gebräuchlichen Schreibweisen. Zudem ist die Forschung sich nicht bei allen Lautwerten sicher – etwa, ob ein Wort mit »sch« oder stimmhaftem »s« ausgesprochen wurde. Im Interesse der leichteren Lesbarkeit verzichten wir auf alle ungewohnten Sonderzeichen und schreiben immer nur »s«, und für ḫ (das bei den Hethitern meist ein »ch« war) einfach »h«.

Bildnachweise

S. 35: nach H. G. Güterbock und R. M. Boehmer; S. 62: Kuşaklı-Projekt; S. 71: Charles Texier, 1834; S. 189: Boğazköy-Projekt/P. Neve; S. 191: Boğazköy-Projekt/O. Puchstein; 197: Boğazköy-Projekt/K. Bittel; Karte Hethiter-Reich: B. Brandau/J. Rothfuß; Plan Hattusa: H. Birk.
Abb. 1: Kuşaklı-Projekt; Abb. 2: Boğazköy-Projekt/P. Neve; Abb. 25: Walters Art Gallery, Boston Abb. 28: Troia-Projekt/Württembergisches Landesmuseum, Konstanz; alle übrigen Abb.: H. Schickert.

	HATTUSA	ÄGYPTEN	BABYLONIEN	ASSYRIEN
	Pithana von Kussara		Hammurapi	Samsi-Adad I.
	Anitta		(1728–1686)	(1719–1688)
1700				
	(Labarna?)			
	Hattusili I. (1565–1540)		Samsuditana	
1550	Mursili I. (1540–1530)	Amosis I. (1550–1525)	(bis 1531, Zerstörung	
	Hantili I.		von Babylon durch	
	Zidanta I.	Amenophis I. (1525–1504)	Mursili I.)	
	Ammuna			
	Huzzija I.	Thutmosis I. (1504–1492)		
1500	Telipinu (um 1500)	Thutmosis II. (1492–1479)		
	Tahurwaili			
	Alluwamna	Hatschepsut (1479–1458)		
	Hantili II.	Thutmosis III. (1479–1425,		
1450	Zidanta II.	ab 1458 Alleinregent)		Blütezeit von
	Huzzija II.			Mittanni
	Muwattalli I.	Amenophis II. (1428–1397)		(1450–1350),
	Tudhalija II.(I.) (1420–1400)			Assyrien Vasall
1400	Arnuwanda I. (1400–1375)	Thutmosis IV. (1397–1388)		
	Tudhalija III.(II.)	Amenophis III. (1388–1351)	Kadasman-Enlil I.	
	(1375–1355)	Echnaton (1351–1334)	(1377/71–1361/56)	
	Tudhalija der Jüngere (III.?)	Semenchkare (1337–1333)	Burnaburias II.	
1350	Suppiluliuma I.	Tutanchamun (1333–1323)	(1361/56–1333/29)	Assur-Uballit I.
	(1355–1320)	Eje (1323–1319)		(1353–1318)

	Arnuwanda II. (1320–1318)	Haremhab (1319–1292)		Enlil-Nirari
1300	Mursili II. (1318–1290)			(1318–1308)
	Muwattalli II. (1290–1272)	Ramses I. (1292–1290)		
		Sethos I. (1290–1279)		Adad-Nirari I.
	Mursili III. (Urhitesub)	Ramses II. (1279–1213)	Kadasman-Turgu	(1296–1264)
	(1272–1266)		(1276–1258)	
	Hattusili III. (1266–1236))		Kadasman-Enlil II.	Salmanassar I.
1250			(1258–1249)	(1264–1234)
	Tudhalija IV. (1236–1215)		Kudur-Enlil II. (1249–1240)	Tukulti-Ninurta I.
	Kurunta (1220)			(1233–1197)
	Arnuwanda III. (1215)		Kastilias IV.	
	Suppiluliuma II.	Merenptah (1213–1203)	(1232/28–1224/20)	
	(1214/3–1190)			
1200				
	Großkönige nach 1200:			
	Mashuitta (Mira)	Ramses III.		
	Hartapu (Tarhuntassa)	(1183/82–1152/51)		
	Kuzitesub (Karkamis)			

Das hethitische Großreich

zwischen 1350 und 1200 v. u. Z.

B. Brandau/J. Rothfuß © 2001

Länder:

Kizzuwatna	inneres Land
WILUSA	auswärtiges Land (Vasallenstaat)
KARKAMIS	Vizekönigreich
LUKKA	sonstiges Land
(ARZAWA)	älterer Sammelbegriff

Orte:

Ikuna	hethitischer Nam
Ikonion	klassischer Name
Konya	moderner Name

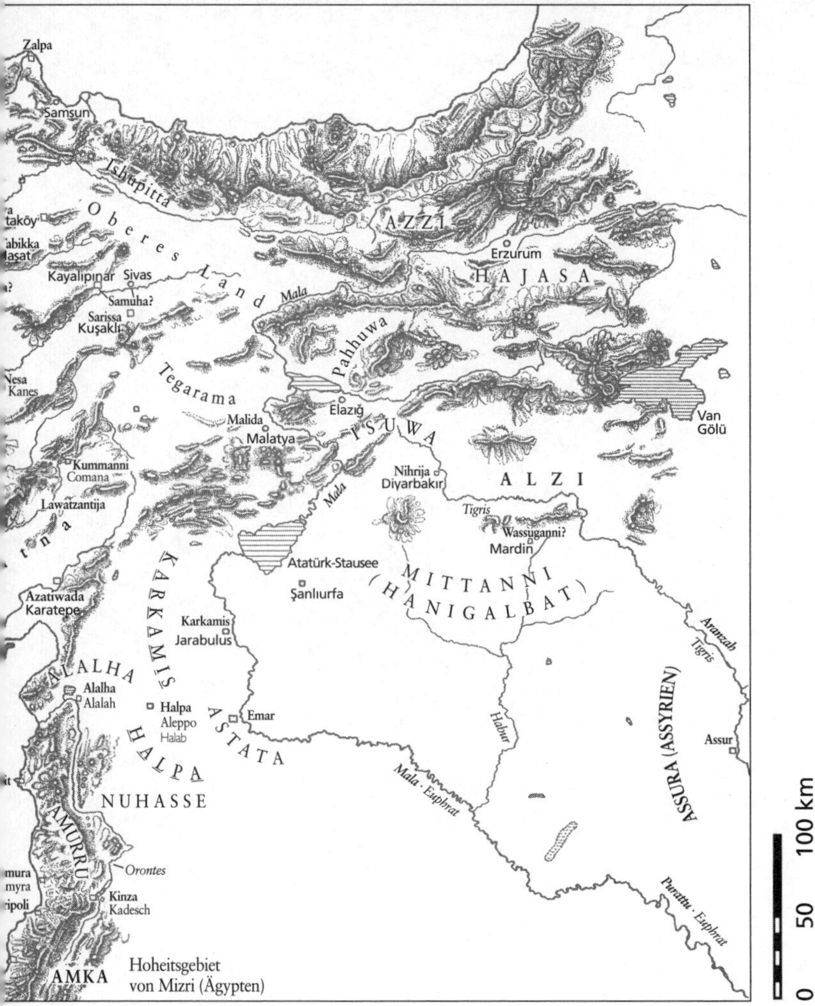

Flüsse:

Marassanta	hethitischer (akkadischer) Name
Halys	klassischer Name
Kızılırmak	moderner Name

Hattusa

Befunde aus der Großreichszeit

Neuaufnahme
Hans P. Birk
© 1997

Um 90 Grad gedreht wegen Deckungsgleichheit mit der Luftaufnahme Abb. 2

1: Befestigtes Felsmassiv Büyükkaya mit Getreidespeichern
2 → ← 3: Verlauf der Schlucht
4: Unterstadtmauern
5: Wohn- und Werkstattviertel in der Unterstadt
6: Großer Tempel mit Magazin- und Werkstattgebäuden
7: Burgberg Büyükkale mit Palastanlagen
8: Zum Teil verbrannte Getreidespeicher
9: Unterstadtmauer mit Poternen
10: Westtore
11: Ostteiche
12: Künstliche Grotten
13: Nişantepe
14: Sarıkale
15: Yenicekale

(13–15:) Kuppen mit »Felsgipfelhäusern«

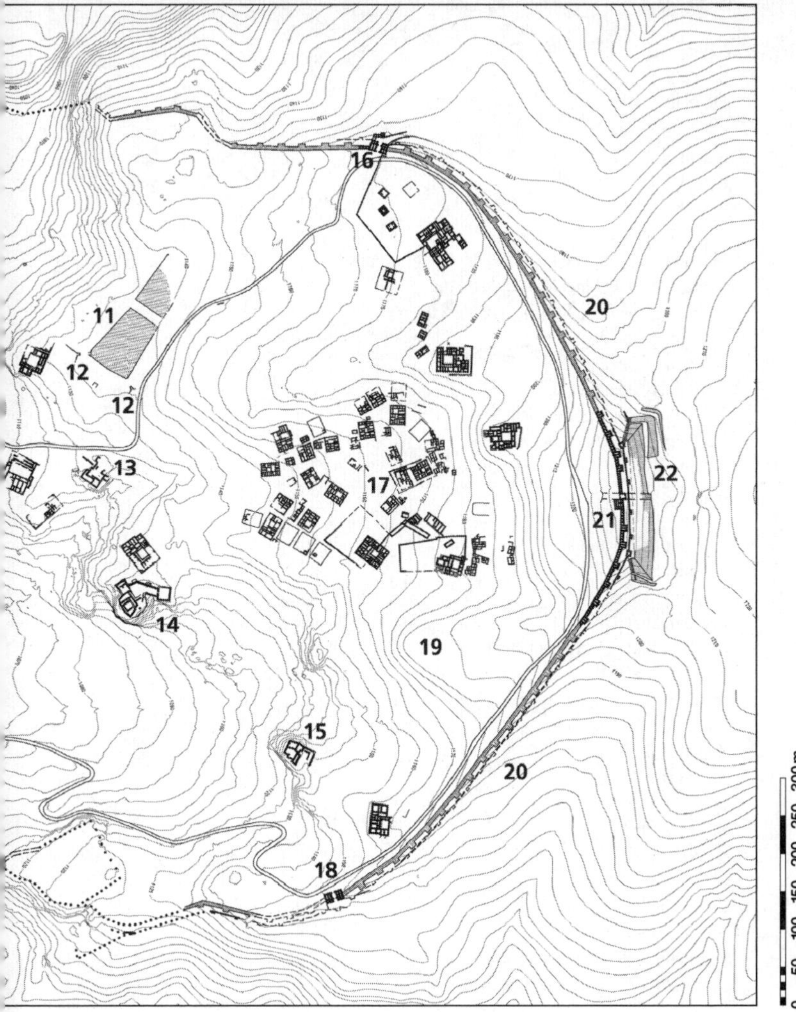

16: Königstor
17: Tempelbezirk in der Oberstadt
18: Löwentor
19: Südteiche
20: Oberstadtmauer
21: Sphinxtor
22: Yerkapı-Bollwerk mit Poterne

Ausgegraben oder oberflächlich gut erkennbar
Sicher rekonstruierbar
Rekonstruierbar, Details unsicher
Verlauf erkennbar bzw. vermutet
Poterne
Moderne Straße

Quellen

Kapitel 1:
Bittel 1976
Bryce 1998
Calvocoressi 1990
Neuburger 1929
Seeher 1999, *Hattuscha-Führer*
Starke 1998/99, Seminarunterlagen
Starke, pers. Mitt.
Taracha 1992
Temizsoy et al. o. J.
Tenner in: Sommer 1930
Zick 2000

Kapitel 2:
Brandau 1999
Ceram 1955
Gamkrelidse 2000
Gurney 1990
Haarmann 1991
Müller-Karpe, A., pers. Mitt.
Renfrew 1998
Starke, pers. Mitt.

Kapitel 3:
Assmann 1996
Bittel 1976
Bryce 1998
Büchner o. J.
Hoffmann 1984
Jacq 1998
Nissen 1999
Sommer 1938
Starke 1998/99, Seminarunterlagen

Kapitel 4:
Brandau 1999
Gurney 1990
Haas 1994
Hoffner 1998
Müller-Karpe, A., 1998
Müller-Karpe, A., 1999, *Mitteilungen der Deutschen Orientgesellschaft*
Müller-Karpe, A., 1999, *Nürnberger Blätter zur Archäologie*
Müller-Karpe, A., 2000
Müller-Karpe, A., pers. Mitt.
Neve 1985

Schuler in: *Wörterbuch der Mythologie*
Seeher 1999, *Hattuscha-Führer*

Kapitel 5:
Bryce 1998
Nissen 1999
Starke 1998/99, Seminarunterlagen

Kapitel 6:
Gurney 1990
Haase 1984
Hoffner 1974
Hoffmann 1984
Hout 1997 u. pers. Mitt.
Macqueen 1986
Reallexikon der Assyriologie
Seeher, pers. Mitt.
Taracha in: Alp u. Süel 1998
Bearbeitung der Rezepte: Hermann Feuersee

Kapitel 7:
Bryce 1998
Hoffmann 1984
Klengel 1999
Starke 1995
Starke 1998/99, Seminarunterlagen

Kapitel 8:
Assmann 1996
Brandau 1999
Gorys 1997
Guglielmi, pers. Mitt.
Haarmann 1991
Klengel 1967
Niemeier 1998
Nissen 1999
Rachet 1999
Siebler 2001
Starke 1998/99, Seminarunterlagen

Kapitel 9:
Astour in: Bryce 1998
Bryce 1998
Easton 1982
Hawkins 1996
Heinhold-Kramer 1977
Klengel 1999

Neve 1996
Starke 1998/99, Seminarunterlagen
Starke in: *Studia Troica* 7
Starke in: *Troia. Traum und Wirklichkeit*

Kapitel 10:
Cohen in: Würzburg
Gurney 1990
Haase 1984
Haase 1993
Hoffmann 1984
Hout, pers. Mitt.
Imparati in: Klengel 1999
Der Neue Pauly
Reallexikon der Assyriologie
Sick 1984
Werner 1967

Kapitel 11:
Amarna-Briefe
Assmann 1996
Beckerath 1997
Beckman 1996
Brandau 1999
Brier 2000
Bryce 1998
Eggebrecht 1984
Hout 1994
Hout 1998
Klengel 1967
Klengel 1999
Krauss 1976
Krauss 1980
Krauss, pers. Mitt.
Niemeier 1998
Nissen 1999
Der Neue Pauly
Rachet 1999
Reallexikon der Assyriologie
Seeher, pers. Mitt.
Starke 1998/99, Seminarunterlagen
Starke in: *Troia. Traum und Wirklichkeit*
Starke in: *Studia Troica* 7
Starke, pers. Mitt.

Kapitel 12:
Bittel 1972

Bittel 1976
Macqueen 1986
Neve 1985
Neve 1993
Seeher, *Archäologischer Anzeiger* 1997, 1998, 1999 und 2000
Seeher 1998
Seeher 1999, *Hattuscha-Führer*
Seeher 2000
Seeher 2001
Seeher, pers. Mitt.

Kapitel 13:
Beckman 1996
Brandau 1999
Bryce 1998
Götze 1933
Götze in: Sommer 1930
Klengel 1999
Ruffié 1987
Starke 1998/99, Seminarunterlagen
Starke in: *Troia. Traum und Wirklichkeit*

Kapitel 14:
Beckman 1996
Heinhold-Krahmer 1997
Starke 1996
Starke 1998/99, Seminarunterlagen
Starke in: *Troia. Traum und Wirklichkeit*
Starke in: Würzburg

Kapitel 15:
Assman 1996
Desroches 1999
Heinhold-Krahmer 1977
Klengel 1967
Klengel 1999
Korfmann in: *Troia. Traum und Wirklichkeit*
Lexikon der Ägyptologie
Starke in: *Troia. Traum und Wirklichkeit*
Starke in: *Studia Troica* 7
Yakar in: Würzburg

Kapitel 16:
Beal 1992
Gurney 1990
Macqueen 1986
Starke 1995
Starke in: *Der Neue Pauly*

Kapitel 17:
Beckerath 1997
Beckman 1996
Bryce 1998
Desroches 1999
Edel 1994
Hout 1995
Jacq 1998
Müller-Karpe, H., 1985
Otten 1975
Otten 1981
Sommer 1932
Ünal 1974

Kapitel 18:
Brather, S., in: Brandau 1999
Knauth 1974
Muhly et al. in: *Anatolian Studies* 1985
Pernicka in: *Troia. Traum und Wirklichkeit*
Reiter 1997
Roesch 1979
Seeher 1998 u. pers. E-Mail
»Worte des Herrschers«: Tafel im Archäologischen Museum Istanbul. Übers.: B. Brandau

Kapitel 19:
Amarna-Briefe
Beckman 1996
Bryce 1998
Ceram 1955
Forrer in: *Reallexikon der Assyriologie*
Hawkins 1995
Herodot
Hout 1995, *Ulmitešub-Vertrag*
Hout 1995, in: *Bibliotheca Orientalis*
Klengel 1967
Klengel 1999
Lehmann 1985
Müller-Karpe, A., pers. Mitt.
Neve 1985
Neve 1996
Nissen 1999
Otten 1989
Reallexikon der Assyriologie
Seeher 1998
Seeher 1999, *Hattuscha-Führer*
Seeher in: Würzburg

Seeher, pers. E-Mail
Singer 1988
Starke in: *Troia. Traum und Wirklichkeit*
Starke in: *Der Neue Pauly*

Kapitel 20:
Becks u. Thumm in: *Troia. Traum und Wirklichkeit*
Brandau 1999
Bryce 1998
Easton u. Weninger in: *Studia Troica* 3
Etymologisches Wörterbuch des Deutschen
Friedrich 1930
Güterbock in: Mellink 1986
Heinhold-Krahmer 1977
Korfmann in: *Troia. Traum und Wirklichkeit*
Mellink 1986
Mountjoy in: *Studia Troica* 9
Sommer 1932
Starke in: *Studia Troica* 7
Starke in: *Troia. Traum und Wirklichkeit*
Vermeule in: Mellink 1986
Watkins in: Mellink 1986

Zur Datierung von Troia VI: Carl Blegen setzte das Ende mit 1280 beziehungsweise 1300 an. (Letzteres tat er, um Troia VIIa schon 1260 enden lassen zu können, weil er diese Schicht dem von Mykenern geführten Troianischen Krieg zuschrieb, ein derartiger Kriegszug Mykenern aber später nicht mehr möglich gewesen wäre.) Spätere Keramikanalysen kamen zu dem Schluß, daß Troia VI mindestens bis 1250, vielleicht sogar bis 1230 bestand (und Troia VIIa erst kurz nach 1200 in Flammen aufging). In einer Neubewertung der von Blegen gefundenen Keramik im mykenischen Stil verlegt Penelope Mountjoy (*Studia Troica* 9) das Ende von Troia VI wieder auf 1300, weil sie Scherben aus der nachfolgenden Epoche nicht für Troia-VI-zeitlich, sondern als durch Baumaßnahmen während Troia VIIa bedingt einordnet. Allerdings konnte sie nicht alle »mykenischen« Scherben der Blegen-Grabung berücksichtigen. Vielleicht bringen weitere ^{14}C-Daten mehr Klarheit.

Kapitel 21
Brandau 1999
Bryce 1998
Genz, pers. Mitt. 1998
Gorys 1997
Hawkins 1995
Seeher 1998
Starke in: *Der Neue Pauly*
Starke in: *Troia. Traum und Wirklichkeit*

Literaturverzeichnis

Alp, S., und A. Süel: *III. Uluslararası Hititoloji Kongresi Bildirileri*. Ankara 1998.
Amarna-Briefe: *Les Lettres d'El-Amarna. Correspondance diplomatique du pharao*. Paris 1987.
Anatolia: Cauldron of Cultures. Alexandria, Virginia 1995.
Anatolian Studies.
Astour, M. C., in: Bryce, *The Kingdom of the Hittites*.
Assmann, J.: *Ägypten. Eine Sinngeschichte*. München 1996.
Beal, R. H.: *The Organisation of the Hittite Military*. Heidelberg 1992.
Beckerath, J. von: *Chronologie des pharaonischen Ägypten*. Mainz 1997.
Beckman, G.: *Hittite Diplomatic Texts*. Atlanta 1996.
Becks, R., und D. Thumm : »Untergang der Stadt in der Frühen Eisenzeit«. In: *Troia. Traum und Wirklichkeit*.
Bittel, K.: *Boğazköy Führer*. Ankara 1972.
–: *Die Hethiter*. München 1976.
Boğazköy'den Karatepe'ye. Ausstellungskatalog. Istanbul 2001.
Brandau, B.: *Troia. Eine Stadt und ihr Mythos*. Bergisch Gladbach 1997, 1999.
Brier, B.: *Der Mordfall Tutanchamun*. München 2000.
Bryce, T.: *The Kingdom of the Hittites*. Oxford 1998.
Büchner, G.: *Leonce und Lena*. In: *Werke*. Wiesbaden o. J.
Calvocoressi, P.: *Who's who in der Bibel*. München 1990.
Ceram, C. W.: *Enge Schlucht und schwarzer Berg. Entdeckung des Hethiter-Reiches*. Hamburg 1955.
Cohen, Y.: »The Unwritten Laws of the Hittites«. In: Würzburg.
Cornelius, F.: *Geschichte der Hethiter*. Darmstadt 1973.
Desroches Noblecourt, C.: *Ramses – Sonne Ägyptens*. Bergisch Gladbach 1999.
Easton, D. F.: »Hittite Land Donations and Tabarna Seals«. In: *Journal of Cuneiform Studies* 33, 1982
– und B. Weninger: »Troia VI Lower Town«. In: *Studia Troica 3*.
Edel, E., (Hg.): *Die ägyptisch-hethitische Korrespondenz aus Boghazköi*. Opladen 1994.
Eggebrecht, A., (Hg.): *Das Alte Ägypten*. München 1984.
EWD: *Etymologisches Wörterbuch des Deutschen*. München 1995.
Forrer, E., in: *Reallexikon der Assyriologie*.
Friedrich, J.: *Staatsverträge des Ḫatti-Reiches in hethitischer Sprache* II. Leipzig 1930.
Gamkrelidse, T. W., und W. W. Iwanow: »Die Frühgeschichte der indoeuropäischen Sprachen«. In: *Spektrum Dossier* 1/2000.
Genz, H.: pers. Mitt., Boğazkale August 1998.
Gorys, A.: *Wörterbuch Archäologie*. München 1997.
Götze, A., in: Sommer, *Kleinasiatische Forschungen*.
–: *Die Annalen des Muršiliš*. Leipzig 1933.

–: in: Pritchard.

Guglielmi, W.: pers. Mitt.

Gurney, O. R.: *The Hittites*. Erw. Ausg. London, New York 1990.

Güterbock, H. G., in: Mellink, *Troy and the Trojan War.*

– und R. M. Boehmer: *Glyptik aus dem Stadtgebiet von Boğazköy*. Berlin 1987.

– und T. P. J. van den Hout: *The Hittite Instruction for the Royal Bodyguard*. Chicago 1991.

Haarmann, H.: *Universalgeschichte der Schrift*. Frankfurt am Main, New York 1991.

Haas, V.: *Geschichte der hethitischen Religion*. Leiden, New York, Köln 1994.

Haase, R.: *Texte zum hethitischen Recht*. Wiesbaden 1984.

–: »Ehescheidung auf hethitisch«. In: *Die Welt des Orients* 24, 1993.

Hagenbuchner, A.: *Die Korrespondenz der Hethiter*. Heidelberg 1989.

Hawkins, J. D.: *The Hieroglyphic Inscription of the Sacred Pool Complex at Hattusa (SÜDBURG)*. Wiesbaden 1995.

–: »A Hieroglyphic Luwian Inscription of a Silver Bowl in the Museum of Anatolian Civilizations«. In: *Anadolu Medeniyetleri Müzesi.* Ankara 1996.

Heinhold-Krahmer, S.: *Arzawa. Untersuchung zu seiner Geschichte nach den hethitischen Quellen*. Heidelberg 1977.

Herodot, *Geschichte* II.

Hoffmann, I.: *Der Erlaß Telipinus*. Heidelberg 1984.

Hoffner, H. A., jr.: *Alimenta Hethaeorum. Food Production in Hittite Asia Minor*. New Haven 1974.

–: *Hittite Myths*. Atlanta 1998.

Hout, T. P. J. van den: »Der Falke und das Kücken: der neue Pharao und der hethitische Prinz?«. In: *Zeitschrift für Assyriologie* Bd. 84, 1994.

–: *Der Ulmitešub-Vertrag. Eine prosopographische Untersuchung*. Wiesbaden 1995.

–: »Tutḫalija IV. und die Ikonographie hethitischer Großkönige des 13. Jhs.«. In: *Bibliotheca Orientalis* LII, No. 5/6, 1995.

–: »Twee- tot driemaal daags. Eten en eetgewoontes bij de Hettieten«. In: *Phoenix* 43,2, 1997.

–: *The Purity of Kingship*. Leiden 1998.

–: div. pers. Mitt. 2000, 2001.

Imparati, F., in: Klengel, *Geschichte des hethitischen Reiches.*

Jacq, C.: *Ramses. Die Schlacht von Kadesch*. Reinbek 1998.

–: *Die Ägypterinnen*. Düsseldorf, Zürich 1998.

Kammenhuber, A.: *Orakelpraxis, Träume und Vorzeichenschau bei den Hethitern*. Heidelberg 1976.

Klengel, H.: *Geschichte und Kultur Altsyriens*. Leipzig 1967.

– et al.: *Kulturgeschichte des alten Vorderasien*. Berlin 1989.

–: *Geschichte des hethitischen Reiches*. Leiden, Boston, Köln 1999.

Klinger, J.: »Zur Geschichte des hethitischen Reiches«. In: *Orientalistische Literaturzeitung* Band 95, 2000.

Knauth, P.: *The Metalsmiths*. New York 1974.

Koşay, H. Z.: *Alacahöyük*. Ankara o. J.

Korfmann, M.: »Troia: A Residential and Trading City at the Dardanelles«. In: AEGAEUM 12, 1995.

–: div. Beiträge in: *Troia. Traum und Wirklichkeit.*

Krauss, R.: *Nofretete – Echnaton. Historischer Rückblick*. Ausstellungskatalog. Berlin 1976.

–: »Tutanchamun zwischen Revolution und Restauration«. In: *Tutanchamun*. Ausstellungskatalog. Mainz 1980.

Lexikon der Ägyptologie Bd. 5. Wiesbaden 1984.

Lehmann, G. A.: *Die mykenisch-frühgriechische Welt und der östliche Mittelmeerraum in der Zeit der »Seevölker«-Invasion um 1200 v. Chr.* Opladen 1985.

Macqueen, J. G.: *The Hittites and their Contemporaries in Asia Minor*. Rev. Ausg. London 1986.

Mellink, M. J., (Hg.): *Troy and the Trojan War. A Symposium Held at Bryn Mawr College*. Bryn Mawr 1986.

Mountjoy, P.: »The Destruction of Troia VIh« und »Troia VII Reconsidered«. In: *Studia Troica 9*.

Müller-Karpe, A.: »Die hethitische Stadtruine Kuşaklı-Sarissa«. In: *alma mater philippina* SS 1998, Marburg 1998.

–: »Untersuchungen in Kuşaklı 1998«. In: *Mitteilungen der Deutschen Orientgesellschaft*, 1999.

–: »Die Akropolis der hethitischen Stadt Kuşaklı-Sarissa«. In: *Nürnberger Blätter zur Archäologie* Heft 16, 1999.

–: »Untersuchungen in Kuşaklı 1999«. In: *Mitteilungen der Deutschen Orientgesellschaft*, 2000.

–: pers. Mitt., März 2001.

Müller-Karpe, H.: *Frauen des 13. Jahrhunderts v. Chr.* Mainz 1985.

Muhly, J. D., et al.: »Iron in Anatolia and the Nature of Hittite Iron Industry«. In: *Anatolian Studies* Vol. XXXV, 1985.

Neuburger, A.: *Die Technik des Altertums*. Wiesbaden 1986.

Neue Pauly, Der. Stuttgart, Weimar 1996 ff.

Neve, P.: *Hattuscha-Information*. Typoskripte des Deutschen Archäologischen Instituts. Istanbul 1985.

–: *Ḫattuša. Stadt der Götter und Tempel*. Erw. Aufl. Mainz 1996.

Niemeier, W.-D.: »The Mycenaeans in Western Anatolia and the Problem of the Origins of the Sea Peoples«. In: S. Gitin, A. Mazar und E. Stern (Hgg.): *Mediterranean Peoples in Transition*. Jerusalem 1998.

Nissen, H. J.: *Geschichte Altvorderasiens*. München 1999.

Otten, H.: *Puduḫepa. Eine hethitische Königin in ihren Textzeugnissen*. Wiesbaden 1975.

–: *Die Apologie Hattusilis III*. Wiesbaden 1981.

–: *Die 1986 in Boğazköy gefundene Bronzetafel. Zwei Vorträge*. Innsbruck 1989.

– und V. Souček: *Das Gelübde der Königin Puduḫepa an die Göttin Lelwani*. Wiesbaden 1965.

Pernicka, E.: »Metalle machen Epoche«. In: *Troia. Traum und Wirklichkeit.*
Pritchard, J. B.: *Ancient Near Eastern Texts*. Princeton 1969.
Reallexikon der Assyriologie. Berlin 1928 ff.
Rachet, G.: *Lexikon des alten Ägypten*. Darmstadt 1999.
Reiter, K.: *Die Metalle im Alten Orient*. Münster 1997.
Renfrew, C.: *Archaeology and Language*. London 1998.
Roesch, K.: *3500 Jahre Stahl*. München 1979.
Ruffié, J., und J.-C. Sournia: *Die Seuchen in der Geschichte der Menschheit*. Stuttgart 1987.
Rüster, C., und E. Neu: *Hethitisches Zeichenlexikon*. Wiesbaden 1989.
Schuler, E. von: Stw. »Kaškäer«. In: *Reallexikon der Assyriologie*.
–: *Die Kaškäer. Ein Beitrag zur Ethnographie des alten Kleinasien*. Berlin 1965.
–: »Kleinasien«. In: *Wörterbuch der Mythologie*.
Seeher, J.: Stw. »Ḫattusa«. In: *Neue Pauly*.
–: »Die Ausgrabungen in Boğazköy-Ḫattusa 1996, 1997, 1998, 1999«. In: *Archäologischer Anzeiger* 1997, 1998, 1999, 2000. Berlin, New York.
–: persönliche Interviews in Boğazkale-Ḫattusa 10. 08.–15. 08. 1998
–: *Hattuscha-Führer*. Istanbul 1999.
–: »Die Zerstörung der Stadt Ḫattusa«. In: Würzburg.
–: »Getreidelagerung in unterirdischen Großspeichern«. In: *Studi Micenei ed Egeo-Anatolici* 42/2. 2000.
–: Aktuelle Forschungsberichte unter *www.hattuscha.de*. 2001
–: div. pers. Mitt. u. E-Mails, 1998–2001.
Sick, U.: *Die Tötung eines Menschen und ihre Ahndung in den keilschriftlichen Rechtssammlungen unter Berücksichtigung rechtsvergleichender Aspekte*. Selbstverlag 1984.
Siebler, M.: »Wo Theseus einst den Minotaurus schlug«. *Frankfurter Allgemeine Zeitung*, 2. März 2001.
Singer, I.: »The *ḫuwaši* of the Storm-God in Ḫattuša«. In: I. Cilt (Hg.), *Türk Tarih Kurumu Yayınları*, Ankara 1986.
–: *The Hittite* KI.LAM *Festival. Part One*. Wiesbaden 1983.
–: »The Origin of the Sea Peoples and Their Settlement on the Coast of Canaan«. In: M. Heltzer und E. Lipiński: *Society and Economy in the Eastern Mediterranean*. Leuven 1988.
Sommer, F.: *Die Aḫḫijava-Urkunden*. München 1932.
– und H. Ehelolf: *Kleinasiatische Forschungen* Band I. Weimar 1930.
– und A. Falkenstein: *Die hethittisch-akkadische Bilingue des Ḫattušili I. (Labarna II.)*. München 1938.
Stahl-Lexikon 1960. Bd. 1. Bochum 1960.
Starke, F.: *Ausbildung und Training von Streitwagenpferden. Eine hippologisch orientierte Interpretation des Kikkuli-Textes*. Wiesbaden 1995.
–: »Zur ›Regierung‹ des hethitischen Staates«. In: *Zeitschrift für Altorientalische und Biblische Rechtsgeschichte* 2, 1996.
–: Stw. »Ḫattusa«, »Hethitisch«, »Karkemiš«, »Lukka«, »Miletos«, »Mira«, »Pandaros«, »Pferd«, »Reiterei«, »Seḫa« u. a. In: *Neue Pauly*.

–: »Troia im Kontext des politisch-historischen Umfeldes Kleinasiens im 2. Jahrtausend«. In: *Studia Troica 7.*
–: Seminarunterlagen SS 1998 und WS 1998/99, Univ. Tübingen.
–: »Die Staatsbezeichnung ›Land Ḫattusa‹ im Kontext der heth. Verfassung«. In: Würzburg.
–: »Troia im Machtgefüge des zweiten Jahrtausends vor Christus«. In: *Troia. Traum und Wirklichkeit.*
–: div. pers. Mitt.
Strauß, R.: *Hethitische Rituale.* Vortrag Tübingen 4. 2. 1999.
Studia Troica. Bd. 1–10. Mainz 1991–2000.
Taracha, P.: »Hittites in Alaca Hüyük?«. In: *Archaeologica Polona* Bd. 29, 1992.
–, in: Alp und Suel, *Uluslararası Hititoloji Kongresi Bildirileri.*
Temizsoy, M., et al.: *Museum für Anatolische Civilisationen.* Führer. Ankara o. J.
Tenner, E., in: Sommer, *Kleinasiatische Forschungen.*
Troia. Traum und Wirklichkeit. Ausstellungskatalog. Stuttgart 2001.
Ünal, A.: *Ḫattušili III.* Band 1. Heidelberg 1974.
–: *Ein Orakeltext über die Intrigen am hethitischen Hof.* Heidelberg 1978.
Vermeule, E. D. T., in: Mellink, *Troy and the Trojan War.*
Watkins, C., in: Mellink, *Troy and the Trojan War.*
Wörterbuch der Mythologie Bd. I. Stuttgart 1965.
Werner, R.: *Hethitische Gerichtsprotokolle.* Wiesbaden 1967.
Würzburg: G. Wilhelm (Hg.): *Akten des IV. Internationalen Kongresses für Hethitologie. Würzburg, 4.–8. Oktober 1999.* Wiesbaden 2001.
Yakar, J.: »The Likely Borders of the Appanage Kingdom of Tarḫuntašša«. In: Würzburg.
Zick, M.: »Am Anfang war Anatolien«. In: *Bild der Wissenschaft* 8/2000.

Register

Fett gesetzte Zahlen verweisen auf Hauptstellen, *kursive* auf Abbildungen im Farbteil

Aba/Upe 245 f., 271
Abasa (Ephesos) 205 ff.
Abdi-Asirta 173 f.
Achäer 123 ff., 143, 206, 208, 239; s. a. Griechen
Achetaton (Amarna) 25, 119 f., 148, 166, 169, 173, 175
Adad-Nirari 261 f., 266 ff.
Adanija 104
Ägäis 13, 118, 121, 123, 126, 136, 219, 231, 327, 329, 333
Ägypten 7, 9, 11 f., 14, 24 ff., 29, 40, 50, 57, 60, 79, 106, 113 f., **117 ff.**, 125 ff., 134 f., 138, 148 f., **163 ff.**, 169, **172 ff.**, 199, 207, 210 f. 215 f., 218, 224, 235 f., **239 ff.**, 253, 255, 259, **267 ff.**, **277 ff.**, 285, 293, 295, 298, 306 ff., 326 ff., 331
Ahhijawa 143, 165, 206 ff., 238 f., 275 ff., 284 ff., 297 f., 308, 319 f., 325; s. a. Mykene
Aitakkama 169, 217 f.
Akkad 15, 24, 47 ff., 115, 128
Akkadisch 25 ff., 115 f., 127, 239, 270 ff.
Akrotiri 122
Aksaray 333
Akurgal, E. 18
Alacahöyük 17 f., 22, 65, 69, 225 f., *Abb. 15–18, 32, 35*
Alaksandu 238 f., 243, 316 ff.
Alalha 42, 128 ff., 170, 291, 327
Alasija/Zypern 13, 118, 143, 260, 268, 299, 307 f., 326
Aleppo s. Halpa
Alluwamna 109 f., 112
Amarna s. Achetaton
Amenophis II. 118, 131, 134, 253
Amenophis III. 118, 126, 131, 148, 163 ff.
Amenophis IV. s. Echnaton
Ammistamru I. 171
Ammistamru II. 294 ff., 304
Ammuna 82 ff., 100, 104
Ammurapi 305 ff.
Amosis 118
Amurru 128, 131, 168, 173 ff., 236, 241 f., 245 f., 259, 271, 282, 284, 286, 291, 295 ff., 326, 334
Anchesenamun 177
Anitta 22 ff., 31, 36, 39, 43, 45, 52, 116 f., 136, 185, 224, 230, 247, 254
Ankara 7, 17, 25, 255, 335
Appaliuna/Apollon 49, 322
Aramäer 331, 334
Arawanna 209
Archanes 123
Architektur 136, **182 ff.**, 310 f., 322, *Abb. 2–5, 7, 15, 19–22*
Arinna 41, 47, 65 f., 71, 76, 79, 136, 195, 205, 265, 279, 297
Arinnanda-Gebirge 208, 248
Armatarhunta 259 f.
Arnuwanda I. 141 ff., 158, 233, 257
Arnuwanda II. 165, 176, 180, **203 f.**, 211, 220, 257
Arnuwanda III. 304 f.
Artatama 167, 178
Artisten *Abb. 17*
Arzawa 25 ff., 43, 51, 120, 135, 142, 148 f., 160 ff., 204 ff., 223, 238 f., 242 f., 274, 297 f., 316, 318, 326, 332
Ärzte s. Krankheiten
Asharpaja 209
Asien 93, 127 f.
Asmunikal 141, 144 f., 233
Assur/Assyrien 9, 11 f., 15 f., 22, 34, 44, 106, 115 f., 118, 129,

164, 166 f., 178 f., 216 ff., 229, 232, 245, 248, 261 f., 266 ff., 272, 280, 284 f., 293, 296 ff., 328, 331, 334 f.
Assur-Uballit I. 164, 167, 179
Assuwa 128, 135 ff., 229, 316 f., 324
Astarpa 207 f.
Astata 131, 218, 291, 301
Aton 57, 118 f., 166
Atpa 238, 275, 319
Attarsija 143
Azatiwada 333
Aziru 174 f., 210, 284
Azzi-Hajasa 147 ff., 162 f., 216 ff.

Baba-aha-iddina 297
Babylon 9, 11 f., 25 f., 33, 49, 55 f., 116 ff., 163 ff., 178, 229 ff., 267 ff., 280 f., 285, 293 f, 300 ff., 328, 331 f.
Bagdad 116, 218
Batseba 19, 81
Bel-qarrad 267
Bentesina 241 f., 245, 259 f., 295 f.
Benti 137, *Abb. 34*
Bernstein 18
Bestattungsrituale 17 f., 128, 225 f., *Abb. 35*
Bier 62, 74, 86 ff., 157 f., 200, 338
Bilingue 333
Bittel, K. 311
Blei 34, 225
Bogen 190, 256
Briefe 16, 25, 34, 120, 126, 142, 148, 150, 152, 166 f., 171, 174 ff., 180, 210, 231, 238, 262, 267, 272 ff., 279 ff., 293, 296, 304 ff., 320, 322, 338
Bronze 13 ff., 22 f., 66, 86, 108, 121, 136, 143, 177, 183, 227 ff., 234, 298 ff., 315, 321, 328, *Abb. 21, 26, 28, 29, 32*
Brot 27, 29, 74, 85 ff., 157 f., 200, 338
Bryce, T. 110, 134
Burnaburias II. 164
Byblos s. Gubla

Ceram, C. W. 11 f., 182
Chalkolithikum 13, 17, 184
Chantre, E. 25
Chatten 340

Damaskus 138, 241, 246, 271
Dardanellen 137, 317
Dardanoi 242 f.
Deir el-Bahri 225
Diebstahl 151, 153
Dionysos 335
Diplomatie 11, 25, 32, 91, 105 ff., 115, 125 f., 131, 149, 166 f., 169, 199, **258 ff.**, 287 f., 293, 316, 338 f.
Diyarbakır 303

Echnaton (Amenophis IV.) 25, 57, 118 ff., 166, 171, 174 ff., 308
Ehe 94, 151, 155 f., 163, 306, *Abb. 31*
Ehli-Nikkalu 306 f.
Eisen 10, 24, 36, 39, 80, 93, 132 ff., **224 ff.**, 267, 273, 330, 334, 340, *Abb. 33*
Eje 180
Elam 115, 331
Ephesos s. Abasa
Erze 10, 13 f., 225 ff., 231 f., 299, 329
Eteokles 275
Euphrat (Mala) 42, 47, 49, 51, 54 f., 81, 114, 116, 120, 130 f., 138, 144, 168 f., 216 ff., 235, 237, 297, 301 f., 334 f.
Europa 123
Evans, A. 122

Feste 59, 63 f., 70 f., 73, **75 ff.**, 89 f., 144, 176, 193, 205, 216 f., 272, 282, 293, 299, 301
Forrer, E. 32, 34

Gamkrelidse, T. W. 31
Gassu 318 f., 324
Gassulawija d. Ä. 221 ff., 258, 276
Gassulawija d. J. 259, 282, 295

Gefangene 94, 177, 205, 208 f.
Genz, H. 335
Gerzeh 225
Geschichtsschreibung 24, 48, **78 ff.**, 140
Gesetze s. Rechtsprechung
Getreide 9, 62, **85 ff.**, 195, 200 ff., 280, 295, 307 f., 310 f., 324, 330
Gilgamesch-Epos 32, 87, 114
Göksu 48, 295
Gold 11, 15, 18, 24, 76, 93, 97, 119, 129, 143, 172, 175, 177 f., 198, 226 f., 229 f., 270, 273, 299, 336, *Abb. 33, 35*
Goldlanzenträger 83, 109, 256
Gordion 335
Götter 18, 20 f., 24, 33, 41, 47, 49 ff., **57 ff.**, 85, 118 f., 135 f., 144 f., 165 f., 181, 191, 195, 205, 212, 214, 219 ff., 229, 237, 263 ff., 269, 277 ff., 286, 292, 310, 322, 333, 337; *Abb. 1, 6, 10–14, 16, 29, 30, 32*
Griechen 9, 16, 30, 49, 122 ff., 137, 143, 206, 239 f., 275, 315, 322, 333, 335 ff.
Großkönig *passim, Abb. 16, 27*
Gubla 173 f.
Güterbock, H. G. 320

Haballa 135, 208, 291
Hahha 47, 237
Hakmissa 237, 263, 266, 292
Halpa (Aleppo) 42 f., 46 f., 51 f., 54 ff., 65, 116, 126, 128, 130, 140 f., 170, 203, 207, 216 ff., 243, 265, 291
Halys s. Marassanta
Hammurabi 55, 116 f.
Handel 13, 15 f., 18, 22, 37, 94, 121 f., 124 f., 127, 129, 167, 173, 184, 198, 248, 285, 295 ff., 329, 338
Handwerk 13 f., 37, 61, 91, 93, 95, 121, 144, 147, 187, 198, 230, 286, 330, 338
Hängematte 316
Hanigalbat s. Mittanni
Hannutti 203 f.
Hantili I. 80 ff., 113, 133
Hantili II. 112 f.
Harapsili 80, 82
Haremhab 120, 216, 235
Hartapu 332 f.
Hassuwa 46 f., 105
Hatschepsut 118 f., 130, 219
Hatti 15 ff., 78, 335, 340
Hattus 24
Hattusa *passim, Abb. 2–9, 20–23, 30*
Hattusili I. **38 ff.**, 80, 90, 104, 118, 128, 135, 140, 185
Hattusili II. 146
Hattusili III. 26, 35, 67, 113, 149, 152, 159, 187, 231 f., 237 f., 242, 245 f., **258 ff.**, 286, 289, 292, 299 ff., 305, 307, 319 f., 325, 332, *Abb. 24*
Hawkins, D. 316, *Abb. 25*
Hebräer 334
Hepat 65 f., 216, 265
Herodot 48, 298
Hieroglyphen s. Schrift
Himuili **132 ff.**
hippara-Leute 94
Holz 18, 85, 91 f., 119, 127, 183, 228 f., 232, 248, 255 f.
Homer 123, 125, 239, 248, 255, 322, 325, 333, 335 f., 339
Hout, T. van den 98
Hrozny, F. 27 f., 32
Hukkana 155, 162 ff.
Hurriter 32, 34, 44 f., 55 f., 59, 82 f., 105 f., 111, 113, 116 f., 127, 129 f., 134, 139 f., 178, 249, 252, 337
Huzzija I. 83 f., 99, 109, 112, 133
Huzzija II. 132, 134
Hygiene 61, 75, 86, 155, 199 f., 257
Hyksos 117, 122, 129

Ibiranu 304, 306
Ilias 125, 255, 322, 235, 335 f., 339
Imat 334
Indoeuropäer 30 f., 34, 123, 335
Initesub 294, 301, 306
Ishupitta 204 f.
Isputahsu 104 f., 111
Israel 128, 130, 174, 214; s. a. Palästina
Istanuwa 325
Istaparija 84, 100
Isuwa 138 f., 144, 149, 168, 291, 297, 304
Itti-Marduk-balatu 268
Iwanow, W. W. 31
Izmir 206, 298, 316, 325, 333

Jacq, C. 50
Jamhad 42, 116, 128

Kadasman-Enlil I. 163 f., 177
Kadasman-Enlil II. 268
Kadasman-Turgu 267
Kadesch (Kinza) 24, 131, 168 f., 175 f., 217 f., 236, **241 ff.**, 249, 254, 258 f., 261 f., 265, 271 f., 327
Kalykadnos 48, 295
Kanes s. Nesa
Kantuzzili 132 ff., 216 f.
Karabel-Paß 298, 316, *Abb. 25*
Karaman 333
Karatepe 333
Karkamis 42, 68, 81, 104, 106, 131, 168, 170, 172, 176 ff., 203, 207, 216 ff., 236, 242, 261, 265, 270, 291, 293 f., 301, 305 f., 308, 326, 332 ff., 336
Karnak 26, 60
Karum 15, 185
Kaskäer 63, **112 f.**, 133, 138, 143 f., 146 ff., 161 f., 173, 175, 186, 203 ff., 207, 209, 215, 219, 223, 236 f., 242, 256, 264, 274, 276 f., 282, 289 f., 292, 314, 317, 335
Kaspisches Meer 21 f., 30 f.
Kassiten 56, 117, 331
Kaukasus 7, 21, 229
Keilschrift s. Schrift
Keramik 18, 61, 107, 122, 187, 195, 199, 201, 225, 227, 311, 330, *Abb. 1, 19, 30, 31*
Kernland, hethit. 21, 39, 50, 63, 65, 68, 83, 88, 112, 138, 143, 147 f., 158, 162, 208, 229, 252, 290, 330, 332, 334
Kikkuli-Text 249 ff.
Kilikien 54, 333; s. a. Kizzuwatna
Kimmerier 335
Kinza s. Kadesch
Kissija 209
Kızılırmak s. Marassanta
Kizzuwatna 49, 54, 104 ff., 111, 113, 129, 131, 139 f., 148 f., 165, 170, 216, 231 f., 252, 265, 279, 290, 316, 326, 333
Klengel, H. 311
Knossos 108, 121 ff., 225
Konya 13, 237, 309
Korfmann, M. 315
Krankheiten 153, **210 ff.**, 222, 235, 273, 277 f.
Kreta 108, 118, **121 ff.**, 174; s. a. Minoer
Kubantakurunta 223, 238, 274 f., 298, 319
Kudur-Enlil II. 280
Kukkunni 317
Kumaha 334
Kumarbi 66, 71
Kunst 17 f., 116, 121, 127, 182, *Abb. 1, 6, 7, 9–18, 29–32, 34, 35*
Kupfer 13 ff., 66, 144, 225, 228, 230, 260, 297, 299, 329
Kurunta (Feldherr) 218
Kurunta von Tarhuntassa 269 f., 278, 298, 300 ff., 309, 315, 332, *Abb. 26*
Kuşaklı s. Sarissa
Kussara 23, 52
Kuzitesub 334

Labarna 36 ff., 122, 136, 334
Landwirtschaft 37, 61, 83, 92 ff., 114, 127, 144, 147, 153, 200, 234, 329
Lateinisch 28 ff.
Lawanzantija 67, 105, 265
Lazba (Lesbos) 205, 318
Leinen 15, 75, 97, 172, 178, 273
Lesbos s. Lazba
Levante 124, 173 f., 229, 271, 327
Libanon 7, 128, 169, 176, 241
Linear A/Linear B s. Schrift
Literatur 111, 116, 182, 213, 325, 335; s. a. Pestgebete, Religion
Lubarna 334
Lukka 32 f., 142, 242, 274, 290, 299, 308 f., 316, 319, 333
Luwier 31 ff., 59, 65, 111, 138, 143, 315, 325, 334, 339, *Abb. 28*
Lyder 16, 32 f., 68, 333
Lykien 32 f., 333

Mäander s. Astarpa
Macqueen, J. G. 255
Madduwata 142 f.
Makridi, T. 25 f.
Mala s. Euphrat
Malida (Malatya) 334
Malnigal 219 ff.
Manabatarhunta 260, 318 f.
Marassanta (Halys, Kızılırmak) 10, 15 f., 21, 41, 45, 69, 88 f., 104, 147, 178, 290, 332 f., 335
Masa 309, 319, 320
Mashuiluwa 207 f., 223
Mashuitta 332
Massanazi 260, 278
Masturi 260, 297, 319
Medizin s. Krankheiten
Megiddo 130
Memphis 120, 240
Merenptah 306 ff.
Mesopotamien 13, 22, 33, 44, 48, 56, 68, 114 ff., 127, 173, 218, 241, 329
Meteoreisen 224 f., 230
Mida 144 f.
Midas 335
Milet s. Millawanda
Militär 37, 91, **247 ff.**, 282, 338; s. a. Soldaten, Streitwagen
Millawanda (Milet) 122 ff., **205 ff.**, 238, 275, 298, 316, 319, 325
Minoer 108, 121 ff., 206, 225
Minos 123
Mira 206, 208, 223, 238, 274 f., 291, 297 f., 316, 318, 320 f., 323, 332, *Abb. 25*
Mittannamuwa 237, 260, 269, 277, 288
Mittanni 34, 44, 105 f., 118, 120, **129 ff.**, 135, 138 ff., 160, 164 ff., 174, 176, 178 f., 205, 209, 242, 249, 252, 261 f., 266, 280, 285, 291, 296
Mord 152 f.
Muhly, J. D. 231
Mukis 167, 171
Müller-Karpe, A. 60, 63 f., 187, 312
Mursili I. **54 ff.**, 80, 90, 100, 117, 128 f., 140
Mursili II. 177, 182, **203 ff.**, 237 f., 248 f., 258, 262, 276, 305, 316 ff.
Mursili III. s. Urhitesub
Musik 74, 76 f., 144, *Abb. 17*
Mutallu 334
Muwattalli I. **132 ff.**
Muwattalli II. 132, **235 ff.**, 258 ff., 270, 276, 305, 313, 317 ff., 322, 324 f.
Mykale 208
Mykene 12, **123 ff.**, 143, 206 ff., 298 f., 308, 317, 325, 327 f.; s. a. Ahhijawa

Nahrungsmittel 27, 29, 74, **85 ff.**, 195, 200 ff., 280 f., 307 f., 310 f., 328 f.
Nebukadnezar I. 331

Nebukadnezar II. 332
Nenassa 36, 147, 149
Nerik 22, 65, 69, 76, 112, 143, 238, 263
Nesa/Kanes 15, 22 f., 31 ff., 116
Neve, P. 136, 192, 194, 255, 310
Niemeier, W.-D. 123
Nihrija 303 f.
Nikkalmati 134, 141
NINDA 28 f.
Niqmadu II. von Ugarit 167, 171 f., 175
Niqmadu von Kadesch 218
Nofretete 118, 120
Nubier 129, 270, 272, 282
Nuhasse 131, 167 f., 171, 175, 215 f., 218, 264, 268, 291
Nutztiere 16, 18, 43, 47, 65, 88 ff., 93, 95, 97, 103, 113 f., 123, 125, 130, 136, 139 f., 147, 151, 157, 174, 179, 205, 209, 230, 264, 301, 326

Oberes Land 148 f., 162, 205, 217, 237, 259, 264, 290
Orakel 16, 212, 220 ff., 294, 303 f., 319
Orontes 168, 173, 243 f.

Pahhuwa 144 f.
Pala 31 ff., 209
Palästina 19, 114, 118, 327
Panku 52, 54, 91 f., 101 ff., 109, 219, 287, **289 f.**
Pentawer 261
Persischer Golf 114, 116, 127
Pestgebete 182, 210 ff.
Pferde 25, 97, 118, 130, 136, 157, 178 f., 186, 208, 237, **247 ff.**, 273
Phaistos 121, 123
Philister 327
Phönikier 123, 127, 334
Phryger 9, 68, 335
Pijamaradu 238, 274 ff., 317 ff., 323, 325
Pijassili s. Sarrikusuh
Piramesse 121, 235, 270, 272, 274, 279
Pisiri 336
Pithana 22 f., 52
Preise 96 ff.
Puduhepa 35, 159, **265 ff.**, **289 ff.**, 299, 301
Puranda 208
Puruna 46 f.
Purushanda 24, 36, 48 f.
Pylos 125, 299
Pyramos 333

Ramses I. 120, 235
Ramses II. 26, 121, 181, 236, **239 ff.**, 261, 263, 267 f., 270 ff., 277 ff., 291, 293 f., 300, 306, 308, *Abb. 24*
Ramses III. 326, 331
Ranke, L. von 79
Rechtsprechung 69, 103 ff., 111, **150 ff.**, 182, 200, 208, 271, 283, 287, 295, 337 f.
Religion 11, 21, 41, **57 ff.**, 95, 108, 118, 144, 187, 195, 213 f., 230, 310, *Abb. 1, 6, 10–14, 16, 23, 29, 30, 32, 34*
Renfrew, C. 31
Rennöfen 10, 232
Rib-Addi 173 ff., 210
Römer 9, 14, 30, 68, 108, 336 ff.

Saleph 48, 295
Salmanassar I. 268, 280, 293
Samaja 136, *Abb. 34*
Samos 205, 208
Samuha 65, 67, 147, 149, 264, 292
Sanahuitta 39, 41, 45
Santorin s. Thera
Sardinien 125, 327
Sardis 229
Sargon I. 24, 47 ff., 115, 128
Sarissa **60 ff.**, 86, 88, 182, 187, 312, 327, *Abb. 1*
Sarrikusuh 178, 203 f., 207, 216 ff., 261, 291

Sarrupsi 167 f., 170 f.
Sattuara I. 262
Sattuara II. 268, 280
Sauskamuwa 296, 298
Sauskanu 279 ff.
Schachermeyer, F. 206
Schliemann, H. 14, 26, 122, 225
Schreiber 33, 35, 91, 100, 126, 137, 172, 198, 217, 237, 260 f., 269, 277, 288 f., 298, 322, *Abb. 28, 34*
Schrift 16, 23, 25 f., 28, 32 ff., 58, 60, 63, 73, 104, 107 ff., 110, 114 f., 122, 125 ff., 137, 173, 195, 198, 257, 270, 287 f., 299, 302, 312 ff., 325, 334 f., *Abb. 24–28, 34*
Schwarzes Meer 7, 14, 21 f., 30, 32, 41, 49, 69, 112, 138, 317
Seeher, J. 70, 183, 185 ff., 190, 192 ff. 198, 201 f., 233 f., 312 ff.
Seevölker 326 ff.
Seha 135, 208, 260, 278, 291, 297, 316, 318
Seth 239, 244, 270
Sethos I. 120, 235 f., 240, 242
Sexualität 75, 155 ff., 163, 338, *Abb. 31*
Siegel 32 f., 35, 108, 110, 132, 165, 261, 270, 302, 315, 322, *Abb. 25, 27, 28*
Sikila-Leute 307 f.
Silber 15, 18, 41, 47, 93, 97, 143, 153 ff., 177 f., 185, 229 f., 270, 273, 279, 291, *Abb. 25, 34*
Sipaziti 259 f., 264
Sizilien 9, 125, 327
Sklaven 93 ff., 144, 152, 154, 337
Smyrna s. Izmir
Soldaten 85, 91, 95, 282; s. a. Militär
Starke, F. 82, 134, 143, 239, 249, 251 f., 315 f.
Stelen 108, 281, 320, 322
Strabon 335
Streitwagen 24, 118, 130, 178, 208, **242 ff.**, 277, 289
Südtirol 316
Sumerer 28, 33, 114 ff., 224
Sumura 173 f.
Suppiluliuma I. 147 f., **160 ff.**, 203, 205, 207, 209 ff., 215 ff., 223, 236, 238, 244, 259, 261 f., 278, 284, 291, 305, 317, 334
Suppiluliuma II. 73, **304 ff.**, 313, 321, 327, 332, 334, *Abb. 8, 9, 11*
Suttarna III. von Mittanni 178 f.
Suttarna von Kadesch 169
Syrien 7, 13, 19, 42, 44, 46, 49, 51, 55, 65, 81, 83, 104, 106, 114 f., 118, 120 f., **126 ff.**, 135, 138 ff., **166 ff.**, 180, 210, 214, 216, 235, 241 f., 253, 261, 263, 268, 273, 282, 291, 294 f., 333, 335

Tabarna 38 f., 47, 110, 219
Tahurwaili 83, 99, 109 ff.
Talmitesub 288, 305 f., 334
Tanuhepa 223, 258 f., 276
Tarhunnaradu 148, 297
Tarhuntassa 33, 48, 65, 236, 260, 270, 278, 290 f., 293, 295, 298, 300 f., 309, 313, 315 f., 332 f., *Abb. 26*
Tarikarimu 209
Tarkasnawa 298, 321, *Abb. 25*
Tarwiza 136 f., *Abb. 34*
Tattija 217
Taurus 47, 49, 54, 65, 83, 104, 129, 139, 232, 334
Tawaglawa 275
Tawananna 38 f., 165, 197, 219 ff., 258, 276, 287, 289, 294, *Abb. 16*
Telipinu (Großkönig) 84, **99 ff.**, 141, 150, 154, 160, 258, 265, 289
Telipinu (Vizekönig) 165, 170, 176, 203 f., 216, 265
Telipinu-Mythos 67, 77, 145
Tell-el-Amarna s. Achetaton
Tette 171, 215 f.
Theben 119 f., 125
Thera 122 ff.

Thutmosis I. 130
Thutmosis III. 118, 130, 167, 235
Thutmosis IV. 118, 131
Tiere s. Nutztiere, Wildtiere
Tigris 15, 114 f., 128, 297, 299, 303, 331
Todesstrafe 103, 111, 150 ff., 157 ff., 338; s. a. Rechtsprechung
Tontafeln s. Schrift, *Abb. 24*
Troia 9, 14, 18, 26, 49, 108, 137, 160, 225, 238, 242 f., 283, **315 ff.**, 327, 335 f., *Abb. 6, 28*; s. a. Wilusa
Tudhalija d. J. 160 f., 211
Tudhalija II.(I.) 131, **133 ff.**, 157, 159 ff., 229, 316 f., 324, *Abb. 34*
Tudhalija III.(II.) **146 ff.**, 166, 216
Tudhalija IV. 72 f., 133, 191, 230, 276, 289, **292 ff.**, 309 f., 315, 321, 332, *Abb. 11, 13, 26*
Tukulti-Ninurta 296 f., 300 ff., 328, 331
Tusratta 165 ff., 175, 178
Tutanchamun 120, 177, 179, 226
Tuwanuwa 36, 148 f., 162
Tyrins 327

Uda 65, 149
Ugarit 126 f., 131, 167, 170 ff., 175, 216, 226, 269, 284, 291, 294 ff., 299, 304 ff., 327
Uhhaziti 207 f., 238, 318
Ulmitesub 301 f., 309
Unteres Land 49, 142, 148, 162, 176, 203 f., 290, 293
Ur 115 f., 225
Ura 294 f., 307
Urartäer 334
Urhitesub (Mursili III.) **258 ff.**, 305, 309, 332
Urija 19, 81
Uruk 114

Vasallen 42, 44, 77, 83, 115 ff., 131, 139, 142, 144, 148, 166, 169 ff., 203 ff., 218, 223, 235, 239 ff., 254, 274, **283 ff.**, 293 ff., 305 ff., 316 ff., 328
Verträge 26, 87, 108, 111, 113, 131, 144, 166 f., 169, 171 f., 274, 277, **283 ff.**, 301, 338, *Abb. 24, 26*
Verwaltung 37, 95, 109, **283 ff.**

Waffen 14, 19, 62, 65, 68, 75 f., 136, 190 f., 229 ff., 247 ff., **254 ff.**
Waldbaum, J. 226
Walmu 297, 320 f., 323 f.
Walwaziti 269, 288
Warsuwa 42, 45
Wasasatta 261 f.
Wasserwirtschaft 27, 29, 75, 89, 93, 183, 198 ff., 212, 273, 338
Wassuganni 129, 168, 175, 178
Wein 29, 74, 85 ff., 195, 309, 338
Werkzeuge 14, 65, 183, 228 ff., 329
Wildtiere 18, 53, 66 f., 69, 88, 90, 96, 119, 180, 201, 268
Wilusa 137, 207, 238 f., 243, 283, 291, 297 f., **315 ff.**, 332
»Wilusiade« 325
Winckler, H. 25 ff.

Yazılıkaya **70 ff.**, 229 f., 299, 310 ff., *Abb. 10–14*

Zakros 123
Zalpa 21 f., 41
Zannanza 179 ff., 211, 235
Zida 161 f., 165, 176, 259
Zidanta 80, 82, 112 f., 133
Ziharrija 209
Zinn 13 ff., 22, 51, 227, 329
Zippalanda 65, 76
Zippasna 46 f.
Zypern s. Alasija

SERIE PIPER

Joachim Latacz

Troia und Homer

Der Weg zur Lösung eines alten Rätsels. 380 Seiten mit 24 Abbildungen. Serie Piper

Troia und Homer – die beiden Namen stehen für eines der größten Rätsel der Weltgeschichte: Hat der Troianische Krieg so stattgefunden, wie Homer ihn in der »Ilias« erzählt? Gab es überhaupt einen Ort namens Troia? Und wo liegt er? Der Homer-Spezialist und Troia-Kenner Joachim Latacz führt uns ein in die Detektivarbeit der Altertumsforscher und präsentiert ebenso überzeugend wie spannend die Beweise der modernen Forscher. Sein Fazit: Bei der Ausgrabungsstelle an den Dardanellen dürfte es sich tatsächlich um Troia handeln, Homer hat es nicht erfunden.

»Spannend wie ein Thriller, denn hier präsentiert sich ein Indizienbeweis, der beeindrukkend interdisziplinär und zugleich visionär angelegt ist. Ein hinreißendes Beispiel für die Komplexität moderner Wissenschaft.«
Süddeutsche Zeitung

05/1523/01/L

Peter D'Epiro, Mary Desmond Pinkowish

Sieben Weltwunder, drei Furien

Und 64 andere Fragen, auf die Sie keine Antwort wissen. Aus dem Amerikanischen von Thorsten Schmidt. 443 Seiten mit 8 Abbildungen. Serie Piper

Kennen Sie die 3 Hauptsätze der Thermodynamik, die 3 Instanzen der Psyche und die 3 Furien? Wer sind die 4 apokalyptischen Reiter, und was sind die 5 Säulen des Islam? Können Sie die 10 Gebote aufsagen und die Namen der 12 Ritter der Tafelrunde nennen? Dieses Lexikon gibt, nach der Zahl geordnet, unterhaltsam und fundiert Antwort auf 66 Fragen, die man einmal wußte, inzwischen wieder vergessen hat – und nun in diesem Buch nachschlagen kann.

»Eine amüsante Tour de force durch den klassischen Bildungsfundus.«
Die Presse Wien

05/1252/01/R